Brigit Strawbridge Howard

DANCING WITH BEES

MEINE REISE ZURÜCK ZUR NATUR

aus dem Englischen von Dirk Höfer

Dancing with Bees
a journey back to nature

Löwenzahn

Für meine Mutter Isabel, die so stolz gewesen wäre,
dieses Buch in den Händen zu halten.

INHALT

ERKENNTNISSE

Als ich eines Tages feststellen musste, mehr über die Französische Revolution zu wissen als über unsere heimischen Bäume, war ich schockiert. Der Gedanke ließ mich für einen Moment regelrecht innehalten.

Damals war ich in meinen frühen Vierzigern und in meinem Schockzustand wurde mir klar, dass ich kaum mehr über das Leben außerhalb der kleinen Blase meiner eigenen Welt wusste als die Kinder aus den Innenstädten, von denen ich gelesen hatte und die nicht mehr wussten, dass die Milch von Kühen kommt und Eicheln an Eichen wachsen. *Ganz* so schlimm war es eigentlich nicht, aber ich war dennoch alarmiert, dass ich von den Bäumen, an denen ich gerade auf meinem Weg zur Arbeit vorbeigekommen war, nicht mehr als ein halbes Dutzend beim Namen kannte. Was war mit den anderen? Wie hießen sie? Fieberhaft versuchte ich mir die Namen in Erinnerung zu rufen, die ich kannte, und ging in Gedanken das Alphabet durch: von „Ahorn" bis „Zeder". Dabei versuchte ich mir jeweils die Rinde, die Zweige und die Blätter vorzustellen. Eine ernüchternde Übung.

Schockiert war ich nicht etwa deshalb, weil ich nicht wusste, wie die Bäume hießen. Man muss, um etwas lieben und schätzen zu können, nicht unbedingt seinen Namen kennen. Erschüttert war ich vielmehr von der Tatsache, dass ich aufgehört hatte, sie überhaupt *wahrzunehmen*. Und es waren nicht nur die Bäume, die ich nicht mehr wahrnahm. Der Weg zur Arbeit, den ich dreimal die Woche ging, führte mich von West Malvern hinauf über die Malvern Hills nach Great Malvern. Er verlief auf gut ausgetretenen, von wilden Blumen gesäumten Pfaden, vorbei an weiten, büscheligen Grasflächen, an Brachland und niedrigem Gestrüpp, führte durch Abschnitte spärlicher Vegetation zwischen uraltem Granit und überquerte die Baumgrenze, wo ich unter einem weitgespannten, immer wechselnden Himmel wanderte. Doch dabei war ich so sehr mit dem Gedankengeschnatter in meinem Kopf beschäftigt, damit, nicht zu spät zur Arbeit zu kommen, dass ich die üppige und vielfältige Natur in dem wundervoll abwechslungsreichen Lebensraum um mich herum vergaß.

Wie hatte ich den Kontakt zur Natur dermaßen verlieren können, dass ich den Wechsel der Jahreszeiten an den Schichten Kleidung erkannte, die ich tragen musste, um mich warm zu halten (oder mich kühl zu fühlen), statt daran, wie viele Blätter die Bäume trugen? Wann hatte ich aufgehört, ihre Farben zu sehen, wahrzunehmen, wo am Himmel die Sonne unterging und welche Wildblumen entlang der Hecken blühten?

Was war mit dem kleinen Mädchen geschehen, das sich mit allen Fasern seines Körpers danach sehnte, eines Abends die Augen zu schließen und am nächsten Morgen im Mumintal aufzuwachen, wo es am Rand einer Brücke sitzen und die Füße im Fluss baumeln lassen würde, während Snufkin den Frühling herbeiflötete, wo es mit den Hemulen durch ein echtes Vergrößerungsglas für Erwachsene all die neuen und aufregenden Blumen betrachten würde? Wo ist nur das wenig ältere Kind geblieben, das davon träumte, mit Laura, Jack und Black Susan in „Unsere kleine Farm" in den Wäldern Wisconsins zu leben, geborgen und in ihre Ausziehbetten gekuschelt, während draußen vor den Fenstern der Wind und die Wölfe durch die Nacht heulten? Und wo war die neugierige Zehnjährige, die alles dafür gegeben hätte, sogar einen Jahresvorrat Brausepulver und Black Jacks, um nur *einen Tag* in die Fußstapfen des jungen Naturforschers Gerald Durrell treten zu können? Gab es dieses kleine Mädchen überhaupt noch? Wenn ja, dann musste ich es wiederfinden.

Ich hangelte mich in Gedanken durch die Jahre zurück, suchte nach Hinweisen und fragte mich, ob es ein bestimmtes Ereignis oder einen Moment gegeben hatte, an dem sich das Kind, das ich einmal war, still und leise davongemacht hatte. Nun, da ich eine Perspektive auf die Welt wiederentdeckt hatte, die mir in den letzten drei Jahrzehnten irgendwie verloren gegangen war, war ich fest entschlossen, sie nicht mehr entwischen zu lassen. Ich gelobte, dieses zerbrechliche Ding – dieses Wiedererwachen, diesen wertvollen Schatz – zu füttern, aufzupäppeln und ihm zu vollem Bewusstsein zu verhelfen, es vor den bösen Winden zu schützen, die es unter die Decke meiner Psyche getrieben hatten, wo es sich über all die Jahre versteckte und überwinterte.

Ich bin eine nachdenkliche Person und eine Problemlöserin. Um besser für die Reise zurück zur Natur gerüstet zu sein, wollte ich zunächst der Frage nachgehen, warum Verbindungen und Beziehungen in der Regel dazu tendieren, sich zu verschieben, zu verändern und dann zu versiegen. Nicht immer merkt man, wenn eine Verbindung sich löst. Bei unzähligen Gelegenheiten treffen wir zwar bewusste, aber eigentlich unbedeutende Entscheidungen, mit denen wir uns von einer Sache oder Person trennen – zum Beispiel, wenn wir das Radio ausschalten oder ein Telefongespräch beenden. Doch diese einfachen, alltäglichen Entscheidungen haben keine langfristigen oder lebensverändernden Folgen. Andere bewusste Entscheidungen, etwa wenn man seine Arbeit kündigt oder eine langjährige Beziehung beendet, stellen in der Regel viel einschneidendere Trennungsereignisse dar, auch wenn ihnen natürlich eingehende, die möglichen Folgen abwägende Überlegungen vorausgehen. Nichts dergleichen traf jedoch auf meine verlorene Verbindung zur Natur zu.

Unsere Beziehungen ändern sich aber auch auf andere Weise. Es gibt Zeiten, in denen sich bestehende Verbindungen durch die Entscheidungen, die wir treffen, wandeln oder abschwächen, ohne völlig gekappt zu werden, zum Beispiel, wenn sich ein junger Mensch dazu entschließt, das Elternhaus zu verlassen und in eine andere Gegend zu ziehen. Solche Entscheidungen werden zweifellos sorgfältig durchdacht, und doch ist kaum vorherzusehen, wohin sie schließlich führen. Eltern und ihre erwachsen gewordenen Kinder bleiben wahrscheinlich in Kontakt, telefonisch, per E-Mail oder mit gelegentlichen Besuchen, aber was im Leben der anderen gerade vor sich geht, werden sie zweifellos immer weniger mitbekommen und verstehen. Die Liebe und die Zuneigung, die Eltern und Kinder füreinander fühlen, lässt nicht nach, doch sobald die Kinder das Nest verlassen haben, wird ihr Leben neuen, aufregenden Pfaden folgen und der Einfluss der Eltern ist entweder stark abgeschwächt oder so gut wie nicht mehr vorhanden. Über solche Auswirkungen wird nur wenig nachgedacht, sie sind für uns selbstverständlich. Die Kinder gehen von zuhause weg; so ist heute der Lauf der Welt. Aber gilt das ebenso für meine verlorengegangene Verbindung zur Natur?

Ich war sicher, dass meine fehlende Naturverbundenheit, die ich in meinen frühen Vierzigern so plötzlich und schmerzhaft erkannte, nicht auf einer absichtlichen Trennung oder bewussten Entscheidung beruhte. Diese Loslösung musste sich also über Jahre, vielleicht über Jahrzehnte, eingeschlichen haben, ohne dass ich es bemerkt hatte. Als sei ich eines Morgens mit dem Gefühl aufgewacht, die Person, mit der ich mein Leben teile, nicht mehr länger zu kennen, als hätten wir uns auseinandergelebt, uns neuer Dinge angenommen und schließlich „unsere Liebe füreinander verloren". Eine Analogie, die etwas zu kurz greift, denn hier geht es um zwei bewusst handelnde Menschen anstatt um eine einzelne Person und die ganze umfängliche Welt der Natur. Aber doch ein guter Anfang, wenn man etwas so Großes und anscheinend Unergründliches verstehen möchte. So war es zumindest für mich.

All diese Erkenntnisse stellten sich zu einer Zeit ein, als ich anfing, mich für Bienen zu begeistern. Ich wusste damals noch nicht, welch enorme Rolle sie für meine Reise zurück zur Natur spielen würden, wie sie mir helfen und mich leiten würden und wie viel ich von ihnen lernen würde. Doch bald schon sollte ich es herausfinden. Ich war dabei, mich wieder Hals über Kopf zu verlieben.

Bienen. Wo anfangen? Bedenkt man, wie sehr wir auf die Bienen, die unsere Feldfrüchte bestäuben, angewiesen sind, kann man kaum glauben, dass die meisten von uns so wenig über sie wissen. Beim Wort „Biene" denken wir wahrscheinlich am ehesten an Bilder von Bienenstöcken, Imkern und Honig. Wenn man uns aber ein Blatt Papier und eine Schachtel Farbstifte in die Hand drückt, mit der Bitte, eine Biene zu zeichnen, werden die meisten ein eiförmiges Gebilde mit weißen, gelben und schwarzen Streifen malen, dem sie einen Kopf, sechs Beine, zwei Fühler und ein oder zwei Flügelpaare anheften, also etwas, das viel eher einer Hummel als einer Honigbiene gleichen würde.

Auf der Erde sind mindestens zwanzigtausend verschiedene Bienenarten beheimatet. Diese überwältigende Zahl wird die meisten Menschen überraschen (ich zumindest war überrascht), wenn sie sie das erste Mal hören, vor allem dann, wenn sie bis dahin lediglich Honigbienen und Hummeln kannten. Noch erstaunlicher ist, dass von all diesen verschiedenen Arten nur neun Honigbienen sind und etwa 250 zu den Hummeln gehören. Ungefähr 500 werden den sogenannten Stachellosen Bienen zugerechnet. Alle anderen sind „Solitär-" oder „Einsiedlerbienen". Und unter diesen Letzteren habe ich viele neue Freunde gefunden. (Wenn ich „alle anderen" sage, vereinfache ich etwas. Dazu später mehr!)

Die meisten von uns wissen natürlich, dass Bienen wichtige Bestäuber sind; statt der Tatsache, dass eine so winzige Kreatur zu etwas so Großartigem wie der Bestäubung imstande ist, mit Ehrfurcht zu begegnen, halten wir dieses Geschenk – diese „Dienstleistung", wie es Ökonomen heute traurigerweise nennen – für selbstverständlich. Ich verwende den Ausdruck „Geschenk" mit Bedacht und bin mir bewusst, dass ein Geschenk normalerweise etwas ist, das seinem Empfänger mit Absicht überreicht wurde. Bienen und andere bestäubende Insekten, die täglich auf der Suche nach Nektar und Pollen sind, verfolgen natürlich das Ziel, so viel wie möglich davon zu sammeln und in ihr Nest zurückzubringen, um damit die nächste Generation ihrer Art zu füttern oder Vorräte anzulegen. Bienen sind ebenso wenig darauf aus, uns zu beschenken, wie die von ihnen besuchten Pflanzen zu bestäuben, aber für mich ist das, was dabei herauskommt, eines der schönsten Geschenke, das die Natur dem Menschen macht, und zudem eines, ohne das wir schlicht nicht überleben könnten.

Bienen bestäuben Blütenpflanzen. Das wissen wir. Aber wie genau stellen sie das an? Wie um alles auf der Welt weiß eine frisch aus ihrem Kokon oder ihrer Brutzelle geschlüpfte Biene, welche Blüten die besten Pollen- und Nektarquellen sind? Wie erkennt sie, welche Blüten bereits „abgearbeitet" sind und welche noch eine Belohnung enthalten? Wie leicht fällt es ihr, eine einmal angeflogene Pflanze wieder aufzufinden? Wie verschafft sie sich Zugang zu einer kompliziert aufgebauten Blüte? Und wenn sie es geschafft hat, wie gewinnt sie den Pollen und den Nektar und wie fliegt sie damit zurück ins Nest? Verfügt die Pflanze über Mechanismen, die die Bestäubung sicherstellen? Was passiert, wenn Pflanzen blühen und keine bestäubenden Insekten in der Nähe sind? Und wie kommunizieren staatenbildende Bienen untereinander? So viele „Wies" – und dabei handelt es sich lediglich um Fragen, die die Beziehungen zwischen Bienen und Pflanzen betreffen. Es gibt noch viel

11

mehr Bienen-Fragen, auf die ich Antworten gesucht habe und immer noch suche. Ich nehme begierig auf, was Bücher und Online-Quellen hergeben, aber ohne Hilfe kommt man damit nicht weit.

Zum Glück gibt es Experten, die die Mühe nicht scheuen, das unschätzbare Fachwissen, das sie sich über die Jahre angeeignet haben, mit anderen zu teilen. Viele dieser Wissenschaftler sind darüber hinaus bestrebt, der Wissenschaft etwas von ihrer Rätselhaftigkeit zu nehmen, um sie für Laien wie mich zugänglicher zu machen. Für das, was ich von diesen Menschen – ich komme in den Danksagungen auf sie zurück – aus erster Hand erfahren durfte, bin ich überaus dankbar. Ohne ihre Hilfe wäre ich bestimmt beim ersten Hindernis schon ins Stolpern geraten.

Auf einige meiner Bienen-Fragen – bei Weitem nicht auf alle – habe ich Antworten gefunden und bin bei meinen Erkundungen zudem auf einen Reichtum an weiteren Informationen gestoßen. Meine Forschungen haben mich auf so neue und spannende Felder wie etwa die Lepidopterologie (die Schmetterlingskunde), die Botanik und die Bestäubungsökologie geführt. Doch diese Verlockungen bedeuten auch, dass ich ständig von meiner Bienenkunde abgelenkt und auf andere Fährten geführt werde. Um all diese neuen Informationen zu verarbeiten und aufzunehmen, bräuchte es noch ein paar Leben mehr. Da ich aber vor Kurzem die sechzig überschritten habe und es kein Parallelleben gibt, habe ich beschlossen, den größten Teil meiner Zeit den Bienen zu widmen.

Ich verbringe auch endlose Stunden in unserem Garten und in unserer Kleingartenparzelle oder wo ich gerade unterwegs bin damit, Bienen und anderen Insekten zuzusehen, um mehr über sie und ihr Verhalten herauszufinden. Wenn ich beobachte, wie sie ihre Nester anfliegen und wieder verlassen, wenn ich ihnen von Blüte zu Blüte folge und auf ihre Geräusche horche, kann ich nicht umhin, sie zu bewundern, sie zu respektieren und, häufig genug, zu bestaunen. Oft, wenn ich mir die Fotografien, die ich gemacht habe, beim Schneiden und Vergrößern am Computer genauer ansehe, entdecke ich die interessantesten Hinweise, was ihre Physiologie und ihr Verhalten anbelangt, vor allem, wenn ich herausfinden möchte, wie die verschiedenen Arten dem unerlässlichen Geschäft des Pollentransports nachgehen. Schlagen meine Freunde einen Spaziergang vor, ermahne ich sie stets, sich lieber zu überlegen, ob sie mich wirklich dabeihaben wollen, denn mir ist es beinahe unmöglich, an etwas Kleinem, das sich bewegt oder meine Aufmerksamkeit erregt, vorbeizugehen, ohne es genauer in Augenschein zu nehmen oder zu bewundern.

Bienen sind in vielerlei Hinsicht so unglaublich, dass die Informationen, die ich in diesem Buch vermitteln möchte, gerade einmal an der Oberfläche kratzen. Ich bin gewiss keine Autorität auf dem Gebiet der Bienen, keine Expertin, und gebe dies auch nicht vor. Ich möchte lediglich einige der einheimischen Arten vorstellen, mit denen ich mich bekannt gemacht habe und die mir am Herzen liegen, ich möchte über ihre Lebenszyklen berichten – die sich, bei aller Ähnlichkeit, von Art zu Art unterscheiden – und über die grundlegenden Unterschiede zwischen Honigbienen, Hummeln und Solitärbienen sprechen. Und von den Bienen erzählend, stelle ich auch einige andere, an ihrer Seite lebende Arten vor, darunter Schwebfliegen, Schwärmer und Töpferwespen. Ich berichte, was ich über die Gefahren herausgefunden habe, denen diese Kreaturen ausgesetzt sind und die unter anderem von Insektiziden, dem Verlust von Lebensräumen und dem Klimawandel ausgehen. Ich versuche so viel wie möglich von dem, was ich gelernt habe, in meine Darstellung aufzunehmen, alles, was ich nicht wirklich verstanden habe, lasse ich weg. Nichts ist verwirrender, als Informationen von jemandem aufgetischt zu bekommen, der selbst nur die Hälfte versteht. Es gibt bereits so viele wunderbare Bücher, Artikel und Websites, die man gegebenenfalls für weitere oder detailliertere wissenschaftliche Informationen heranziehen kann. Die, die ich am hilfreichsten fand, habe ich im Literaturverzeichnis aufgelistet.

Vor allem aber möchte ich mit euch jene Aspekte des Bienenlebens teilen, die mich in den letzten zehn Jahren zunehmend mit Erstaunen und Entzücken erfüllt haben, während ich diese Insekten und all die anderen wunderbaren Tiere und Pflanzen, denen ich auf meinen Reisen begegnet bin, zu beobachten, ihnen zu lauschen und mich auf sie einzulassen gelernt habe. Ich hoffe auch, dass das Wissen, das ich im Umgang mit der Natur gewonnen habe, zusammen mit den Beobachtungen, den Einsichten und Erkenntnissen, die mir dies beschert hat, euch dazu inspirieren wird, Bienen in einem neuen Licht zu sehen, mehr über sie herausfinden zu wollen, sie in Ehren zu halten und sie in eurer Welt oder zumindest in eurem Garten willkommen zu heißen.

13

Euren Garten bienenfreundlich zu gestalten, ist eine der einfachsten Maßnahmen, den Bienen zu helfen. Deshalb erwähne ich im Lauf des Buchs all die Blütenpflanzen, die ich mit meinem Mann angepflanzt habe, und gehe auf die Habitate ein, die wir geschaffen haben, um die Bienen anzulocken – aber auch auf all die anderen Insekten und Kleinstlebewesen, die unseren Garten oder unsere Gartenparzelle besuchen, denn das vorliegende Buch handelt nicht nur von Bienen. Anfangs war es tatsächlich als „Bienen-Buch" gedacht, oder genauer als Buch, das auf das Verschwinden der Bienen und dessen zahlreiche Ursachen aufmerksam machen sollte. Aber so wie meine persönliche Reise zurück zur Natur eine eigene Dynamik entfaltet hat, hat auch dieses Buch ein eigenes Leben angenommen. Seit ich vor beinahe zehn Jahren Feder und Papier zur Hand nahm, um es zu schreiben, ist es von allen möglichen Geschöpfen, die mir über den Weg gelaufen sind und in die ich mich verliebt habe, durcheinandergebracht worden.

Ich hoffe, ihr habt Freude daran, mich auf meiner Reise zu begleiten, und dass ihr euch, wenn ihr diesen außergewöhnlichen, zauberhaften kleinen Lebewesen begegnet, auch ein kleines bisschen in sie verliebt.

EINLEITUNG:
DIE HONIGFALLE

Nicht immer habe ich Bienen so gemocht wie heute. Zwar faszinierten mich schon als Kind Schmetterlinge, Vogelküken, Froschlaich, Schnecken und Molche, niemals aber Bienen – abgesehen von Hummeln, die ich schon von klein auf wegen ihres Bummelflugs und ihrer summenden, brummenden Geräusche liebte. Erst viele Jahrzehnte später, als ich 2006 eine gemeinnützige Umweltstiftung leitete, wurde mir zum ersten Mal bewusst, wie ungeheuer vielfältig die Welt der Bienen ist und welches Wunder ihre Beziehung zu den Blütenpflanzen darstellt.

Zu jener Zeit wurde in den Medien über rätselhafte und zutiefst beunruhigende Vorkommnisse auf der anderen Seite des Atlantiks berichtet. In den Vereinigten Staaten „verschwanden" massenhaft Honigbienen; das Phänomen, das inzwischen offenbar nachgelassen hat, wurde als *Colony Collapse Disorder* (CCD), zu Deutsch Bienenvölkerkollaps, bezeichnet. Zu den Hauptmerkmalen gehört das vollständige Verschwinden von Arbeitsbienen. Die Arbeiterinnen waren zur Nahrungssuche aus Bienenstöcken voller Eier, Larven und Honig ausgeflogen und nicht mehr zurückgekehrt. Sie blieben spurlos verschwunden und ihre unversorgt zurückgelassenen Königinnen starben. In mehreren aufeinanderfolgenden Jahren waren in den Vereinigten Staaten 30 Prozent der Bienenvölker zusammengebrochen und im Winter 2006/2007, dem Höhepunkt des Völkersterbens, wurden beunruhigende 60 Prozent gemeldet. Man sprach bereits von einer „Bienenapokalypse". Zur Rettung der Honigbienen wurden zusätzliche Gelder für Forschung und Hilfsprogramme bereitgestellt.

Wie viele andere verfolgte auch ich die Berichte über das Bienensterben mit wachsender Besorgnis. Anfangs machte ich mir vor allem

17

über die Folgen für die menschliche Ernährung Sorgen, wenn die in den Nachrichten gemeldeten Verluste andauern sollten. Als ich jedoch selbst ein paar Nachforschungen anzustellen begann, verschob sich der Schwerpunkt meines Interesses von der Frage, wie sich die Verluste auf uns auswirken könnten, auf die Sorge um die Honigbienen selbst und auch um die anderen bestäubenden Insekten.

Die Erde beherbergt etwa 352.000 beschriebene Arten Blütenpflanzen, die wiederum von mindestens 350.000 beschriebenen und zahlreichen unbeschriebenen Tierarten bestäubt werden. Pflanzen und ihre tierischen Bestäuber haben sich über Jahrmillionen zusammen entwickelt und obwohl sich manche Blütenpflanzen spezialisiert und sich an das Zusammenleben mit ganz bestimmten Tieren angepasst haben, sind die meisten von ihnen Generalisten, die von vielen verschiedenen Arten besucht werden. Blütenpflanzen werden von Vögeln und Fledermäusen bestäubt, aber auch von Nagetieren, Beuteltieren und Eidechsen. Die meisten Bestäuber sind aber Insekten: Wespen, Schwebfliegen und andere Fliegenarten, Schmetterlinge, Motten, Ameisen, Blumenkäfer und natürlich Bienen.

Bienen sind für die herausragende Rolle bekannt, die sie bei der Bestäubung der Blütenpflanzen der Erde spielen. Damit tragen sie zum Erhalt wichtiger ökologischer und landwirtschaftlicher Systeme bei. Hummeln etwa sind für die Fremdbestäubung von Tomaten unverzichtbar. Eine in Nordamerika beheimatete Gruppe Solitärbienen, die sogenannten Kürbisbienen, kann für sich beanspruchen, den Löwenanteil bei der Erzeugung der meisten kommerziell angebauten Kürbisse zu leisten. Und ohne eine planmäßige Honigbienenwirtschaft würden die riesigen kalifornischen Mandelplantagen nicht funktionieren.

Als mir klar wurde, in welchem Umfang die kommerzielle Bienenhaltung in Nordamerika betrieben wird, war ich schockiert und schlichtweg entsetzt, welchem Stress die armen Tierchen ausgesetzt sind. Die Zahlen, die dabei im Spiel sind, und die Entfernungen, über die die Bienen transportiert werden, sind kaum zu fassen. Im Jahr 2017 verfrachteten Wanderimker etwa 1,7 Millionen Honigbienenvölker nach Kalifornien oder transportierten sie innerhalb des Bundesstaats, wo sie über eine halbe Million Hektar Mandelplantagen bestäuben sollten. Diese Bienen kamen zu den 500.000 Kolonien dazu, die ohnehin schon in den Mandeltälern beheimatet waren. Allein der Mandelanbau ist darauf angewiesen, dass etwa 88 Milliarden Bienen auf Lastwagen aus ihren Überwinterungsplätzen, die in einigen Fällen bis zu anderthalbtausend Kilometer entfernt liegen, herangeschafft werden. Auf Tiefladern werden die Bienenstöcke hin- und hergefahren, nach Osten und Westen, mit Zwischenstopps im Mittelwesten, wo sie die Sommerfrüchte bestäuben, bevor sie schließlich über den Winter pausieren. Schon früh im nächsten Jahr startet ihre Rundreise von Neuem. Manche dieser Bienenstöcke sind jedes Jahr Zehntausende Kilometer auf den Straßen unterwegs, während ihre Bewohner Äpfel, Klee, Raps, Luzerne, Sonnenblumen, Blaubeeren und andere Feldfrüchte bestäuben.

Angesichts dieser Verhältnisse alles andere als überrascht, dass die Honigbienen verschwinden und an einer rätselhaften „Störung" sterben, wunderte ich mich umso mehr, dass überhaupt noch welche überlebten.

Unsere Verbindung zu den Honigbienen reicht mindestens neuntausend Jahre, bis zu den frühesten Anfängen des Ackerbaus, zurück. Archäologische Funde legen nahe, dass die jungsteinzeitlichen Bauern wilde Bienen hielten und ihren Honig sowie ihr Wachs als Arznei und Nahrungsmittel verwendeten, aber mit Sicherheit sind wir schon wesentlich früher in den Tanz mit den Bienen eingetreten. Eine Höhlenmalerei in der Nähe von Valencia, Spanien, vermutlich etwa fünfzehntausend Jahre alt, zeigt eine menschliche Gestalt, die aus einer hoch oben in einer Felswand hängenden Wabe Honig entnimmt. Unsere Vorfahren haben offenbar schon lange bevor irgendjemand versuchte, Bienen zu bewirtschaften, eine Vorliebe für Honig entwickelt. Ihr hegt vielleicht die Vorstellung, dass alle Honigbienen der Erde in Bienenstöcken leben, in Gruppen aufgestellt oder in Bienenhäusern, den sogenannten *Apiarien*. Tatsächlich werden nicht alle Honigbienen von Menschen bewirtschaftet. Oft siedeln sie sich in hohlen Bäumen, in Kaminen, in Wandnischen, in Dächern und anderen Orten an, wo sie ungestört und unbeaufsichtigt viele Jahre leben und überleben können. Schwärmende Bienen, die Kolonien außerhalb von Bienenstöcken gründen, werden oft als *wilde* Bienen bezeichnet.

Wie der Zufall es will, habe ich etliche Freunde, die glücklich sind, ihr Zuhause mit aktiven, meistens in ihren Dächern oder Kaminen lebenden Honigbienenvölkern zu teilen. Solange die Bienen nicht in die Wohnung selbst kommen und das Gewicht der Honigwaben nicht die Gebäudestruktur gefährdet, sind solche Kolonien absolut harmlos. Viele Menschen entwickeln sogar eine regelrechte Anhänglichkeit und sprechen von ihnen liebevoll als „unsere Bienen".

Nicht immer sind solche Wildvölker gerne gesehen. Kürzlich las ich über ein Krankenhaus in Cardiff, in dem erst bemerkt wurde, dass eine große Honigbienenkolonie in einem Hohlraum im Dach lebte, nachdem in einer der Krankenstationen Honig durch die Decke und die Wände hinabzusickern begann. Natürlich löste dieses Ereignis einen ziemlichen Wirbel aus. Wo immer sich verwilderte Honigbienen niederlassen, benötigen sie einen Hohlraum, groß genug, um ein Volk von vielleicht sechzigtausend Bienen und mehr zu beherbergen, sowie genügend Platz für die Waben, in die die Königin ihre Eier legt und die Arbeiterinnen Honig und Pollen einlagern können. Alles andere ist nebensächlich. Ob der Hohlraum hoch und eng, oder lang und horizontal ist, immer werden die Bienen die Waben dem verfügbaren Raum anpassen.

Honigbienen, die in Bienenstöcken leben, werden häufig als *domestizierte* Bienen bezeichnet. Meines Erachtens trifft der Ausdruck aber eher auf Tiere zu, die ihr ursprüngliches Verhalten in der Anpassung an den Menschen geändert haben, als auf Honigbienen, die, soweit wir wissen, ihr Verhalten kein bisschen an uns angepasst haben. Ich halte daher den Ausdruck „bewirtschaftet" für viel passender – und im Falle der in den USA anzutreffenden Bienenhaltung im großen Stil wäre es vielleicht sogar noch besser, von „industriell bewirtschaftet" zu sprechen. Wie dem auch sei, die meisten heute in Stöcken untergebrachten Bienen werden ausdrücklich für die Bestäubung der Feldfrüchte sowie zur Honigproduktion oder Wachsgewinnung und häufig für beides gehalten.

Obwohl auch einige andere Bienenarten kleine Mengen Honig produzieren und speichern, ist es hauptsächlich die Art *Apis*, die dies in einer ausreichenden und für den Imker attraktiven Menge tut. Die Fähigkeit der Honigbiene, genug zuckerhaltige Nahrung zu speichern, mit der sie durch Notzeiten wie Dürre, anhaltende Regenfälle oder Winterkälte kommt, zeichnet sie unter fast allen anderen Bienenarten aus. Diese Vorratshaltung in Kombination mit der Gabe, jeden nur verfügbaren Platz für den Bau ihrer Nisthöhlen heranziehen zu können, ist der Schlüssel für den Erfolg und das Überleben der Bienen in der Wildnis, aber auch an der Seite des Menschen. Nicht nur der Honig, oder die Fähigkeit, Bäume und Feldfrüchte zu bestäuben, veranlasst Menschen seit unzähligen Generationen zur Bienenhaltung. Es gibt noch etwas anderes, etwas tief in unserer Psyche Anklingendes, das uns dazu bringt, uns um diese Insekten zu kümmern, mehr über sie zu wissen und, um uns mit ihnen auf die eine oder andere Weise zu verbinden, sogar unsere Furcht vor ihnen überwinden zu wollen. Vielleicht ist es ihr Arbeitsethos, oder die Tatsache, dass alles, was sie tun, für das „größere Wohl" des Bienenstocks erfolgt. Vielleicht auch, weil wir danach streben, ihnen ähnlicher zu sein.

Darüber habe ich in letzter Zeit viel nachgedacht, denn obwohl ich letzten Endes die „anderen Bienen" zu meinen Champions gemacht habe, möchte ich doch auch mehr über Honigbienen herausfinden. Die wenige Zeit, die ich mit ihnen verbracht habe, reichte völlig aus, um zu verstehen, warum ihre Halter sie so sehr ins Herz schließen. *Das Leben der Bienen*, 1901 von dem belgischen Dichter, Dramatiker und Imker Maurice Maeterlinck geschrieben, ist zweifelsohne das schönste und bezauberndste Buch, das ich je über Honigbienen gelesen habe. „Kein lebendes Wesen, selbst der Mensch nicht", schreibt Maeterlinck, „hat in seiner Sphäre das erreicht, was die Biene in der ihren verwirklicht hat." Macht das vielleicht einen Teil ihrer Anziehungskraft aus? Dass auch wir, bei näherer Betrachtung, erreichen könnten, was die Honigbiene verwirklicht hat, nämlich *wahrhaft* sozial zu sein, so wie sie zusammenzuarbeiten und zusammenzuleben, und sich nicht immer an die erste Stelle zu setzen, sondern sich kooperativ für eine gemeinsame Sache zu engagieren. Maeterlinck spricht vom „Geist des Bienenstocks".

Honigbienen sind hochentwickelte soziale Wesen, deren Völker aus einer Königin, mehreren zehntausend Arbeiterinnen und ein- bis zweitausend männlichen Drohnen bestehen, die nur zu bestimmten Zeiten des Lebenszyklus erzeugt werden und deren einziger Zweck darin besteht, sich zu paaren. Diese Stufe sozialer Organisation, in der ein einziges Weibchen die Nachkommen produziert und die unfruchtbaren Mitglieder der Kolonie sich zusammen um den Nachwuchs kümmern, wird in der Wissenschaft als *Eusozialität* bezeichnet.

Eusoziale Wesen bilden Gemeinschaften, in denen mehrere Generationen erwachsener Tiere zusammen mit ihren Nachkommen leben, die sie gemeinschaftlich versorgen; zugleich zeichnen sie sich durch „Arbeitsteilung" aus, mit Individuen, die bestimmten Kasten mit jeweils klar definierten Aufgaben angehören, die nicht von den anderen Kasten ausgeübt werden. Bei den Honigbienen sind das die Königin, die Arbeiterinnen und die Drohnen. Bienenvölker und andere eusoziale Verbände, darunter auch die etwa fünfhundert Arten der in tropischen und subtropischen Gebieten beheimateten, *Meliponini* genannten „Stachellosen Bienen", werden häufig als *Superorganismen* bezeichnet. Ein solcher Verband funktioniert als organisches Ganzes und die Individuen dieser „Staaten" sind allein nicht überlebensfähig. Ein Honigbienenvolk ohne Arbeiterinnen oder ohne Königin wäre wie ein menschlicher Körper ohne Gliedmaßen oder ohne Herz.

Eusoziale Arten sind zu sehr komplexen Verhaltensformen fähig, darunter auch die Fähigkeit zur kollektiven Entscheidungsfindung. Dieses komplexe Verhalten verschafft ihnen etliche Vorteile gegenüber ihren eher einzelgängerischen Cousinen. Zunächst einmal sind eusoziale Insekten effektivere Nahrungsbeschaffer, da sie nicht nur bei der Nahrungssuche zusammenarbeiten, sondern auch die Lage ihrer Fundstellen anderen Koloniemitgliedern mitteilen können. Da die Königin nicht selbst für ihre *Brut* – das heißt ihre Eier und *Larven* – sorgen muss, sondern sich dafür auf die vieltausendköpfige Kaste der Arbeiterinnen verlassen kann, können die Völker der Honigbiene sehr groß werden. Schon allein ihrer schieren Zahl wegen sind sie dazu befähigt, andere Insekten in Sachen Nahrung und Territorium aus dem Feld zu schlagen. (Deshalb kann das Aufstellen übermäßig vieler Bienenstöcke in einem Gebiet sich negativ auf bereits vorhandene Vorkommen einheimischer Bienen auswirken.) Diese enormen Populationen sind zudem imstande, in kurzer Zeit Nester zu bauen oder sie zu reparieren, oder sich, falls ihre Stöcke und Vorräte angegriffen werden, zu ihrer Verteidigung zusammenzuschließen. Mit den Vorteilen der Gesellschaftsbildung gehen auch Nachteile einher, zum Beispiel die großen Nahrungsmengen, die zur Erhaltung einer Kolonie benötigt werden.

Es gibt noch andere eusoziale Insekten, etwa Ameisen, Termiten und bestimmte Wespenarten, und bei den Bienen stellt echte

Eusozialität eher die Ausnahme dar als die Regel. Selbst Hummeln, obwohl meist sozial organisiert, fallen hinter die hochentwickelte Eusozialität der Honigbienen zurück. Im Gegensatz zu Bienenvölkern, deren Staaten mitunter viele Jahre lang bestehen, leben Hummelkolonien nur *ein Jahr* lang, und bis die erste Generation der Arbeiterinnen ausschlüpft, gibt es im Hummelnest keine Arbeiterkaste, die die Brutpflege mit der Königin teilen würde. Andere Bienenarten haben verschieden hohe Stufen der Vergesellschaftung entwickelt, darunter gemeinsame Nester und kooperative Brutpflege, ohne jedoch wirklich eusozial zu sein.

Die meisten Bienen besitzen überhaupt keine sozialen Züge und werden als Solitärbienen bezeichnet. Obwohl die Einsiedlerbienen, wie sie auch genannt werden, bisweilen in enger Nachbarschaft leben, unterhalten sie in der Regel ihr eigenes Nest oder individuelle Nesteingänge. Außer zur Fortpflanzung interagieren sie nicht mit ihresgleichen. Wie auch immer die soziale Veranlagung der einzelnen Bienenarten beschaffen sein mag, sobald man sich ein kleines bisschen mit ihnen auskennt, wird man sie in einem völlig anderen Licht betrachten.

Unter den zwanzigtausend Bienenarten sind es die eusozialen Völker der Honigbienen, die am leichtesten zu beobachten sind, vor allem, weil sie so zahlreich in von Bienenzüchtern bewirtschafteten Stöcken leben. Ich bin zwar keine Imkerin, aber mein Mann Rob ist Imker – und vieles, was ich über die Lebensweise der Honigbienen gelernt habe, verdankt sich dem Kommen und Gehen, das ich an den Fluglöchern von Robs Bienenstöcken beobachtet habe.

———

Ich begegnete Rob im Sommer 2013 bei einer Tagung für ökologische Bienenhaltung, die in einem Freiluftkonferenzzentrum in Worcestershire abgehalten wurde. Sie war von meinem Freund, dem „bienenverrückten" Vorkämpfer und Lehrer für Bienenhaltung Phil Chandler, organisiert worden. Die Tagung sollte Bienenhaltern, die auf naturnahe Methoden mit möglichst geringen Eingriffen setzten, eine Möglichkeit bieten, Gleichgesinnte kennenzulernen und Ideen auszutauschen. Phil hatte mich eingeladen, einen Vortrag über „andere

Bienen" zu halten und sozusagen eine Flagge für unsere schönen, aber weniger bekannten Hummeln und Solitärbienen zu hissen. Mein Vortrag war erst für Sonntagnachmittag vorgesehen, aber Phil hatte mir angeboten, doch das ganze Wochenende dabei zu sein. Ich hatte damals eine Phase, in der ich mich für eine naturnahe Bienenhaltung interessierte, und nahm seine Einladung gerne an. Als am Freitagabend die Teilnehmer eintrafen und ihre Zelte aufstellten, saß ich mit Lesley, Phils Lebensgefährtin, zusammen. Ich erzählte ihr gerade, dass ich Single und glücklich und zufrieden sei, mein eigenes Leben führen zu können, als ich Rob das erste Mal wahrnahm. *Er sieht interessant aus*, dachte ich, als er vorbeiging.

Es ist verrückt, wie viel man am Gang einer Person ablesen kann, aus der Art, wie sie sich gibt, welche Kleidung sie trägt, noch bevor man ihr Gesicht zu sehen bekommt oder mit ihr redet. Als Rob an mir vorbeiging, war mein erster Eindruck, dass er ein Typ war, der sich wohl in seiner Haut fühlte, geerdet (wenn es so etwas gibt) und ohne Eile, irgendwo anzukommen – alles Eigenschaften, die ich bei einem Menschen attraktiv finde. Und dann registrierte ich noch, dass sein Haar ungekämmt war, ein bisschen so wie meines. Aus seiner Art, sich zu kleiden und überhaupt sich zu geben, schloss ich, dass er wahrscheinlich ein Mensch war, der im Freien arbeitet. Jedenfalls machte er nicht den Eindruck, sein Leben in einem Büro zu verbringen. Sogar sein Zelt war anders. Er hatte keines dieser fragilen, modernen, leichtgewichtigen Zelte, wie sie die anderen aufgeschlagen hatten, sondern ein altes französisches Leinwandzelt, das mindestens fünfmal so viel wog als die anderen und doppelt so viel Zeit benötigte, bis man es aufgebaut hatte. Hatte er nicht auch etwas leicht Rebellisches an sich? Irgendwann im Laufe des Wochenendes würde ich ihn hoffentlich kennenlernen.

Und so geschah es. Nicht dass wir einander wie üblich vorgestellt worden wären, kennengelernt habe ich ihn erst am Sonntagabend, als ich gerade aufbrechen wollte. Aber es hatte bereits ein paar Gelegenheiten gegeben, an denen wir „Verbindung aufnahmen". Ich spürte es und er wohl auch. Die erste Gelegenheit hatte sich am Freitagabend ergeben, als Lesley und ich am Lagerfeuer saßen, zu Abend aßen und Rob zufällig auf der Bank neben uns Platz genommen hatte. Er nahm an unserer Unterhaltung teil, eher aber als Zuhörer und indem er dem, was wir sagten, zustimmte, ohne sich wirklich einzumischen. Er wirkte selbstbewusst, aber auf eine sehr sanfte und beruhigende Art. Ich spürte, dass ich ihn mochte, und vielleicht auch, dass er mich mochte. Wir nahmen im Lauf des Wochenendes ein oder zweimal an denselben Workshops teil und ich bemerkte, dass Rob dem Gesagten zwar aufmerksam zuhörte, sich mit seinen eigenen Ansichten aber zurückhielt. Er war gekommen, um zu lernen, nicht, um über sich selbst zu sprechen, und er wartete die Fragen der anderen ab, bevor er selbst welche stellte.

Am Samstag gab es einen Wünschelruten-Workshop. Wir bekamen aus alten Kleiderbügeln hergestellte Ruten ausgehändigt und wurden losgeschickt, nach „geopathischen Stresslinien" zu suchen, über denen Bienen mutmaßlich mit größerer Wahrscheinlichkeit ihre Kolonien bauen. Ich muss etwas beschämt zugeben, dass ich Rob über das Feld folgte. Liebe Zeit, wenn ich daran denke, zucke ich jetzt noch innerlich zusammen. Aber Rob schien sich nicht daran zu stören, und obwohl wir keine Bienen fanden, stöberten wir ein überaus gesundes und aktives Wespennest auf, und zwar genau an dem Punkt, wo sich zwei Erdlinien trafen.

Am Sonntagnachmittag war ich mir sicher, dass ich ihn gerne näher kennenlernen wollte, obwohl ich noch nicht einmal wusste, wie er heißt. Meinen Vortrag am selben Tag schloss ich mit der Beschreibung eines Projekts ab, das ich in Cornwall ins Leben gerufen hatte und bei dem es darum ging, neue Lebensräume für Wildbienen zu schaffen. Ganz am Ende blickte ich ostentativ in Robs Richtung und erwähnte, dass ich verzweifelt nach Freiwilligen suchte. Aber erst als ich zum Ausklang des Wochenendes die Runde machte, um mich zu verabschieden, wurden wir einander vorgestellt, und ich erfuhr, dass er Gärtner war, dass er in North Dorset in der Nähe meiner Eltern lebte und, am allerwichtigsten, dass er gerne vorbeikommen und in meinem Wildbienen-Habitat in Cornwall mit Gartenarbeit helfen würde. Drei Jahre später heirateten wir auf demselben Feld, auf dem wir uns kennengelernt hatten.

Rob und ich teilen viele gemeinsame Interessen, insbesondere die Liebe zur Natur. Wie ich schon sagte, ist Rob Gärtner von Beruf, aber als wir uns näher kennenlernten, erfuhr ich, dass er seit mehr als zehn Jahren Vollzeit in einem fast ein Hektar großen Garten arbeitete, der Diana gehörte. Dianas Garten ist eine einzige Pracht. Eine Mischung aus gepflegt und wild, voller Blumen, Sträucher, Bäume und brummend vor Leben. Als Rob mir das erste Mal den Garten zeigte, verstand ich sofort, warum er die Arbeit hier so sehr liebte. Noch nie habe ich so viele verschiedene Bienen oder Vögel in einem Garten gesehen wie in diesem. Neben den Blumenbeeten und Rasenflächen gibt es einen Obstgarten, einen Gemüsegarten, eine kleine Wiese und zwei Teiche, und all das bewirtschaftete Rob, ohne auf Insektenschutzmittel, Unkrautvernichter oder Fungizide zurückgreifen zu müssen. Wenn es noch eines Beweises bedarf, dass man keine chemischen Schädlingsbekämpfungsmittel braucht, um Heerscharen von Blumen und Obst und Gemüse in Hülle und Fülle wachsen zu lassen, dann ist es dieser Garten.

Ich bin überaus glücklich, dass unser kleiner Garten und unser Gartengrundstück in Shaftesbury, Dorset, mit Robs biologischen und naturnahen Methoden so angelegt sind, dass sie Nahrung für Bienen und andere wildlebende Tiere bieten, aber auch Gemüse und Obst für die Küche bereitstellen.

Aufgrund seiner Liebe zur Natur unterscheidet sich Robs Art, mit seinen Honigbienen umzugehen, von der anderer Bienenzüchter. Rob hält nun seit etwa zehn Jahren Bienen, war aber im Grunde bereits Imker, bevor er überhaupt Bienen hielt.

Rob entschloss sich zur Bienenhaltung, als ihm auffiel, wie wenige Bienen er in Dianas Garten zu Gesicht bekam. Denn das hieß wahrscheinlich, dass nur wenige Bienenvölker, ob bewirtschaftet oder wild, in der Gegend existierten. Andernfalls hätten sie doch den Garten mit Sicherheit entdeckt. Auch wenn das natürliche Erkundungsgebiet der Honigbienen nur wenige Kilometer im Umkreis ihres Bienenstocks liegt, sind sie imstande, Strecken von bis zu fünf Kilometern zu bewältigen. Hätte es bereits eine große Anzahl von Bienenstöcken in der Nachbarschaft gegeben, hätte Rob es sich zweimal überlegt, ein Bienenvolk in seinem Garten anzusiedeln. In einer Gegend mit ausreichend Honigbienen hätte er nicht absichtlich noch mehr Konkurrenz schaffen wollen.

Seit den ersten Berichten über das Bienensterben und CCD hat die Bienenhaltung enorm an Beliebtheit gewonnen, insbesondere im städtischen Umfeld, wo es, neben einer größeren Anzahl an Einzelimkern, auch unter wohlmeinenden Geschäftsinhabern Mode geworden ist, Bienenstöcke auf den Dächern ihrer Firmen aufzustellen. Aber anders als gerne geglaubt wird, müssen die Bienen nicht gerettet werden, und „Imker werden" trägt nicht zur „Rettung der Bienen" bei. Auf der Erde existieren ungefähr zwanzigtausend verschiedene Bienenarten, und die europäische Honigbiene ist nur eine davon.

Während sich alle Welt auf das Bienensterben konzentriert, sind andere Bienen still und leise verschwunden oder sind in ihrer Verbreitung und Zahl geschrumpft. Auf der Liste des United Kingdom Biodiversity Action Plan, die aus prioritären, besonders stark bedrohten Arten besteht, für die Schutzmaßnahmen erforderlich sind, sind gegenwärtig neunzehn einheimische Arten verzeichnet. Sechs dieser neunzehn Arten sind Hummeln, die übrigen Solitärbienen. Europäische Honigbienen standen nie und stehen auch heute nicht auf dieser Liste. Auch in Nordamerika gelten sie nicht als gefährdete Spezies.

Tatsächlich waren Honigbienen in Nordamerika ursprünglich gar nicht heimisch. Erst im frühen 17. Jahrhundert wurden sie zur Honiggewinnung von europäischen Siedlern eingeführt. Vor dieser Zeit wurden alle Feldfrüchte, einschließlich den von den Siedlern mitgebrachten, von einheimischen Insekten bestäubt. Ja, es gibt sie, die Einbußen an Bienenvölkern, und diese Verluste sind für Imker wie Konsumenten gleichermaßen beunruhigend. Aber trotz der Völkerkollapse (CCD) und Berichten über hohe Winterverluste ist die Anzahl der Bienenstöcke in den vergangenen fünfzig Jahren weltweit gestiegen.

Hunderte oder Tausende weitere Honigbienen in einem Gebiet anzusiedeln, in denen sie ohnehin schon für die einheimischen Wildbienen Nahrungskonkurrenz bedeuten, ist nicht unbedingt sinnvoll, es sei denn, man pflanzt gleichzeitig felderweise Blütenpflanzen, von denen die Honigbienen sich ernähren können, was wohl meist nicht passiert. Die Bienenhaltung wird unter Umständen zur besseren Bestäubung der Ackerpflanzen beitragen. Wahr ist aber auch, dass man als Imker ebenso wenig Bienen rettet, wie jemand, der Hühner hält, Vögel rettet. Allerdings habe ich festgestellt, dass sich zunehmend mehr Imker über die einheimischen Bienenvorkommen informieren, bevor sie ihre Bienenhäuser aufstocken. Vor allem die Organisation Friends of the Bees ermutigt zu diesem Vorgehen.

Unbedingt erwähnt werden sollte, dass nicht alle Insekten, die man auf Blüten sieht, die Pflanzen tatsächlich bestäuben. In den letzten Jahren ist mir klar geworden, wie überaus wichtig es ist, die richtige Terminologie zu verwenden, wenn man über Bienen und Bestäubung

27

spricht. Der Ausdruck *Bestäuber* bezieht sich auf Lebewesen, die die Pflanzen, die sie aufsuchen, auch tatsächlich bestäuben, während alle anderen als *Besucher* bezeichnet werden. Eine auf einer Blüte sitzende Biene oder ein Schmetterling muss diese nicht unbedingt bestäuben. Das Insekt kann auch einfach nur Nektar aus der Blüte saugen, ohne mit den Fortpflanzungsorganen der Pflanze in Berührung zu kommen oder mit Pollen für den Transport zur nächsten Pflanze befrachtet zu werden. Das klingt ziemlich offensichtlich, wenn man darüber nachdenkt, aber für mich war es das nicht, bis es jemand aussprach.

Zum Glück für Rob war Dianas Garten problemlos imstande, ein oder zwei Bienenstöcken Nahrung zu bieten, ohne dass dies für die im Umkreis lebenden Hummel- und Solitärbienenpopulationen Folgen gehabt hätte. Im Grunde genommen war Rob der Überzeugung, dass der Garten von ein paar zusätzlichen bestäubenden Insekten sogar profitieren würde. Und so meldete er sich ordnungsgemäß für einen Kurs beim örtlichen Imkerverband an.

Häufig hört man von Imkern den Spruch: „Wenn man zehn Imkern dieselbe Frage stellt, wird man elf Antworten bekommen." Das muss nicht überraschen. Da kein Mensch dem anderen gleicht, warum sollte dann beim Imkern jeder denselben Methoden folgen? Ich habe keinen Zweifel, dass so ziemlich jeder Bienenzüchter, ob er die Imkerei nun als Hobby, kleiner Selbstständiger oder in der Größenordnung der industriellen Landwirtschaft betreibt, seine Bienen liebt. In der Frage aber, wie man sich um seine Bienen kümmert, wie man sie bewirtschaftet, wird jeder Imker seine eigenen Methoden anwenden.

Rob hat mir erzählt, dass er in dem Lehrgang, den er besuchte, zwar eine Menge gelernt habe, da er sich aber als ökologischer Gärtner verstehe, habe er versucht, seine Art der Bienenhaltung und seine Bienenstöcke so weit wie möglich der wilden Lebensweise der Honigbienenvölker anzunähern. Wie es der Zufall wollte, bekam er kurz vor Ende seines Lehrgangs von seinem Bruder eine E-Mail mit einem Link zu einem Artikel von Phil Chandler über die Haltung von Bienen in „Oberträgerbeuten" (auf Englisch Top-Bar-Hives genannt), und der Frage, ob er davon schon gehört habe. Dies war nicht der Fall und Rob, der seine Bienen eigentlich nicht in einem herkömmlichen Bienenstock halten wollte, ging der Sache nach.

Die Oberträgerbeute ist nur eine von zahlreichen Bauformen für Bienenkästen, die vorzugsweise von „naturnahen" Imkern verwendet werden. Sie sind so konstruiert, dass die Bienen ihre Waben so wie in der Natur selbst bauen können. Sie benötigen weniger Ausrüstung als bei der Bienenhaltung in konventionellen Bienenkästen und können störungsfreier gewartet werden. Da eine Oberträgerbeute relativ einfach konstruiert und leicht anzufertigen ist, machte sich Rob daran, sich selbst eine zu bauen. Dann fing er seinen ersten Bienenschwarm und begann mit der Imkerei. Zurzeit besitzt Rob drei Oberträgerbeuten, die jeweils ein gesundes und gedeihendes Bienenvolk beherbergen. Bislang hatte er noch keinen Winterverlust zu verzeichnen.

Da Rob sich mehr und mehr für das Wildleben der Honigbienen interessierte, begann er nach anderen Formen von Bienenwohnungen zu suchen und im Sommer 2018 belegte er einen Kurs in Cornwall, bei dem er seine erste Klotzbeute baute. Wenn wilde Honigbienen sich in hohlen Baumstämmen niederlassen, legen sie ihr Nest in der Regel vier bis sechs Meter über dem Boden an, um die Kolonie vor Räubern zu schützen. Leider sind wir Menschen so gesundheits- und sicherheitsbewusst geworden, dass heute viel weniger hohle Bäume in der Landschaft zu finden sind als früher. Hier kommen die Klotzbeuten ins Spiel. Klotzbeuten sind im Grunde genommen ausgehöhlte Baumstämme; sie werden aus Bäumen angefertigt, die einem Sturm zum Opfer gefallen sind, oder gefällt werden, wenn ihre Stabilität nicht mehr gewährleistet ist. Sie ahmen die natürlichen Nistplätze der Bienen nach und können genau in der Höhe, die sich die Honigbienen zur Koloniegründung aussuchen würden, an einem Baum befestigt werden. Solche Bienenbehausungen gibt es bereits seit Jahrhunderten und sie sind in einigen Teilen Europas noch immer in Gebrauch. Sie ziehen sehr erfolgreich Honigbienenschwärme an.

Dank dem Möbeltischler und Imker Matt Somerville von Bee Kind Hives, der in Großbritannien schon früh für die Einführung der Klotzbeuten gesorgt hat, kann man nun leicht eine solche Beute erwerben, oder man lernt, wie Rob, selbst eine herzustellen. Matts Klotzbeuten haben einen Durchmesser von etwa fünfzig Zentimetern und sind achtzig bis neunzig Zentimeter lang, ihr Innendurchmesser beträgt dreißig Zentimeter. Auf meine Frage, wie wichtig diese Abmessungen seien, meinte er, es handele sich nicht gerade um eine exakte Wissenschaft, er habe Bienenschwärme auch erfolgreich mit engeren Hohlräumen angelockt. Das hätte mir natürlich klar sein müssen, denn es ist kaum anzunehmen, dass Bienen mit Messbändern unterwegs sind. Die dicke Holzschicht um die Höhlung herum trägt zur Isolierung der Bienenbehausung bei und mindert den Stress sowie den Energieverbrauch, sie hält winters die Wärme und baut an heißen Tagen der Überhitzung vor. Die Beuten besitzen einen herausnehmbaren Bodendeckel zur Inspektion und ein gut isoliertes Dach.

Im kommenden Frühjahr möchten wir unsere Klotzbeute bei einem Freund hoch in einem Baum aufhängen und hoffen, dass sie einen Wildschwarm anzieht. Bevor ich Rob kennenlernte, hatte ich von der Imkerei gleich welcher Art kein Wissen aus erster Hand, und ich wäre nie auf die Idee gekommen, Bienen in einem ausgehöhlten Baumklotz zu halten. Allerdings habe ich auf meinen Reisen eine Reihe wilder Honigbienenkolonien zu sehen bekommen, eine davon konnte ich sieben Jahre hintereinander beobachten. Auf diese eine Kolonie bin ich das erste Mal gestoßen, als ich im Tal unterhalb von West Malvern unterwegs war. Ich war einen steilen Abhang hinabgestolpert und hatte unten eine kleine Pause eingelegt, um im Schatten einer der größten im Tal wachsenden alten Eichen auszuruhen und meine Knie wieder zu Kräften kommen zu lassen. Dort bemerkte ich ein summendes Geräusch, das ich bereits weiter oben am Abhang gehört hatte, immer lauter werden; es kam, wie ich glaubte, von einer Stelle direkt über mir. Weil mich die Mittagssonne beim Hochsehen blendete, ging ich um den Baum herum. Dort standen Äste und Laub etwas dichter, doch als sich mein Blick in Richtung des Brummens einen Weg durch die Zweige gebahnt hatte, sah ich sie: Hunderte und Aberhunderte Honigbienen, an einer Stelle ein- und ausfliegend, hinter der sich offenbar eine Baumhöhlung verbarg. Das Ganze spielte sich viel zu weit oben ab, als dass ich den Eingang hätte richtig sehen können, aber es handelte sich eindeutig um eine ziemlich große und extrem aktive Kolonie. Ich hatte Bienen an Bienenstöcken von Freunden ein- und ausfliegen sehen, aber nicht in dieser Anzahl. Hier waren Bienen unterwegs wie auf einer zweispurigen Schnellstraße zur Hauptverkehrszeit.

Es wird erzählt, dass Kolonien wilder Bienen für Krankheiten und Parasiten anfälliger sind als bewirtschaftete, aber dieser Kolonie nach zu urteilen kann das nicht immer stimmen. Ich beobachtete die Bienen sieben Jahre lang jeden Frühling und Sommer, bis ich Malvern verließ, hatte aber nie das Gefühl, sie seien krank. In einem Jahr im Mai habe ich in einer Weide weiter unten im Tal einen Schwarm gesehen und mich gefragt, ob er von der alten Eiche komme. Ich nehme es an. Hätte ich damals schon von Klotzbeuten gewusst, hätte ich wohl irgendwo in der Gegend eine aufgehängt, um in Erfahrung zu bringen, ob einer der Schwärme von der alten Eiche sich in ihr niederlässt.

Wird eine Kolonie für den Raum, den sie bewohnt, zu groß, beginnt sie einige Larven als Königinnen aufzuziehen und die alte Königin verlässt, zusammen mit bis zu zwei Dritteln der erwachsenen Bienen, den Stock in einem *Schwarm*. Hat man das Glück, einen Honigbienenschwarm zu sehen, bevor er sich irgendwo niederlässt, kommt man aus dem Staunen nicht heraus. Die Bienen erinnern mich an den Formationsflug der Stare, bei dem sich Hunderte, manchmal Tausende Vogelindividuen wie ein einziger Organismus durch die Luft bewegen und sich im Gleichtakt drehen und wenden, bis sie sich unvermittelt abfallen lassen und landen. Auch die Schwarmbienen setzen urplötzlich zur Landung an, oft auf einem Baum, obwohl sie sich ebenso für eine gewisse Zeit in einer Hecke niederlassen können, an einem Laternenpfahl, an Fahrradspeichen oder wo auch immer es ihnen beliebt. Dort bilden sie eine große Masse vibrierenden Gewusels, zu Tausenden drängen sich die Arbeiterinnen um ihre kostbare Königin, während Kundschafterinnen ausfliegen, um nach einer neuen Behausung zu suchen. Sobald der Schwarm sich für einen geeigneten Platz entschieden und dort Wohnung bezogen hat, fangen die Bienen sofort damit an, neue Waben zu bauen, bestehend aus sechseckigen Zellen, in denen die Arbeiterinnen Honig und Pollen speichern können und die Königin ihre Eier ablegt. Auf diese Weise, durch den natürlichen Vorgang des Schwärmens, teilt sich eine Einzelkolonie in zwei Kolonien.

Im alten Bienenstock oder der Baumhöhle schlüpft eine neue noch jungfräuliche Königin, die sich kurz darauf auf den sogenannten *Hochzeitsflug* begibt. Auf diesem Flug paart sie sich in der Luft mit bis zu zwanzig Drohnen aus anderen Kolonien. (Es wird vermutet, dass sie Drohnen aus dem eigenen Stock abweist.) Die Königin kann mehrere solcher Flüge unternehmen, bevor sie sich niederlässt und die ihr

31

zugedachte Rolle erfüllt, nämlich Eier zu legen. Wenn im Frühling und Sommer reichlich Pollen und Nektar vorhanden sind, vermag eine Königin über zweitausend Eier pro Tag hervorzubringen. Zum Herbst hin nimmt die Zahl der gelegten Eier ab.

Die Populationsgröße einer Kolonie, ob wild oder bewirtschaftet, schwankt im Lauf eines Jahres, je nach Wetter, Jahreszeit und verfügbaren Futterquellen, erheblich. Zählt eine Kolonie im Hochsommer bis zu sechzigtausend Bienen, bleibt zum Ende des Winters davon vielleicht nur noch ein Viertel übrig. Arbeiterinnen haben normalerweise eine Lebensspanne von etwa sechs Wochen; Individuen allerdings, die im Herbst ausgebrütet werden, besitzen mehr Körperfett und einen anderen Stoffwechsel, was bedeutet, dass sie bis zu fünf Monate, also bis in den März des Folgejahres hinein leben können. Wenn schließlich der Frühling eintrifft und mit ihm wärmere Temperaturen und längere Tage Einzug halten, lösen sich diese Arbeiterinnen aus ihrer winterlichen Schwarmtraube und fliegen zur Nahrungssuche aus. Ausgelöst durch den ersten frischen Pollen, den die Arbeiterinnen zurück in den Bienenstock bringen, beginnt die Königin wieder mit der Eiablage.

Die Lebensdauer der Königin variiert stark. Wenn sie in Ruhe gelassen und durch den Imker oder die Kolonie nicht durch ein jüngeres Exemplar ersetzt wird, kann sie fünf oder sechs Jahre alt werden und in dieser Zeit zwei- oder dreimal umziehen und eine neue Kolonie gründen. In der Regel überlebt sie jedoch nur ein oder zwei Jahre, da die meisten Imker sie regelmäßig durch eine neue Königin ersetzen. Die männlichen Drohnen haben eine Lebensspanne von ein paar Wochen oder wenigen Monaten.

Ich hatte immer angenommen, dass der von den Arbeitsbienen heimgebrachte Pollen direkt an die Larven verfüttert würde. Ich lag völlig falsch. Im Rohzustand ist Pollen unverdaulich. Um ihn verdaulich zu machen, setzen ihm die Arbeiterinnen Nektar zu, zusammen mit Speichel, Verdauungsenzymen und wilden Hefen. Dies lässt den Pollen einige Wochen lang gären. Das daraus entstehende *Bienenbrot* oder *Perga* wird von den Ammenbienen – Arbeiterinnen, die sich um die Brut kümmern – gefressen, um Weiselfuttersaft oder Gelée royale zu produzieren, mit dem wiederum die Königin und die Larven gefüttert werden, wobei die Königinnenlarven ihn durchgängig, die übrigen jedoch nur drei Tage lang erhalten. Honigbienen sind also regelrechte Alchemisten. Sie sind nicht nur in der Lage, Nektar in Honig zu verwandeln, sondern auch Meister in der Kunst, durch Fermentation die Zellwände der Pollenkörner aufzubrechen und damit Futter für sich und ihren Nachwuchs zu produzieren.

Je mehr ich über Bienen lerne, desto mehr faszinieren sie mich. Aber was ich über das Bienenbrot erfahren habe, hat mir auch zu denken gegeben. Jetzt, da ich weiß, wie wichtig die Fermentierung für die Produktion von Bienenbrot und Larvenfutter ist, und welche Rolle dabei die wilden Hefen spielen, verstehe ich, dass Fungizide und Insektizide, die die wilden Hefen zerstören, die Gesundheit einer Kolonie rasch beeinträchtigen können.

Zu verstehen, welchen Bedrohungen Honigbienen ausgesetzt sind, ließ mich auch besser verstehen, welchen Bedrohungen die Bestäuber insgesamt ausgesetzt sind. Auch wenn die Wissenschaft die Gründe für das Massensterben (CCD) oder sein Nachlassen noch nicht aufgedeckt hat, haben sich in der Forschung im Rahmen der Krise verschiedene treibende Faktoren abgezeichnet:

- Parasitenbefall, wobei bei Honigbienenvölkern die Varroamilbe zu den Hauptverantwortlichen zählt

- Krankheiten wie der Flügeldeformationsvirus, die von Bakterien verursachte Faulbrut sowie die Pilzerkrankungen *Nosema apis* und *Nosema ceranae*

- Futtermangel aufgrund fehlender Blütenpflanzen oder anderer Nahrungsquellen

- Pestizide, also Insekten- und Unkrautvernichtungsmittel sowie Fungizide, die sich auf den Lebensraum, die Nahrungspflanzen und auf die Bienen direkt auswirken

Auch wenn die Medien vor allem über die Verluste an Honigbienen berichten, sind es nicht nur die bewirtschafteten Bienen, die davon oder von anderen Bedrohungen wie etwa dem Klimawandel betroffen sind. Alle bestäubenden Insekten fallen darunter. Je früher wir dies erkennen, desto besser.

Was auch immer die Gründe für den Völkerkollaps (CCD) sind, er sollte ein Weckruf sein. Bienen wurden oft als „Kanarienvögel im Bergwerk" bezeichnet, die uns meldeten und melden, dass etwas im Argen liegt. Wir tun gut daran, auf sie zu hören, und das fängt damit an, sich Gedanken zu machen, warum wir für die Bestäubung zahlreicher Feldfrüchte von bewirtschafteten Honigbienen abhängig geworden sind.

Es ist zwar beklagenswert, auf welche Weise industriell bewirtschaftete Bienen ausgebeutet werden, aber ich kann mir nicht vorstellen, wie die Bestäubung der riesigen Monokulturflächen in den USA ohne die industrielle Imkerei funktionieren sollte. Ich habe mich zwar gefragt, ob vielleicht mehr Bienenstöcke direkt vor Ort gehalten werden sollten, anstatt sie auf Lastwägen aus anderen Bundesstaaten heranzukarren. Aber da die kommerziellen Bienenzüchter kein Geschäft machen würden, wenn ihre Völker nur für ein oder zwei blühende Ackerpflanzen pro Jahr eingesetzt werden, ist dies schon aus wirtschaftlichen Gründen keine Option. Zudem ist es in einigen Regionen, in denen Nutzpflanzen von den wandernden Bienenstöcken bestäubt werden, offenbar zu kalt, als dass die Bienen dort über den Winter kommen könnten.

Ich habe mich außerdem gefragt, ob man diese Kulturpflanzen anstatt von Honigbienen nicht von wild vorkommenden bestäubenden Insekten bestäuben lassen könnte. Bis zu einem gewissen Grad ist das wohl möglich. Doch unter allen Insekten, die bestäuben können, überlebt einzig die Honigbiene den Winter in so großer Zahl, dass sie sehr zeitig im Jahr, wenn etwa die großflächigen Mandelplantagen blühen, mit dem Bestäuben beginnen kann. Selbst wenn also die Möglichkeit bestünde, die einheimischen Bienen in den einstmals so artenreichen Tälern Kaliforniens, in denen heute fast nur Mandelbäume stehen, wieder zum Leben zu erwecken, würden diese Wildbienen nicht früh genug im Jahr oder zumindest nicht in ausreichend großer Zahl auftauchen, um diese riesigen blühenden Areale bestäuben zu können.

Es mag beunruhigend sein, aber es gibt offenbar keinen Plan B. Die wachsende Abhängigkeit von industriellen Monokulturen und damit von Honigbienen zur Bestäubung dieser Kulturen hat zu einer

Henne-Ei-Problematik geführt. Nur weil Honigbienen bewirtschaftet werden *können* und das auch nur, weil sie leicht zu *transportieren* sind, ist es überhaupt möglich, Monokulturen dieser Größenordnung anzubauen. Wollen wir die unnatürlich langen Strecken, die die Bienen samt ihren Stöcken zurücklegen müssen, reduzieren und Möglichkeiten zur Verbesserung ihrer Gesundheit finden, indem wir ihnen Lebensräume zugestehen, die ihnen mehr als nur eine Handvoll großflächig angebauter Blütenpflanzen bieten, dann müssten wir das ganze System von Grund auf neu denken.

In einer idealen Welt würden wir zu einem System zurückkehren, in dem kleinere bäuerliche Betriebe die Norm sind. Doch selbst wenn genügend Menschen dafür eintreten würden, kann dies nicht über Nacht geschehen. Ich hoffe inständig, dass die Menschheit einen Weg zurückfindet und wieder zu ökologisch nachhaltigen, naturnahen und organischen Anbaumethoden übergeht, fürchte aber, dass wir, sollten wir nicht erkennen, wie kaputt und wenig nachhaltig unser gegenwärtiges System ist, ziemlich abrupt zu einem solchen Wandel gezwungen sein werden.

Obwohl wir wissen, dass Bienen für die Bestäubung von Blütenpflanzen verantwortlich sind, machen wir nicht viel Aufhebens darum. Wir sollten sie aber feiern, ihnen an jedem Tag unseres Lebens danken, denn die Bestäubung ist fast so etwas wie ein Wunder. Es ist schon lange überfällig, dass wir das Geschenk, das die Bienen uns machen, würdigen. Und ebenso wichtig ist es, dass wir anerkennen, welchen Beitrag die anderen bestäubenden Insekten leisten, vor allem die Fliegen und Schwebfliegen, ohne die die weltweite Artenvielfalt dramatisch abnehmen würde.

Erst die apokalyptischen Nachrichten über den Völkerkollaps (CCD) haben uns auf die Notlage der Bienen aufmerksam gemacht. Jetzt, da dieses Phänomen nachzulassen scheint, dürfen wir uns nicht in einem falschen Sicherheitsgefühl wiegen. Unsere bestäubenden Insekten brauchen uns. Wir müssen uns der Aufgabe stellen und alles tun, was erforderlich ist – das heißt, unter Schutz stellen, was an natürlichen Habitaten noch geblieben ist, neue Lebensräume schaffen und allen Arten, die auf unserem Planeten Pflanzen bestäuben, mit Achtung begegnen – damit sie bald wieder so weit verbreitet und zahlreich sind wie einst.

1.
DER FRÜHLING
HÄLT EINZUG

Der Frühling erwacht und die Welt draußen quillt über vor Farben, Klängen und Ereignissen, die seine Ankunft verkünden. Krokusse und Tulpen brechen hervor, die Knospen des Weißdorns bilden erste Blättchen, und in dem Zuber auf unserem Gartengrundstück, der sich als Teich ausgibt, sind die Kaulquappen geschlüpft. Ich habe noch keinen Zilpzalp gehört, aber unsere Hausamsel singt sich, auf ihrem Lieblingssitz weit oben im Walnussbaum hockend, das Herz aus der Kehle.

Die Sonne fühlt sich wunderbar warm auf meinem Rücken an, während ich im Gewächshaus herumwerkle. Ich entledige mich einiger Schichten und stöbere in den Päckchen mit den Samen für die Bienenweiden, die Anfang der Woche in der Post waren. Da sind Duftnesseln, Salbei- und Ehrenpreissorten, Kosmeenmischungen und Gelber Wau. Als Erstes, denke ich, werde ich den Gelben Wau in die Pflanztöpfchen säen. Es sind auch noch ein paar ältere Päckchen mit Kornblumen und Sonnenblumen übrig, die auszusäen wir letzten Herbst nicht mehr geschafft haben. Sie sind bestimmt noch verwendbar. Ich werde sie wohl einfach aussäen und abwarten, was passiert.

Rob und ich besitzen ein recht großes Gartengrundstück, aber es platzt bereits aus allen Nähten. Jetzt ist wohl der richtige Moment gekommen, die Fläche zwischen Komposthaufen und Hecke zu reaktivieren und sie für die Dinge vorzubereiten, mit denen ich heute im Gewächshaus anfange – es sei denn, Rob hat sie sich nicht schon für

Gemüse vorgemerkt. Ich könnte auch die bereits erwähnten Samen aussäen, und wenn wir keinen Platz mehr haben, können wir den Überschuss immer noch auf dem Pflanzenstand vor unserem Haus verkaufen.

Bevor ich aber weitermachen kann, muss ich mir ein bisschen Platz unter den Füßen schaffen. Rob ist schon viel weiter als ich und ich muss mir einen Weg zwischen all seinen Wannen und Trögen voller Spinat und Wintersalat bahnen. Unser Gewächshaus ist klein und beherbergt nur mit Mühe, was wir ihm alles zumuten.

Während ich also einiges hin- und herräume und mir die Dinge durch den Kopf gehen lasse, pflanzt Rob draußen unsere ersten und zweiten „Frühen". Es ist der 17. März, St. Patricks Day; ein Tag, der Glück bringen soll, auch für das Pflanzen von Kartoffeln. Wir versuchen es dieses Jahr neben den bewährten Lieblingssorten wie ‚Belle de Fontenay' und ‚Red Duke of York' mit zwei neuen Varietäten – ‚Lady Christl' und ‚Apache'. Um die Standardsorten machen wir uns keine Gedanken, denn die können wir zusammen mit anderem Wurzelgemüse donnerstags bei Liz auf dem Markt kaufen. Aber wir lieben die frühen Sorten und die Salatkartoffeln und pflanzen jeweils fünf in die Stapel aus alten Reifen, die auf unserer Parzelle in der Kleingartenanlage verstreut sind.

Unser Grundstück liegt ganz oben in der Kolonie. Dahinter kommt eine Reihe Cottages, die meisten strohgedeckt, deren Gärten sich bis an die Begrenzungshecke der Kolonie ziehen. Alle Gärten besitzen ein Tor zur Gartenanlage. Wunderbar! Wir kennen mittlerweile alle Leute, die in den Häusern wohnen. In unserem Stadtviertel herrscht ein starkes Gemeinschaftsgefühl.

Die Cottages im Rücken, haben wir von unserem Grundstück einen Blick über das Blackmore Vale bis hinunter nach Melbury Beacon. Heute Morgen liegt ein dichter Dunst über dem Tal, so dass ich nicht weiter als bis zu dem Bauernhof unterhalb der French Mill Lane sehen kann. Trotzdem ist die Aussicht spektakulär. Es ist immer so friedlich hier; ich mag es ganz besonders in dieser Zeit des Jahres hier und schätze mich glücklich, dass wir unsere Parzelle von der Stadtverwaltung mieten konnten. Ich wünschte, jeder, dem danach ist, würde über ein Stückchen Land verfügen, auf dem er Obst und Gemüse anbauen und ernten oder einfach sein und sich aufhalten kann. In der Phase, in der Rob und ich in Shaftesbury gelebt haben, wohnten wir eine Zeitlang in der Wohnung meiner Mutter, die keinen Garten besaß. Damals verschlechterte sich ihr Gesundheitszustand und ich hatte enorm damit zu kämpfen, dass sie über kurz oder lang nicht mehr unter uns weilen würde. In unser Gartengrundstück gehen zu können, dort arbeiten, mich aufhalten oder mich verstecken zu können, war ein Geschenk des Himmels.

Tief in meinen Gedanken verloren, bemerke ich, dass Rob seine Hände in die Luft gestreckt hat und winkt, um meine Aufmerksamkeit zu erregen. Er zeigt auf etwas am Boden. Ich strecke meinen Kopf aus dem Gewächshaus. „Eine Hummel!", ruft er. In meiner Eile, sie zu sehen, bevor sie davonfliegt, stolpere ich über Robs Spinat.

Nichts begeistert mich mehr, als die erste Frühlingshummel zu sehen, wenn sie gerade aus ihrem langen Winterschlaf erwacht ist und sich daran macht, eine neue Kolonie zu gründen. Eine oder zwei Arten haben zwar in letzter Zeit damit angefangen, ihre Brut bereits während der Wintermonate aufzuziehen, aber die meisten der vierundzwanzig in Großbritannien und Irland bekannten Spezies haben seit vergangenem Herbst tief im Boden überwintert. Während dieser Zeit vermisse ich ihre Gesellschaft schmerzlich. Was für eine Freude, sie wieder zu sehen und zu hören.

Bei den Hummeln überleben nur die befruchteten Weibchen den Winter. Außer in der eigenartigen über den Winter aktiven Kolonie waren alle letztjährigen Männchen und Arbeiterinnen sowie die Gründungskönigin des Hummelvolks schon lange, bevor es richtig kalt wurde, gestorben. Wenn man also zeitig im Frühjahr, aber auch noch im späten Frühling eine Hummel fliegen sieht, ist es aller Wahrscheinlichkeit nach eine Königin, die am Ende des letztjährigen Nestzyklus geschlüpft ist.

Wenn eine Hummelkönigin im Herbst ihr Geburtsnest verlassen und sich mit einem Männchen derselben Art gepaart hat, verbringt sie die kommenden Wochen ihres Lebens damit, Nektar zu saugen, um sich die für die Überwinterung nötigen Fettreserven zuzulegen. Dann gräbt sie einen Tunnel in den Boden, häufig unter Baumwurzeln oder in einer nach Norden ausgerichteten Böschung, wo sie sich für einen langen Winterschlaf niederlässt. Eine überwinternde Königin kann zwischen sechs und neun Monate in der Erde verbringen und überlebt erstaunlich niedrige Temperaturen. Harter Frost und schwere Schneefälle stellen kein Problem für sie dar. Wenn die Temperatur unter einen

39

bestimmten Wert fällt, beginnt ihr Körper Glycerin zu produzieren, eine Art Frostschutzmittel, das sie vor dem Erfrieren schützt.

Die ersten in Großbritannien und Irland aus dem Winterschlaf auftauchenden Hummeln sind in der Regel die „Dunkle Erdhummel" (*Bombus terrestris*), eng gefolgt von der viel kleineren „Wiesenhummel" (*Bombus pratorum*), dann der „Baumhummel" (*Bombus hypnorum*) und der „Hellen Erdhummel" (*Bombus lucorum*). Andere tauchen Art für Art auf, wenn ihre bevorzugten Nahrungspflanzen zu blühen beginnen; manche, wie die „Deichhummel" (*Bombus distinguendus*), erst im Mai oder Juni, nachdem sie den größten Teil ihres Lebens unter der Erde verbracht hat.

Die Hummel, die Rob auf unserer Parzelle erspäht hat, ist eine schöne Königin der Dunklen Erdhummel. Sie sonnt sich auf den Blättern eines Kriechenden Beinwells, der an unserer Komposttonne wächst und sie ist *riesig*. Ich vergesse immer, wie groß Hummelköniginnen tatsächlich werden können, bis ich sie im Frühling wieder fliegen sehe. Natürlich gibt es größere Arten, aber es spielen noch andere Faktoren eine Rolle, zum Beispiel wie gut der Vorjahressommer war, oder wie gut die Königin in ihrem letzten Larvenstadium von den Arbeiterinnen versorgt wurde. Ich glaube, diese Hummel ist ziemlich gut versorgt worden.

Wenn unsere Hummel erst vor Kurzem aus dem Winterschlaf erwacht ist, dürfte sie ziemlich hungrig sein. Ich lasse meinen Blick schweifen, um zu sehen, was momentan auf unserer Parzelle blüht. Wir haben ein großes Beet voller Lungenkraut, das aber leider nichts für unsere hungrige Königin hergibt. Der Rüssel der Dunklen Erdhummel ist zu kurz, um an den Nektar zu kommen, der tief in der Blüte dieser Pflanze verborgen ist. Was noch? Die letzten Christrosen blühen und in einem unserer Kübel wächst eine blühende Mahonie. Beides gute Pollen- und Nektarquellen für die Dunklen Erdhummeln, aber sonst gibt es, wie mir schlagartig klar wird, nur sehr wenig, was im zeitigen Frühjahr als Bienenweide dienen könnte und auch in der Nähe gibt es kaum ausreichend blühende Pflanzen, die den Bedarf unserer Königin decken könnten. Für den nächsten Frühling müssen wir hier Abhilfe schaffen.

Oben bei den Cottages, im nächsten zu uns liegenden Garten, sehe ich noch Christrosen stehen. Dort wachsen auch Traubenhyazinthen und Narzissen, aber nur in kleinen Grüppchen. Unsere Königin wäre wohl gut beraten, in Richtung Stadt zu fliegen, wo sie an den Hängen des St. James Parks große Flächen strahlend gelb blühenden Schöllkrauts finden würde; und besser noch: In dem halbwilden Gelände jenseits des Park Walk stehen Salweiden.

Die Weidenkätzchen ziehen Hummeln, Honigbienen und andere frühe Bestäuberinsekten magnetisch an, da sie in einer Zeit, wo kaum etwas anderes blüht, üppige Mengen an eiweißreichen Pollen und kohlehydratreichem Nektar zu bieten haben. Bienen und andere Insekten sind für die Bestäubung von Weiden unverzichtbar. Erst nachdem die Bienen die Weidenblüten bestäubt haben, werden die Samen, wie die anderen Weidenkätzchen, vom Wind erfasst und davongetragen. (Alle anderen Kätzchen tragenden Bäume Großbritanniens und Irlands, darunter Hasel, Pappel, Erle und Birke, werden nicht von Insekten, sondern vom Wind bestäubt.)

Als ob sie meine Gedanken lesen könnte, erhebt sich unsere Hummel etwas schwerfällig in die Luft. Nachdem sie erst ein paar Kreise gezogen und dann in großen Schleifen über unser Grundstück geflogen ist, schwirrt sie in Richtung St. James Park davon. Ich hoffe, dass das Kreisen und Schleifenziehen zur Orientierung diente und dass sie vorhat, hierher zurückzukommen. Ich würde es gerne sehen, wenn sie ihr Zuhause irgendwo auf unserer Parzelle aufschlagen würde, weiß aber, dass sie eigentlich besser beraten wäre, einen näher an den Weiden gelegenen Ort zu wählen.

In der Hoffnung, dass eine dieser Schönheiten, auf der Suche nach einer Behausung, eines Tages ein Nest in unserem Garten anlegen würde, haben Rob und ich ein für eine Königin angemessenes Königreich geschaffen – ein Liliput-Königreich allerdings. Da das Gartenstück gemietet ist und nur eine sehr kleine Terrasse besitzt, mussten wir uns in unseren Bemühungen beschränken. Der Vermieter hat uns aber gestattet, ein paar Steinplatten zu entfernen und sie durch Blumen, kleine Stauden und einen Teich zu ersetzen.

Es ist schon erstaunlich, was man alles mit ein bisschen Platz, ein paar Samen und Schnitten und etwas kreativem Denken bewerkstelligen kann. Es dauert nicht lange, einen Wildgarten von Grund auf anzulegen und vor allem muss man dafür keine Hypothek aufnehmen. Wenn es auf eurer Parzelle bereits wilde oder vernachlässigte Stellen gibt, egal wie klein oder anscheinend unbedeutend sie auch sind, umso besser. Selbst wenn sie noch nicht lange existieren, bieten solche Stellen bereits für zahllose Wirbellose, Gartenvögel und anderes Getier einen nachhaltigen Lebensraum. Man muss sie lediglich in ihrer Entwicklung fördern.

Eine derartige Stelle befindet sich in der äußersten linken Ecke unseres Terrassengartens, an der, wer weiß warum, ein altes viktorianisches Klohäuschen die Zeiten überdauert hat. Seine roten Ziegelsteinwände sind mit Efeu überwachsen, der, wenn er blüht, Unmengen an Nektar und Pollen für zahllose Bestäuberinsekten bietet, aber auch Gartenvögeln, etwa Zaunkönigen, als wunderbarer Nistplatz dient. Das Klohäuschen verfügt noch über seine Originaltür, sie schließt nicht mehr so richtig, aber innen ist es trotz des reparaturbedürftigen Ziegeldachs trocken genug, um dort Holz zu lagern, mit dem wir im Winter unseren Ofen befeuern. Neben dem Vorrat an gut abgelagertem Brennholz, das uns unser Vormieter vererbt hat, beherbergt das Häuschen verschiedene Spinnen und andere Tiere, denen es willkommenen Schutz bietet. Rotkehlchen nisten hier, Ratten wohl auch.

Neben dem Abtritt wächst ein Walnussbaum. Ich nenne ihn den Amselbaum. Ein Walnussbaum in einem Terrassengarten ruft das Bild eines großen alten Baums hervor, dessen Krone so gewaltig ist, dass in den Sommermonaten das Licht nur fleckenweise auf die Veranda gelangt. Beim Amselbaum ist das nicht der Fall. Er ist lang und staksig und schafft es gerade mal, sich zwischen einem verdrehten und immer wieder zurückgestutzten Holunder und einem extrem robusten Weißdorn zu halten. An einem Standort, der von dem großen Bergahorn unseres Nachbarn auf der einen und Sues Stechpalme auf der anderen Seite beherrscht wird, ringen die drei Gewächse um jedes bisschen Licht, das sie kriegen können.

Sue ist unsere Nachbarin; wir müssen durch ihr kleines Gartenstück, um auf unsere Terrasse zu gelangen. Nur wenige Gärten der Cottages, in denen wir zuhause sind, schließen direkt an ihre dazugehörigen Häuser an. Zusammen mit einer Reihe Klohäuschen aus viktorianischer Zeit gehen diese Gärten alle „nach hinten raus" und liegen, vor den Blicken von Passanten verborgen, bunt durcheinander links und rechts eines schmalen Pfads. Es sind geheime Gärten, in denen die Zeit stillsteht.

In Sues Garten, meinem Lieblingsgarten, steht ein alter, heruntergekommener Blechschuppen, den sich Rob am liebsten unter den

Nagel reißen würde. Seine Tür, wenn er denn je eine hatte, ist schon lange verschwunden und so bietet der Schuppen für großes und kleines Getier Zuflucht und läuft damit allen anderen Klohäuschen den Rang ab. Im Hochsommer ist der Schuppen völlig von Geißblatt, Efeu und Waldrebe überwuchert, die sich über das Dach ziehen und in die Stechpalme klettern, die ihn stützt. Letztere ist wohl der einzige Grund, warum der Schuppen noch aufrecht steht. An seiner einsehbaren Seite stehen Fingerhut, Nachtkerze und Großes Hexenkraut. Ich habe beobachtet, wie Gammaeulen, eine Schmetterlingsart, an den Nachtkerzen Nektar saugen; und die Fingerhutblüten sind für Hummeln unwiderstehlich. Neben dem Schuppeneingang stehen die Überreste eines alten Baumstumpfs, der, teilweise hohl und fast völlig vermodert, ein perfektes Mikroklima für den Urwald aus Moosen und Lebermoosen bietet. In dem engen Durchgang zwischen dem Schuppen und dem Zaun zu unserem Terrassengarten wachsen Farne und Pilze.

Sue benutzt ihren Schuppen hauptsächlich als Brennholzlager; an der Südseite pflanzt sie ab und zu Feuerbohnen und Zucchini an, meistens jedoch macht sie gar nichts und überlässt die Dinge sich selbst. Dieser wilde Schuppen ist der Stoff, aus dem Träume gemacht sind – oder Gemälde. Und auch Gedichte. Dem Himmel sei Dank, dass unsere Nachbarin nicht die Absicht hat, ihn zu bändigen.

Ich wünschte, es gäbe mehr Leute wie Sue. Ich wünschte, wir wären nicht so geplagt von einem scheinbar unersättlichen und völlig irrationalen Verlangen, alles um uns herum zu kontrollieren, zu ordnen und aufzuräumen. Natürlich weiß ich nur zu gut, dass Sues Schuppen nur ein Schuppen ist, eine kleine Blechkonstruktion auf einem etwas überwucherten Grundstück am Rande einer Stadt im Südwesten Englands. Dass Sue ihn einfach „sein" lässt, wie er ist, wird keine einzige Art vor dem Aussterben retten oder die Welt vor der Klimaerwärmung bewahren.

Aber für mich ist Sues Schuppen und das kleine Stück Boden, auf dem er steht, eine Art Fest, bei dem das harmonische Zusammenleben des Menschen mit der Natur gefeiert wird, bei dem sich unsere wilden Herzen mit dem wilden Leben der Natur verbinden und wir es wagen können, etwas *einfach sich selbst zu überlassen.* „Sich selbst" überlassene Orte, ob alte Blechschuppen, Brennholzstapel, Hecken, Felder oder ganze Landschaften, sind Orte, an denen Tiere und Pflanzen Zuflucht finden. Wo so gut wie keine Bewirtschaftung oder überhaupt keine Eingriffe stattfinden, wo die Natur die Freiheit hat, zu tun, was ihr beliebt, und nicht das, was wir uns vorstellen, wo wir, anstatt uns als Herren aufzuspielen, die Uhr anhalten, uns zurücklehnen und beobachten, geschehen Dinge, wie wir sie nicht erwarten und die uns verzaubern.

———————

Mein größter Wunsch ist, dass Rob und ich eines Tages Hüter eines kleinen Stücks Land sind, mit ein paar Bäumen darauf, mit Hecken, einer Wiese und einem fließenden Gewässer. Es sollte groß genug sein, um darauf ein umweltfreundliches Haus zu bauen, in dem wir leben würden, wo wir Obst und Gemüse für uns und Blumen für den Verkauf anpflanzen, aber das meiste einfach verwildern lassen. Das ist unser Traum. Bis es so weit ist, bin ich einfach nur froh darüber, dass Bäume in unserem Garten und in unmittelbarer Nachbarschaft wachsen. Ohne Bäume gäbe es keinen Platz, um unsere Vogelhäuschen und Bienenhotels aufzuhängen, und auch keine Deckung für vorbeikommende oder ansässige Vögel. Insekten zu beobachten, ohne dabei Vogelgezwitscher zu hören, kann ich mir nicht vorstellen. Vögel und Bienen, das gehört einfach zusammen.

Als wir in das Cottage zogen, wussten wir schon, dass eine Stelle an der Terrassenecke unter dem Amsel- oder Walnussbaum und den anderen Bäumen als eine Art Müllhalde gedient hatte. Dort lagen stapelweise zerbrochene Terrakottafliesen und Topfscherben unter Brombeergestrüpp, das von unserem Vormieter zurückgeschnitten worden war. Schwarze Säcke, von denen ich gehofft hatte, dass sie mit zu Humus verrottetem Laub gefüllt waren, enthielten nassen Sand, der übriggeblieben war, als vor Kurzem neue Pflastersteine gelegt wurden. Ein alter Zinnzuber war bis zum Rand mit Schlamm gefüllt. Die Terrakottascherben ließen wir größtenteils liegen und behielten auch ein paar Brombeeren, boten sie doch einen guten Lebensraum für allerlei Getier. Alles andere räumten wir weg.

Dadurch wurden die Überreste einer niedrigen, höchstens vierzig Zentimeter hohen Mauer sichtbar, gebaut aus dem Grünstein der Gegend. Es fanden sich noch einige Brocken Grünstein und eine Menge zerbrochener Ziegelsteine, mit denen wir die kleine Mauer an der linken Seite der Terrasse bis zu der Ecke weiterführten, an der wir unseren Teich anlegen wollten. Dabei ließen wir sie langsam bis zur Höhe einer Ziegelsteinlage auslaufen.

Wir hatten schließlich genug Platz zwischen dieser Umrandung und der Hecke, die die Grenze zum benachbarten Garten bildet, um ein paar Schattengewächse für Bestäuber zu pflanzen. Wir wählten Lungenkraut, Pelargonien, kriechenden Beinwell und Christrosen, die alle über die kleine Mauer bis auf die Pflastersteine lappen durften, und pflanzten dahinter Fingerhut und Akeleien für die Höhe. Rob grub ein Becken für den Teich, kleidete es aus und nachdem es mit Regenwasser vollgelaufen war, nahmen wir uns das Gelände dahinter vor. In dieser Ecke des Gartens ist es etwas weniger schattig, also bepflanzten wir sie mit wilder Monarde, Gilbweiderich, Katzenminze und noch mehr Fingerhut. Wir stellten einen Topf Sumpfdotterblumen in die Mitte des Teichs und pflanzten, um den Übergang zur Terrasse weicher zu gestalten, Unmengen an Günsel. Wenn ich eine Hummel wäre, würde ich hier mein Nest bauen.

Nach ihrem langen Winterschlaf muss eine frisch aufgewachte Hummelkönigin, wie die, die Rob in unserem Gartengrundstück gefunden hat, nach Nektar suchen, um zu Kraft zu kommen, und nach Pollen, damit sich ihre Ovarien entwickeln können. Wenn sie wie unsere Dunkle Erdhummel zu einer Art gehört, die schon zeitig im Frühjahr aus ihrem Versteck kriecht, hat sie hoffentlich einen Überwinterungsplatz ausgesucht, in dessen Nähe ein üppig mit winterblühendem Heidekraut, Stechginster, Krokus oder Weidenkätzchen bestücktes Gebiet liegt, oder eines, in dem Frühblüher wie Schneeglöckchen, weiße Taubnessel und Ochsenzunge wachsen.

Sollte die Sonne sie jedoch zu früh dazu verlocken, an die Oberfläche zu kommen, und findet sie keine Nahrung, wird sie verhungern. Es reichte bislang gewöhnlich, von März bis Oktober Pflanzen mit reicher Nektar- und Pollentracht anzupflanzen, um unsere Bienen zu unterstützen. Das ist jedoch nicht länger der Fall. Mit den veränderten Klimabedingungen, die Pflanzen und Insekten im Unklaren lassen, wann genau sie austreiben oder hervorkriechen sollen, ist es wichtiger denn je, in unseren Gärten, Parks und auf anderen offenen Flächen Blumen,

Sträucher und Bäume zu pflanzen, die nacheinander das ganze Jahr über und selbst im Winter noch blühen.

Sobald sich eine Hummelkönigin wieder mit ausreichend Nektar und Pollen versorgt hat, ändert sie ihr Verhalten. Sie beginnt im Zickzackflug knapp über dem Boden zu fliegen, und zeigt ein besonderes Interesse an Haufen aus toten Blättern oder morschem Holz, in denen sie nach einer geeigneten Stelle für ihren Nestbau sucht. Am liebsten wählt sie dafür ein verlassenes Mäuse- oder Wühlmausnest, aber mit dem Verschwinden von Hecken und Waldrändern sind solche immer schwieriger zu finden.

Andere Vorlieben sind je nach Art Grasbüschel, Komposthaufen, Spalten unter Steinmauern, Vogelkästen oder Dachtraufen. Die Hummeln, die das Glück haben, ein passendes Nest zu finden, müssen damit rechnen, es vor anderen Hummeln schützen zu müssen, denn die Konkurrenz um die Niststellen ist groß. Sicher bin ich mir nicht, aber ich kann mir vorstellen, dass einer der Faktoren für den Erfolg der Dunklen Erdhummel und anderer früher Hummeln darin liegt, dass sie bei dem Wettlauf um einen Nistplatz anderen Arten ein paar Wochen voraus sind und ihre Kolonien, lang bevor später ausfliegende Exemplare überhaupt die entsprechenden Stellen in Augenschein nehmen können, schon gegründet haben.

Der Hauptgrund, warum Dunkle Erdhummeln und andere frühe Arten so erfolgreich sind, liegt allerdings darin, dass sie weder bei der Wahl des Futters noch ihrer favorisierten Lebensräume überaus anspruchsvoll sind. Ähnlich flexibel sind sieben weitere Hummelarten: Die „Kleine Wiesenhummel", die „Helle Erdhummel", die „Baumhummel", die „Steinhummel" (*Bombus lapidarius*), die „Ackerhummel" (*Bombus pascuorum*), die „Heidehummel" (*Bombus jonellus*) und die „Gartenhummel" (*Bombus hortorum*). Da diese „Großen Acht" für ihr Überleben nicht auf nur wenige Blütenpflanzen oder Nischenhabitate angewiesen sind, geht es ihnen in städtischen Grünbereichen wie Parks und Gärten sehr gut.

Wenn unsere junge Königin ihren an Pollen und Nektar reichen Blütenvorrat gefunden hat und auf ein verlassenes Mäusenest oder eine andere passende Unterkunft gestoßen ist, kann sie mit dem Aufbau ihrer Kolonie beginnen. Je nach Hummelart erreicht sie dieses wichtige Stadium irgendwann zwischen März und Juli. Setzt das

Frühjahr allerdings zeitig ein, kann es passieren, dass einige Hummeln bereits früher loslegen.

Doch bevor die Königin ihre Eier legt, muss sie erst allen unerwünschten Unrat aus ihrem neuen Zuhause schaffen und es so gut wie möglich wasserdicht machen. Sobald sie damit fertig ist, verändert sich ihr Verhalten noch einmal signifikant. Anstatt im Zickzackflug nahe über dem Boden ihre mäandernden Schleifen zu ziehen, beginnt sie sehr zielgerichtet aus ihrem Nest und wieder zurückzufliegen, um Pollen und Nektar zu sammeln. Auf ihrem Rückflug sind die Pollenkörbchen an ihren Hinterbeinen, die *corbiculae*, mit Pollen beladen; sie sehen im Grunde wie Satteltaschen aus. Zusätzlich zum Nektar, den eine Hummel in ihrem Honigmagen nach Hause trägt, vermag sie noch bis zu 50 Prozent ihres Körpergewichts an Pollen zu tragen.

Wann immer man eine Hummelkönigin erspäht, die große Pollenmengen transportiert, kann man davon ausgehen, dass sie bereits ein Nest gebaut hat oder gerade eines baut. Im Nest selbst sondert die Königin aus Drüsen an ihrem Hinterleib grauweiße Wachsscheibchen ab, die sie zur Herstellung eines Töpfchens benutzt, das etwa so groß ist wie ein Kinderfingernagel und aussieht wie Winnie Puuhs Honigtopf. Diesen Topf füllt sie mit dem geernteten Nektar. Sollte sie aufgrund schlechten Wetters genötigt sein, länger in ihrem Nest zu bleiben, ernährt sie sich, um ihren Energielevel konstant zu halten, von dem Nektar aus diesem Honigtopf.

Sobald diese Haushaltsaufgaben und Vorbereitungen abgeschlossen sind, macht sich die Königin daran, ihren ersten Stoß Eier zu legen. Sie vermischt etwas von dem gesammelten Pollen und Nektar mit Speichel und knetet die Mischung zu einem kleinen Klumpen, in den sie zwischen acht und sechzehn Eier legt. Von nun an wird sie bis zu dem Tag, an dem ihre ersten Arbeiterinnen ausschlüpfen und flugbereit sind, ihre Zeit zwischen „Brüten" und kurzen Ausflügen zur Nahrungssuche teilen.

Hummeln „brüten" fast so wie Vögel. Um die Eier erfolgreich zum Schlüpfen zu bringen, muss die Königin auf dem Gelege sitzen und die Temperatur konstant bei etwa 30 Grad Celsius halten. Dazu entkoppelt sie die Flügel von der Flugmuskulatur in ihrem Thorax und lässt ihre Muskeln vibrieren, bis der Körper die erwünschte Temperatur erreicht.

47

(Auf diese Weise gelingt es den Hummeln auch, sich bei extrem kaltem Wetter aufzuheizen und auszufliegen, wozu andere Bienenarten nicht fähig sind. Sie sind dazu aber nur in der Lage, wenn sie genug Nektar gefressen haben und die für die Vibration der Flugmuskeln nötige Energie bereitstellen können.) Anders als bei den meisten brütenden Vögeln ist die Hummel am Anfang in ihrem Nest ohne Partner. Sie ist auf sich allein gestellt, muss aber gelegentlich auf Nahrungssuche ausfliegen. Um sicherzustellen, dass die Eier während ihrer Abwesenheit nicht allzu sehr abkühlen, erledigt sie ihre Ausflüge sehr flink.

Hat die Königin einmal Eier gelegt, behält sie den Nesteingang immer im Blick, bereit, jeden unwillkommenen Eindringling abzuwehren. Ihr kleiner Honigtopf ist ganz in ihrer Nähe positioniert, so dass sie ihn leicht mit ihrem Rüssel erreichen und Nektar schlürfen kann. So ist sie beim Brüten mit Energie versorgt.

Etwa vier Tage nach der Eiablage schlüpft die junge Brut aus. In den nächsten vierzehn Tagen fressen die heranwachsenden Larven den von der Königin aufbereiteten Pollen. Dabei machen sie verschiedene Wachstumsstadien durch, bevor sie sich einzeln in Seidenkokons einspinnen, um sich darin zu verpuppen. Während der Verpuppung findet eine Art zelluläre Alchemie statt – etwa so wie bei den Raupen, die sich in Schmetterlinge verwandeln – und zwei Wochen später klettern die Hummeln als schöne, vollständig ausgewachsene Exemplare aus ihren Kokons.

In einem Hummelnest werden zunächst nur weibliche Arbeitsbienen ausgebrütet. Die Arbeiterinnen sind gewöhnlich deutlich kleiner als ihre Königin und übernehmen Aufgaben als Ammen- und Putzbienen, als Wächterinnen und Nahrungsbeschafferinnen. Sobald die Kolonie auf eine ausreichende Größe angewachsen ist, verlässt die Königin nur noch selten das Nest. Sie verfügt nun über Arbeiterinnen, die Pollen und Nektar für die Fütterung der Folgebruten sammeln und ihre Rolle besteht nun ausschließlich darin, immer mehr Eier zu legen.

Die Zeit läuft und je mehr der Frühling zum Sommer wird, desto größer und umfangreicher wird auch das Nest. Die Königin legt ein Gelege nach dem anderen, während die Arbeiterinnen je nach Größe verschiedene Aufgaben übernehmen. Größere Arbeiterinnen, die mehr Pollen und Nektar in das Nest eintragen können als ihre kleineren Schwestern, übernehmen in der Regel die Nahrungsbeschaffung, während die kleineren zuhause bleiben, das Nest säubern, die Königin pflegen und die Larven füttern. Im Hochsommer, wenn die Bedingungen gut sind und es genügend Pollen- und Nektarquellen gibt, kann die Zahl der Arbeiterinnen in einem Nest der Dunklen Erdhummel über vierhundert Individuen erreichen. Bei anderen Arten, zum Beispiel bei der Kleinen Wiesenhummel und der Gartenhummel, beherbergt ein Nest mit höchstens hundert Individuen deutlich weniger Arbeiterinnen.

Wenn das Nest gedeiht und wächst, kann sich die Königin, falls sie gesund bleibt, des nächsten und wichtigsten Schritts im Lebenszyklus der Kolonie annehmen: der Zeugung von Männchen und neuen Königinnen. Bis zu diesem Moment hat sie nur befruchtete Eier gelegt, indem sie mit jedem Ei auch eine winzige Menge Sperma freigab, das sie seit ihrer Paarung im Herbst zuvor in ihrem Körper gespeichert hatte. Die befruchteten Eier enthalten neben ihren Chromosomen auch jene des Männchens, mit dem sie sich gepaart hat, und sie alle entwickeln sich zu weiblichen Hummeln.

Sobald die Zeit reif ist, stellt die Königin die Produktion befruchteter Eier ein und beginnt damit, unbefruchtete Eier zu legen, die nur noch ihre eigenen Chromosomen enthalten. Diese unbefruchteten Eier entwickeln sich zu männlichen Hummeln. Gleichzeitig mit der Ablage der Eier, die Drohnen hervorbringen, hört die Königin auf, ein Pheromon abzugeben, das die Arbeiterinnen dazu veranlasst, aus den befruchteten Eiern weitere Arbeiterinnen aufzuziehen. Mit der Einstellung dieses Pheromons und der Ablage der Drohnen produzierenden Eier geht auch der Lebenszyklus der Kolonie dem Ende zu. Der letzte Stoß befruchteter Eier wird sich zu neuen Königinnen entwickeln.

Nachdem die Hummeldrohnen aus ihren Kokons geschlüpft und nach einigen Tagen flugfähig geworden sind, verlassen sie das Nest, zu dem sie nie wieder zurückkehren. Die Jungköniginnen folgen ihnen bald darauf. Sobald die Königin das Pheromon eingestellt hat, das die Arbeiterinnen dazu veranlasst, aus den Eiern Arbeitsbienen heranzuziehen, verliert sie ihre Herrschaft über ihre Gefolgschaft und einige der Arbeiterinnen beginnen damit, eigene unbefruchtete Eier zu legen. Die alte erschöpfte Königin hat die Kolonie nicht mehr länger im Griff und Chaos bricht aus.

Gleich ob die Arbeiterinnen nun ihre eigenen Eier legen oder nicht, sobald die Drohnen und Jungköniginnen das Nest verlassen haben, ist das Ende der Kolonie nur noch eine Frage der Zeit. In den wenigen noch verbleibenden Wochen sterben ihre Bewohnerinnen aus und die Detrivoren der Natur – Regenwürmer, Mistkäfer, Tausendfüßer und andere – halten Einzug und räumen das verlassene Nest aus. Die Jungköniginnen paaren sich und suchen einen Platz zum Überwintern; die Drohnen sterben noch bevor der Winter einsetzt. Die Zukunft der Art hängt nun davon ab, ob die frisch gepaarten Königinnen die Überwinterung überleben und es schaffen, im kommenden Frühjahr erfolgreich eine neue Kolonie zu gründen.

Die durchschnittliche Lebensdauer eines Nests beträgt ungefähr achtzehn Wochen, doch bei der Kleinen Wiesenhummel sind es nur zwölf bis vierzehn Wochen, was bedeutet, dass sie zwei, bisweilen drei Kolonien pro Jahr gründen können. Bei diesen frühen Arten überwintern die Jungköniginnen, die früh genug im Herbst ausfliegen, nicht, sondern beginnen sofort mit dem Nestbau. Die Ackerhummeln hingegen brauchen sehr lange für die Errichtung ihres Nests, sodass ihre Kolonien noch lange in den Herbst hinein, wenn andere Hummelarten ihren Lebenszyklus bereits vollständig durchlaufen haben, aktiv sind. Sieht man eine Hummel noch im September Pollen sammeln, handelt es sich wahrscheinlich um eine Ackerhummel.

Wie es der Zufall will, hat sich in diesem Frühjahr eine Dunkle Erdhummel die neugeschaffene kleine Wildnis in unserem Garten zur Gründung ihrer Kolonie ausgesucht. Ich habe das Nest am 20. April in der kleinen Mauer aus dem hiesigen Grünstein entdeckt, die unseren Terrassengarten an der Hinterseite begrenzt. Wie konnte es passieren, dass ich sie nicht schon früher erspäht habe? Mindestens ein Dutzend Mal muss ich an dem Eingang zum Nest vorbeigegangen sein, wenn ich Brennholz holte oder die Wäsche aufhängte. Wie dem auch sei, ich habe die Hummeln nun gefunden und freue mich immens darauf, in den kommenden Monaten ihr Kommen und Gehen zu beobachten. Dass eine Hummelkönigin ausgerechnet unsere Grünsteinmauer allen anderen in der Stadt vorgezogen hat – und Shaftesbury ist voll mit solchen Mauern –, lässt mich vor Freude jubeln. Es ist die gleiche freudige Erfahrung, die man macht, wenn ein Blaumeisenpärchen in einem der

Vogelkästen nistet, die man aufgehängt hat, oder wenn man in einem erst kürzlich angelegten Teich Kaulquappen vorfindet.

Ich rufe Rob an, der in diesem Jahr in Dianas Garten bereits zwei Nester gefunden hat, um ihm die Neuigkeit mitzuteilen und feiere dann das Ereignis mit dem ersten Brennnesseltee des Jahres. Nichts schmeckt besser oder grüner als aus jungen Blättern aufgebrühter Tee, Blättern, die man sammelt, solange das Wasser kocht. Teebeutel sind eine gute Sache, aber sie lassen sich nicht vergleichen mit Tee aus Blättern oder Blüten, die man selbst gepflückt und aufgegossen hat. Früher wurde ich noch gestochen, wenn ich die Blätter gesammelt habe, aber seitdem ich gelernt habe, forsch zu sein und die nesselbewehrten Blattstiele fest mit Zeigefinger und Daumen anzupacken, bevor ich sie von der Pflanze pflücke, passiert mir das seltener. Ich bereite den Tee in meiner Lieblingstasse zu – hoch und schmal, perfekt, um das Getränk warmzuhalten, wenn ich abgelenkt werde und das Trinken vergesse – und nehme ihn, zusammen mit dem letzten Stück wunderbar duftenden und (wirklich köstlichen) Zitronenpolentakuchens, den Rob mir zum Geburtstag gebacken hat, wieder mit in den Garten. Ich fege den Staub und die Spinnweben von dem Gartenstuhl, der in dem alten Klohäuschen an einem Nagel hängt, und positioniere mich dem Nesteingang genau gegenüber, nahe genug, um die Hummeln an- und abfliegen zu sehen, aber weit genug weg, um die Flugbahn der Arbeiterinnen nicht zu stören.

Kaum sitze ich, fliegt auch schon eine Hummel aus einer Lücke zwischen zwei Steinen. Ohne zu zögern und ohne sich zu orientieren, fliegt sie weiter, das heißt, sie ist schon einige Male ein- und ausgeflogen und weiß bereits, wo genau sich das Nest befindet. Wäre sie noch ein Neuling bei der Nahrungssuche, hätte sie sich langsam und in immer größer werdenden Kreisen und Achterfiguren nach oben geschraubt, hätte sich dabei die Landmarken in der Nähe und weiter entfernt eingeprägt, die ihr später geholfen hätten, nach Hause zu finden. Hummeln fliegen in der Regel in einem fünf Kilometer großen Umkreis von ihrem Nest auf Nahrungssuche, wobei schon Entfernungen von 20 Kilometern festgestellt wurden. Es erstaunt mich immer wieder, dass Hummeln diese Entfernungen zurücklegen und dennoch den Weg zurück in ihr Nest finden.

Selbst für eine Arbeiterin ist diese Hummel hier extrem klein. Ihre geringe Größe sagt mir, dass sie wahrscheinlich aus der ersten Arbeiterinnenaufzucht der Kolonie stammt und dass der von der Königin für die erste Brut bereitgestellte Pollen qualitativ und quantitativ anscheinend nicht ausreichend war. Der gesammelte Pollen liefert das für Entwicklung und Wachstum der Larven nötige Protein. Bienen ohne ausreichende Eiweißquelle werden im Vergleich zu solchen, die wertvolle Proteine gefüttert bekommen, gedrungener und kleiner. Dies ist auch bei anderen Tieren und ebenso beim Menschen der Fall. Sich später im Lebenszyklus des Nests entwickelnde Bruten, die nicht nur von der Königin, sondern von zahlreichen Arbeiterinnen versorgt werden, sind in der Regel größer – vorausgesetzt natürlich, es stehen reichlich Pollen und Nektar zur Verfügung.

Während der nächsten Monate überwache ich die Aktivitäten an unserem Hummelnest, allerdings habe ich in den ersten Juniwochen so viel zu tun, dass ich in letzter Zeit kaum noch auf dem Laufenden bin. Mitte Juni sollte die Kolonie eigentlich gut etabliert sein, doch Rob meint, sie sei zurzeit weniger betriebsam als Ende April; seit ungefähr einer Woche habe er keine Hummel mehr ein- oder ausfliegen sehen. Das kommt mir seltsam vor. Das Wetter war gut und die Nahrungsquellen in der Nachbarschaft sind alles andere als spärlich.

Ich arbeite auf einen Abgabetermin hin, aber nachdem ich Robs Bericht über das Nest gehört habe, gelingt es mir kaum noch, mich zu konzentrieren. Ich gehe also kurz nach draußen, um nachzusehen. Schon von den Stufen in den Garten aus sehe ich, dass etwas nicht stimmt, und bin regelrecht schockiert, als ich beim Näherkommen bemerke, dass der Eingang gänzlich von einem gummiartigen Netz blockiert ist. Noch entsetzter bin ich, als ich in dem zähen Gewebe ein paar große, madenartige Raupen krabbeln sehe. Mit einem Zweig befreie ich den Nesteingang von den Raupen und dem Material, in das sie eingehüllt sind. Auch wenn ich noch nie welche gesehen habe, bin ich mir ziemlich sicher, dass es sich um Wachsmottenlarven handelt. Mir ist zwar bekannt, dass sie für Bienenstöcke eine Gefahr darstellen, ich bin mir aber nicht sicher, ob das auch für Hummelnester gilt. Ich warte eine Weile, will wissen, ob das Nest noch aktiv ist. Nichts. Ich lege mein Ohr auf den Boden, in der Hoffnung ein Brummen oder

Summen zu hören, aber die Erde unter der Steinmauer ist stumm. Ich fürchte das Schlimmste.

Ein paar Tage später bestätigen sich meine Befürchtungen. Keine Hummeln. Das Nest ist tot. Ich bin am Boden zerstört und total wütend auf die Wachsmotten, die ihre Eier in das Nest meiner Hummel gelegt haben. Aber wer bin ich, dass ich den Erfolg einer Art über den einer anderen stelle? Die Wachsmotte hat getan, was Wachsmotten eben tun, und ihrem Nachwuchs den bestmöglichen Start ins Leben ermöglicht.

Ich frage mich, ob ich den Motten gegenüber freundlicher gesinnt wäre, wenn ihre Raupen nicht so sehr wie Riesenmaden ausgesehen hätten. Meine Neugier ist angestachelt und ich schaue nach, was ich über sie herausfinden kann. In Großbritannien und in Irland gibt es zwei Arten von Wachsmotten sowie eine Hummelnestmotte (*Aphomia sociella*). Die Hummelnestmotte legt, wie der Name schon sagt, ihre Eier in Hummelnester, wobei sie sich meist nachts einschleicht, um nicht von der Königin entdeckt zu werden. Die ausgeschlüpften Larven er-nähren sich von den Wachsausscheidungen, mit denen die Königin das Nest gebaut hat. Schlimmer noch, die Mottenlarven fressen manchmal auch die Hummellarven.

Ich bin nicht sicher, ob die Motte ihre Eier nicht nur am Eingang unseres Hummelnests abgelegt hat, sondern auch im Nest selbst, was letztlich keine Rolle spielt. Da sie sie genau in den Eingang gelegt hat und die geschlüpften Raupen sich dort in ein Netz aus schützenden gummiartigen Fasern eingesponnen haben, wurden die Hummeln daran gehindert, ihr Nest zu verlassen oder an es heranzukommen. Es wird nur Tage gedauert haben, bis die ganze Kolonie verhungerte und das Nest zu einem Grab wurde. Neben der Hummelnestmotte gibt es noch viele andere Fressfeinde, Parasiten, Krankheiten und weitere Herausforderungen, denen sich die Hummeln stellen müssen, was es umso wichtiger macht, alles dafür zu tun, ihnen zu helfen und sie zu erhalten. Glücklicherweise haben unsere pelzigen Freunde ihre eigene Naturschutzorganisation, eine wundervolle, 2006 von Professor Dave Goulson und Dr. Ben Darvill gegründete Stiftung mit dem Namen Bumblebee Conservation Trust oder BBCT.

2006 lehrte Dave Goulson an der Universität Stirling, wo er seit über einem Jahrzehnt Hummeln und die Gründe ihres Rückgangs

53

erforschte. Zusammen mit seiner Forschungsgruppe hatte er zwar zahlreiche wissenschaftliche Abhandlungen über Hummeln veröffentlicht, die aber alle, wie Dave bemerkte, „lediglich von einer Handvoll Akademikern gelesen und dann rasch vergessen wurden". Die Forscher wussten ziemlich genau, warum die Hummeln so bedroht waren, aber kein Mensch wollte ihnen helfen. Eine äußerst frustrierende Situation. Dann kam Dave auf die Idee, eine von ihren Mitgliedern getragene Stiftung zu gründen, „mit dem Ziel, auf der Grundlage herausragender wissenschaftlicher Forschung fundierte Empfehlungen für konkretes Handeln abzugeben". Der BBCT wurde ins Leben gerufen.

Von Anfang an ging es dem BBCT darum, die Menschen dazu zu motivieren, blumenreiche Habitate für unsere geliebten Hummeln zu schaffen. Wichtig dabei ist, dass die Stiftung nicht nur uns Gärtner mit Ratschlägen versorgt, sondern auch eine Fülle an Informationen und Unterstützung für Landeigentümer bereitstellt, die etwas für die Hummeln tun möchten. Eine Armee aus Mitgliedern und Freiwilligen wirbt in dem Bemühen, diese emblematischen Insekten zu schützen, mit großem Engagement um Gelder und um eine erhöhte Aufmerksamkeit. Dank dem BBCT und Buglife (einer weiteren wunderbaren Naturschutzorganisation) sowie Kampagnen der Friends of the Earth, der Royal Society for the Protection of Birds (RSPB), der Wildlife Trusts und weiterer Organisationen bekommen unsere Wildbienen und andere Insekten endlich die Hilfe und Anerkennung, die sie verdienen und so verzweifelt nötig haben.

Glücklicherweise habe ich schon viele Hummelnester beobachten können, die ihren Lebenszyklus vollständig durchlaufen und am Ende Jungköniginnen und Drohnen produzieren konnten, die das Überleben der Art garantieren. Auch wenn das Nest in unserer Mauer erloschen ist, gibt es dieses Jahr doch mindestens drei mir bekannte aktive Kolonien in unserem Garten oder in der unmittelbaren Umgebung. Zwei davon – eine Wiesenhummel- und eine Erdhummelkolonie – sind bereits weit gediehen und bringen Männchen hervor. Die dritte, eine Ackerhummel, hinkt noch etwas hinterher. Die drei Kolonien unterscheiden sich in Größe und Charakter. Wenn ich genug Zeit hätte, das Kommen und Gehen bei jedem Nest eine bestimmte Zeitlang aufzuzeichnen, könnte ich womöglich abschätzen, wie groß ihre jeweilige Population ist und in welchem Stadium ihres Lebenszyklus sie sich genau befinden. Doch in der gegebenen Situation vermag ich sie gerade einmal als „extrem umtriebig und aus allen Nähten platzend", „nicht ganz so betriebsam, aber durchaus erfolgreich" oder „einigermaßen geschäftig, aber hinterherhinkend" zu etikettieren.

Am meisten Betrieb ist am Nest der Dunklen Erdhummel am Fuß des Komposthaufens. Bisweilen hat man den Eindruck, die Arbeiterinnen müssten am Eingang Schlange stehen, um ihre enorme Pollenfracht abliefern zu können. Manche Arbeiterinnen sind so riesig, dass man sie leicht für Königinnen halten könnte, während andere höchstens so groß wie mein kleiner Fingernagel sind. Ich stelle mir vor, dass die Königin, die Rob vor ein paar Wochen auf dem kriechenden Beinwell an unserer Komposttonne beim Sonnentanken entdeckt hat, die Gründerin des Nests sei, weiß aber, dass dies reines Wunschdenken ist. Wie auch immer, ich bin froh, dass diese Kolonie auf unserem Gartengrundstück gedeiht.

Das Nest der Kleinen Wiesenhummel, das ich unter etwas altem Laub gefunden habe, ist weniger geschäftig. Damit meine ich nicht, dass seine Arbeiterinnen weniger aktiv sind, sondern eher, dass es weniger von ihnen gibt. Die Kleine Wiesenhummel ist die kleinste Hummel in Großbritannien und Irland und die Arbeiterinnen dieser Kolonie sind noch besonders klein. Doch trotz des Nachteils wegen ihrer Größe waren sie unter allen drei Kolonien die ersten, die Männchen in die Welt setzten und ich bin mir fast zu 100 Prozent sicher, dass ich vorige Woche eine Jungkönigin aus dem Nest hervorkommen sah. Ich fände es toll, wenn sie ihr eigenes Nest hier in der Nähe bauen würde.

Das Nest der Ackerhummeln ist so betriebsam und aktiv wie die anderen Nester, scheint insgesamt aber etwas entspannter. Mit seiner Beobachtung habe ich mehr Zeit verbracht als mit den anderen. Das Nest liegt direkt unter dem Wassertrog, an dem die Leute der Gartenkolonie ihre Gießkannen füllen. Dieser Gemeinschaftstrog liegt genau an der Ecke unserer Parzelle, sodass ich die Ereignisse an diesem Nest mehrmals am Tag mitbekomme. Der Eingang zum Nest liegt an der Vorderseite des Trogs, neben dem Flecken Gras, auf dem die Leute beim Auffüllen ihrer Kannen meist stehen. Ich bin besorgt, dass das Nest oder die Hummeln aus Versehen zertrampelt werden, und habe so viele Leute wie möglich gebeten, achtzugeben, muss aber trotzdem den Eingang freiräumen, wenn er von der verfestigten Erde und dem von den schweren Stiefeln zertretenen Gras verstopft ist. Die Hummeln fühlen sich davon zum Glück überhaupt nicht gestört.

Doch Anfang der Woche sah ich drei oder vier von ihnen im Gras herumkrabbeln; sie versuchten den Eingang zurück in ihren versperrten Nistgang zu finden. Ich weiß nicht, wie lange sie schon gesucht hatten, aber als ich das Gras beiseiteräumte, krabbelten sie direkt über meine Finger hinunter ins Nest, um ihren Pollen abzuladen. Keine Aufregung und kein Ärger. Die Ackerhummeln sind meiner Erfahrung nach die sanftesten unserer Hummeln. Und die Einwohner dieses Nests haben es mir besonders angetan.

Das Kommen und Gehen dieser Hummeln und vieler anderer Bienen in unserer Kolonie und unserem Garten beobachten zu können, war ein Geschenk für mich. Mehr als das freue ich mich, sie überhaupt *bewusst* wahrgenommen zu haben. Es ist verblüffend, dass ich so viele Jahre meines Lebens keinerlei Notiz von den Hummeln genommen habe, die doch direkt vor meiner Nase lebten. Vermutlich liegt das an einer Art „selektivem Sehen", so ähnlich wie selektives Hören, bei dem man nur hört, was man hören möchte, nur dass man in diesem Fall eben sieht, was man will, oder was man glaubt, sehen zu „müssen". Ich kann die Uhr nicht zurückdrehen, aber heute liegt mir alles daran, mehr zu sehen und zu hören als früher.

2.

EIN EIGENES NEST

Wenn man zu einer Reise aufbricht, weiß man nie, wohin sie führt, und wem oder was man auf seinem Weg begegnet. Hätte ich mich 2006 nicht für die Schlagzeilen über den Völkerkollaps bei Honigbienen interessiert, wäre ich wahrscheinlich nie auf die Solitärbienen gestoßen. Bedenkt man, dass die überwältigende Mehrheit der zwanzigtausend Bienenarten auf der Welt Einsiedlerbienen sind, ist es kaum zu glauben, dass die meisten von uns nichts von ihrer Existenz wissen. Je mehr ich jedoch über diese vielfältige Insektengruppe gelernt habe, desto faszinierender fand ich ihre Welt. Ich bin zwar ein bisschen spät dran, aber jetzt möchte ich die verlorene Zeit unbedingt wettmachen.

Der Ausdruck „Solitärbiene" ist eher eine Art Sammelbegriff. Häufig wird er herangezogen, um die Tausenden Bienenarten zu bezeichnen, die nicht zu den Honigbienen, Hummeln oder Stachellosen Bienen gehören, auch wenn zahlreiche der so zusammengefassten Bienenspezies keine „Einsiedler" sind. Tatsächlich weisen etliche von ihnen verschiedene Stufen der Gemeinschaftsbildung auf.

Möchte man jedoch die fachlichen Aspekte verstehen, die zu der Gruppierung verschiedener Arten führen und wo diese auf der gleitenden Skala der „Staatenbildung" stehen, ist das ein bisschen so, wie wenn man versucht, die englische Grammatik zu verstehen, bei der es zwar Regeln gibt, aber fast jede Regel auch Ausnahmen besitzt.

Echte Solitärbienen werden ihrem Namen gerecht: Sie leben *solitär*. Sie haben kein Kastensystem und tragen auch keine Verantwortung für einen gemeinsamen Nachwuchs. Es besteht keinerlei Generationenüberlappung; die Eltern sterben, bevor ihre Brut ausschlüpft.

Man nimmt an, dass Bienen evolutionär aus einzelgängerisch lebenden Grabwespen entstanden sind und insofern ist es vielleicht nicht verwunderlich, dass so viele Bienenarten als solitär lebend bezeichnet werden. Einer der grundlegenden Unterschiede zwischen Wespen und Bienen besteht darin, dass Letztere ihre Larven mit einer vegetarischen Diät aus Pollen und Nektar füttern, während fast alle Wespen ihren Nachwuchs mit mal lebenden, mal toten Beutetieren versorgen.

Die Wespen, von denen die Bienen abstammen, stellten keine Ausnahme von dieser Regel dar. Es wird angenommen, dass eine Wespe, vermutlich aus der Familie der *Sphecidae*, unabsichtlich ihr Nest mit Pollen versorgt hat, vielleicht weil sie ein Beuteinsekt in einer blühenden Pflanze gefangen hat. Da Pollen Eiweiß enthalten, erwarben wohl manche Larven die Fähigkeit, sich ausschließlich von Pollen zu ernähren und entwickelten eine Vorliebe dafür. Natürlich „denken" Wespen und Bienen nicht wie wir darüber nach, was sie fressen sollen, aber hätten sie es getan, hätten sich einige dieser primitiven Wespen wohl gedacht: *Oha, mit diesem gelben Zeug geht es unseren Larven so gut, und es ist so viel einfacher einzusammeln als das Futter, das sich wehrt. Vielleicht sollten wir es doch mal mit einer vegetarischen Diät versuchen.* Und so sind die ersten Solitärbienen entstanden.

Zwar bauen solitär lebende Arten mitunter ihre Nester neben denen ihrer Artgenossinnen und formen demnach scheinbar absichtlich Gemeinschaften, doch dieser Schein trügt. Bei diesen „Nestaggregationen" von Solitärbienen, die in ihrer Größe zwischen einigen Dutzend und Hunderten oder Tausenden Einzelnestern variieren können, handelt es sich keineswegs um soziale oder eusoziale „Kolonien". Solche Aggregationen erstrecken sich bisweilen über Tausende Quadratmeter und bestehen, wenn die Bedingungen danach sind und es reichlich Nahrung gibt, mitunter jahrzehntelang. Sie werden auch als *Bienenstädte* bezeichnet.

Als ich das erste Mal auf eine Nestansammlung von Solitärbienen stieß, lebte ich in West-Malvern. Ich erkannte damals noch nicht gleich, was ich vor mir hatte. Ich war auf einem langen Spaziergang unterwegs und ruhte mich oberhalb des Tals mit den wilden Honigbienen auf einer Bank neben einem Kinderspielplatz aus. Die Bank fühlte sich kalt an, es war eine dieser alten Bänke aus Metall, die rund um einen Baumstamm stehen. Ich saß dort, und überlegte, was wohl geschehen würde, wenn der Baum so an Umfang zunähme, dass er die Bank berühren würde. Würde die Bank seinem Wachstum nachgeben? Ich hatte meine Zweifel. Ich hatte zwar schon viele in einen Baum eingewachsene Metallkonstruktionen und Stacheldrahtenden gesehen und die Bäume hatten dies offenbar überlebt, ich war mir allerdings nicht sicher, ob dieser Baum es überleben würde, von der Eisenbank stranguliert zu werden. Hoffentlich, so ging mir durch den Kopf, wird jemand die sich anbahnende Kollision bemerken und die Bank entfernen, damit sie nicht in den Baum einschneidet.

Als ich nach unten sah, um festzustellen, ob die Bank im Boden verankert war, entdeckte ich die Bienen. Anfangs sah ich nur eine oder zwei. Dann bemerkte ich Dutzende. Manche waren sehr klein und schwirrten zu schnell über den Boden, um sie genauer in den Blick nehmen zu können. Andere, die etwas größer waren, krabbelten einzeln in winzige Löcher mit vielleicht drei Millimetern Durchmesser oder krochen aus ihnen hervor. Die meisten Löcher waren rund um die Bank in die blanke Erde gegraben worden, die festgestampft war, von den Menschen, die um den Baum gingen, um sich auf der Bank auszuruhen. Manche Löcher waren von Häufchen frisch ausgeworfener Erde umgeben, die aussahen wie Miniaturmaulwurfshügel.

Eine der größeren Bienen schien etwas zu suchen. Ob es sich um ihren Bau handelte? Sie flog in die Höhe, kreiste kurz in der Luft, landete dann auf dem Boden, wo sie sich unter trockenen Blättern und kleinen Zweigen einen Weg bahnte, da und dort zu graben versuchte, bevor sie das ganze Manöver von vorne anfing. Ich war völlig gebannt und es dauerte eine Weile, bis mir bewusst wurde, dass es vielleicht mein Fuß war, der der Biene den Weg versperrte. Ich stand also auf und ging, um nicht auf eine Biene zu treten, sehr vorsichtig ein paar Schritte zurück in das höhere Gras.

Meine Vermutung war richtig. Mit meinem Fuß hatte ich verdeckt, was vermutlich der Eingang zu dem Bienenbau war. Schlimmer noch, ich hatte die Erde mit meinen Füßen plattgedrückt, so dass die arme Biene kaum den Eingang finden konnte. Sobald es ihr dennoch gelungen war, krabbelte sie eilig in ihr Erdloch und war verschwunden. Die meisten Bienen flogen viel zu schnell aus ihren Erdhöhlen, als dass ich sie hätte genauer betrachten können, aber eine legte auf ihrem Rückweg in den Bau einen kurzen Halt auf einem trockenen Blatt ein, und ich konnte sie genauer in Augenschein nehmen. Es handelte sich eindeutig um ein Weibchen: An ihren Hinterbeinen trug sie hellgelben Pollen, den nur Arbeiterinnen transportieren. Doch der Pollen war keineswegs so glatt und sauber zusammengeballt, wie ich dies bei den Honigbienen oder Hummeln gesehen hatte. Er war krümeliger und in Klumpen auf einem größeren Bereich der Bienenbeinchen festgebacken. Interessant. Damals war mir noch nicht lange bekannt, dass es Solitärbienen überhaupt gab. In der Woche zuvor hatte ich, in der Hoffnung, ich würde die eine oder andere Art der Mauerbienen oder Blattschneiderbienen dazu verleiten können, in meinem Garten zu nisten, ein paar Nistkästen an der Rückwand meiner Terrasse angebracht. Außer über Hummeln hatte ich noch nicht viel über Bienen gelesen, die im Boden leben, doch als ich diese Tierchen in ihre Erdlöcher fliegen und wieder hervorkommen sah, schwante mir langsam, dass es sich auch hier um eine Wildbienenart handeln könnte.

Ich beobachtete die Sandbienen noch für eine weitere halbe Stunde und ging dann zum Mittagessen nach Hause, wo ich online meine mit Lesezeichen markierten Referenzseiten durchstöberte. Aufgrund ihres Aussehens (mit tieforangem Pelz auf dem Thorax und ansonsten dicht und schwarz behaart) und der Tatsache, dass ich sie im Februar entdeckt hatte, waren sie relativ leicht zu identifizieren. Es handelte sich um die Waldrand-Sandbiene (*Andrena clarkella*), die in Großbritannien und Irland zu den frühesten Arten gehört.

Der Pollen, den sie in ihre Erdlöcher getragen haben, war Weidenpollen, auf den die Bienen zur Bevorratung ihres Nests angewiesen sind. Die kleineren Exemplare, die über dem Boden herumschwirrten, aber nicht in den Bau krochen, waren Männchen. Ich habe zudem gelernt, dass der Stechapparat der *Andrena*-Bienen zu schwach ist, um die Haut des Menschen durchdringen zu können. Die Sandbienen im Park stellten also keine Gefahr für die dort spielenden Kinder dar.

Als ich später am Nachmittag mit meinem neuerworbenen Wissen über das Verhalten der Bienen an die Stelle zurückkehrte, war kein einziges Exemplar mehr zu sehen. Erst später erfuhr ich, dass man die Waldrand-Sandbiene eher am Morgen und am frühen Nachmittag zu Gesicht bekommt, denn wenn ihr Gebiet nicht mehr von der Sonne beschienen wird, stellen sie ihre Flüge für gewöhnlich ein. Wie die Honigbienen im alten Eichenbaum unten im Tal habe ich von da an auch die Sandbienen Jahr für Jahr beobachtet, bis ich aus Malvern wegzog. Sie wurden für mich zu Vorboten des Frühlings, und ich habe immer festgehalten, wann sie das erste Mal auftauchten. Das früheste Datum war der 21. Februar 2001.

Die herausragende Rolle, die Honigbienen und Hummeln für die Bestäubung der Ackerfrüchte und Blütenpflanzen spielen, habe ich bereits erwähnt. Solitärbienen sind nicht weniger bedeutsam. Wie die staatenbildenden Bienen sammeln sie Pollen für ihren Nachwuchs, die Art, wie sie ihn zurück ins Nest bringen, unterscheidet sich jedoch deutlich.

Honigbienen und Hummeln transportieren den Pollen in Körbchen und befeuchten ihn mit Speichel, womit sie gewährleisten, dass er sicher und ordentlich zusammengedrückt ist. Dadurch geht ihnen auf ihrem Flug nur sehr wenig des eingesammelten Pollens verloren. Sobald die gelben Körner mit Nektar vermischt werden, verlieren sie ihre Lebensfähigkeit und werden, selbst wenn sie auf dem Heimweg doch irgendwie abgebürstet werden sollten, unfruchtbar. Blüten, die von diesen Bienen besucht werden, müssen sich für die Bestäubung daher auf den losen Pollen verlassen, der sich in den pelzigen Körpern der Tiere festsetzt.

Solitärbienen hingegen besitzen keine Körbchen und sind weit weniger penibel. Bis auf ein oder zwei Arten, die ihren Pollen in einem Kropf aufbewahren, sammelt ihn die Mehrheit der Wildbienen mittels einer *scopa* genannten Bürste, die aus steifen, verzweigten Härchen an ihren Beinen, an den Flanken oder an der Unterseite ihres Abdomens – bei manchen Arten auch an anderen Körperstellen – besteht. Die meisten Weibchen der Solitärbienen packen ihren Pollen, ohne ihn zusammenzudrücken oder ihn mit Nektar oder Speichel zu befeuchten, ziemlich unordentlich in ihre *scopae*. Das heißt, dass Pollenkörner viel leichter abfallen können, wenn die Biene die nächste Blüte besucht, was die Bestäubung wiederum viel wahrscheinlicher werden lässt.

Hinzukommt, dass die meisten Solitärbienen nicht so viel Pollen pro Ladung transportieren können wie Honigbienen und Hummeln. Sie müssen also viel öfter hin- und herfliegen, viel öfter zwischen ihrem Nest und den Blüten pendeln. Diese zusätzlichen Ausflüge zur Nahrungsbeschaffung haben zur Folge, dass viel mehr Blüten bestäubt werden. Die ungeordnete Methode des Pollensammelns ist einer der Gründe, warum eine einzelne Rostrote Mauerbiene (*Osmia bicornis*), die den Pollen unter ihrem Abdomen transportiert, etwa hundertmal effizienter bestäubt als eine einzelne Honigbiene. (Die Rostrote Mauerbiene ist vor allem für die Bestäubung von Apfelbäumen bedeutsam.) Man sieht also, Solitärbienen sind die unbesungenen Heldinnen der Bestäubung.

Solitärbienen weisen eine Vielfalt von Größen und Formen auf – von der winzigen *Perdita minima* Nordamerikas, die in der Länge lediglich zwei Millimeter misst, bis zur größten Biene der Welt, der indonesischen *Megachile pluto*, deren Weibchen bei einer Flügelspannweite von nahezu 64 Millimetern bis zu 38 Millimeter Körperlänge aufweisen.

Auch in ihrem Aussehen variieren die „Einsiedler" beträchtlich. Manche sind pelzig, manche glatt, manche rundlich, andere schlank, manche gestreift oder gepunktet. Und sie kommen in allen Farben des Regenbogens vor, von der Dickkopf-Blutbiene (*Sphecodes monilicornis*) mit ihrem hellroten glänzenden Hinterleib bis zu der enormen violettflügeligen Holzbiene (*Xylocopa violacea*), benannt nach ihren violett irisierenden Flügeln. Es gibt langweilige grauschwarze Bienen, von denen so gut wie niemand Notiz nimmt, und Bienen, die mit ihren schwarzgelben Streifen aussehen wie Wespen. Und in den Tropen gibt es juwelenfarbige Prachtbienen (*Euglossini*) und glänzende, metallische Schmalbienen (*Halictidae*), die so strahlend und farbenfroh sind, dass man glaubt, sie wären mit Photoshop bearbeitet worden, wenn man sie das erste Mal abgebildet sieht.

Nicht minder erstaunlich ist das vielfältige Nestbauverhalten. Solitärbienen lassen sich grob in zwei Hauptgruppen einteilen: solche, die im Boden nisten (häufig als *Sandbienen* oder *bodennistende Bienen* bezeichnet), und solche, die in Hohlräumen über und gelegentlich auch unter der Erde nisten (*oberirdisch nistende Bienen*). Die Mehrheit, wie etwa meine Waldrand-Sandbiene, fällt unter die erste Gruppe. Die

Art und Weise, in der die verschiedenen Arten graben, Vorräte anlegen, ihre Nester versiegeln und schützen, unterscheidet sich stark.

Während die bodennistenden Arten die körperlichen Anlagen und die Stärke entwickelt haben, ihre eigenen Nester zu graben, suchen die in Hohlräumen nistenden am liebsten Löcher, Röhren und andere bereits bestehende Hohlräume auf. Nur wenige Arten, darunter die Holzbienen der Gattungen *Xylocopa* und *Ceratina*, haben die Fähigkeit erlangt, sich in Totholz zu bohren oder Pflanzenstängel auszuhöhlen, und manche, etwa die Pelzbienen (*Anthophora*), graben sich in bröckeligen Mörtel oder Lehm.

Allerdings schert es die meisten Hohlraumnister überhaupt nicht, ob die Grundstruktur ihres Nests aus natürlichem oder menschengemachtem Material besteht, und sie nisten gerne in einem speziell für ihre Unterbringung hergestellten „Bienenhotel". Nicht selten bauen sie ihre Nester in den Hohlräumen von Gartenschläuchen, Windspielen, Schlüssellöchern oder in die Tüllen von Gießkannen. Diese Bienen sind die ultimativen Opportunisten der Natur.

Ob die Solitärbienen nun am liebsten in einem oberirdischen Hohlraum oder in einer Nisthöhle im Boden nisten, ihr Lebenszyklus folgt im Wesentlichen dem gleichen Muster. Von ein oder zwei Ausnahmen abgesehen (Ausnahmen gibt es immer!) kommen die Männchen der Solitärbienen früher aus ihrem Brutnest als die Weibchen; die ein oder zwei Wochen, die sie auf ihre weiblichen Pendants warten müssen, verbringen sie in der Nähe ihrer Nester oder sie fliegen die Blütenpflanzen ab, von denen sie wissen, dass sie von den Weibchen aufgesucht werden. Sobald die Paarung stattgefunden hat, machen sich die Weibchen allein an den Nestbau und die Bevorratung des neuen Nests. Das Männchen spielt dabei keine Rolle mehr. Man liegt schon ziemlich richtig damit, sich die Bienen als „alleinerziehende Mütter" vorzustellen, die sich allein um Schutz und Nahrung ihres eigenen Nachwuchses kümmern – allerdings ist die Sache doch ein kleines bisschen komplizierter.

Anders als die oberirdischen Opportunistinnen, die bereits bestehende Gänge und Hohlräume in Beschlag nehmen, müssen die bodennistenden Wildbienen ihre eigenen Nester von Grund auf neu bauen, bevor sie mit der Eiablage beginnen können. Nichts anderes hat zum Beispiel meine Waldrand-Sandbiene all die Jahre getan.

65

Die verschiedenen Arten nisten jeweils an unterschiedlichen Standorten. Manche, wie die erwähnte Sandbiene, bauen ihre Tunnel am liebsten in flachen, verdichteten Böden, wie man sie in Parks und auf gut ausgetretenen Pfaden findet. Andere graben ihre Nester in Blumenrabatten, auf Rasen, an Felswänden, Abhängen, Sanddünen oder sogar Uferböschungen – solange der Standort des Nests sonnig genug und der Boden gut entwässert ist, taugt alles als Zuhause. Möchte man also in seinem Garten den bodennistenden Arten einen Lebensraum bieten, sollte man für ein paar Stellen mit kurzem Gras sorgen. Wenn man den Platz dafür hat, baut man am besten eine *Bienenböschung* aus gut verdichteter Erde in einer sonnigen, nach Süden weisenden Lage und nicht zu weit entfernt von einer Wildblumenwiese, die die Bienen leicht finden und an der sie sich weiden und erfreuen können.

Für welchen Standort sich eine Sandbiene auch entscheidet, sie wird ihre Bautätigkeit damit beginnen, sich in die Erde einzugraben. Um den Haupttunnel auszuheben, setzt sie zunächst ihre Mundwerkzeuge ein, dann ihre Beine und ihren Körper. Nachdem sie den Tunnel gegraben hat, legt sie für gewöhnlich einige abzweigende Seitengänge an, an deren Ende sie eine kleine Ei-Kammer präpariert, gerade groß genug, um eine vollentwickelte erwachsene Biene aufzunehmen.

Und dabei geht sie clever vor. Ein unterirdisch angelegtes Nest läuft immer Gefahr, überflutet zu werden. Zumindest dürfte es nicht vor Feuchtigkeit gefeit sein. Doch die bodennistenden Bienen lösen das Problem, indem sie die Wände ihrer Nistkammern, die eigentlich nie am tiefsten Punkt des Tunnels gebaut werden, mit pilzabweisenden Sekreten einschmieren. Je nach Art werden diese von der Speicheldrüse oder den Hinterleibsdrüsen abgesondert.

Keine zwei Arten der Sandbienen gleichen sich. So wie sie sich in der Körpergröße, den Flugzeiten und den bevorzugten Nahrungspflanzen unterscheiden, unterscheiden sie sich auch in der Architektur ihrer Nester. Manche graben nur flache Gänge, die lediglich zwischen ein und fünf Zentimeter tief in den Boden reichen, andere hingegen graben wesentlich tiefer. Zum Teil hängt die Tiefe des Baus von der Beschaffenheit des Bodens ab; so graben in sehr trockenen Böden nistende Bienen eher tiefere Gänge. In Großbritannien und Irland hat man Bienen gefunden, die ihre Gänge bis zu einen halben Meter tief graben, in Nordamerika wurden jedoch Nester ausgegraben, die sich bis in eine Tiefe von 2,5 Metern erstreckten. Ganz schön erstaunlich für eine Biene, die bisweilen nicht größer als ein Kinderfingernagel ist.

Sandbienennester können einer relativ einfachen Struktur folgen und von der Bodenfläche aus vertikal nach unten oder – unter der Oberfläche – horizontal verlaufen und sich dann in ein oder zwei Richtungen verzweigen, um an jedem Zweig in einer Reihe gleich großer Nistkammern zu enden. Andere ähneln einem Labyrinth. Dass Bienen mich überraschen, bin ich mittlerweile gewohnt, aber Darstellungen von Sandbienenbauten, die ich in alten Enzyklopädien gefunden habe, haben mich angesichts der Tatsache, dass so kleine Wesen in der Lage sind, etwas derart Ausgeklügeltes zu bauen, doch in Ehrfurcht versetzt.

Welcher Bauplan einem Nest auch immer zugrunde liegt, sobald die Biene überzeugt ist, dass die Nistkammer wasserdicht genug ist, beginnt sie damit, einen Pollenvorrat anzulegen, manchmal versetzt mit etwas Nektar, den sie in zahlreichen Ausflügen sammelt. Die meisten Bienen sind hinsichtlich der als Nektarquelle dienenden Blüten nicht allzu wählerisch, wo es aber um Pollen geht, erweisen sie sich als heikler. Tatsächlich sind manche Arten so stark spezialisiert, dass sie nur eine einzige Pflanzengattung aufsuchen – im Falle der Waldrand-Sandbiene sind es Weiden.

Hat die weibliche Solitärbiene genügend Nahrungsvorräte für ihren Nachwuchs beisammen, legt sie ein einzelnes Ei in jede Nistkammer, die sie mit Material aus der Umgebung versiegelt. Meistens handelt es sich dabei um Sand oder Erde. Diesen Vorgang wiederholt sie, bis sie schließlich um die zwanzig Eier gelegt hat. Zu dem Zeitpunkt, an dem ihre Eiablage beendet ist, war sie bereits zwischen vier und acht Wochen unterwegs. Von der Erledigung ihrer Aufgabe erschöpft, stirbt sie.

Im Nest schlüpfen die Larven aus den Eiern und ernähren sich von den Vorräten, die ihre Mutter für sie angelegt hat, bis sie das nächste Entwicklungsstadium erreichen und sich verpuppen. Während der *Verpuppung* durchläuft die Larve eine vollständige Metamorphose, aus der sie schließlich als perfekt ausgebildete adulte Biene hervorgeht. In Großbritannien und Irland bleiben die meisten Arten der bodennistenden Wildbienen nach der Verpuppung in ihren Brutkammern, wo sie überwintern, bevor sie im nächsten Frühling oder Sommer aus der

Erde kommen, sich paaren und den Zyklus von vorne beginnen. Erst spät im Sommer fliegende Arten überwintern jedoch meist als ausgewachsene Larven und verpuppen sich, kurz bevor sie an die Oberfläche kommen. Manche verbringen bis zu elf Monate ihres Lebens unter der Erde, andere wie die Gemeine Sandbiene (*Andrena flavipes*) bringen unter Umständen sogar zwei Generation in einem Jahr hervor.

Der Lebenszyklus von oberirdisch nistenden Bienen gleicht im Wesentlichen dem der bodennistenden Arten. Allerdings steht den Bienen, die ihre Nester in oberirdischen Hohlräumen anlegen, weder der für den Nestbau ausgegrabene Sand noch die ausgebuddelte Erde zur Verfügung, um die einzelnen Eierkammern zu versiegeln oder den Haupteingang zu versperren. Sie müssen daher nach Materialien suchen, mit denen sie ihr Nest vor Witterung und Räubern schützen können. Manche Arten sammeln Schlamm, Sand, Harz, kleine Steinchen oder zerkaute Blätter aus der näheren Umgebung als Mörtel; daher der Name „Mauerbienen". Die „Blattschneiderbienen" hingegen verwenden Blätter oder Blütenblätter. In vielen Fällen lässt sich am für den Nestbau benutzten Material bestimmen, um welche Art es sich handelt.

Oberirdisch nistende Arten lassen sich leicht zum Nestbau in den eigenen Garten locken, und es lohnt die Mühe. Sie bieten nicht nur lange Stunden der Unterhaltung, sondern tragen zur Erhaltung der örtlichen Bienenpopulationen bei, ähnlich wie die Anpflanzung bienenfreundlicher Blütenpflanzen mit reicher Nektar- und Pollentracht. Bei immer mehr Gartenfreunden wächst das Interesse, die einheimischen Bestäuberinsekten zu fördern, und so haben Garten-Center sowie andere Geschäfte damit begonnen, bestimmte Sämereien und Pflanzen als „bienenfreundlich" zu etikettieren oder Insektenhotels sowie spezielle Nisthilfen für Wildbienen anzubieten. Das ist natürlich überaus begrüßenswert, es sollte aber angemerkt werden, dass viele dieser sogenannten bienenfreundlichen Pflanzen auf Böden gezogen worden sind, die zuvor mit bienenschädlichen Insektiziden behandelt wurden. Wenn man die Bienen im eigenen Garten also vor Schaden bewahren möchte, sollte man prüfen, woher die Pflanzen kommen, die man kaufen möchte. Am besten jedoch, man zieht sie sich selbst.

Nisthilfen für Wildbienen gibt es in vielen verschiedenen Ausführungen und Preislagen. Manche sind ziemlich einfach und bestehen aus Holzblöcken, in die Löcher gebohrt wurden. Andere sind um einiges raffinierter. Im Laufe der Jahre habe ich unzählige kommerziell hergestellte Nisthilfen ausprobiert und auch selbst welche gebaut. Es war interessant festzustellen, welche Wildbienen anlockten und welche nicht. Ich vermutete zunächst, dass die aus natürlichen Materialien hergestellten am beliebtesten seien, das war aber nicht unbedingt der Fall. Die Rostrote Mauerbiene zum Beispiel, eine der Bienenarten, die gerne in Bienenhotels nisten, scheint, wenn sie die Wahl hat zwischen einem schönen Bündel aus ausgehöhlten Brombeerstängeln, indischem Springkraut und anderen Pflanzenstängeln, und einem Bündel mit Papier ausgekleideter Kartonhülsen, das Letztere zu bevorzugen – zumindest war das in meinem Garten der Fall.

Leider hat sich in letzter Zeit herausgestellt, dass manche der aufgestellten Nisthilfen – auch meine – mehr Schaden anrichten als nützen. Wenn man sich nicht um sie kümmert, passiert es, dass sich viele solcher Bienenhotels in Bienenfriedhöfe verwandeln.

Um mehr über dieses beunruhigende Phänomen herauszufinden, kontaktiere ich meinen Freund Ron Rock, der schon seit etlichen Jahren mit Nisthilfen in seinem Garten experimentiert. Ron ist Mitglied des Bumblebee Conservation Trusts, also der Stiftung für den Schutz der Hummeln, aber er interessiert sich ebenso leidenschaftlich für Solitärbienen, insbesondere aus der Familie der *Megachilidae* – das heißt der Mauer- und der Blattschneiderbienen –, die bereitwillig menschengemachte Nisthilfen annehmen. Ron baut seit einiger Zeit seine eigenen Nistkästen, er experimentiert mit verschiedenen Modellen und verbessert seine Entwürfe fortlaufend, um diesen Bienen die besten Bedingungen zu bieten. Herausgekommen ist dabei ein hölzerner Rahmen mit einem überstehenden Dach zum Schutz gegen Schlechtwetter und herausnehmbaren, mit einem Papierröllchen ausgekleideten Bambus- und Kartonröhren von etwa fünfzehn Zentimetern Länge.

Er berichtet, dass im laufenden Jahr bislang um die achthundert Röhren bezogen worden sind, meistens von der Rostroten Mauerbiene, wobei jede Röhre zwischen ein und dreizehn Kokons aufweist: Das ist schon eine ansehnliche Menge zukünftiger Wildbienen.

Rons Anliegen ist es, seine Nisthilfen so zu bauen, dass sie für Parasiten so schwierig wie möglich, für die Bienen und diejenigen, die die Kästen beaufsichtigen, aber so einfach wie möglich zugänglich sind. Ich benutze hier das Wort „beaufsichtigen", doch wenn es darum geht, sich um die Bienen zu kümmern, dann bevorzugt Ron eher den Begriff der *Tierpflege* – das heißt *mit* den Bienen arbeiten und *für* sie sorgen, anstatt ihr Verhalten zu kontrollieren, was eben auch Herrschaft über die Natur bedeute. Wir unterhalten uns noch ein bisschen über die semantischen Feinheiten und werden uns schließlich einig, dass die Bienen uns gleichgestellt und nicht unsere Schutzbefohlenen sind.

Ich möchte gerne mehr darüber erfahren, wie Ron die Bienenpflege versteht. Reicht es, ein Bienenhotel an einer Wand zu befestigen und den Rest der Natur zu überlassen? „Mit einem Wort, nein!", meint Rob. „Wenn man schon bewusst die Mühe auf sich nimmt, Bienen zum Nisten in den eigenen Garten zu locken, dann ist man meines Erachtens auch dazu verpflichtet, für sie zu sorgen. Man möchte ja bestimmt nicht, dass die eigenen, in guter Absicht erfolgten Bemühungen ihnen ungewollt noch mehr Probleme bereiten, als sie ohnehin schon haben."

Das klingt alles sehr beunruhigend und so frage ich ihn, weshalb die Nisthilfen unter Umständen für die Bienen alles nur noch *schlimmer* machen.

„Nun, zunächst einmal sind sie sehr gut sichtbar und verleiten Bienen dazu, enger nebeneinander und in höherer Dichte zu nisten, als sie es in freier Natur tun würden. Das heißt eben auch, dass sie mehr Parasiten und Fressfeinde anlocken", erklärt Rob. Besonders bedenklich sind Taufliegen (*Cacoxenus indagator*), Kegelbienen (*Coelioxys*) und Spechte. „Taufliegen", sagt Rob, „sind eigentlich *Kleptoparasiten*. Sie lungern in der Nähe der Nester von Rostroten Mauerbienen herum und während die arglosen Weibchen Pollen oder Schlamm sammeln, flitzen sie rasch in die Nistzellen und legen ihre Eier neben die Bieneneier, und zwar immer kurz bevor die Weibchen die Zellen versiegeln. Wenn die Taufliegenmaden dann ausschlüpfen, fressen sie die für die

Bienenlarven vorgesehenen Nahrungsvorräte auf. Das heißt, die Bienenlarven verhungern."

Wenn man Nistkästen für Wildbienen hält, ist es erfahrungsgemäß so gut wie unmöglich, sie von Parasiten freizuhalten oder vor Fressfeinden zu schützen. Mit guter Hygiene und Pflege ist es aber möglich, ihre Anzahl klein zu halten und so die schlimmsten Probleme zu vermeiden. Ron bewerkstelligt dies, indem er am Ende der Nistsaison alle Kokons aus seinen Boxen herausnimmt und diejenigen mit Parasitenbefall wegwirft. Er entfernt auch alle mit Schimmel befallenen Röhren und verhilft so den gesunden Kokons zu einer höheren Überlebenschance.

Nisthilfen für Wildbienen im Garten aufzustellen, ist aber durchaus eine gute Idee. Sie tragen zu einem Anstieg der örtlichen Populationen von Mauer- und Blattschneiderbienen bei und bereiten viel Vergnügen. Weil die genannten Bienen zudem so sanftmütig sind, sind sie auch für Kinder nahezu ungefährlich. Entschließt man sich also dazu, sie aufzustellen, sollte man vorher recherchieren, welche Nisthilfen man am besten kauft oder selbst macht, und welche am besten zu warten sind. Auch sollte man daran denken, genügend Blütenpflanzen für eine Bienenweide anzupflanzen. Wenn man die Rostrote Mauerbiene anlocken möchte, gilt es zudem darauf zu achten, dass es irgendwo in der Nähe feuchten Schlamm gibt. Wenn es keine Fließgewässer oder Bäche in der Nähe gibt, lässt sich das Problem leicht lösen, indem man im Garten ein paar schön schlammige Pfützen entstehen lässt.

Es macht mir so viel Freude, zu beobachten, wie die Wildbienen ihren Geschäften nachgehen, insbesondere wenn ich dabei zusehen kann, wie sie ihre Nester bauen oder mit Vorräten versorgen. Ich habe viele müßige Nachmittage in meinem Garten damit verbracht, zuzusehen, wie Blattschneiderbienen perfekt runde oder halbkreisförmige Stücke aus den Blättern der Nachtkerze, des Großen Hexenkrauts, der Glyzinie und verschiedener Rosensorten schneiden, die sie dann aufgerollt unter den Bauch klemmen und zurück in ihr Nest schleppen. Das Schneiden dauert nur Sekunden, aber das Auskleiden und Versiegeln der Nester viel länger. Für einen Wildbienenliebhaber kann das Leben nicht aufregender sein. Das heißt, bis man eine Schneckenhausbiene kennenlernt.

Kurz bevor ich Malvern verließ und nach Dorset zog, bin ich auf meine erste Schneckenhausbiene gestoßen, *Osmia spinulosa*. Sie weidete

71

in meinem kleinen in Richtung der Malvern Hills gelegenen Terrassengarten an den Blüten des Natternkopfs, aber ihr Besuch war so flüchtig, dass ich, hätte ich meine Kamera nicht zur Hand gehabt, kaum hätte in Erfahrung bringen können, was ich da vor mir hatte. Damals hatte ich damit angefangen, so ziemlich alles, was in meinen Garten kam, zu fotografieren. Ich hatte schon einige tausend Bilder von zwei-, vier- und sechsbeinigen Kreaturen auf meinem Laptop in einen Ordner namens „Gartenbesucher" übertragen.

Die meisten dieser Besucher werden für immer unidentifiziert bleiben, als ich aber das Foto dieser einen Biene vergrößerte, dachte ich von ihrem allgemeinen Aussehen ausgehend sofort, es müsste sich um eine Biene der Gattung *Osmia* handeln, um eine Mauerbiene also. Es war keine Mauerbiene, die ich kannte und sie gehörte bestimmt auch nicht zu den regelmäßigen Logiergästen in meinem Bienenhotel. Wer weiß, vielleicht würde ich der Liste der bereits erfassten Bienen noch eine weitere hinzufügen können.

Unvermittelt wurde mir bewusst, dass ich, noch bevor ich die von der Bees, Wasps and Ants Recording Society (BWARS) bereitgestellten Online-Bildergalerien durchforstet hatte, die Bienengattung erraten hatte. Zu oft schon hatte ich auf diesen Seiten gesucht, ohne ein entsprechendes Bild zu finden, so dass ich schließlich meine Fotografie auf Twitter gepostet und gefragt hatte, ob jemand wüsste, um welche Biene es sich handelt. Jetzt freute ich mich wie eine Schneekönigin, dass mein Bienenwissen ein anderes Niveau erreicht hatte. Angesichts meiner wahrhaft unterirdischen Erfolgsbilanz bei der Bestimmung von Wildbienenarten war der Umstand, dass es mir ganz allein gelungen war, die Gattung dieser einen Biene zu erkennen, ein Grund zum Feiern.

Tatsächlich hatte ich in jenem Jahr beträchtlich viel Zeit damit verbracht, verschiedene *Osmia*-Arten, Nutznießer meiner rund um die Terrasse aufgestellten Bienenkästen, zu beobachten. Begeistert sah ich zu, wie sie kleine Kügelchen Schlamm oder zerkaute Blättermasse in die verschiedenen Nester trugen. Was sie in den Niströhren taten, konnte ich natürlich nicht sehen, staunte aber über die Liebe für Details, die sie an den Tag legten, wenn sie nach getaner Arbeit im Inneren mit Schlamm und Blätterbrei die Eingänge verstopften und versiegelten.

Manchmal, nachdem sie eine Pollenladung abgelegt hatten, kamen sie rückwärts aus dem Eingang gekrochen, drehten sich wieder um und krabbelten rückwärts in das Nest zurück. Es dauerte eine Weile, bis ich kapierte, was genau sie taten, aber es lag natürlich auf der Hand. Sie legten ihre Eier. Bei anderen Gelegenheiten kamen sie angeflogen und hatten eine solche Menge hellen gelborangen Pollen unter ihren Hinterleib gepackt, dass ich mich fragte, wie sie damit überhaupt hatten fliegen können.

Ich blickte mich um, um herauszufinden, wo meine neue *Osmia* ihr Nest baute. Meine Nisthilfen nutzte sie nicht und auch nicht die Löcher, die in letzter Zeit in der Backsteinmauer meines Hauses entstanden waren. Ich brauchte ein paar Hinweise. Da jede Art ihre besonderen Nistvorlieben hat, würde ich meine Suche einengen können, wenn ich wüsste, zu welcher *Osmia*-Art sie gehörte.

Aufgrund ihrer charakteristischen blaugrauen Augen war es letztlich relativ einfach, die Art genau zu bestimmen. Etliche Solitärbienenarten lassen sich ohne Mikroskop fast nicht auseinanderhalten. Bei diesem Exemplar aber hatte ich Glück. Es handelte sich um eine *Osmia spinulosa*, eine Bedornte Mauerbiene. Ich scrollte nach unten, las die Beschreibung des Nistverhaltens dieser Art und konnte mich in meiner Begeisterung kaum zügeln. Offenbar legt die Bedornte Mauerbiene ihr Nest in leeren Schneckenhäusern an!

Ich war ja schon erstaunt genug gewesen über das Verhalten der *Osmia*-Arten, aber die Entdeckung, dass unter ihren Kusinen auch solche sind, die in Schneckenhäusern nisten, war eine regelrechte Offenbarung.

Die Bedornte Mauerbiene, die ich in meinem Garten gesehen hatte, ist eine von nur drei in Schneckenhäusern nistenden Bienen in Großbritannien und Irland. Die beiden anderen sind die Goldene Schneckenhaus-Mauerbiene (*Osmia aurulenta*) und die Zweifarbige Schneckenhaus-Mauerbiene (*Osmia bicolor*). Diese Bienenarten unterscheiden sich deutlich in der Art, wie sie leere Schneckenhäuser in ein Nest umgestalten.

Die Bedornte Schneckenhaus-Mauerbiene bevorzugt kleine bis mittelgroße Schneckenhäuser, etwa solche der Hain-Bänderschnecke (*Cepaea nemoralis*). Wenn das Weibchen ein passendes Gehäuse gefunden hat, deponiert sie tief in seinem Inneren Pollen und legt ihr erstes

Ei. Die Zelle versiegelt sie mit einer Trennwand aus zerkauten Blättern und wiederholt den Vorgang mit einem zweiten, selten mit einem dritten Ei, wobei die Eier wie in einer gebogenen Röhre hintereinander angeordnet werden. Bei den Blättern für den Nestbau ist sie sehr wählerisch und bevorzugt Fingerkraut oder Kleinen Wiesenknopf.

Wenn sie mit der Eiablage fertig ist, und die letzte Zelle mit einer Trennwand versehen hat, versiegelt sie den Eingang mit einem Pfropf aus Blättermasse. Vielleicht um ihren Nachwuchs vor Räubern und schlechtem Wetter zu schützen, kriecht sie schließlich unter das Schneckenhaus und manövriert es mit ihren Beinen solange, bis der verstopfte Eingang stabil in Richtung Boden weist.

Je nach Verfügbarkeit geeigneter Schneckenhäuser legt die Bedornte Schneckenhaus-Mauerbiene während ihrer zehn- bis elfwöchigen Flugperiode bis zu zwanzig Eier. Für *Osmia*-Arten untypisch kehrt das Weibchen bis zu vier Wochen lang regelmäßig zu ihren Schneckenhäusern zurück, um gegebenenfalls den Pfropf am Eingang zu reparieren.

Die Goldene Schneckenhaus-Mauerbiene, die ihren Namen von den schönen, goldfarbenen Haaren auf dem Thorax und den Hinterleibssegmenten hat, bevorzugt Lebensräume in Küstennähe. Sie legt ihre Eier in mittelgroße bis große Schneckenhäuser und sucht sich solche aus, die von der Sonne gebleicht wurden. Die weiße Oberfläche dieser Schneckenhäuser reflektiert die Hitzestrahlung der Sonne und vermindert so das Risiko, dass die Temperatur im Inneren des Gehäuses auf eine für die Entwicklung ihrer Larven tödliche Temperatur ansteigt. Wenn sie ein passendes ausgebleichtes Haus der Hain-Bänderschnecke oder der Gartenbänderschnecke findet, legt sie drei bis fünf Eier. In größeren Gehäusen wie denen der Weinbergschnecke bringt sie bis zu zehn Eier unter.

Die Goldene Schneckenhaus-Mauerbiene baut ihr Nest auf ähnliche Weise wie die Bedornte Mauerbiene, auch sie legt für jedes Ei eine einzelne Zelle an und versiegelt diese mit einem Brei aus zerkauten Blättern. Wo sich allerdings genügend Platz bietet, baut sie ihre Brutzellen häufig nebeneinander. Sobald sie allen verfügbaren Platz mit Brutzellen gefüllt hat, wendet sie ihre Aufmerksamkeit dem Eingang zu, den sie fast ganz von innen her verschließt. Sie spart lediglich ein Loch aus, groß genug, dass sie hindurchschlüpfen kann, und erledigt die restlichen Arbeiten von außen.

Im Gegensatz zur Bedornten Mauerbiene belässt die Goldene Mauerbiene ihr Schneckenhaus so, wie sie es vorgefunden hat, egal wohin der Eingang nach Fertigstellung des Pfropfs auch weist. Sie dreht das Gehäuse nicht. Dies geschieht nicht aus mangelnder Sorgfalt oder fehlender Liebe zum Detail. Sie verfügt über andere Tricks, ihren Nachwuchs zu schützen. Ist der Eingang verschlossen, fliegt sie unermüdlich hin und her und trägt weitere Blätter heran, aus denen sie Blattmasse herstellt, wobei sie die Oberfläche des Schneckenhauses als eine Art Palette benutzt. Wenn sie fertig ist, sieht das Ganze aus, als sei das Schneckenhaus mutwillig mit Klecksen hellgrünen Pestos bespritzt worden. Dieses Vorgehen dient der Tarnung des verdächtig weißen Gehäuses und schützt es vor möglichen Fressfeinden. Zudem signalisiert es vermutlich anderen Weibchen, dass das Schneckenhaus bereits besetzt ist. Ich bin voller Bewunderung für diese kleine Biene.

Doch das Nistverhalten der Bedornten Mauerbiene und der Goldenen Schneckenhaus-Mauerbiene verblasst im Vergleich mit dem, was die Zweifarbige Schneckenhaus-Mauerbiene zuwege bringt, die ebenso schön wie klug ist. Natürlich sind alle Bienen schön, aber diese ragt aus der Menge heraus. Mit ihren schwarzen Augen, ihrem schwarzen Thorax und den tief rotorangen Haaren auf ihrem Hinterleib sieht diese treffend benannte Biene aus, als sei sie früher einmal völlig schwarz gewesen, dann aber in einen Farbeimer gefallen, der ihre unteren Beinglieder und den ganzen Hinterleib eingefärbt hat. Gleichwohl ist es gar nicht so sehr die Schönheit des Tierchens, die es so bemerkenswert macht, sondern sein Nestbauverhalten.

Die Zweifarbige Schneckenhaus-Mauerbiene sucht sich für ihre Nester mittelgroße Gehäuse aus, anfangs geht sie dabei weitgehend auf dieselbe Art vor wie ihre beiden Schneckenhäuser benistenden Kusinen. Nachdem sie vier oder fünf Eier tief ins Innere des ausgewählten Gehäuses gelegt und jedem Ei mit einer Trennwand aus Blattbrei eine eigene Zelle gebaut hat, nimmt sie noch weitere beträchtliche Mühen auf sich, um ihre bald schlüpfenden Larven zu schützen.

Als Erstes macht sie aus den noch verbleibenden Windungen im Inneren des Gehäuses eine Festung, indem sie sie mit einer dicht gepackten Mischung aus kleinen Steinchen, zerbrochenen Kalkschalen, Erde oder Kreide ausstopft, die sie ins Nest transportiert oder manchmal

75

auch gezerrt hat. Wenn das Innere total ausgefüllt ist, versiegelt sie den Eingang mit einer Wand aus Blattmasse. Ich habe keine Ahnung, wie um Himmels willen sich die neue Generation ausgewachsener Bienen, wenn sie im kommenden Frühjahr schlüpfbereit ist, durch all dieses Füllmaterial graben will. Ein Parasit oder ein Fressfeind allerdings hat nun wenig Chancen, an ihren Nachwuchs zu gelangen.

Als Nächstes manövriert die Biene das Schneckenhaus so, dass sein Eingang Richtung Boden zeigt. Das überrascht mich nicht, denn auch andere Schneckenhausbienen, einschließlich der Bedornten Mauerbiene, verfolgen diese Taktik. Was danach kommt, wirft mich allerdings um.

In den kommenden Stunden liest diese Biene trockene Grasstückchen und Zweige sorgfältig aus der Umgebung auf – insgesamt bis zu hundert –, die sie mit ihren Kiefern packt und eines nach dem anderen zurück zum Nest transportiert. Die Grasstängel und Zweige sind unterschiedlich lang, manche viermal so lang wie ihr Körper. Fliegt sie zum Nest zurück, sieht sie aus wie eine winzige auf einem Besenstiel reitende Hexe. Ich bin bezaubert, ach was, verhext.

Am Ziel angekommen, lehnt sie die Grasstückchen oder Zweige sehr sorgfältig gegen die Seiten des Schneckenhauses, bis sie eine Art schützendes Strohdach oder Zelt errichtet hat, unter dem das Gehäuse völlig verschwindet. Leider steht diese schöne Dachkonstruktion nur, bis der erste Windstoß kommt und alles fortbläst.

Die Rostroten Mauerbienen leben und nisten in Shaftesbury, wo ich mittlerweile wohne. Ich habe sie an Löwenzahn, Weidenbäumen und Gundelrebe weiden sehen, habe am Ende ihrer Nestbauperiode ihren Flug auf den kleinen Besenstielen verfolgt und sogar ein fertiggestelltes Nest entdeckt. Was mir leider noch fehlt, ist die Beobachtung des Nestbaus selbst. Wenn ich viele leere mittelgroße Schneckenhäuser sammle und sie am Gartenrand unter lose gepflanzten Erdbeerpflanzen verstecke, deren Blätter sie gerne für die Versiegelung ihrer Brutzellen verwendet, und wenn wir all ihre Lieblingspflanzen anpflanzen, zu denen laut Steven Falks *Field Guide to the Bees of Great Britain and Ireland* Salweide, Schlehe und Weißdorn sowie Bodenpflanzen wie Löwenzahn, Veilchen, Gundelrebe, Wundklee und Hornklee gehören, wenn ich all dies tue, dann, ja dann wird diese farblich so schöne Biene uns und unseren Garten vielleicht mit ihrer Gegenwart beehren. Ich hoffe es inständig.

Ich vergöttere die Zweifarbige Schneckenhaus-Mauerbiene. Sie lässt mich staunen und wundern und verkörpert alles, was ich an der Natur liebe. Sie ist fraglos meine absolute Lieblingsbiene.

3.
WAS IST EIN NAME?

Als mir zum ersten Mal klar wurde, wie viele verschiedene Bienenarten es in Großbritannien und Irland gibt, und ganz zu schweigen weltweit, verschlug es mir die Sprache. Ich wollte mehr über die schöne und vielfältige Welt herausfinden, auf die ich gestoßen war. Um damit anzufangen, lieh ich mir von einem Freund Charles D. Micheners *The Bees of the World* aus. Als ich aber die Liste der Artnamen durchging, fühlte ich mich überwältigt. Namen wie *Lasioglossum calceatum* und *Anthophora quadrimaculata* sind vielleicht für Entomologen und andere wissenschaftlich gesinnte Geister geeignet, nicht aber, wie ich damals dachte, für Leute wie mich. Dass ich die Namen der einzelnen Arten nicht aussprechen konnte oder die Bedeutung der lateinischen und griechischen Wörter, aus denen sie gebildet sind, nicht verstand, ließ mich etwas eingeschüchtert zurück.

Eine Zeitlang gelang es mir noch, die komplizierten Bezeichnungen zu ignorieren und ich wurstelte mich relativ glücklich durch. Ich machte Fotos von den Bienen in meinem Garten und speicherte sie unter Verwendung der landläufigen Namen in verschiedenen Ordnern auf meinem Computer ab. In meinen ersten Ordnern fanden sich, wenn ich mich recht erinnere, Bezeichnungen wie Aschfarbene Sandbiene, männlich und weiblich; Dunkle Erdhummel mit enormer Pollenfracht; Ackerhummel, den Kopf tief in einer Goldnesselblüte vergraben; Frühlings-Pelzbienen, viele, beiderlei Geschlechts; Honigbiene;

79

Blattschneiderbienen (mindestens zwei Arten, obwohl ich damals nicht wusste, dass es sich um unterschiedliche Arten handelte); solitäre Wespenbiene, unglaublich schön; Steinhummelkönigin, ziemlich groß, auf einer Löwenzahnblüte; Rostrote Mauerbienen, Pärchen, bei der Paarung; Goldbiene weiblich; und Gartenwollbiene (eine gelungene Aufnahme eines Männchens im Anflug auf einen Wollziest auf meiner Terrasse).

All diese Bienen hatte ich mühsam anhand einfacher Bestimmungshinweise für Hummeln identifiziert und bei den weniger häufigen und schwieriger zu bestimmenden Solitärbienen auf die großartige Bestimmungsanleitung zurückgegriffen, die auf der Website der BWARS angeboten wird (welche, wie ich hinzufügen sollte, eigentlich nicht zu Bestimmungszwecken aufgebaut wurde).

Ich sage „mühsam", weil es mich bei jeder unbekannten Biene jedes Mal von Neuem ziemliche Mühe kostete, sie zu bestimmen. Die Fotogalerie der BWARS-Website enthält etwa 270 Bienenarten, mit zahlreichen Bildern für jede Art, Männchen, Weibchen und Unterarten, sowie Königinnen, Drohnen und Hummelarbeiterinnen. Meine Suche war also ziemlich zeitaufwändig und erforderte viel Geduld. Bei manchen Arten, für die ich eine Abbildung fand, gab es keinen landläufigen Namen, und ich musste mich mit wissenschaftlichen Bezeichnungen, die ich nicht verstand und häufig nicht aussprechen konnte, herumschlagen.

Es war frustrierend, da ich diese Insekten unbedingt bestimmen wollte, aber nur extrem wenig Zeit zur Verfügung hatte. Damals leitete ich eine Graswurzel-Umweltstiftung, The Big Green Idea, die ich mit Freunden gegründet hatte, um zu demonstrieren, wie leicht es ist, unabhängig von der Höhe des Einkommens einen „grüneren" Lebensstil zu praktizieren, wenn man es nur möchte. Wir hatten die Stiftung ins Leben gerufen, kurz nachdem ich mit meinem damaligen Ehemann und unseren Kindern James und Charlotte in der auf BBC Two gezeigten Serie *It's Not Easy Being Green* aufgetreten war. Nach der Ausstrahlung der Serie hatten wir Tausende E-Mails von Menschen bekommen, die der Meinung waren, dass es zwar Familien aus der Mittelklasse oder wohlhabenden Menschen, die sich Windräder und eine biologische Ernährungsweise leisten konnten, leichtfallen dürfte, grün zu leben, anderen aber nicht.

Da die meisten meiner Bekannten mit überaus „grünem" Anspruch von sehr bescheidenen Einkommen leben, wollte ich einen Weg finden, dieses Missverständnis auszuräumen. Mit einem Team von Freiwilligen besuchte ich überall im Land Schulen und Gemeindezentren. Wir reisten in einem Doppeldeckerbus, der, so war es letztlich geplant, mit recyceltem Pflanzenöl angetrieben werden sollte. Er war mit einem von Solarenergie gespeisten Kino ausgestattet, mit Schautafeln und einem Bereich, in dem wir Veranstaltungen zur Alltagspraxis – vom Recyceln und Kompostieren bis hin zur Herstellung von Pflegeprodukten und Haushaltsreinigern – abhielten. Wir luden auch zu Vorträgen über die „großen" Umweltfragen wie Abfallbeseitigung, das Ende der globalen Ölreserven, Entwaldung und Klimawandel ein.

Damals begann ich, kurze Einführungen zur Bienenkunde und zum Bienensterben zu halten. Anfangs konzentrierte ich mich auf das Bienensterben und den Bienenvölkerkollaps (CCD), weniger auf die Bienen selbst. Aber schon bald wurde deutlich, dass die Menschen eher bereit sind, etwas zu tun und zu helfen, wenn sie ein bisschen was über diese bezaubernde Insektengruppe wissen. Welche Fakten und Zahlen auch auf den Tisch kommen, solange die Supermarktregale noch voll und die Preise relativ günstig sind, werden Vorträge über Pestizide, Parasiten, Pathogene oder landwirtschaftliche Produktionsausfälle kaum zu einer breiten Veränderung im Bewusstsein oder Handeln führen.

Ich ließ es also sein, meinem Publikum zu erzählen, wie wichtig Bienen in der Landwirtschaft als Bestäuber sind und welcher Geldwert ihnen ökonomisch gesehen zukommt, und begann damit, Fotos aus meinem Garten zu zeigen und weiterzugeben, was ich über Artenvielfalt, Verhalten und Lebenszyklus verschiedener Bienenarten wusste. Ich tat dies in der Hoffnung, meinen Zuhörern die Bienen nahebringen und sie dazu inspirieren oder motivieren zu können, am nächsten Tag ihren Garten bis zum Rand mit pollen- und nektarreichen Pflanzen zu bepflanzen, den Löwenzahn in ihrem Rasen blühen zu lassen, und das Hummelvolk, das unter ihrem Komposthaufen nistet, nicht zu stören, bis es seinen Lebenszyklus vollständig durchlaufen hat. Und wenn es gut lief, würde der eine oder andere nach Hause gehen und seinen Stadtrat dazu auffordern, auf öffentlichen Freiflächen für eine bienenfreundliche Bepflanzung zu sorgen oder seinen Abgeordneten bitten, landwirtschaftliche Methoden zu fördern, die den Bestäubern zugutekämen.

Ich ging meine Fotografien durch und suchte diejenigen aus, von denen ich glaubte, sie würden die Leute am meisten in Staunen versetzen und beeindrucken: die Blattschneiderbiene, die ein geschickt ausgeschnittenes Blatt in ihr Nest transportiert, die Dunkle Erdhummel, so mächtig mit Pollen beladen, dass man sich wundert, wie sie überhaupt fliegen kann. Diese bildlichen Eindrücke ergänzte ich mit nicht minder erstaunlichen und beeindruckenden Geschichten über das Verhalten der Bienen. Sprach ich etwa vom schillernden Charakter der Frühlings-Pelzbiene, würde ich gewiss das eine oder andere Lächeln ernten. Und ich wusste, wenn ich davon erzählte, wie eine Hummelkönigin ihre Flugmuskeln von den Flügeln abkoppelt und mit dem Vibrieren dieser Muskeln die Eier in ihrem Nest warmhält, würde mein Publikum die Bienen in einem anderen Licht sehen.

Vor allem wollte ich den allgemeinen Tenor meiner Vorträge vom *Kopf* mehr auf das *Herz* verlagern, indem ich das angeborene Verlangen der Menschen ansprach, ein verletzliches oder hilfloses Wesen zu beschützen und sich für etwas, was ihnen am Herzen liegt, starkzumachen. Ich wollte, dass diejenigen, die von mir etwas über die Bienen lernten, hinterher die Bienen *liebten* oder zumindest mehr über sie in Erfahrung bringen mochten.

Bei dem Versuch, mehr Herz in meine Vorträge einzubringen, merkte ich bald, dass meine Zuhörer leichter zu gewinnen waren, wenn ich die Bienen mit allgemeinsprachlichen Namen bezeichnete. Doch so sehr ich über die samtigen, an meinen Löwenzahnblüten saugenden Steinhummeln, die in meinem Rasen nistende fuchsrote Goldbiene und die meinen Wollziest besuchende reizbare Gartenwollbiene ins Schwärmen geraten konnte, was war mit den winzigen metallisch-grünen Bienen, die ich in der Nähe von St. Ann's Well an einer alten Mauer entdeckt hatte? Oder mit der großen Aggregation bodennistender Bienen mit gestreiftem Abdomen, die sich in dem städtischen Blumenbeet auf dem Parkplatz vor dem Waitrose-Supermarkt angesiedelt hatten? Keine dieser Arten hatte damals einen allgemeinsprachlichen Namen. Wenn ich also Abbildungen von ihnen zeigen oder über sie sprechen wollte, musste ich ihre wissenschaftlichen Namen beherrschen.

Zudem stellte sich mehr und mehr heraus, dass meine Suchanfragen im Internet nicht immer erfolgreich waren, wenn ich einen landläufigen Namen benutzte. Informationen über Arten zu finden, die gut belegt waren wie die Dunkle Erdhummel oder die solitäre Rostrote Mauerbiene, war noch einfach, etwas anderes war es aber, weitergehende Informationen über diese Bienen herausfinden zu wollen, ohne sich dabei auf den wissenschaftlichen Namen oder die *Nomenklatur* zu beziehen. Es war längst überfällig, Bienen mit ihren „richtigen" Namen anzusprechen, und dabei auch die den griechischen und lateinischen Wörtern innewohnende Bedeutung zu lernen. Ich probierte es aus: „Hallo, *Bombus terrestris*", sagte ich mir laut vor und kostete den Klang von *Bombus* aus, während mir meine Intuition sagte, dass *terrestris* etwas mit Erde zu tun haben müsste. So weit, so gut. Wie aber mehr darüber herausfinden?

Die naheliegende Antwort war meine Mutter, die damals, im hohen Alter von 84 Jahren, noch immer Latein unterrichtete. Sie wäre entzückt gewesen, mir etwas beizubringen und hätte ihre Freude daran gehabt, mich zugeben zu sehen, dass ich Latein damals lieber nicht hätte abwählen sollen. Da ich aber meine Mutter kannte, wusste ich genau, wie mein Unterricht ausgesehen hätte: Sie hätte darauf bestanden, mich erst einmal durch die Welt der Deklinationen und Konjugationen zu leiten, die ich mit fünfzehn so erleichtert hinter mir gelassen hatte. Sie hätte mich sogar zu überzeugen versucht, mich dem Lateinunterricht anzuschließen, den sie jeden Mittwoch- und Freitagnachmittag an ihrem Esszimmertisch abhielt. Also nein, das kam nicht infrage. Ich wollte ja nicht die Sprache lernen, sondern einfach nur die Namen der Bienenarten.

Was ich dringend brauchte, war ein illustrierter Bienenführer, einer, der auch für Anfänger taugt, aber so etwas gab es damals noch nicht. Leider hatte ich auch so gut wie keine Freunde, die Biologie, Entomologie oder irgendetwas mit „-ologie" studiert hatten. Also auch von dieser Seite keine Hilfe. Mir blieb nichts anderes übrig, als es auf die harte Art anzugehen, alleine und von Grund auf.

Den Anfang machte ich damit, das Wort „Bienen" in meine Suchmaschine einzugeben. In der englischen Wikipedia werden Bienen als „Mitglieder der großen Insektengruppe der Hymenoptera" definiert, der auch „Ameisen, Sägewespen und Wespen angehören". Wenn man, wie ich, nicht unbedingt einen wissenschaftlichen Hintergrund hat, dann dürfte man bei seiner Alltagslektüre kaum je auf das Wort *Hymenoptera* gestoßen sein. Der Begriff ist abgeleitet von den altgriechischen Wörtern für „Membran" (*hymen*) und „Flügel" (*pteron*) und bezeichnet die taxonomische Ordnung der Hautflügler, zu der auch die Bienen gehören. Die Lateinstunden mit meiner Mutter hätten also ohnehin ein paar Lücken offengelassen, und dies nicht nur, weil sie mir nicht mit Griechisch hätte helfen können, sondern auch, weil ich besser verstehen musste, was es mit der Taxonomie auf sich hat.

In der Biologie ist die Taxonomie das System, mit dem Wissenschaftler alle in der Natur vorkommenden Organismen benennen, beschreiben und klassifizieren. Der Ausdruck *Taxonomie* ist aus zwei altgriechischen Wortstämmen gebildet – *taxis*, was so viel wie Ordnung bedeutet, und *nomos*, das „Methode", „Brauch" oder „Gesetz" bedeuten kann. Taxonomie ist also eine Methode des Ordnens. Der Mensch liebt es offenbar, Dinge zu ordnen, sie zu sortieren, zu gruppieren und zu organisieren – manchmal konkret, etwa in Schachteln, oder virtuell, etwa in Ordnern auf dem Computer. Ein gutes Ablagesystem schafft Ordnung im Chaos. Wenn wir wissen, wo wir suchen sollen, haben wir es leichter, Objekte oder Informationen zu finden. Es macht es auch einfacher, Informationen mit anderen zu teilen. Wir müssen nicht dabeistehen und jemandem zeigen, wo in einem Aktenschrank das richtige Fach mit den gesuchten Ordnern zu finden ist.

Im Gegensatz zu anderen Formen der Klassifizierung ist die biologische Taxonomie darauf ausgerichtet, Organismen zu Gruppen zusammenzufassen, die nicht nur ähnlich aussehen, sondern miteinander „verwandt" sind. Wenn man das Prinzip einmal verstanden hat, ist es nicht schwerer zu durchschauen als die Ordnung in einem Küchenschrank. Man kann die Vorräte sortieren, wie man möchte – nach Verfallsdatum, wie oft man sie benötigt, oder nach Art der Nahrungsmittel – und die Blechdosen und Marmeladengläser gruppieren, die Backzutaten zusammenstellen, die Frühstückszerealien zum Tee und Kaffee räumen und so weiter, eben nach dem Prinzip, dass sie in der Regel zusammen benutzt werden. Die meisten Menschen ordnen ihre Küchenschränke intuitiv und entscheiden, welche Dinge zusammengehören, bevor sie sie einräumen, wobei sie bisweilen etwas umstellen, wenn sie merken, dass sie den Kamillentee in der schönen Schachtel ganz vorne im Küchenschrank nur selten brauchen.

Die biologische Taxonomie unterscheidet sich von der Ordnung im Küchenschrank darin, dass sie in ihren Ordnungsprinzipien nicht flexibel, sondern verbindlich ist – auch wenn Organismen bisweilen neu zugeordnet werden, da die Wissenschaft mitunter Aspekte entdeckt, durch die sich Verwandtschaftsverhältnisse zu anderen Organismen neu bestimmen. Jede einzelne Lebensform muss einer bestimmten Folge von Rängen zugeordnet werden, beginnend bei der Domäne, der höchsten Stufe, die in drei Kategorien unterteilt ist: Bakterien, Archaeen (einzellige Lebewesen, die keinen Zellkern besitzen) und Eukaryoten (alles Übrige, einschließlich des Menschen). Absteigend folgen die Rangstufen Reich, Stamm, Klasse, Ordnung, Familie, Gattung und Art.

Während die Rangstufen zur Klassifikation der Organismen relativ jungen Datums sind, ist die Vorstellung einer biologischen Taxonomie nicht neu. Sie geht bis auf Aristoteles zurück, dessen Klassifikationssystem über zweitausend Jahre lang vorgab, wie die Naturkunde die Organismen betrachtete und beschrieb. Die Grundlagen unseres heutigen Ordnungssystems wurden im 17. Jahrhundert vom englischen Naturforscher John Ray geschaffen. Im Bemühen, seine Funde zu katalogisieren und zu organisieren, definierte er als Erster, was biologisch gesehen „eine Art" ausmachte, nämlich, dass ein Individuum ungeachtet der Unterschiede, die zwischen ihm und anderen Lebewesen seiner Art bestehen, von dem „Samen" dieser Art abstammt und mehr zu ihr gehört als zu irgendeiner anderen.

Ein Jahrhundert später wurde Rays Klassifikationssystem vom schwedischen Botaniker Carl von Linné weiter ausgearbeitet. Linné sammelte und katalogisierte Typusexemplare von Pflanzen und Tieren und gab diesen einen unverwechselbaren Namen. Der Aufbau einer Pflanzenbibliothek erlaubte es den Naturforschern, die Bestimmung der Arten weiter voranzutreiben und zu verfeinern. Linné führte auch das einheitliche hierarchische System zur Benennung der Arten ein, das heute überall auf der Welt verwendet wird. Sein immer weiter ausgearbeitetes System ist als *Linnésche Taxonomie* bekannt. Einen Großteil seines Werks schrieb er auf Lateinisch und benannte die Organismen, auf die er stieß, mit lateinischen oder latinisierten griechischen Namen. Oft hört man den Satz: *Deus creavit, Linnaeus disposuit* – „Gott hat die Welt erschaffen, Linné aber hat sie geordnet".

85

Einer der wichtigsten Aspekte des Linnéschen Systems ist die Art der Benennung eines Lebewesens. Zusammen mit seiner Klassifizierung erhält es als Spezies einen aus einer *binominalen Nomenklatur* zusammengesetzten Namen, der die beiden ihm zugeordneten untersten Rangstufen, die Gattung und die Art, angibt.

Tabelle 3.1. Linnésche Klassifikation zweier Bienenarten

Artnamen	Bombus terrestris	Andrena fulva
Domäne	*Eukaryota* (Eukaryoten)	
Reich	*Animalia* (Tiere)	
Stamm	*Euarthropoda* (Arthropoden)	
Klasse	*Insecta* (Insekten)	
Ordnung	*Hymenoptera* (Hautflügler)	
Familie	*Apidae* (soziale und einige solitär lebende Bienen)	*Andrenidae* (solitäre bodennistende Bienen)
Gattung	*Bombus* (Hummeln)	*Andrena* (Sandbienen)
Art	*terrestris* (Erd-)	*fulva* (fuchsrot, rotgelb)
Deutscher Name	Dunkle Erdhummel	Goldbiene, Fuchsrote Sandbiene

Der Artname, stets zusammengesetzt aus dem Namen der Gattung und der Art, ist immer einzigartig. Der zweite Teil des Namens, der als Artepitheton bezeichnet wird, kann jedoch quer durch die Gattungen zur Artbezeichnung verwendet werden. Es ist durchaus nicht unüblich, dass zwei verschiedene Arten das gleiche Artepitheton teilen. *Andrena fulva,* die Goldbiene, teilt ihr Beiwort mit *Caladenia fulva*, einer australischen Spinnenorchidee. Die beiden Arten haben nichts außer ihrer Farbe gemeinsam, was allerdings nichts über ihren Verwandtschaftsgrad aussagt. Wenn jedoch zwei Arten ein und derselben Gattung angehören, wie etwa die beiden Bienenarten *Andrena fulva* und *Andrena cineraria*, dann weiß man, dass sie eng miteinander verwandt sind. *Andrena cineraria*, die Aschgraue Sandbiene, ist ebenso wie *Andrena fulva* eine Sandbiene.

Nicht lange nachdem ich verstanden hatte, warum die binäre Namensgebung so gut funktioniert und sie schon etwas unbefangener verwendete, erzählte mir mein Freund Stuart Roberts eine Geschichte, bei der ich schmunzeln musste. „Meist sagte ich den Kindern, die ich unterrichtete, dass das Linnésche System viel nützlicher ist als unseres", so Stuart, „denn wenn Fußballfans singen, ‚Es gibt nur einen David Beckham', wo es doch wahrscheinlich mehrere mit diesem Namen gibt, sei dies ja falsch. Sollten sie jedoch ‚Es gibt nur eine *Bombus magnus*', singen wollen, dann lägen sie richtig!"

Auch wenn mein Verständnis der biologischen Taxonomie und der binären Nomenklatur lediglich elementarer Natur ist, habe ich doch eine Vielzahl interessanter Einsichten über die Pflanzen und Tiere gewonnen, mit denen wir unseren Planeten teilen. Zum Beispiel ist mir klar geworden, warum sich Labrador und Pudel paaren können, Rotkehlchen und Amseln aber nicht. Für jemanden mit wissenschaftlichem Hintergrund mag das vollkommen evident erscheinen, für mich war es das nicht. Ich weiß nun, dass sich Tiere der gleichen Art kreuzen können (alle Hunde gehören einer Art an), dass eine Paarung zwischen verschiedenen Arten aber ungewöhnlich wäre und ihr Nachwuchs kaum lebens- oder fortpflanzungsfähig ist. Ausnahmen wie die Kreuzung von Pferden und Zebras oder Tigern und Löwen sind selten und kommen gewöhnlich nur in Gefangenschaft vor.

Auch zu entdecken, welche unserer häufigeren Gartenvögel miteinander verwandt sind und wie eng diese Verwandtschaft ist, einfach indem ich ihre wissenschaftlichen Namen nachgeschlagen habe, war eine Offenbarung. Da ist zum Beispiel die Familie der Finken, *Fringillidae*. Vögel, die zu dieser Familie gehören – darunter Gimpel, Bergfink, Buchfink, Grünfink und Zeisig –, sind relativ leicht zu erkennen, da ihnen allen die gedrungenen dreieckigen Schnäbel gemeinsam sind.

Aber obwohl die genannten Vögel der gleichen Familie angehören, gehören sie nicht alle der gleichen Gattung an. Bevor ich ihre wissenschaftlichen Namen kannte, hätte ich nie gedacht, dass ein Buchfink (*Fringilla coelebs*) näher mit einem Bergfinken (*Fringilla montifringilla*) verwandt ist als mit einem Gimpel (*Pyrrhula pyrrhula*).

Mit meinem neu erworbenen Wissen über die biologische Taxonomie konnte ich nun methodischer und auch rascher bei der Bestimmung der Bienen vorgehen. Anstatt in den Fotogalerien des BWARS einen Link nach dem anderen anzuklicken, um nach Entsprechungen zu suchen, lud ich mir von derselben Seite „Bees in Britain: An Introductory Text to British Bees" herunter und begann ihn zu lesen. Ich machte mich mit aller Akribie ans Werk und startete bei A für *Andrenidae*. Da mir jedoch ein Mentor fehlte, der mich angeleitet hätte, verhakte ich mich in den vielen Details über die einzelnen Arten und schaffte es noch nicht einmal bis zu M für *Melittidae*. Anstatt mich von den Informationen über alle sechs Bienenfamilien überwältigen zu lassen, beschloss ich, mich auf die Gattungen zu konzentrieren, mit denen ich bereits etwas vertraut war: *Bombus* (Hummeln); *Andrena, Colletes* und *Melitta* (solitäre Sandbienen); *Megachile* (solitäre Blattschneiderbienen); und *Osmia* (solitäre Mauerbienen). Dies erwies sich als bei Weitem leichter.

Ich las über die Größe der jeweiligen Arten, über Verbreitungsgebiet und Nahrungsvorlieben, ihr Nistverhalten, ihre körperliche Beschaffenheit und anderes mehr. Dann arbeitete ich „im Feld" – was meistens bedeutete, dass ich in meinen Garten hinausging –, um die Bienen zu beobachten und zu sehen, ob ich sie mit dem, woran ich mich erinnerte, in Übereinstimmung bringen konnte. Aber man hat immer nur so viele Informationen zur Verfügung, wie ein Gehirn aufnehmen kann. Ich traute meinen Bestimmungen nicht wirklich und brauchte jemanden, der sachkundiger war als ich, um sie zu überprüfen. Eine Person, die mich auf die richtige Spur brachte, wenn ich in die falsche Richtung zielte.

Es war etwa um diese Zeit, dass ich mich, in der Hoffnung, auf andere Bienenenthusiasten zu treffen, bei Twitter anmeldete. Ich kann mir nicht vorstellen, wie sich mein Wissen über Bienen ohne die Hilfe, die ich von der Gemeinde der Experten und Hobby-Naturforscher, die ich über diese Plattform kennengelernt habe, erhalten habe und noch immer erhalte, in der Weise hätte entwickeln können, wie ich mich entwickelt habe.

Meine ersten Streifzüge bestanden meistens darin, dass ich ein seltsames Foto postete und darunter etwas klagend tippte: „Kann mir bitte jemand helfen, diese Biene zu bestimmen?" Naiv wie ich war, wartete ich darauf, dass sich ein freundlicher Insektenkundler oder vielleicht das Universum selbst meldete. Leider hatte ich damals keine Ahnung, wie Twitter funktionierte, so dass außer meinem Freund Jon, der mir bei der Einrichtung des Kontos geholfen hatte, und meinen Kindern, die mir folgten, weil ich ihre Mutter war, kein Mensch meine Tweets zu sehen bekam.

Erst als ich realisierte, dass es bei Twitter vor allem darum ging, anderen zu „folgen", oder „Follower" zu haben, wendeten sich die Dinge rasch zum Besseren. Ich lernte, nach Leuten zu suchen, die regelmäßig das Wort „Biene" verwenden und „folgte" ihnen. Und zu meiner großen Freude folgten manche wiederum mir. Mein Kreis von „Naturfreunden" auf Twitter erweiterte sich und 2011 gehörten zu unserer kleinen Gruppe auch einige Experten, die uns großzügig halfen, wenn wir nicht mehr weiterwussten. Sie alle ermutigten und korrigierten uns, aber keiner so freundlich und geduldig wie Ian Beavis, ein Entomologe und Museumskurator aus Tunbridge Wells.

Durch meinen Austausch auf Twitter veränderte sich meine Art, mehr über unsere einheimischen Bienen zu lernen, dramatisch. Ich hatte versucht, die Namen und Eigenschaften so vieler Bienen auswendig zu lernen, wie ich es mit meinem Goldfischgedächtnis vermochte. Jedes Mal, wenn ich auf eine Art stieß, die ich nicht erkannte, fotografierte ich sie aus allen möglichen Winkeln, lud die Fotos auf meinen Computer hoch und durchforstete das Internet und Bücher, um nach einer Entsprechung zu suchen.

Manche Bienenarten unterscheiden sich für ein menschliches Auge so gut wie gar nicht und lassen sich nur durch den Blick durchs Mikroskop genau bestimmen; mir war absolut nicht daran gelegen, Bienen zu toten, nur um sie bestimmen zu können. Ich bin eine Insektenenthusiastin, keine Entomologin, würde also im Gegensatz zu den Wissenschaftlern, die Präparate untersuchen müssen, um Veränderungen der Ökologie auf die Spur zu kommen, nie aus reiner Neugier töten. Was also konnte ich sonst tun? Wenn alles nicht mehr half, und das war häufiger der Fall, lud ich meine Fotos auf Twitter hoch und bat um Hilfe. Das mache ich auch heute noch.

So habe ich eine ganze Menge gelernt, auch ein bisschen Bescheidenheit. Ich erinnere mich lebhaft an den Tag, als ich an der Böschung hinter meinem Haus stehen blieb, um eine Stelle mit Löwenzahn genauer in Augenschein zu nehmen. Dort blieb ich immer stehen. Es war fast Mittag und die gelben Löwenzahnblüten standen weit offen und zeigten ihr strahlendes Goldgelb, das Leute wie mich vor Freude fast in die Luft springen und die (meisten) Gärtner und Gemeinderäte zu Rasenmähern und Unkrautvernichtern greifen lässt. Auf den Blüten waren – wie immer – Unmengen von Bienen und Schwebfliegen zugange.

Ich sah ein paar Stein- und ein halbes Dutzend Ackerhummeln. Es gab auch etliche winzige Solitärbienen der Gattung *Lasioglossum,* wie ich glaubte, und eine größere weibliche Sandbiene, deren Beine und Flanken völlig mit Pollen verbacken waren. Sie besaß ein glänzendes Abdomen und einen herrlich gelben Thorax. Die meisten anderen der hier fliegenden Bienen hatte ich schon einmal zu Gesicht bekommen, was aber war das? Ich rannte ins Haus, um meinen Fotoapparat zu holen.

Mit Sicherheit würde ich es zurück zum Löwenzahnfeld schaffen, bevor die Sandbiene abflog. Auf diesen Blüten ist es nicht schwer, Fotos von Bienen aufzunehmen, denn sie sind aus zahlreichen winzigen Einzelblüten zusammengesetzt, die sich als einziger Blütenstand präsentieren. Anstatt also nach der Nahrungsaufnahme zur nächsten Blüte weiterzufliegen, krabbelt die Biene auf dem Löwenzahn herum und senkt ihren Rüssel in jede einzelne Einzelblüte. Das ist gute Evolutionsökonomie, denn es spart Zeit und Energie. Ich konnte mindestens ein Dutzend Aufnahmen machen, bevor meine aufregend neue Biene wegflog.

Wieder zurück im Haus lud ich die Fotografien auf meinen Computer hoch und beschnitt sie. Aufgrund des glänzenden Hinterleibs und der Art, wie sie den Pollen auf den Haarborsten an ihren Hinterbeinen gesammelt hatte, durfte ich annehmen, dass es sich um eine Sandbiene handelte; also ging ich direkt zu dem Abschnitt des BWARS-Führers, der der Gattung *Andrena* gewidmet war. Dreimal ging ich die Bilder durch, ohne eine Entsprechung zu finden. Wären die Haare auf ihrem Thorax hellrot oder orange gewesen, hätte sich eine Reihe von Kandidaten angeboten, sie waren aber hellgelb. Ich war ratlos und fragte mich, ob ich vielleicht eine Biene entdeckt hatte, die in Großbritannien oder Irland noch neu war. Mit geschwellter Brust postete ich meine besten Fotos auf Twitter und schrieb dazu: „Weiß jemand, was das ist? Könnte es sich um eine neue Art handeln?!"

Keine meiner Entomologenbekanntschaften, denen ich vertraute, war online, ein paar meiner Naturfreunde allerdings waren begeistert und teilten meine Aufregung. Spätabends noch sah ich alle zehn Minuten bei Twitter nach, bekam aber keine Antwort von Expertenseite. Ich ging zu Bett und träumte von riesigen Bienen mit glänzendem schwarzem Abdomen und hellgelben Thoraxhaaren.

Gleich nach dem Aufwachen schaltete ich meinen Laptop an und scrollte durch die Twitterbenachrichtigungen. Eine Antwort von zuverlässiger Seite! Sie lautete: „Brigit, das ist eine Aschgraue Sandbiene voller Pollen." *Oh!* Am liebsten wäre ich vor Scham im Boden versunken. Wie hatte ich etwas derart Offensichtliches übersehen können?

Aber im Grunde war es eine wunderbare Lektion. Ich war von dem Gedanken, eine neue Biene entdeckt zu haben, so vergiftet gewesen, dass ich den weiteren Anhaltspunkten, etwa der Jahreszeit, dem näheren Lebensraum und den benachbarten Blütenpflanzen, keine Aufmerksamkeit geschenkt hatte. Eine Suche lässt sich viel leichter eingrenzen, wenn man als Erstes die Frage stellt: *Welche Bienen sind zu dieser Jahreszeit und an dieser Stelle überhaupt zu erwarten?* Da sich die Aschgraue Sandbiene gerne am Löwenzahn labt und in Lebensräumen wie dem vorgefundenen nistet, hätte sie angesichts der Faktenlage zu den ersten Bienenarten gezählt, die ich hätte nachschlagen müssen.

Ihr werdet euch inzwischen zusammenreimen können, dass ich wissbegierig bin. Schon in der Schule war ich ein Kind, das den Lehrern stets an den Lippen hing, um ja nichts zu verpassen. Oft setzte ich mich hin und las die Lehrbücher von vorne bis hinten durch, lernte sie Wort für Wort auswendig – fast so wie man sich die Zeilen in einem Theaterstück einprägt. Ich mochte es, wenn die Lehrer von den Schulbüchern abwichen und hatte immer ein Notizbuch dabei, in das ich alle Extrahappen, die uns zugeworfen wurden, hineinkritzelte, in der Vorstellung, dass diese Informationsschnipsel über ein Plus oder ein Minus bei meinen Noten entscheiden würden.

Ich erinnere mich, dass ich, ich war zehn oder elf Jahre alt, um fünf Uhr morgens aufstand, um in den Wochen vor den Sommerprüfungen noch ein paar Extrastunden im Waschraum des Internats für Wiederholungen abzuknapsen. Ich wollte unbedingt gut sein, zum Teil natürlich, weil ich hoffte, meinen Lehrern und meiner Mutter zu gefallen, aber vor allem, weil ich den Vorgang selbst genoss, durch den man, obwohl man am Anfang absolut keine Ahnung von einem Thema hat, am Ende doch das eine oder andere darüber weiß. Und es zahlte sich aus. Bei den Prüfungen schnitt ich sehr gut ab. Im Wesentlichen lernte ich jedoch nur auswendig und gab am Ende des Schuljahrs wieder, was in den Lehrbüchern stand. Ich kann mich nicht erinnern, auch nur einmal den Stoff, der mir beigebracht wurde, infrage gestellt oder mich gewundert zu haben, was das Ganze soll, ganz zu schweigen davon, wie es im wahren Leben zur Anwendung kommen sollte. Zurückblickend kommt mir das komisch vor, denn außerhalb des Klassenzimmers habe ich alles hinterfragt und meine Mutter mit meinem ständigen „Warum" und „Was, wenn" zur Verzweiflung getrieben.

Wie es im Leben so geht, habe ich trotz all meines Lerneifers nie studiert und die Schule kurz vor dem Abitur verlassen. Vielleicht war dies auch der Grund, warum ich meinen eher viktorianischen Blick auf Sinn und Zweck der Bildung nicht loswerden konnte, bis ich durch einen weiteren Austausch auf Twitter vor ein paar Jahren eines Besseren belehrt wurde.

Es war an einem Februartag und das Wetter war so ungewöhnlich warm und herrlich, dass ich, anstatt meinen üblichen Weg die West Malvern Road hinunter einzuschlagen, über die Hügel nach Great Malvern ins Greenlink wanderte, ein Biocafé, in dem ich damals in der Nachmittagsschicht arbeitete. Bevor ich losgegangen war, hatte ich meinen Fotoapparat im Rucksack verstaut für den Fall, dass ich eine früh fliegende Hummelkönigin entdecken würde.

Hummeln flogen an diesem Tag noch nicht, zumindest nicht in den Hügeln, als ich aber in den Ort hinunterging, bemerkte ich ein Summen an einem blühenden Schneeball an der Straßenseite. Eine Solitärbiene, wohl ein Männchen, was mich, da es so früh im Jahr war, in helle Aufregung versetzte. Die Biene war nicht sonderlich aktiv und so konnte ich ein paar Aufnahmen machen, bevor ich rasch weiter zur Arbeit ging.

Als ich abends nach Hause kam, tat ich, was ich immer tue: Ich lud meine Fotos auf den Computer, beschnitt sie und suchte auf der BWARS-Website nach einer ähnlich aussehenden Art. Ich vermutete, es mit einer *Andrena* zu tun zu haben, aber darüber hinaus hatte ich keine Idee. Nachdem ich ein Foto nach dem anderen angeschaut hatte, stieß ich schließlich auf eine Entsprechung: *Andrena nitida*. Doch dazu war auch vermerkt, dass diese Art erst viel später im Frühling auftaucht. Versuchsweise postete ich meine Fotos auf Twitter und bat meine Bienenmitstreiter um Bestätigung. Meine Twitterfreundin Jane Adams, die bei Weitem mehr über Wildbienen weiß als ich, war auch der Meinung, es handele sich um diese Art. Dennoch wollten wir erst abwarten, bis Ian Beavis sich meldete und unsere Bestimmung verifizierte.

Das tat er auch, aber mit einer überraschenden Anmerkung. Er teilte uns mit, dass diese besondere *Andrena nitida* „stylopisiert" sei.

Stylopisiert? Was in aller Welt sollte das sein? Ian lenkte unsere Aufmerksamkeit auf eine kleine madenähnliche Ausbuchtung zwischen zwei Segmenten am Schwanzende der Biene. Zunächst konnte ich nichts erkennen, doch dann zoomte Jane weiter in das Bild hinein und kreiste die Stelle rot ein. „Das", erklärte Ian, „ist ein erwachsenes weibliches Exemplar von *Stylops melittae.*" *Igitt*, dachte ich.

Am selben Abend postete Ian noch eine Zeichnung eines adulten Stylops-Männchens, die er in einem Buch aus dem 19. Jahrhundert gefunden hatte. Stylops-Larven setzen sich auf Bienenweibchen, die Pollen für ein Brutnest sammeln. Die Stylops-Larven dringen in die Bienenlarven ein und leben in ihnen als Parasiten. Am Ende ihrer Entwicklung winden sich die Stylops-Männchen mit ihren großen hervorstehenden Augen und gedrungen keulenartigen Vorderflügeln aus dem Körper ihres erwachsenen Bienenwirts, um sich mit einem Weibchen zu paaren. Die geschlechtsreifen Weibchen bleiben flügellos und von ihrem Wirtskörper abhängig. Sie ragen mit ihren Köpfen aus dem Bienenhinterleib heraus, damit die Männchen sie finden können. Ihre Eier schlüpfen noch im Bienenwirt und die Larven werden auf einer Blüte abgesetzt, wo sie auf einen neuen Wirt warten.

Die Natur ist nicht nur schön, sondern auch erfindungsreich und kann – aus Sicht des Menschen – mitunter äußerst brutal sein.

Nachdem ich so viel gelesen hatte, wie ich verdauen konnte, ging ich schlafen. Mitten in der Nacht wachte ich aus einem Alptraum auf, in dem ich selbst stylopisiert worden war. Es war grauenhaft. Ich knipste das Licht an, machte mir einen Tee und fragte mich, im Bett sitzend, ob die Macher des Films *Alien* ihre schreckenerregenden Monster dem Lebenszyklus dieser Kreatur abgeschaut hatten. Und da hatte ich ein Aha-Erlebnis.

Wie, fragte ich mich, *hatte Ian auf meiner nicht ganz scharfen Fotografie einer fliegenden Biene diese zwischen den Hinterleibssegmenten hervorstehende Beule überhaupt bemerken können?* Mir ist es ja selbst nachdem er mich auf die Beule hingewiesen hatte schwergefallen, sie zu erkennen.

Am nächsten Tag fragte ich ihn. Ian erklärte, dass diese bestimmte Art eigentlich nicht vor März oder April fliegt, dass aber stylopisierte Bienen ungeachtet des Wetters früher fliegen. Das liegt daran, dass die Stylopslarven die Fettreserven der Biene aufzehren und diese dann nach Futter giert. Angesichts der Jahreszeit hatte er sofort nach der verräterischen Beule gesucht, die der Kopf des Stylopsweibchens zwischen den Hinterleibssegmenten bildet, wusste er doch, dass dies das frühe Erscheinen erklären könnte. Brillant, dachte ich, Ian ist ein Detektiv! Natürlich hält sich Ian absolut nicht für einen solchen. Er ist Entomologe und wie alle Wissenschaftler sind auch Entomologen immer auf der Suche nach Belegen, die eine Hypothese untermauern oder verwerfen könnten.

In einem einzigen Moment war die schrecklich engstirnige viktorianische Methode des Auswendiglernens, die mir in den 1960ern beigebracht wurde und auf die ich mich seither verlassen hatte, ausgeräumt und an einen Platz verbannt worden, an den Werkzeuge und Gewohnheiten, die uns nichts mehr nützen, verbannt werden. An ihrer Stelle hieß ich ein neues und wundersames Verständnis dessen willkommen, was unterrichten und unterrichtet werden bedeutet.

Da ich keine weitergehende Ausbildung genossen habe, war ich nur selten gefordert, eine größere Neugier für Themen zu entwickeln, oder die gelernten Sachverhalte über die Schulbücher oder Prüfungsunterlagen hinaus anzuwenden und auf die Welt zu übertragen. Von nun an, so hatte ich mir damals vorgenommen, werde ich mich stets für ein kreatives und erfinderisches Um-die-Ecke-Denken entscheiden, sowie für einen von Neugier, Staunen und Ehrfurcht geprägten Umgang mit jedem Thema, für das ich mich an einem bestimmten Tag interessiere.

Das Wort „lernen" hatte für mich eine neue Bedeutung bekommen.

4.
THE BOYS ARE
BACK IN TOWN

Die Jungs sind wieder in der Stadt! Gerade habe ich sie in Dianas Gemüse-garten entdeckt, eine marodierende Bande schnurrbärtiger Männchen, die sich mit dem warmen, süßen Nektar des blühenden Schnittlauchs volltanken, bevor sie sich auf ihre Duftmarken-Patrouillen machen. Es handelt sich um männliche Hummeln, genauer gesagt um Drohnen der Art *Bombus pratorum*, allgemein als Kleine Wiesenhummel bezeichnet.

Die Königinnen dieser frühen Spezies übertreffen andere Hum-meln um Wochen, bisweilen sogar Monate in dem Wettlauf, ihre Nester so früh wie möglich im Jahr zu gründen. Andere Arten, etwa die Dunk-le Erdhummel, erscheinen nach der Überwinterung womöglich noch etwas früher, aber es sind stets die Nester der Kleinen Wiesenhummel, die die ersten Drohnen und Königinnen des Jahres hervorbringen. Ihre Nester sind, wie man sich vielleicht erinnert, kurzlebiger als die der meisten anderen Hummeln und sind lediglich vierzehn Wochen aktiv – gegenüber durchschnittlich achtzehn Wochen verwandter Arten.

Die Kleine Erdhummel ist nicht nur die kleinste Hummel in Groß-britannien und Irland, auch ihre Nester sind klein und enthalten selbst in der besten Zeit mitunter nicht mehr als etwa fünfzig Individuen.

Seit einigen Wochen schon habe ich nach männlichen Hummeln Ausschau gehalten und bin nun überglücklich, dass sie endlich einge-troffen sind. Warum mir ihr Erscheinen so viel Freude bereitet, kann ich nicht sagen. Es ist ja nicht so, dass ich mich in den letzten Monaten

97

nach Bienen verzehrt hätte. Wir haben Anfang Mai und auf meinem Computer sind bereits Hunderte Fotos von Hummeln und anderen Wildbienen, die ich bislang in diesem Frühjahr zu Gesicht bekommen habe. Aus welchen Gründen auch immer, die Sichtung dieser kleinen männlichen Hummeln auf dem Schnittlauch lässt mein Herz vor Freude fast zerspringen. Gut, dass mich niemand sieht; es wäre auch nicht leicht zu erklären, warum ich tanze, allein, in Dianas Garten. Meine Bienenfreunde auf Twitter hätten Verständnis dafür. In Erwartung der ersten Bilder von Hummelmännchen verfolgen wir in dieser Jahreszeit unsere Timelines gewissermaßen mit angehaltenem Atem. Nein, kein Wettbewerb – obwohl ich zugeben muss, dass ich mich freue, wenn meine Fotos unter den ersten Hummeldrohnen-Sichtungen des Jahres sind.

Bin ich vielleicht deshalb so begeistert über die Hummelmännchen am Schnittlauch, weil ich weiß, dass nun schon bald neue Königinnen auftauchen und Paarungsflüge stattfinden werden? Mit dem Erscheinen von fortpflanzungsfähigen Hummeln, von Königinnen und Drohnen, kündigt sich das letzte Stadium im Lebenszyklus einer Kolonie an. Sie sind das sicherste Zeichen, dass ein Volk erfolgreich war.

Die unzähligen Probleme, mit denen die Hummeln zu kämpfen haben, bevor sie dieses Stadium erreichen, sind mir nur zu bewusst und es ist ein kleines Wunder, dass es ihnen überhaupt gelingt. Von dem Moment an, an dem die Jungköniginnen ihr Geburtsnest verlassen, tauchen Hürden auf, die es zu überwinden gilt. Als Erstes müssen sie sich paaren und einen geeigneten Platz zum Überwintern finden. Sie müssen den Winter überleben, im Frühling, wenn sie aufwachen, genügend Futter finden, sichere Nester bauen, Arbeiterinnen heranziehen und dann Tochterköniginnen und Männchen produzieren, die sich paaren und schließlich einen neuen Zyklus beginnen. Bei jedem dieser Schritte kann es sein, dass die Kolonie untergeht. Deshalb ist jedes Zeichen, dass ein Nest erfolgreich war, eine größere Feier wert. Oder zumindest einen kleinen Tanz.

Einer der frühen „Hummeljungs" hat sich am Rand des Hochbeets am Fuß des Schnittlauchs niedergelassen. Ich habe ihm dabei zugesehen, wie er sich die Fühler putzte, aber nun ist er ruhig, sonnt sich in der frühsommerlichen Sonne und legt nach seinen umtriebigen Rundflügen eine wohlverdiente Pause ein. An meiner Gegenwart stört er sich offenbar nicht. Also lege ich vorsichtig meine Hand neben ihn und ermuntere ihn, auf meine Handfläche zu klettern, um ihn besser betrachten zu können. Er krabbelt an Bord; seine Beinchen kitzeln auf meiner Haut. Er wird mich nicht stechen. Männliche Bienen besitzen keinen Stechapparat.

Mein Männchen der Kleinen Wiesenhummel ist unwahrscheinlich niedlich: klein, rundlich und verglichen mit den Weibchen seiner Art etwas verwahrlost. Wie bei den Königinnen und Arbeiterinnen ist sein Hinterleibsende in ein mattes Orange gekleidet, mit einem schwarzen Band über dem unteren Teil seines Abdomens und einem dicken gelben Band am oberen Teil. Häufig fehlt bei den Arbeiterinnen dieses gelbe Band oder es ist so schwach ausgeprägt, dass man es kaum sieht. Da aber meine Hummel ein Männchen ist, wirkt es heller, frischer und geht mehr ins Zitronige. Der Thorax ist schwarz und direkt hinter dem Kopf ist ein dicker, hellgelber Kragen zu sehen, der an eine Miniaturlöwenmähne erinnert. Wäre ich ein Hummelweibchen, hätte ich mich vielleicht schon ein bisschen verliebt. Doch als das Tierchen mir den Kopf zuwendet und ich seinen gelben chaplinesken Schnurrbart entdecke, bekommt das Hummelweibchen in mir weiche Knie. Ja, dieses entzückend adrette Hummelkerlchen trägt einen Schnurrbart.

Die Bestimmung von Hummeln ist komplizierter, als man sich vorstellen mag. Auch wenn es in Großbritannien und Irland heute nur vierundzwanzig verschiedene Hummelarten gibt, existiert eine ganze Bandbreite von Unterschieden nicht nur zwischen den Arten, sondern auch innerartlich. Gerade wenn man glaubt, man wisse über die häufigeren Arten in seinem Garten einigermaßen Bescheid, muss man feststellen, dass die Arbeiterinnen nicht unbedingt wie die Königinnen in klein aussehen müssen oder dass sich die Erscheinungsform der Männchen von der der Arbeiterinnen *und* den Königinnen völlig unterscheidet, und dass es verschiedene Varietäten gibt, Formen mit Melanismus und anderen Abweichungen sowie Unterarten. Und als ob dies nicht schon verwirrend genug wäre, verblassen die Farben der Hummeln mit jeder Woche, die sie in der hellen Sommersonne auf Nahrungssuche sind, mehr.

Zum Glück besitzen männliche Hummeln eine Reihe von Unterscheidungsmerkmalen, die es relativ leicht machen, sie als Drohnen zu identifizieren. Am auffälligsten ist ihre Gesichtsbehaarung, insbesondere bei solchen Arten wie der Erdhummel, die diese kleinen attraktiven Schnurrbärte tragen. Es gibt aber auch noch andere körperliche Unterschiede zwischen Männchen und Weibchen; Biologen sprechen hier von *sexuellem Dimorphismus*. Die Königin und die Arbeiterin besitzen schön glänzende abgeflachte und glatte, aber mit langen Haaren besetzte Pollenkörbchen oder *corbiculae* an den Außenseiten der Hinterbeine, die oft, aber keineswegs immer, Pollen enthalten. Männchen hingegen, die keinen Pollen sammeln, benötigen diese Körbchen nicht. Ihre Beine sind merklich runder und haariger und eher matt als glänzend. Weibchen haben zudem V-förmige Hinterleibsenden, die an der Stelle, an der der Stachel herauskommt, in einer Spitze münden, während Männchen stumpfe Enden mit einer kupierten Spitze aufweisen. Schließlich – und um dies zu überprüfen, benötigt man ein Vergrößerungsglas – besitzen männliche Hummeln ein zusätzliches Segment an ihren Fühlern, die damit um ein Geringfügiges länger sind als die der Weibchen.

Von den körperlichen Unterschieden zwischen den Geschlechtern abgesehen, gibt es auch Unterschiede im Verhalten; am augenfälligsten zeigt sich dies darin, dass die Männchen absolut nichts zum Wohlergehen der Kolonie beitragen und ihr einziger Lebenszweck darin besteht, sich zu paaren. Wohl deshalb auch dürfen sie, sobald sie so weit sind, die Wärme und den Komfort des Nests zu verlassen, so gut wie nicht mehr in dieses zurück. Während die Arbeiterinnen ihr ganzes Leben damit verbringen zu „arbeiten" – Nahrung sammeln, Larven füttern, das Nest säubern und bewachen –, verbringen die Männchen ihr Leben damit, Patrouillen zu fliegen und Treffpunkte mit ihrem Duft zu markieren, sich mit Nektar aufzutanken, und wieder auf Patrouille zu gehen, in der Hoffnung, auf eine Königin zu treffen, mit der sie sich paaren können.

Da sie kein Nest haben, in das sie zurückkehren können, sind Hummelmännchen nachts oder noch am frühen Morgen schlafend in oder unter Blüten zu finden. Das klingt, als seien diese Kerlchen so etwas wie Lebenskünstler, wenn aber das Wetter kalt und feucht ist, dann muss es ziemlich hart sein, auf der Straße zu schlafen, während deine Schwestern zu Hause in einem warmen, gemütlichen Nest hocken. Hinzukommt, dass es nur sehr wenigen Hummelmännchen, nämlich einem von sieben, gelingt, sich zu paaren.

Interessanterweise dürfen die männlichen Honigbienen, die Drohnen, deren einziger Lebenszweck darin besteht, sich mit den Jungköniginnen zu paaren, ihre Stöcke nach Belieben verlassen und wieder aufsuchen. Im Gegensatz zu männlichen Hummeln sind die Drohnen der Honigbiene nicht in der Lage, selbst Nahrung zu sammeln. Sie werden also von den Arbeiterinnen versorgt und gefüttert. Auch hier wieder anscheinend ein leichtes Leben, allerdings mit der Kehrseite, dass der Paarungsvorgang für die wenigen Drohnen, denen es gelingt, eine Königin zu begatten – ein Abenteuer, das während des Hochzeitsflugs in der Luft stattfindet – nur wenige Sekunden dauert und damit endet, dass der Geschlechtsapparat zusammen mit etwas Unterleibsgewebe brutal aus dem Körper gerissen wird – einen grausameren Tod kann man sich kaum vorstellen. Und für die, die keinen Erfolg haben, gibt es keinen Trostpreis. Wenn die Paarungszeit vorbei ist und die Männchen ihren Zweck erfüllt haben, werden die noch übrigen von den Arbeiterinnen aus dem Bienenstock gejagt. Unfähig, für sich selbst zu sorgen, verhungern oder erfrieren sie.

Und wie verhält es sich mit den Solitärbienen? Hier erscheinen, von ein oder zwei Ausnahmen abgesehen, die Männchen in der Regel etwa eine Woche früher als die Weibchen ihrer Art. Sie verbringen einige wenige Wochen damit, sich von Nektar zu ernähren und patrouillieren an Nistplätzen oder gerne besuchten Blumenbeständen nach Weibchen. Wie man sich vorstellen kann, variieren bei über zwanzigtausend verschiedenen Solitärbienenarten – von denen einige weniger „einsiedlerisch" leben als andere – Balzrituale und Paarungsverhalten enorm. Für die Wissenschaft bleibt also noch einiges zu entdecken.

Grob gesagt, wo dichte Nestaggregationen bestehen, wo nahezu gleichzeitig zahlreiche Weibchen aus ihren Geburtsnestern hervorkommen, wie es etwa bei der Efeu-Seidenbiene (*Colletes hederae*) der Fall ist, erhöhen die Männchen ihre Fortpflanzungsaussichten, wenn sie in der Nähe der Nesteingänge auf die hervorkriechenden Weibchen warten. Man spricht hier auch von *Nestwache*. Sobald die Weibchen hervorkommen, stürzen sich sofort zahlreiche Männchen auf sie und formen ein hochkompetitives „Paarungsknäuel". Während des folgenden Durcheinanders wird es einem Männchen gelingen, sich das Weibchen zu sichern und sich zu paaren. Obwohl ich dieses Verhalten schon viele

Male bei verschiedenen bodennistenden Arten beobachtet habe, konnte ich bislang nicht feststellen, ob die Männchen sich danach noch mit anderen Weibchen paaren.

Bei den Solitärbienenarten, deren Nester weiter verstreut sind, etwa bei den Wollbienen, kommt kein massenhaftes Hervorkriechen der Weibchen vor, so dass die Nestwache evolutionär gesehen keinen Sinn ergibt. Die Männchen dieser Arten halten sich lieber in der Nähe der bevorzugten Futterquellen der Weibchen auf, in der Hoffnung, dort erfolgreich zu sein.

Verallgemeinert gesagt, gibt es für die Männchen keinen Grund mehr, sich in der Nähe der Nistplätze oder Futterquellen aufzuhalten, wenn sich in einem Gebiet alle weiblichen Solitärbienen gepaart haben. Sie verbringen dann den Rest ihres kurzen Lebens damit, tagsüber Nektar zu saugen und nachts zu schlafen. Meistens suchen sie sich einen Einzelunterschlupf, entweder in Mauerspalten oder in Blüten, manchmal aber übernachten sie in Gruppen und hängen sich mit ihren Mundwerkzeugen an Pflanzenstängel oder Fruchtstände, bis die Morgensonne sie so weit aufgewärmt hat, dass sie wieder fliegen können.

Bei keiner Art überlebt ein Männchen bis in den Winter hinein. Wäre ich eine männliche Biene, wäre ich, was die Paarungsbedingungen betrifft, lieber eine Einsiedlerbiene oder eine Hummel als eine Honigbiene. Vielleicht eine niedliche Wiesenhummel wie mein kleiner Freund aus Dianas Garten.

Ein paar Wochen lang komme ich regelmäßig zu den Schnittlauchblüten zurück und beobachte die Männchen der Kleinen Wiesenhummel, die nun an der Seite der ebenso von dieser Pflanze begeisterten Arbeiterinnen Nahrung aufnehmen. Die Männchen zeigen keinerlei Interesse an den unfruchtbaren Arbeitsbienen. Ich halte meine Augen offen und hoffe, dass bald auch Königinnen die Schnittlauchbeete besuchen kommen und ich die Insekten vielleicht bei der Paarung erhasche. Wer sich eingehend mit dem Paarungsverhalten von Hummeln beschäftigt hat, dem mag mein Wachehalten am Schnittlauchbeet vielleicht etwas naiv vorkommen, aber ganz so grün hinter den Ohren, wie ich vielleicht aussehe, bin ich nicht: Ich habe diese Art sich schon auf Pflanzen in dieser Höhe über dem Boden paaren sehen. Zudem verwenden die heute beobachteten Männchen offenbar viel Zeit darauf, zwischen verschiedenen Schnittlauchbüscheln hin- und herzufliegen, und zwar sehr zielgerichtet und ohne zwischenzeitlich Nektar aufzutanken. Ich bin also ziemlich optimistisch, dass sich das Gemüsebeet in Dianas Garten als Rendezvous-Gebiet herausstellen wird.

Die verschiedenen Hummelarten haben ihre jeweils eigene Balzstrategie entwickelt. Wie die einsiedlerischen Efeu-Seidenbienen halten manche Nestwachen und lauern in der Nähe bestimmter Nester, in der Hoffnung, sich mit den Jungköniginnen bei deren Erscheinen paaren zu können. Andere sind auf die Strategie des Hinterhalts verfallen und sitzen an einer exponierten Stelle, um sich auf ein vorbeifliegendes Weibchen (oder alles andere, was noch so vorbeifliegt) zu stürzen. Die übrigen „patrouillieren" und verbringen auf der Suche nach einer jungfräulichen Königin ihrer Art den Tag damit, immer wieder Duftbahnen oder bestimmte Balzplätze abzufliegen. Mit Ausnahme der Baumhummel (*Bombus hypnorum*) fliegen in Großbritannien und Irland die Männchen aller Hummelarten Patrouillen.

Je nach Art fällt die Wahl der Balzplätze unterschiedlich aus. Steinhummel, Helle Erdhummel und Dunkle Erdhummel zum Beispiel treffen sich in Baumwipfeln, während die Kleine Erdhummel sich in der Regel etwa einen Meter über dem Boden paart. Dave Goulson und seine Kollegen von der Universität von Sussex haben beobachtet, dass sich die Männchen mancher Arten, darunter der Ackerhummel (*Bombus pascuorum*) und der Berglandhummel (*Bombus monticola*), auf Hügelkuppen versammeln, eine Form des Patrouillierens, die auch als *Gipfelbalz* bezeichnet wird. Ungeachtet der Wahl der Balzstelle verwenden die Männchen aller patrouillierenden Arten ungeheuer viel Zeit und Energie darauf, ihre Bahnen abzufliegen und sie mit für die Königinnen verlockenden Pheromonen zu markieren.

Gleich ob sie nun Baumreihen, Hecken, Hügelkuppen oder Schnittlauchbeete abfliegen, die männlichen Hummeln sind so sehr von ihrem Lebenszweck eingenommen, dass sie häufig vergessen, für Frühstück, Brotzeit, Mittagessen, Nachmittagstee oder Abendessen eine Pause einzulegen. Wer kann es ihnen verdenken? Mit sieben Männchen, die auf eine Königin kommen, kann eine kleine Pause zur Nektaraufnahme darüber entscheiden, ob man seinen Lebenszweck erfüllt oder ohne Nachwuchs stirbt. Stößt man auf ein von der Balzarbeit erschöpftes Hummelmännchen (oder eine andere erschöpfte Wildbiene), kann man ihm mit wenigen Tropfen einer fünfzig zu fünfzig angesetzten Zucker-Wasser-Lösung wieder aufhelfen. Ein Sirup aus weißem Zucker und Wasser ist dabei als Gabe sicherer als Honig. Honig, der für Menschen immer unbedenklich ist, kann gelegentlich Viren oder Pilzsporen enthalten und somit Krankheiten von einer Art auf die andere übertragen.

Ich wünschte, ich hätte schon früher von den Patrouillier-Strategien der Hummelmännchen gewusst. Als ich in der Nähe von Malvern wohnte, bemerkte ich in mehreren aufeinanderfolgenden Jahren auf halber Höhe eines Hügels Steinhummeln, die sich an einem kleinen Ebereschengehölz zusammenfanden. Jahr für Jahr wählten sie die gleiche Baumgruppe. Heute fasziniert mich der Gedanke, dass dies eine Balzstelle gewesen sein muss und die von den Männchen als Duftmarken hinterlassenen Pheromone artspezifisch und zudem so stark sind, dass die in der Nähe frisch hervorgekommenen Steinhummel-Königinnen sie wahrnehmen und ihnen bis an diesen Ort folgen konnten.

Ich frage mich, wie weit die Königinnen fliegen, um auf Männchen zu treffen und wie viele Balzpunkte es in einem bestimmten Gebiet für eine Art geben mag. Ich habe nach Antworten auf diese Fragen gesucht, aber verglichen mit anderen Aspekten der Hummelökologie war es tatsächlich schwierig, Informationen zu ihrem Balz- und Paarungsverhalten zu erhalten. Besonders über ein Thema hoffte ich mehr herauszufinden, und zwar über die Möglichkeit und das Ausmaß der Inzucht innerhalb eines Nests. Hier mag die Feststellung genügen, dass das Fortpflanzungsverhalten von Bienen kompliziert ist.

Ich habe den Eindruck, dass die Wissenschaft bis vor Kurzem den männlichen Bienen weniger Aufmerksamkeit geschenkt hat als den Weibchen. Bei all meinen Versuchen, mehr über Hummelmännchen herauszufinden, bin ich immer wieder auf Laura Brodies exzellenter Website namens *bumblebee.org* gelandet. Dort habe ich erfahren, dass die von den Männchen mancher Hummelarten abgegebenen Pheromone eigentlich auch vom Menschen wahrgenommen werden können. Hätte ich dies bereits gewusst, als ich die Steinhummeln auf den Hügeln von Malvern beobachtete, hätte ich natürlich versucht, ihren spezifischen nach Citronella riechenden Duft in die Nase zu bekommen.

Inzwischen achte ich jedenfalls auf alle möglichen Zeichen für patrouillierende Hummelmännchen. Deshalb bin ich auch so interessiert an den Drohnen der Kleinen Erdhummel, die sich um die Schnittlauchpflanzen in Dianas Gemüsebeet versammeln.

Vielleicht weil ich den Schnittlauchbüscheln so viel Aufmerksamkeit schenke, bemerke ich erst an zwei, dann drei und vier aufeinanderfolgenden Tagen eine wachsende Anzahl der Kleinen Wiesenhummel auf dem Boden neben den Pflanzen, alle tot. Ich untersuche die toten Insekten, entdecke aber keine Anzeichen, die darauf schließen ließen, woran sie gestorben sind. Sie tragen leuchtende Farben und ihre Flügel sind absolut unversehrt. Das bedeutet, dass sie nicht an Altersschwäche gestorben sind; bei älteren Hummeln und Bienen verblassen für gewöhnlich die Farben und die Flügel zerfransen. Kalt war es auch nicht, sie können also auch nicht erfroren sein. Sehr rätselhaft.

Gleichzeitig merke ich, dass immer weniger Bienen, gleich welcher Art, an den Schnittlauchblüten weiden. Ich frage mich nun, ob nicht die Blüten selbst für das Sterben der Hummeln verantwortlich sind. Stünde der Schnittlauch in einem anderen Garten, würde ich Pestizide vermuten; das ist aber undenkbar, da sich Rob um diese Anlage kümmert.

Am vierten Tag besucht kaum noch eine Hummel diesen einen Schnittlauchbüschel, obgleich an den anderen Büscheln in der Nähe noch zahlreiche Insekten unterwegs sind. Als ich aber am selben Tag noch einmal durch das Gemüsefeld gehe, entdecke ich eine Arbeiterin der Kleinen Wiesenhummel auf dem „Geisterbüschel". Ich gehe näher heran und sehe, dass sie sich nicht bewegt. Ich beobachte sie noch ein bisschen und berühre sie dann sanft mit dem Finger. Sie fällt auf den Boden, tot. Doch während sie fällt, bemerke ich eine Bewegung auf dem Blütenstand, auf dem sie saß. Eine Spinne. Eine weiße Spinne. Die aussieht wie eine Krabbe. Oh je, ich weiß, was hier los ist.

Es handelt sich um eine Veränderliche Krabbenspinne (*Misumena vatia*) – ein furchterregender Beutegreifer, ein unheilvoller Lauerjäger und ein Meister der Tarnung. Die armen Wiesenhummeln, gegen diesen fürchterlichen Feind haben sie keine Chance. Er jagt aus dem Hinterhalt, sitzt unbeweglich auf einer Blume – wobei die adulten Weibchen wie ein Chamäleon die Farbe der Blütenblätter annehmen – bis ein argloses Insekt auf der Blüte landet, um Nektar zu saugen. Dann schlägt die Spinne zu, stürzt sich auf ihr Opfer, beißt ihre Kiefer in den Rücken des Insekts und injiziert ein lähmendes Gift. Die Größe schreckt die Spinne nicht ab; sie attackiert und frisst Insekten aller Art, darunter auch Hummeln, Fliegen, Schmetterlinge, die doppelt so groß sind wie sie selbst.

Krabbenspinnen haben keine Zähne. Nachdem sie ihre Beute erfolgreich gelähmt haben, verflüssigen sie das Innere und saugen es aus. Zurück bleibt das intakte Außenskelett. Das ist auch der Grund, warum die toten Hummeln auf dem Boden so perfekt und unversehrt aussahen.

Ich überlege kurz, ob ich die Spinne in einen anderen Teil des Gartens bringe, um die Wiesenhummeln, die sich an diesen Schnittlauchblüten laben wollen, zu schützen, belasse sie aber letztlich dort, wo sie ist. Ohnehin ist deutlich, dass die Wildbienen nicht mehr gerne auf dieser bestimmten Schnittlauchpflanze landen. Vielleicht haben die sterbenden Hummeln eine Art Duftstoff abgesondert, der ihre Artgenossen warnt, sich hier niederzulassen. Ich weiß es nicht, denke aber, es wäre falsch, sich einzumischen und stelle meine tägliche Ausschau nach Jungköniginnen ein. Ungeachtet meines Entschlusses, der Natur ihren freien Lauf zu lassen, möchte ich der Krabbenspinne lieber nicht bei ihrem Beutefang zusehen. Ich bin mir noch nicht einmal sicher, ob die Männchen noch patrouillieren und rede mir gut zu, wenn es sein solle, werde ich in diesem Frühling bestimmt noch eine Paarung zu sehen bekommen. Später an diesem Nachmittag meldet sich das Universum und ich entdecke auf den Phacelien in unserem Gartenstück zwei Kleine Wiesenhummeln bei der Paarung. Ich habe keine Ahnung, wie lange die beiden sich schon begatten, aber von dem Moment meiner Entdeckung an bleiben sie mindestens noch zwanzig Minuten ineinander verhakt, in denen die Königin ungerührt von einer Blüte zur nächsten krabbelt und Nektar tankt. Da das Männchen im Vergleich zur Königin relativ klein ist, kostet sie das nicht viel Mühe. Bei manchen Hummelarten, insbesondere jenen, die die größten Königinnen hervorbringen, nimmt das Männchen mitunter nur ein Drittel der Größe der Königin ein. Bei der Kleinen Wiesenhummel ist der Größenunterschied zwischen Männchen und fruchtbarem Weibchen allerdings nicht ganz so stark ausgeprägt.

Bei den Hummeln findet die Spermienübergabe in den ersten Minuten der Paarung statt, auch wenn das Männchen danach noch länger mit dem Weibchen zusammenbleibt. Jüngste Forschungen lassen darauf schließen, dass das Männchen nach der Besamung noch einen „Pfropfen" einführt, der, wenn er fest wird, die Geschlechtsöffnung der Königin für die kommenden Tage blockiert und so die Chance des Männchens erhöht, seine Gene an die nächste Generation weiterzugeben. Angesichts des Verhältnisses von Männchen zu Königinnen ist es ziemlich unwahrscheinlich, dass das Männchen nach der Paarung noch eine weitere Begattungschance bekommt.

Da es noch früh im Jahr ist, wird die gerade begattete Wiesenhummel-Königin mit ziemlicher Sicherheit bald eine eigene Kolonie gründen. Die Jungköniginnen jedoch, die aus diesem Volk in ein paar Monaten hervorgehen werden, werden wahrscheinlich schon unmittelbar nach der Paarung einen Platz zum Überwintern aufsuchen. Die Kleinen Wiesenhummeln stellen mit ihren zwei, gelegentlich drei vollständigen Lebenszyklen jährlich eher eine Ausnahme dar. In Großbritannien und Irland durchlaufen die meisten Hummelarten nur einen Lebenszyklus im Jahr.

Mit dem wärmer werdenden Wetter habe ich Hoffnung, noch weitere Hummelmännchen auftauchen zu sehen. Bei manchen Arten finde ich es schwierig, die Unterschiede zwischen den Geschlechtern zu bestimmen. Die Männchen von Ackerhummel und Baumhummel sehen für mich aus wie die Arbeiterinnen ihrer Art. Dunkle und Helle Erdhummelmännchen kann ich aber aus einem Kilometer Entfernung erkennen, ihr Aussehen unterscheidet sich erheblich von den Königinnen und Arbeiterinnen ihrer Spezies.

Irgendwann würde ich gerne meine Fähigkeiten verbessern, männliche Hummeln zu erkennen, im Augenblick bin ich aber froh, nach den behaarten Beinen, hellgelben Binden und Minischnurrbärten Ausschau zu halten, die mir mitteilen, dass die Jungs wieder in der Stadt sind.

5.

BIENEN, DIE SICH
SCHLECHT BENEHMEN

In der obersten linken Ecke unseres Gartengrundstücks, an der Grenze zu den sich dahinter anschließenden Cottage-Gärten, liegt ein großes Beet mit Futterbeinwell. Kein Gemüsegarten, der etwas auf sich hält, sollte ohne eine kleine Fläche mit Beinwell auskommen, ob es sich nun um Echten Beinwell, Futterbeinwell oder eine andere Hybridsorte handelt. Als Bodenverbesserer, Dünger für Robs Tomaten, Inhaltsstoff von Heilsalben und Balsam sowie Pollen- und Nektarweide für zahlreiche Hummelarten und andere Insekten steht dieses Gewächs in unserer Liste wichtiger ausdauernder Pflanzen an oberster Stelle.

Als Bodenverbesserer liefert der Beinwell deutlich höhere Mengen an Kalium, Kaliumkarbonat und Stickstoff als andere organische Düngemittel und übertrifft in seiner Nährstoffkonzentration sogar Dung, Kompost und Flüssigdünger. Diese Pflanze ist für Biogärtner derart nutzbringend, dass Lawrence Hills, der Vater des biologischen Gartenbaus, als er 1958 die heute als Garden Organic bekannte Henry Doubleday Research Association gründete, auf den Namen des Quaker-Kleinbauern zurückgriff, der im 19. Jahrhundert angeblich den Futterbeinwell (*Symphytum x uplandicum*) nach Großbritannien gebracht hat. Ich sage „angeblich", denn geht man der Sache auf den Grund, wurde das Kraut offenbar bereits Ende des 18. Jahrhunderts durch Joseph Busch, Obergärtner Katharinas der Großen, in England eingeführt. Busch war ein großer Fan des Futterbeinwells, den er in den

Palastgärten St. Petersburgs als Zierpflanze einsetzte, aber auch wegen seiner Heilkräfte überaus schätzte und dessen Wurzeln er in sein Heimatland schickte. Offenbar stammten auch die Wurzeln, die Henry Doubleday in seinen frühen Experimenten verwendete, aus den Gärten des Petersburger Palastes. Wem auch immer der Verdienst gebührt, ich ziehe meinen Hut vor Joseph Busch, Henry Doubleday und Lawrence Hills für die Rolle, die jeder Einzelne bei der Verbreitung und Vermehrung des Futterbeinwells spielte.

Unterhalb des Beinwellbeets, hinter unserem Gewächshaus, steht ein großes blaues Fass mit einem gut schließenden Deckel, in dem Rob Beinwelljauche ansetzt. Beinwelljauche, so wenig einladend das Wort klingen mag, ist für Pflanzen überaus heilsam und nahrhaft.

Für die Herstellung dieses Wundergebräus gibt es unterschiedliche Methoden. Man kann einem Rezept folgen und die Menge von Blättern und Wasser genau abmessen. Man kann aber auch wie Rob und ich einfach den Beinwell von Zeit zu Zeit zurückschneiden, die Blätter in ein großes blaues Fass stopfen und das Fass bis obenhin mit Wasser auffüllen. Da die Stängel des Beinwells stachelig sind und die Haut reizen, tragen wir bei dieser Arbeit Handschuhe. Wir lassen die Brühe drei bis vier Wochen gären. Danach ist sie direkt als Flüssigdünger verwendbar, den wir etwa an die Wurzeln von Tomaten geben.

Da wir unsere Jauche in einem großen Behälter ansetzen, ist sie bereits ausreichend verdünnt, und kann so, wie sie ist, verwendet werden. Wenn man jedoch mehr Blätter mit weniger Wasser ansetzt, wird man, sobald die Blätter verrottet sind, eine dicke dunkle Brühe erhalten, die man verdünnen muss, bevor man sie an die Pflanzen gibt; zu konzentriert würde sie mehr Schaden anrichten als nützen. (Ein „dicht schließender Deckel" ist ein absolutes Muss, denn sobald die Blätter zu rotten anfangen, entfaltet die Jauche einen heftigen Gestank.) Wenn man nicht die Zeit, den Platz oder die Neigung hat, aus dem Beinwell einen Flüssigdünger zu machen, kann man die zurückgeschnittenen Blätter auch einfach als Mulch um die Pflanzen geben oder sie dem Kompost hinzufügen, wo sie als ergiebige Kompostierhilfe wirken.

Beinwell wird bereits seit mehr als zweitausend Jahren als Heilkraut angebaut. Sein botanischer Name *Symphytum* stammt von dem griechischen Wort *symphyto*, das so viel wie „zusammenwachsen" bedeutet, und „Komfrei", einer seiner gebräuchlichen Namen, kommt vom Lateinischen *confirmare*, „vereinen, heilen". Römer wie Griechen schätzten ihn als Wundkraut und setzten ihn ein, um Blutungen zu stoppen, Verletzungen oder Knochenbrüche zu heilen. Kein Wunder, dass er neben Beinwell auch „Wundallheil" genannt wird.

Beinwell ist nicht nur ein Nährstofflieferant für Pflanzen oder ein Wundheilmittel, das Kraut stellt für zahlreiche Insekten zudem eine wunderbare Nektar- und Pollenquelle dar. Nach einer Untersuchung, durchgeführt von AgriLand und finanziert von der UK Insect Pollinators Initiative, rangiert Beinwell, gemessen an den von einer Blüte täglich produzierten Mikrogramm Zucker, unter den zehn bedeutendsten Nektarpflanzen.

Für bestäubende Insekten und ebenso für Gärtner ist es ein Segen, dass sich durch Rückschnitt der Pflanze ihre Blütezeit verlängern lässt. Auch andere Pflanzen, etwa *Centaurea* und *Nepeta*, lassen sich zu einer zweiten Blüte anregen, indem man sie nach der ersten zurückschneidet, Beinwell aber kann mindestens drei- bis viermal zurückgeschnitten werden, ohne dass er von Anfang Mai bis zu den ersten Herbstfrösten zu blühen aufhört.

Wer sich vorstellen kann, dieses Wunderkraut anzupflanzen, aber keinen Platz für ein ausuferndes Beet bis zu einen Meter hohen Futterbeinwells in seinem Garten hat, kann versuchen, eine der kleinwüchsigen Arten anzubauen. Kriechender Beinwell blüht offenbar auch etwas früher als die größeren Varianten, was für die später im Frühling fliegenden Wildbienen großartig ist. Ich habe häufig beobachtet, dass die Frühlings-Pelzbiene (*Anthophora plumipes*) zum Kriechenden Beinwell wechselt, sobald die Blütezeit des Lungenkrauts dem Ende zugeht.

Ungeachtet der Varietät ähneln die Blüten stets kleinen röhrenförmigen Glocken. Sie hängen büschelweise am Ende eines vielfach verzweigten Stängels und blühen der Reihe nach auf, während der eingerollte Stiel sich nach und nach entfaltet und schließlich ganz streckt. Der wildwachsende Beinwell blüht in der Regel cremig gelbweiß oder rosa-violett, aber diese Art kreuzt sich gerne, und der auf unserem Gartengrundstück wachsende Futterbeinwell – ein natürlich vorkommender Hybrid zweier Wildarten – trägt Blüten in verschiedenen Abstufungen von Rosa, Blau, Lila und Rot.

Unter den ersten Bienen, die die Pflanzen zu Beginn ihrer Blütezeit Mitte bis Ende Mai besuchen, sind die bereits erwähnten Frühlings-Pelzbienen, die Kleinen Wiesenhummeln (*Bombus pratorum*) und die Dunklen Erdhummeln (*Bombus terrestris*). Andere Arten folgen bald. Binnen weniger Wochen vibriert unser Beinwellbeet vom sanften Brummen so ziemlich jeder der sieben in unserem Garten regelmäßig vorkommenden Hummelarten, hinzu kommen Honigbienen, Schwebfliegen und Wespen.

Ich entsinne mich noch, wie überrascht und auch ein bisschen verblüfft ich war, als ich das erste Mal realisierte, wie viele verschiedene Arten bestäubender Insekten tatsächlich von diesem Gewächs angezogen werden. Ich lebte noch in Malvern und am Ende meines Gartenwegs befand sich ein Beet mit Kriechendem Beinwell, das stets von Wildbienen wimmelte. Damals war ich noch damit beschäftigt, herauszufinden, mit welchen Bienenarten ich es überhaupt zu tun hatte, und interessierte mich noch nicht so sehr für das, was sie tun, doch während ich sie fotografierte, wurde mir bewusst, dass hier irgendetwas nicht mit rechten Dingen zuging. Ich hatte noch nie so viele verschiedene Besucher an einer einzigen Pflanze gesehen.

Die glockenförmigen Blüten des Beinwells sind langgestreckt und tief, mit zusammengewachsenen Blütenblättern. Das heißt, die Öffnung der Blüte ist ziemlich eng. Mir war klar, dass die Frühlings-Pelzbiene in die Kronröhre oder Korolla gelangen und sich aus dem reichen Nektartopf bedienen konnte, denn sie besitzt einen langen Rüssel. Das Gleiche gilt auch für die Ackerhummel (*Bombus pascuorum*) und die Gartenhummel (*Bombus hortorum*), wobei Letztere unter den Wildbienen in Großbritannien und Irland einen der längsten Rüssel besitzt, der ausgestreckt bis zu fünfzehn Millimeter lang sein kann. Was aber ist mit den großen Dunklen und Hellen Erdhummeln (*Bombus terrestris* und *Bombus lucorum*), die meinen Beinwell ebenso direkt anflogen. Diese beiden Arten haben nur kurze Rüssel. Bei einer Blüte mit einer derart tiefen Korolla können sie unmöglich an den Nektar gelangen. Was also haben sie hier zu suchen?

Inzwischen bin ich nicht länger überrascht, Bienen und Hummeln mit solch unterschiedlich langen Rüsseln auf Pflanzen mit einer langen Blütenkrone zu sehen. Heute Nachmittag summen Dutzende Hummeln um unseren Beinwell auf unserem Gartengrundstück in Shaftesbury, weit mehr als ich zählen kann. Ich sehe Dunkle Erdhummeln, Kleine Wiesenhummeln, Ackerhummeln und Baumhummeln. Es gibt Honigbienen, Rostrote Mauerbienen und auch ein paar Wespen. Von all diesen Insekten sind nur die Ackerhummeln und einige Kleine Wiesenhummeln in der Lage, den Nektar so zu erreichen, wie man es erwartet, also über die Blütenöffnung. Die anderen landen an der Außenseite der Blüten und wählen eine völlig falsche Richtung, nämlich weg von der Blütenöffnung in Richtung Blütenboden, dort wo die Blüte auf dem Stängel aufsitzt. Allerdings sind diese Insekten nicht auf dem Irrweg, sie wissen genau, wohin sie krabbeln und was sie gerade tun. Und sie benehmen sich äußerst unhöflich.

Sie ignorieren die gegenseitige Beziehung, die über Jahrtausende zwischen den meisten Pflanzen und ihren Bestäubern besteht und brechen die Regeln. Sie nutzen die Großzügigkeit ihres großartigen Fürsorgers aus und plündern seinen kostbaren flüssigen Schatz, den zuckrigen Nektar, ohne im Gegenzug auch nur ein einziges Pollenkorn zu geben. Es heißt, es gibt keine Mahlzeit, die nichts kostet, aber während die Ackerhummeln die Blüten gewissenhaft durch den Eingang betreten, brechen die anderen das Gesetz. Ich sage es nicht gerne, aber sie begehen Diebstahl.

Blüten- oder *Nektarraub* ist ein verbreitetes Phänomen, wobei manche Pflanzen, darunter der Beinwell, ein häufigeres Ziel abgeben als andere. Habt ihr schon einmal kleine Löcher im Sporn eurer Akelei gesehen oder an den Blüten von Rittersporn, Fingerhut, Geißblatt, Löwenmäulchen und Feuerbohne? Diese Löcher werden von hungrigen Hummeln mit kurzen Rüsseln fabriziert. Außerstande, durch die von der Natur vorgesehene Öffnung an den Nektar zu gelangen, haben sie einen anderen Weg gefunden, die Pflanze um ihre Schätze zu erleichtern. Hat man die Absicht, einen Garten so zu bepflanzen, dass er viele verschiedene Bestäuber versorgt, sollte man darauf achten, eine große Bandbreite von Blütenformen auszuwählen – glocken- und trichterförmige, kuppel- und becherförmige oder flache –, um den verschiedenen Fähigkeiten und Rüssellängen, mit denen die Evolution die unterschiedlichen Insekten ausgestattet hat, gerecht zu werden. Doch ganz gleich, wie gut wir unsere Gärten mit verschiedenen Pflanzenarten ausstatten, manche Hummelarten können es schlicht nicht lassen, in eine Blüte, in die sie sich auf legitime Weise keinen Eintritt verschaffen können, einfach einzubrechen. Sie beißen ein Loch durch das Gewebe an der Blütenbasis, durch das sie mit ihrem kurzen Rüssel direkt an die Nektarien gelangen. Auf diesem Wege umgehen sie Staubbeutel und Narbe der Blüte, so dass keine Bestäubung stattfinden kann.

Ist die Wand der Kronröhre einmal durchstoßen, ziehen vielerlei Insekten – Hummeln, Honigbienen, Wespen und Schwebfliegen – ihren Vorteil daraus und bedienen sich. Soweit ich aus meinen Gesprächen mit Gärtnern weiß, wird zwar angenommen, dass jedes Insekt selbst seinen Weg in die Blüte beißt, aber tatsächlich sind die meisten einfach nur „Gelegenheitsdiebe" oder, anders gesagt, Plünderer. Die eigentlichen Übeltäter – diejenigen, die das Loch fabriziert haben – sind die als notorische Diebe bekannten Dunklen und Hellen Erdhummeln.

Christian Konrad Sprengel, ein deutscher Naturforscher des 18. Jahrhunderts und einer der Begründer der Blütenökologie, sagte von diesen Hummeln, sie würden an der Blume „einen Frevel verüben". Starke Worte, Herr Sprengel! Aber benehmen sich diese Insekten tatsächlich so *schlecht*? Und erleiden die Blumen, die sie ausrauben, tatsächlich einen Schaden?

Oberflächlich betrachtet sieht das Ganze für die Pflanze wie eine Verlustoperation aus, denn für die Herstellung von Nektar benötigt sie viel Energie. Dabei dürfen wir nicht vergessen, dass Nektar allein zu dem Zweck produziert wird, bestäubende Insekten anzuziehen. Die Pflanze selbst hat für den zuckrigen Schmaus keine Verwendung. Womit also soll sie, wenn ihr Nektar an Diebe verloren gegangen ist, spätere „seriöse" Besucher belohnen, deren Bewirtung unter Umständen mit einer Bestäubung vergolten worden würde? Wie vermag sie jetzt noch genügend rechtmäßige Besucher anzulocken, um Bestäubung, Befruchtung und Aussaat zuwege zu bringen? Irgendwie schafft sie es, denn andernfalls würden die am häufigsten betroffenen Pflanzen, darunter auch Beinwell, dessen Blüten in vielen Fällen ohne Ausnahme ausgeraubt werden, einfach nicht überleben. Dringt man tiefer in die Materie ein, so haben einige Studien gezeigt, dass der Nektarraub die Bestäubungsrate der Pflanzen sogar noch erhöht, denn die seriösen Blütenbesucher müssen, um den Nektar zu erreichen, tiefer in die Kronröhren vordringen, womit die Wahrscheinlichkeit, dass sie die Narbe berühren, größer wird.

Seitdem ich weiß, dass die Bienen eine Blüte nicht unbedingt durch ihre zulässige Öffnung betreten, habe ich noch von einer anderen Art des Blütendiebstahls erfahren, bei dem die Biene den Nektar stiehlt, indem sie sich zwischen Kron- oder Blütenblätter zwängt. Vor allem Honigbienen scheinen diesen Weg gerne zu wählen. Diese Art des Diebstahls ist jedoch nur möglich, wenn die Blütenblätter nicht miteinander verwachsen sind, aber auch sie umgeht die Fortpflanzungsorgane der Pflanze.

Warum allerdings bestimmte Pflanzen mit langen Kronröhren von den Dieben heimgesucht werden, während andere ungeschoren davonkommen, wundert mich. Senden manche Pflanzen vielleicht Signale aus, die anzeigen, dass sie willige Opfer oder leichte Ziele sind? Beeinflussen die Nektarräuber das Verhalten der seriösen Bestäuber? Sind Bienen auf Nahrungssuche in der Lage, ausgeraubte und unberührte Blüten zu unterscheiden? Viele glückliche Stunden habe ich damit verbracht, in unserem Garten, auf unserem Gartengrundstück und entlang der Hecken und Wege North Dorsets und anderswo zum einen die eigentlichen Räuber, aber auch die Gelegenheitsdiebe zu beobachten und versucht, Muster auszumachen. Doch die meisten meiner Beobachtungen haben weit mehr Fragen aufgeworfen als Antworten geliefert. Das ist kaum überraschend, denn soweit ich der Forschungsliteratur zu diesem Gebiet entnehmen konnte, weiß die Wissenschaft darüber bislang nur wenig.

Ich habe mich bei meinen Beobachtungen auf diejenigen Pflanzen konzentriert, die offensichtlich am häufigsten ausgeraubt werden: Beinwell, Rote Lichtnelke und Robs Acker- und Feuerbohnen. Diese Pflanzen weisen keinerlei Ähnlichkeit auf; es existiert also offenbar keine „typische" Form oder Struktur, die eine Pflanze für einen Diebstahl prädisponieren würde. Und angesichts der Üppigkeit, mit der Beinwell und Rote Lichtnelke in der Nähe unseres Hauses in Shaftesbury gedeihen, scheint weder der eine noch die andere daran Schaden zu nehmen, so attraktiv für Räuber und Gelegenheitsdiebe zu sein.

Ich vermute mal, dass noch genug Insekten auf normalem Wege versuchen, an den Nektar zu kommen, zumindest so viele, dass die

Pflanze den Diebstahl der Nektarräuber verkraften kann. Eines Tages, als ich die Räuber beobachtete, die den Futterbeinwell auf unserem Grundstück besuchten, wies mich Rob darauf hin, dass ich mich womöglich zu sehr auf jene Bienen versteift hatte, die den *Nektar* sammeln wollten. Natürlich gibt es noch andere Bienen, die die Blüten vor allem aufsuchen, um Pollen zu ernten. Wie es aussieht, findet die Bestäubung bei diesen Besuchen statt.

Hinzukommt, dass sich zumindest der Beinwell über seine Wurzeln durch Klonen vermehren kann. Er ist also nicht auf Bestäubung angewiesen, um sich fortzupflanzen. Allerdings ist das Klonen auf lange Sicht keine nachhaltige Fortpflanzungsmethode, denn die Pflanze verpasst all die Vorteile der genetischen Vielfalt, die sich der Fremdbestäubung verdanken. Da aber der Beinwell sich selbst klonen kann, vermag ich nicht einzuschätzen, wie sich die Nektarräuber auf Bestäubung und Befruchtung dieser Pflanze auswirken.

Zur Verteidigung der Hummeln und Bienen muss man sagen, wenn sie früh in der Blütezeit des Beinwells mit ihren Diebeszügen anfangen, gibt es häufig auffällig wenige adäquate Blütenpflanzen für kurzrüsselige Insekten in der Nachbarschaft. Aufgrund dieser Knappheit habe ich mich gefragt, ob die Bienen nicht aus dem gleichen Grund zu Dieben werden wie Menschen oder auch andere Tiere, wenn sie Hunger leiden. Wenn dem so sein sollte, dann gibt es in der Natur zum Glück kein Ancien Régime, und wenn die Bienen hungern, können sie die Regeln brechen, ohne befürchten zu müssen, dafür enthauptet zu werden.

Was auch immer die Insekten zu ihrem Ganovendasein verführt, sind sie erst einmal auf die leichte Art an den Nektar gekommen, kennen sie kein Halten mehr, selbst dann nicht, wenn andere für ihre kurzen Rüssel geeignetere Blütenpflanzen vorhanden sind. Was sie an Nektar in diesen langen Kronröhren gewinnen können, ist einfach zu verführerisch. Also räubern sie immer weiter und andere Sammler, die davon Wind bekommen, lernen, wie sie durch das bereits vorhandene Loch an die Futtertröge der Pflanze gelangen.

Im Falle der Roten Lichtnelke, die in unserer Gegend an Wegrainen und Hecken in Hülle und Fülle vorkommt, habe ich Gartenhummeln und Schmetterlinge beobachtet, die sich durch die aufgebissene Öffnung am Nektar laben, und wenn ich im Spätsommer und Frühherbst die Samen sammle, stoße ich nur selten auf Pflanzen, die keine Samenstände entwickelt haben. Die Roten Lichtnelken jedenfalls lassen sich durch die Diebe nicht im Geringsten stören.

So weit, so gut. Bei Robs Acker- und Feuerbohnen allerdings sieht das ganz anders aus.

Zumindest auf unserem Gartengrundstück habe ich beobachtet, dass, nachdem die Diebe ein Loch in die Bohnenblüten gebissen haben, diese nur noch von der langrüsseligen Gartenhummel (*Bombus hortorum*) auf normalem Weg besucht werden. Da die örtlichen Vorkommen der Gartenhummel im Allgemeinen kleiner sind als etwa die der Ackerhummeln, kann es durchaus sein, dass Robs Bohnen die Nektar-Diebstähle tatsächlich zu spüren bekommen.

Beim Gemüseanbau auf unserer Parzelle haben wir es nicht nur mit nektarraubenden Bienen und Hummeln zu tun, sondern mit allen möglichen anderen Herausforderungen wie Nacktschnecken, Gehäuseschnecken, Spatzen, Tauben, Mäusen, Raupen und weiß der Himmel was noch. Ich kann also verstehen, warum kommerzielle Anbauer, deren Einkommen davon abhängt, dass ihre Feldfrüchte bestäubt und in ausreichend hoher Menge geerntet werden, sich darüber ärgern, wenn sich Nektardiebe über die Blüten ihre Pflanzen hermachen. Wenn man sich aber dem ökologischen Gartenbau verschrieben hat und die Natur immer mitdenkt, dann finden sich einfallsreichere Wege als chemische Keulen, um die Blüten zu schützen. Um die Diebesbanden davon abzuhalten, den Nektar aus Robs Bohnen zu stehlen, haben wir in der Nähe eine Fläche mit Phacelia eingesät und versuchen sie damit wegzulocken.

Wie Beinwell gehört auch Phacelia zu den Pflanzen, die wir immer auf unserer Parzelle anbauen. Das Kraut zieht nicht nur alle Arten von nützlichen mit kurzen und mittellangen Rüsseln ausgestattete Insekten an, sondern ist auch ein Stickstoffbinder, das heißt es reichert den Boden mit Stickstoff an. Allerdings gibt es ein Problem: Phacelia ist so attraktiv für Bienen, Hummeln und andere Insekten, dass diese, wenn das Kraut in der Nähe wächst, nicht nur Acker- und Feuerbohnen, sondern auch andere Pflanzen, die sie normalerweise besuchen, außer Acht lassen. Deshalb säen wir nur so viel Phacelia ein, dass sie die Räuber von den Bohnen weglocken, aber nicht genug, dass sie die anderen Obst- und Gemüsepflanzen ignorieren. Wir haben kein Rezept, wie viel

117

wir genau anpflanzen; das hängt von dem Platz ab, den wir noch übrig haben und variiert von Jahr zu Jahr. Man pflanzt, was geht, und die Bienen und Insekten besuchen letztlich das, was ihnen gefällt.

Bestäubungsökologie ist eines der interessantesten Forschungsfelder, das ich kenne, und wenn ich eine Wissenschaftlerin wäre, würde ich auf diesem Gebiet arbeiten wollen. Ich bin jedoch durchaus zufrieden damit, die Bienen und Hummeln zu beobachten und von ihnen selbst zu lernen. Und seit meiner Begegnung mit der stylopisierten *Andrena nitida* würde ich sogar noch weiter gehen und behaupten, mir ist es lieber, *nicht* unbedingt auf alle meine Fragen auch Antworten zu bekommen. Ich genieße es zwar, mir aus Wissenschaftsartikeln und Bienenführern die größten Preziosen herausziehen zu können, aber ich liebe auch das Rätselhafte, zum Beispiel das besondere Verhalten einer Biene wahrzunehmen und dann nach ein paar Hinweisen zu suchen, die es erklären. Und mehr noch liebe ich das Mysterium, also all jene Dinge, die die Wissenschaft nicht zu ergründen vermag.

Wir können spekulieren, postulieren und theoretisieren, aber letztlich können wir uns nicht in die Bienen hineinversetzen. Ganz gleich wie klug wir Menschen auch sind, es gibt Aspekte im Verhalten der Bienen, die wir wohl nie verstehen werden können.

6.
DER KOPFÜBER-VOGEL

Das Alter sei bloß eine Zahl, sagt man. Meine Knie finden das nicht. Aber immerhin, sie funktionieren, und dafür bin ich wirklich dankbar. Sie mucken ein bisschen, wenn ich auf unebenem Gelände gehe oder einen Hügel hinaufsteige, und beklagen sich bitterlich, wenn der Weg zurück steil nach unten führt und ich keinen Stock bei mir habe. Doch so ist es nun einmal, wenn man älter wird. Trotz dieser kleinen Unpässlichkeiten kann ich, wenn mir danach ist, noch immer stundenlang auf dem Land spazieren gehen. Der Gedanke, nicht mehr wann und wo ich möchte zu Fuß unterwegs sein zu können, ist mir unerträglich.

Das kostbare Geschenk, noch mobil zu sein, nehme ich wahrscheinlich auch deshalb so bewusst wahr, weil ich erst kürzlich erlebt habe, wie meine körperlich völlig uneingeschränkte und unabhängige Mutter erst auf einen Gehstock, später auf eine Gehhilfe und dann einen Rollstuhl angewiesen war und in Folge erst an ihr Zimmer im Altenheim und dann an ihr Bett gefesselt blieb. Da meine Mutter einen außergewöhnlich duldsamen Charakter besaß, ertrug sie diesen Niedergang ohne Klage. Ich bezweifle, dass ich dazu fähig wäre.

Meine Mutter Isabel hatte viele Kreuze zu tragen. Zusätzlich zu ihrer fortschreitenden Bewegungsunfähigkeit litt sie an Arthritis der Wirbelsäule und Lungenfibrose, eine kräftezehrende Lungenkrankheit, die sie andauernd husten und nach Atem ringen ließ. Sie hatte zudem mit Demenz zu kämpfen und wir wussten an keinem Tag, in welchem

Zustand wir sie antreffen würden. Meine Mutter, die eine hochintelligente Frau gewesen war, bekümmerte die Demenz mehr als alle anderen Krankheiten zusammen. Vor nichts grauste ihr mehr als der Vorstellung, sie könnte ihren Verstand verlieren. Zum Glück für sie, und für uns, war sie stets imstande gewesen, Familie und Freunde zu erkennen.

Ich war ihr keine gute Pflegerin. Ich hatte mich bemüht, so sehr sogar, dass es mich innerlich zerrissen hat. Nachts liege ich noch immer wach, von Schuld geplagt, dass ich es anderen – zugegeben, weit qualifizierteren Menschen – überantwortete, ihren persönlichen und medizinischen Bedürfnissen nachzukommen, anstatt meine Mutter bei mir zuhause aufzunehmen, mich um sie zu kümmern und sie in den letzten Wochen ihres Lebens zu umsorgen. Ich tröste mich mit dem Wissen, dass ich mein Bestes getan habe. Vielleicht nicht unbedingt das Beste, was andere hätten tun können, aber mein Bestes.

Wenn ich nicht arbeitete (oder dieses Buch schrieb), verbrachte ich die meiste Zeit damit, für sie zu kämpfen und ihr das Leben leichter zu machen. Vor allem ging es darum, sicherzustellen, dass sie aß. Sie war sehr wählerisch, meine Mutter, und aß nur wenig von dem Essen, dass ihr von den Pflegekräften angeboten wurde, weshalb ich mit verschiedenen Zutaten so lange herumexperimentierte, bis ich herausgefunden hatte, was sie aß und mochte. Als sie keine feste Nahrung mehr zu sich nehmen konnte, machte ich Suppen, Smoothies und Zitronenpudding. Und als sie auch dies nicht mehr schlucken konnte, gaben wir ihr Zitronentee und schwarzen Kaffee mittels eines kleinen an einem Stiel befestigten rosa Schwamms, der aussah wie ein Lutscher. So hilft man jemandem, der nicht mehr schlucken kann, Flüssigkeiten zu sich zu nehmen.

Ich verwendete auch viel Mühe darauf, das Zimmer meiner Mutter so einzurichten, dass es sich für sie wie ein echtes Zuhause anfühlte. Überall stellten wir Familienfotos und ihre Lieblingsandenken auf, füllten es mit Bildern, Zierrat und Unmengen an Büchern. Als sie noch aktiver war, liebte sie es, Blumengestecke zusammenzustellen und freute sich nun, wenn wir frisch gepflückte Blumen mitbrachten, die ihr Zimmer mit Heiterkeit erfüllten. Sie erkundigte sich immer nach den Blumennamen und ob Rob sie selbst gezogen hatte, was meistens der Fall war. Rob unterhielt sich mit ihr über die Blumen, während ich das Zimmer hübsch machte.

Sie genoss Robs Gesellschaft. „Er ist so ein netter Mann", sagte sie zu mir, wenn er uns alleine ließ. „Ich bin so froh, dass ihr euch gefunden habt." Von ihrer Schwester, meiner Tante Anne, wusste ich, dass sie sich in ihren letzten Jahren am meisten darüber freute, wenn ich eine neue Liebe gefunden hatte und sie mich nicht mehr alleine wusste. Dass ich alleine lebte, hatte ihr schreckliche Sorgen gemacht.

Auch ich sorgte mich, dass sie alleine war. Täglich erhielt sie Anrufe von Anne, die sie mit Neuigkeiten und Tratsch versorgte und sie genoss die gelegentlichen Besuche von Freunden, aber nichts hob ihr Befinden mehr als Besuch von der Familie. Ich bin sicher, dass dies bei den meisten Menschen der Fall ist, die in Altenheimen oder alleine leben. Ich und meine Brüder Peter, David und Patrick haben sie so oft es ging besucht. Da zwei meiner Brüder damals in Übersee, in Australien und Dubai, lebten, waren ihre Besuche eine umso größere Besonderheit.

Weil ich nicht rund um die Uhr bei meiner Mutter sein und sie manchmal auch tagelang nicht besuchen konnte, baten wir wunderbare, nette Freunde, vorbeizuschauen und die Lücken zu füllen. Sie gaben ihr Reiki-Behandlungen, massierten ihre Füße, redeten, hörten zu und hielten ihre Hand. Wenn meine Brüder auf Besuch waren, halfen sie ihr, wie damals, als sie noch zuhause lebten, mit dem Logik-Kreuzworträtsel der *Times*. Donnerstag bekam sie Besuch von Diakon Michael, der im nahe gelegenen Sedgehill wohnte. Er spendete ihr die Kommunion und betete mit ihr.

Als sich ihre Gesundheit verschlechterte, zog sich meine Mutter immer mehr zurück und weigerte sich, ihr Zimmer zum Kaffeetrinken oder Abendessen zu verlassen, es sei denn, jemand, dem sie vertraute, bot an, mit ihr hinauszugehen, was sich aufgrund ihrer Gebrechlichkeit immer schwieriger gestaltete. An den Donnerstagen kam auch Joanna vorbei, die meine Mutter in der Zeit, bevor sie ins Altenheim kam, betreut hatte. Joanna half ihr beim Anziehen und beim Schminken und fuhr sie dann im Rollstuhl in die Stadt. Wenn man sie an den Tagen mit Joanna sah, wäre man nie auf den Gedanken gekommen, dass es ihr, abgesehen von ihrer offensichtlichen Gebrechlichkeit, nicht gut ging, so warm und gemütlich wie sie in ihrem hell-smaragdgrünen Filzmantel und dem farbenprächtigen Kaffe-Fassett-Schal, den sie sich in den

1980ern irgendwann selbst gestrickt hatte, eingepackt war. Und sie lächelte, sie war immer am Lächeln.

Als auch diese Ausflüge sie zu sehr erschöpften, suchte ich nach etwas, womit sie sich an den Tagen, an denen keiner von uns auf Besuch kommen konnte, zerstreuen und aufheitern konnte. Fernsehen und Radio oder auch Zeitunglesen interessierten sie nicht mehr. Auch nahm sie ihre geliebten Bücher nicht mehr zur Hand. Das machte mich besonders traurig, da sie doch eine so begeisterte Leserin gewesen war. Etwas anderes musste gefunden werden, aber was?

Die Idee, eine Futterstation für Vögel aufzustellen, hatte ich, als ich von einem vom Shropshire Wildlife Trust initiierten Projekt las, bei dem vor dem Fenster älterer und behinderter Menschen Futterspender platziert wurden, die von einem Kreis Freiwilliger regelmäßig aufgefüllt wurden. Meine Mutter und, als er noch lebte, mein Vater fanden großes Vergnügen daran, in ihrem Garten hinter dem Haus Vögel zu füttern, und bestückten ihr „Vogelhäuschen" – ein rechteckiges, auf die Spitze eines alten Zaunpfostens genageltes und schiefes Brett – mit Brotresten, Speckschwarten und Ähnlichem. Das meiste dürften sich die Ratten geholt haben, aber es kamen auch Vögel, und obwohl ich nicht unbedingt behaupten würde, dass meine Eltern „Vogelbeobachter" waren, liebten sie es, den vorbeikommenden Vögeln zuzuschauen.

Ich fühlte bei meiner Mutter vor, was sie von der Idee hielt, erzählte ihr von all den Vögeln, die die Futterspender damals zuhause bei uns besucht hatten, und schlug ihr vor, ein paar vor ihrem Fenster im Altenheim zu installieren. Sie war begeistert. Also bestellte ich eine schicke Futterstation, ausgestattet mit vier hängenden Futterspendern und zwei kleinen Platten. Dann erstand ich in der örtlichen Tierhandlung noch einen Vorrat an Samen, Nüssen und Meisenknödeln.

Die Futterstation kam bereits am nächsten Tag und Rob verlor keine Zeit, sie auf der Veranda vor ihrem Fenster aufzustellen. Es war eine gute Stelle, mit immergrünen Bäumen und einer Hecke gegenüber, die den scheueren Gartenvögeln eine perfekte Deckung bieten würden. Im Zimmer meiner Mutter stellten wir die Möbel um, damit sie die Futterstation bequem von ihrem Sessel aus sehen konnte, ohne ihren Hals recken zu müssen. Wir setzten uns hin und warteten auf die Vögel. Es kamen keine. Das war ein bisschen so, als würde man einen Wasserkessel beobachten, der nicht zu kochen beginnt. Irgendwann gingen Rob und ich nach Hause, während meine Mutter in ihrem Sessel saß, leicht nach vorne gelehnt und mit einem Extra-Kissen im Rücken, damit sie eine bessere Sicht auf die Futterstation bzw. das „Vogelhäuschen" hatte. Meine Mutter wollte sich nicht an die Ausdrücke „Futterspender" und „Futterstation" gewöhnen. Warum auch? Also blieb es beim „Vogelhäuschen".

Beim Gehen war ich sicher, dass die Vögel, wenn sie denn kamen, ihre Stimmung heben würden. Was auch geschah, und wie! Schon als wir zuhause ankamen, klingelte das Telefon. „Ich bin's, Liebes. Wollte dir nur sagen, wir haben unseren ersten Besucher – ein Rotkehlchen, glaube ich. Ich sehe ihm zu, während ich mit dir rede." Sie beschrieb mir sein Verhalten. Es saß oben auf dem Vogelhäuschen, pickte noch nicht, sondern prüfte die Lage, begutachtete seinen neuen Herrschaftsbereich.

Meine Mutter war ganz hingerissen, aber nicht nur, weil das Rotkehlchen aufgetaucht war, sondern weil sie es noch bei seinem Namen nennen konnte. Wir sagten Tschüss, aber eine halbe Stunde später klingelte das Telefon erneut. „Ich kann dir gar nicht sagen, wie viel Freude mir das macht", meinte sie. Und dann, zehn Minuten später: „Ich glaube, ich habe es verscheucht." Sie klang so enttäuscht.

„Ich bin sicher, dass es bald wieder zurückkommt", meinte ich, und tatsächlich, nur ein paar Stunden später, als wir gerade essen wollten, klingelte das Telefon. „Es ist wieder da, verjagt aber die anderen Vögel", sagte sie, „ein richtiger kleiner Despot!"

Das Vogelhäuschen war ein durchschlagender Erfolg – nicht unbedingt ein reines Vergnügen für uns, da es noch viel mehr Anrufe mit sich brachte, als wir ohnehin schon erhielten, aber eine gewaltige Freude und ein neuer Auftrieb für meine Mutter. An Weihnachten schenkten wir ihr das *RSPB Handbook of British Birds* und einer meiner Brüder besorgte ihr ein Fernglas. Wir verbrachten unzählige Stunden in ihrem Zimmer mit der Beobachtung ihrer neuen Besucher, zeigten sie ihr in dem Vogelhandbuch und erklärten ihr wieder und wieder, wie man mit dem Fernglas umgeht. Soweit wir es beurteilen können, hat sie, wenn wir weg waren, das Fernglas oder das Buch nie zur Hand genommen. „Ich könnte ein Fernglas gebrauchen und ein Buch, damit ich die Vögel besser bestimmen kann", meinte sie wiederholt. „Dann ist es ja gut, dass ich das mitgebracht habe", sagte ich dann.

Bald stellte sich heraus, dass meine Mutter außer „Rotkehlchen" alle anderen Vogelnamen vergessen hatte, Vögel, von denen ich selbstverständlich annahm, dass sie sich an sie erinnerte. Sie rief mich an, beschrieb ihre Besucher so gut, wie es ohne Brille – die sie immer wieder aufzusetzen vergaß – und ohne Fernglas eben ging, das sie mit dem Ladegerät für ihren Hörapparat und anderen Hilfsmitteln verwechselte.

Aus ihren Schilderungen konnten wir entnehmen, dass Blaumeisen und Kohlmeisen sowie eine kleine Gruppe Schwanzmeisen zu ihren regelmäßigen Besuchern zählten, aber auch einige „sehr lärmige Vögel", die in ihren Augen hätten gerne fortbleiben können. „Sie sind ja auf eine Weise ganz schön", gab sie zu, „mit ihrer gesprenkelten Brust und dem glänzend grünen Gefieder. Aber für meinen Geschmack sind sie viel zu gierig. Sie sind echte Nervensägen. Und schlimmer noch, sie scheinen die anderen Vögel fernzuhalten." *Stare*, wie wir uns dachten. Seither ist das Rotkehlchen nicht mehr der Bösewicht, der den Frieden stört.

Dann kamen die Distelfinken, und kaum zu glauben, wie diese kleinen hübschen Vögel meine Mutter bezauberten und sich in ihr Herz zwitscherten. Immer wieder schwärmte sie von ihnen, beschrieb sie und war jedes Mal entzückt von der Lebhaftigkeit ihrer Farben: die gelben Lichter auf ihren Flügeln und ihre lustigen kleinen beerenroten Gesichter. Sie hielt sie für die schönsten Vögel, die sie je gesehen hatte. „Wie Fabergé-Schmuck", sagte sie. Wir ließen das Vogelbuch auf der Distelfinken-Seite aufgeschlagen liegen, damit sie mehr über die Vögel nachlesen und sich ihren Namen merken würde. Ich glaube nicht, dass sie je einen Blick hineingeworfen hat. Sie bat mich aber, eine Postkarte mit einem Distelfinken zu besorgen, die sie an ihre Schwester Anne schicken wollte. Stolz vermerkte sie darauf, dass der Vogel auf der Vorderseite der häufigste Besucher an ihrem Vogelhäuschen sei.

Bei einem Vogel allerdings hatten wir ziemliche Mühe, ihn aus den Beschreibungen meiner Mutter zu erraten. Sie nannte ihn den Kopfüber-Vogel. Im Gegensatz zu anderen Vögeln, die immer zu zweit oder zu dritt an das Futterhäuschen kamen, beobachtete meine Mutter immer nur ein einzelnes Exemplar dieses bestimmten Vogels und er tauchte offenbar nicht allzu oft auf. Weil er immer, wie sie beharrte, kopfüber unterwegs war, war sie offenbar außerstande, ihn näher zu beschreiben. Sie wusste auch nicht, was genau er fraß, denn sie kam mit der Vorstellung nicht zurande, dass sich in den verschiedenen Futterspendern auch unterschiedliches Futter befand. Es ärgerte sie, dass wir den Vogel nicht bestimmen konnten, und uns ärgerte es auch. Wir dachten uns schon, dass sie sich den Kopfüber-Vogel nur einbildete.

Bis zu dem Tag, als er vorbeikam, während wir auf Besuch waren. Klein, gedrungen, mit einer braunrosa Brust und stahlblauer Oberseite flog er vom Baum vor Mutters Fenster direkt zu dem Futterspender mit den Nüssen. Aber anstatt sich wie die anderen Vögel aufrecht an der Seite des Futterspenders niederzulassen, umklammerte er, den Schwanz in die Höhe gereckt und kopfüber, den Draht mit seinen Füßen und begann, mit seinem langen schmalen Schnabel die Nüsse aus dem Boden des Spenders zu ziehen. Dass wir zuvor nicht darauf gekommen waren, ist mir ein Rätsel: ein Kleiber. Der Kopfüber-Vogel war ein Kleiber. Es war so offensichtlich, als wir ihn sahen. Kleiber sind für ihre Fertigkeit bekannt, mit dem Kopf nach unten und den Schwanz in die Höhe gereckt nach Futter zu suchen. *Kopfüber*.

Es ist nicht übertrieben, wenn ich sage, dass die Vogelbesucher meiner Mutter in den letzten wenigen Monaten ihres Lebens mehr Freude schenkten, als ich gedacht oder auch nur gehofft hatte. Ich wünsche mir von Herzen, dass das Programm des Shropshire Wildlife Trust, Futterspender vor die Fenster älterer und behinderter Menschen zu hängen, überall im Land durchgeführt wird. Ich habe gehört, dass der RSPB von Leuten, die niemals Mitglieder waren, eine große Zahl unerwarteter Erbschaften überschrieben bekommt. Es war mir immer ein Rätsel, warum die Menschen Vögel allen anderen lohnenswerten Aspekten der Natur vorziehen, doch inzwischen verstehe ich es.

Als sich der Zustand meiner Mutter weiter verschlechterte und sie fast nur noch schlief, wurden die täglichen Telefonate mit Anne und die Skype-Gespräche mit meinen Brüdern zu anstrengend für sie. Rob und ich gingen sie nun häufiger und länger besuchen, aber die Besuche wurden zu einer Belastung für mich. Sie in ihrem Bett liegen zu sehen, wie ein kleiner Spatz mit gebrochenen Flügeln, so schrecklich zerbrechlich und hilflos, aber noch immer irgendwie lächelnd, war mir nahezu unerträglich. Ich habe noch nie eine so große Traurigkeit erlebt und hoffe, sie nie wieder erleben zu müssen. „Du weißt doch, wie sehr ich dich liebe?", sagte ich jedes Mal, wenn sie aufwachte, in der Befürchtung, es könnte keine weitere Gelegenheit mehr dazu geben. „Natürlich weiß ich das und ich liebe dich auch", murmelte sie. Ich wünschte, ich hätte meiner Mutter nicht erst so spät in meinem Leben wirklich gesagt, dass ich sie liebe, anstatt davon auszugehen, dass sie es wusste. Aber es gibt immer etwas, das wir bedauern, und wenn nicht dies, dann eben etwas anderes.

Als es auf das Ende zuging, fragte ich sie in einer ihrer wacheren Phasen, ob sie Angst habe. Sie schüttelte den Kopf, lächelte und flüsterte „Nein", mit einer Güte und Gefasstheit in ihrer Stimme, die, wie ich wusste, allein mir zugedacht war, um mich zu beruhigen und mir zu sagen, dass sie wusste, was nun kommen würde und sich nicht ängstigte. Und sie hatte wirklich keine Angst vor dem Tod. Dass meine Mutter keine Angst hatte, lag, daran zweifle ich nicht, an ihrem Glauben. Ich bin selbst kein religiöser Mensch, aber zu sehen, wie meine Mutter bis zum Ende unerschütterlich an ihrem Glauben festhielt, war beeindruckend. Ich spürte Dankbarkeit, aber auch einen gewissen Neid. Die Stärke und der Friede, die sie aus ihrem Glauben zog, strömten aus ihrer zierlichen Gestalt und erfüllten fast spürbar ihr Zimmer.

Als sie am Ende zu schwach und zu zerbrechlich wurde, um noch das Bett verlassen zu können, stellten wir ein letztes Mal die Möbel in ihrem Zimmer um. Sie konnte kaum noch ihren Kopf drehen, weshalb wir das Bett in die Mitte des Zimmers schoben, wo sie geradeaus blickend die Bäume sehen konnte. Ein paar Monate zuvor hatten wir uns zusammengesetzt, um einen „Plan für das Lebensende" aufzuschreiben. Solche Pläne sind bei Menschen, die sterbenskrank sind oder in Pflege- und Altenheimen leben, üblich. Sie geben einem die Chance, solange man dazu noch imstande ist festzulegen, wie man sterben will, für den Fall, dass man seine Wünsche nicht mehr äußern kann, wenn die Zeit gekommen ist. Beim Schreiben des Plans sagte mir meine Mutter, sie wolle, solange sie noch bei Bewusstsein sei und es nicht zu viele Umstände mache, gerne auf Bäume sehen.

Die Tage wurden länger, und die Bäume und Hecken waren fast vollständig ergrünt. Wir konnten meine Mutter nicht mehr nach draußen bringen und brachten daher das Draußen in ihr Zimmer, füllten es mit blühenden Kirschzweigen, Frühlingsblumen und anderem Grün. Wir wickelten sie warm ein, machten die Türen zur Veranda weit auf und rollten ihr Bett so nahe wie möglich heran, damit sie den Mai in all seiner Herrlichkeit sehen und spüren konnte.

Das war nur drei Tage, bevor sie starb, was wir damals natürlich nicht wissen konnten. An jenem Tag öffneten wir die Türen, eine Brieftaube kam von dem Baum gegenüber herangeflogen und landete auf der kleinen Veranda. Sie blieb dort, pickte die von den anderen Vögeln zerstreuten Samen auf und hielt mit uns Wache bis zum Ende. Ein paar Mal tippelte sie in das Zimmer, was meine Mutter schmunzeln ließ, und hinterließ dabei eine Feder auf dem Teppich. Ich hob sie auf und gab sie meiner Mutter in die Hand. Als mein Bruder Peter kurz darauf über Skype anrief, erzählte ich ihm von der Taube und bat meine Mutter, ihm die Feder zu zeigen. Sie schaffte es, sie hochzuhalten, und als er sie fragte, woher sie wohl stamme, antwortete sie: „Von einem Engel, glaube ich."

Wir konnten meiner Mutter zwar den Wunsch, die Bäume zu sehen, bequem erfüllen. Ich kann aber kaum sagen, wie traurig es mich machte, dass ich meine Mutter nicht nach draußen bringen konnte, um ihr ein letztes Mal die Hasenglöckchen zu zeigen. Sie starb am 10. Mai, als die Hasenglöckchen in voller Blüte standen. Leider hat sie sie nicht mehr gesehen.

Der Mai war ihr Lieblingsmonat. „Ne'er cast a clout till May is out", sagte sie gerne, wobei „clout" die warmen Wintersachen bedeutet, und „May" anstatt für den Mai selbst für den im Mai blühenden Weißdorn steht. Also: „Lege niemals deine Winterkleider ab, bevor der Weißdorn blüht." Sie wunderte sich darüber, wie schnell die Bäume und Hecken ergrünten, und beinahe von einem Tag zum anderen plötzlich und herrlich von einem Schimmer gerade aufbrechender Knospen zu ganzer Pracht aufblühten. Sie liebte diesen Monat und den Wandel, der mit ihm einhergeht. So schnell erfolgen die Veränderungen, dass man heute gar nicht mehr durch die Hecke schauen kann, von der man geschworen hätte, dass sie erst gestern nur eine braungraue Masse verhakter Zweige und Dornen gewesen ist.

Zugleich mit dem Grün kommen die blauen Blumenteppiche. Als ich sieben oder acht Jahre alt war, lebten wir für ein oder zwei Jahre in Malvern. An einem Sonntag nach dem Mittagessen lud uns mein Vater auf Bitten unserer Mutter in seinen alten Volvo und wir fuhren hinaus, um die Hasenglöckchenwiesen zu sehen, die sich in voller Blüte über die Westhänge der Malvern Hills zogen. Es ist kein Wunder, dass aus den Städten und Dörfern Scharen von Menschen hinausfahren, um dieses Blütenfest zu erleben: Es ist berauschend, intensiv und unwiderstehlich. Wie das Schicksal so spielt, kam ich das erste Mal wieder in die Malverns zurück, als meine eigenen Kinder in der Grundschule waren und dann erneut in meinen späten Vierzigern. Beim zweiten Mal blickte das Fenster auf der Vorderseite meines kleinen Hauses in West Malvern direkt auf die Hasenglöckchenhänge, die wir als Kinder mit unseren Eltern aufgesucht hatten. Tief in meinem Inneren weiß ich, dass es die Malvern Hills waren, die mich in diese Gegend zurückzogen.

Nach den Hasenglöckchen stehen Kirsche, Holzapfel und Weißdorn in Blüte. Dieses Jahr bringt ihr Anblick noch andere Erinnerungen zurück, eine Straße, in der wir wohnten, deren Gehsteige von Kirsch- und Holzapfelbäumen flankiert waren. Die Blüten dieser Bäume waren rosa, ohne Weiß dazwischen. Aus der Art, wie meine Mutter diese Pracht beschrieb, lernte ich im zarten Alter von fünf Jahren, dass es so viele Rosatöne gibt, wie das Alphabet Buchstaben hat, und dass sie die allerköstlichsten Namen tragen, von blassestem Korallenrot und rosa Grapefruit über Wassermelone, Himbeere und Rosenrosa bis hin zu dem lebhaft satten Fuchsia, das meine Mutter am meisten mochte.

In unserem Haus gab es viel Rosa. Das meiste davon im Esszimmer: Vorhänge, Kerzen, die Royal-Ruby-Gläsersammlung meiner Mutter. Rosa war auch die Farbe, die meine Mutter am liebsten trug. Mindestens die Hälfte der Kleider in ihrem Kleiderschrank waren in einem rosa Farbton gehalten. Selbst die Schuhe, die sie in den letzten Lebensjahren täglich anhatte, waren rosa – ein strahlendes Fuchsia natürlich. Und sie standen ihr gut. Man konnte meine Mutter aus einem Kilometer erkennen, die ganzen 1,42, die sie groß war.

Aber die Blüte in all ihren Erscheinungen ist kurzlebig. Ein Wimpernschlag und schon hast du sie verpasst.

Die ersten Blüten fallen schon herab und die Hasenglöckchen werden bald verwelken und vom Farnkraut überwuchert. Ich muss sie unbedingt noch sehen, bevor sie verschwinden. Und tatsächlich, in den Wochen nach dem Tod meiner Mutter suche ich Trost in den Hecken und Wegen von Nord-Dorset. Ich gehe Kilometer um Kilometer. Weil ich es kann. Auf und ab wandere ich die schmalen Wege entlang und tauche in den Frühling ein.

Anfangs nehme ich nichts anderes wahr als die Grüntöne. Es gibt so viele davon: Dunkel-, Hell- und Lindgrün, Blau- und Gelbgrün, weiche und raue Grüns, scheckige, dämmrige und nächtliche. Obwohl ich losgezogen war, um die Hasenglöckchen und den Weißdorn blühen zu sehen, merke ich, dass ich kaum mehr zu sehen vermag als das Grün überall. Vielleicht habe ich Angst, die Blumen wahrzunehmen, Angst vor der Freude, mit der sie meine Trauer überlagern würden.

Doch als ich weniger schnell gehe und sich mein Puls beruhigt, beginnen sich die Farben langsam und sachte bemerkbar zu machen. Zuerst Wiesenkerbel, Lauchkraut und in den Hecken selbst der Weißdorn. Dann die große Sternmiere – Gruppen hübscher Sterne aus weißen Blütenblättern auf langen staksigen Stängeln, die mit der roten Lichtnelke (die keineswegs rot, sondern rosa ist) und den allerletzten, aber noch aufrechten Hasenglöckchen wetteifern. Ich bin froh, sie zu sehen und seufze erleichtert. Ich kann noch nicht aufhören, an meine Mutter zu denken, aber zumindest die Hasenglöckchen kann ich nun loslassen. Sie werden im kommenden Jahr wiederkehren.

Schließlich drängen die Gelbtöne in meine Wahrnehmung: Butterblume, Nelkenwurz, Rainkohl, Scharbockskraut, Goldnessel. Sie sind hell und strahlend und eine schonungslose, geradezu unmögliche Heiterkeit geht von ihnen aus.

In weit besserer Stimmung beginne ich nun auch Geräusche und Bewegungen wahrzunehmen. Das vertraute Brummen einer Hummel, wahrscheinlich einer Ackerhummel, lenkt meine Aufmerksamkeit auf die Krautschicht. Das Insekt ist an den Blüten der weißen Taubnessel zugange. Wo sonst, die mögen die Ackerhummeln am liebsten. Ich beuge mich nach unten, um besser beobachten zu können, wie sie tief in die Blüte hineinkriecht, bis ich nur noch ihren rötlich-gelben Hintern sehen kann. Ich habe bestimmt schon Hunderte Ackerhummeln sich in die Blüten der weißen Taubnessel drangen sehen, und bin doch immer wieder von dem Anblick fasziniert. In vertrauten Dingen liegt etwas seltsam Tröstendes, etwas, das uns sagt: „Alles ist gut." Ich warte, hoffe darauf, dass die Hummel noch weitere Blumen auf dem kleinen

Fleck besucht. Aber anscheinend habe ich sie entdeckt, als sie schon so weit war, in ihr Nest zurückkehren, denn plötzlich und ohne zu zögern fliegt sie kerzengerade nach oben und über die Hecke davon. Sie kennt ihren Weg offensichtlich ganz genau.

Ich stehe auf und blicke mich um. Die Sonne steht schon tief und ich bin etwas weiter gewandert als beabsichtigt. Der Weg, auf dem ich mich befinde, führt aus Shaftesbury hinaus, nach Süden, in Richtung French Mill und Melbury. Er ist nun extrem schmal geworden, mit steilen Böschungen auf beiden Seiten, deren dunkelgrüner Bewuchs das Sonnenlicht abhält. Ein Tunnel. Aber es dauert nicht lange und ich trete wieder in die offene Landschaft hinaus.

Die Hecken am Ende des Tunnels sind wild und ungepflegt, die Bäume haben allen Platz, ihre Äste wachsen zu lassen, so viel wie ein Baum, der in einer Hecke wächst, eben haben kann. Eine Bewegung auf einem Baumstamm direkt vor mir erregt meine Aufmerksamkeit. Erst glaube ich, es ist ein Eichhörnchen, das den Stamm hinunterhuscht, aber dann sehe ich die orangebraune Unterseite, den blaugrauen Rücken und den Schnabel.

Es ist ein Vogel. Ein Kopfüber-Vogel.

7.

DIE HÜTTE AM BACH

21. Mai, früh um 4 Uhr 35. Ich habe die Nacht in einer kleinen strohgedeckten Hütte oben in einem Garten in Ashbury, Oxfordshire verbracht und bin gerade von der morgendlichen Gesangskulisse aufgewacht, oder vielleicht eher geweckt worden. Die Hütte verbirgt sich inmitten hoher Bäume in einem halbwilden Gebiet und als ich die Tür öffne, um die Vögel besser hören zu können, wird mir auch langsam das Geräusch eines Bachs am unteren Ende des Gartens bewusst, der dort durch einen ehemaligen Graben für den Anbau von Brunnenkresse fließt. Ich bin zwar früher wach, als mir lieb ist, aber was für ein Start in den Tag!

Im Gegensatz zu den Vögeln hat der Bach nicht geschlafen, doch auch er singt sein eigenes Lied. Wie lässt sich das Lied eines Bachs beschreiben? Zugleich vielschichtig und doch wundervoll einfach; „augenblicksverhaftet" und doch ständig in Bewegung; ein bisschen wie ein endloser Karnevalsumzug, bei dem man je nachdem, wie, wann und wo man ihn hört, oder wie man seinen Kopf dreht, entweder den Strom in voller Länge mitbekommt oder nur einen kurzen Schnipsel einfängt, bevor er weiterzieht. Mir kommt es vor wie das Lied eines Wanderers. Ergibt das Sinn? Ich bin mir nicht sicher, möchte dem Gedanken aber noch etwas nachgehen.

Ich mache die Tür weiter auf. Der Vogelgesang hat etwas nachgelassen und ich kann mich besser auf die Hintergrundstimme des Bachs einstellen. Irgendwo muss eine Art Wasserfall sein, denn ich höre das

135

Geräusch über Felsen rauschenden Wassers, das sich in der Stille und Reglosigkeit der Nacht verstärkt. Es ist wohltuend, fast meditativ. Ich setze mich ein paar Minuten hin, und schalte den Bach mit seinem Lied in meinem Bewusstsein absichtlich ein und wieder aus. Wenn ich das Geräusch jetzt aufnehmen würde, frage ich mich, und später nochmal, würde ich einen Unterschied feststellen können? Klingt es etwa mitten in der Nacht anders als am Tag? Und im Winter anders als im Sommer? Regen in Verbindung mit Windgeschwindigkeit und Windrichtung wird sicherlich eine Veränderung bewirken, so wie eine von einem Orchester mit mehr oder weniger Geigen oder unter verschiedenen Dirigenten gespieltes Stück eine andere Färbung, ein anderes Timbre annimmt. Das Lied des Bachs klingt zu dieser Jahreszeit durch das Laub der Bäume wahrscheinlich weicher, aber im Winter, wenn die Bäume kahl sind und die Geräusche weniger gefiltert, wird es, wie ich denke, ganz anders tönen.

Ich würde alles dafür geben, an einem Ort wie diesem leben zu können, wo ich mich abends schlafen lege und morgens aufwache mit den Geräuschen und der Dynamik des Wassers im Hintergrund. Ich liebe die dynamischen Kräfte der Wellen, wenn sie in einem Sturm gegen die Felsen krachen, und die zum Greifen nahen Lebenskräfte, wenn Wasserfälle von mächtigen Höhen in die Tosbecken herabschießen. Genauso glücklich bin ich, wenn ich mit geschlossenen Augen und mit dem Rücken an einen Stein gelehnt dasitze und dem Gurgeln einer irgendwo am Hang entspringenden Quelle lausche. Das habe ich so oft schon getan, dass ich mittlerweile mit meinem inneren Ohr, sogar ohne die Augen schließen zu müssen, die Geräusche der Quellen in den Malvern Hills heraufbeschwören kann. Und wenn ich die Augen schließe, wird das Geräusch sogar noch lebhafter. Es ist seltsam, dass wir unsere Augen schließen, um etwas besser „hören" zu können und seltsamer noch, dass die Erinnerung an ein Geräusch auf diese Weise noch verstärkt werden kann.

Während ich über das Wunder der Naturgeräusche nachdenke, erinnere ich mich an einen Dokumentarfilm über den Wind, den ich vor langer Zeit gesehen habe. Der Film folgte dem Vogelbeobachter und BBC-Radioproduzenten Tim Dee „bei einer Wanderung über die weiten offenen Marschen an der Südküste des Wash, zu der er aufgebrochen war, um in einer eigenwilligen Mission den flüchtigen Klang ‚reinen'

Windes aufzuzeichnen". Die Sendung war selbst wie eine Brise frischen Winds. Anders als viele Sendungen im Mainstream-Fernsehen kam sie ohne den üblichen Schnickschnack daher: kein hochdynamischer Moderator, kein Geplänkel, kein Nonsens, kein Lärm; nur ein Mann, der durch die Marschen des Wash dem Geräusch des Windes nachging. Es gab sogar ganze Abschnitte, wo auch der Kommentar verstummte, so dass man sich selbst der Stille überlassen konnte. Es war auf so wohltuende Weise verwegen, dass mir der Atem stockte und ich an jedem Wort hing, das Tim gelegentlich äußerte, aber auch an den weitgespannten Räumen, die sich zwischen diesen Worten auftaten. Wenn es eine klangliche Entsprechung zu Negativräumen in der Kunst gibt, dann diese.

Aus meiner Träumerei kehre ich zu den Geräuschen in meiner Umgebung zurück und erkenne zugleich das Vogelgezwitscher, das ich nun höre. Es ist das Gleiche wie am gestrigen Morgen. Die gleichen Vögel, die in denselben Bäumen zur gleichen Tageszeit singen. Ich höre aufmerksam zu, filtere erst den einen Gesang, dann den anderen heraus, bis ich jedem einzelnen lauschen kann, so wie wenn man in einer Symphonie einem Instrument oder in einem vierstimmigen Chor einer Stimme folgt. Aber außer Rotkehlchen und Amsel kann ich den einzelnen Stimmen in dem Vogelchor keine Namen zuordnen. Ich singe zusammen mit ein, zwei Vögeln und versuche mir die Sequenzen und Kadenzen einzuprägen, in der Hoffnung, sie vielleicht online finden und bestimmen zu können, sobald ich am Abend wieder zuhause bin.

Ich weiß – immerhin ein Anfang –, welche es nicht sind. Ich kann mit Bestimmtheit sagen, dass es weder Buchfinken noch Fitisse sind, deren Gesang ich manchmal verwechsle. Es ist auch weder Distelfink noch Grünfink, Singdrossel, Spatz, Star oder Kuckuck dabei. Nimmt einer dieser Vögel überhaupt an einem solchen frühmorgendlichen Chor teil? Ich gebe zu, ich weiß es nicht. Mein Sohn hat mir vor Jahren zu einem Geburtstag *Collins Bird Songs & Calls* mit Begleit-CDs geschenkt, aber ich habe bislang noch keine Zeit gehabt, sie richtig anzuhören. Meine Vogelstimmenkenntnisse sind extrem rudimentär.

Dennoch habe ich an den mir bekannten Gesängen große Freude. Jedes Mal, wenn ich einen Vogel anhand seines Gesangs erkenne, habe ich das gleiche Gefühl, wie wenn ich jemanden in einer fremden Sprache sprechen höre und verstehe, worüber er oder sie spricht: Es ist der

137

Anfang einer Verbindung. Natürlich wissen die Vögel nicht, dass ich sie erkannt habe, es kümmert sie auch nicht, aber ich weiß es, und irgendwie vermittelt mir dieser Augenblick des Erkennens ein Gefühl starker Zugehörigkeit. Nach diesem Zugehörigkeitsgefühl sehne ich mich mehr als nach allem anderen, denn mit ihm geht ein Gefühl so tiefen und profunden Friedens einher, dass die Zeit stillzustehen scheint. Dann verspüre ich kein Verlangen mehr nach dem Drum und Dran und den Zerstreuungen des Alltagslebens.

Für unsere Urahnen war dieses Gefühl, dazuzugehören, wahrscheinlich etwas Selbstverständliches, und ich halte es für einen Verlust, dass es heute so selten ist. Doch angesichts des ganzen Lärms der modernen Welt ist es wenig überraschend, dass es uns so schwerfällt, der Natur zu lauschen. Könnt ihr euch vorstellen, wie es für jemanden, der bislang nur die von anderen Lebewesen – auch von seinesgleichen – verursachten Laute vernommen hat, zusammen mit den Geräuschen von Wasser, Wind und Regen, wäre, wenn er plötzlich in das London oder New York des 21. Jahrhunderts katapultiert würde, mit dem ganzen Getöse fremdartiger und misstönender Klänge? Man kann sich das kaum vorstellen. Ich denke, dass die meisten von uns einem solchen Szenario noch am nächsten kämen, wenn sie etwas über das Leben von Menschen erfahren würden, die aus ihrer Heimat vertrieben wurden. Ich erinnere mich zum Beispiel an die Reise von vier sudanesischen Geschwistern aus einem Flüchtlingslager in Kenia nach Kansas City, wie sie in dem Film *The Good Lie – Der Preis der Freiheit* geschildert wird. Man spürt geradezu, wie desorientiert sie sind, wie schwer es ihnen fällt, sich auf diese fremde Umgebung einzustellen, die sich von der Welt, in der sie aufgewachsen sind, so sehr unterscheidet.

Wahrscheinlich hätten sich unsere Urgroßeltern, wenn sie aus dem 19. ins 21. Jahrhundert katapultiert worden wären, ähnlich verwirrt gezeigt. Wenn wir zurückschauen, wie frühere Generationen gelebt haben, selbst in der nicht allzu fernen Vergangenheit, können wir uns kaum vorstellen, wie sie ohne die modernen Annehmlichkeiten und den Luxus, über den wir heute verfügen, überleben konnten. Manche, so wie ich, würden alles dafür geben, um in diese alten Zeiten zurückkehren zu können, andere würden unser Leben nicht für alles Geld der Welt eintauschen wollen. Ich will damit nicht sagen, dass wir ohne die technologischen Neuerungen auskommen sollen, die unser Dasein so angenehm gestalten, frage mich aber, ob unser Leben nicht so voller Neuerungen ist, dass wir keine Zeit und keinen Platz mehr für die Natur haben. Vielleicht leiden wir alle bis zu einem gewissen Grad an einer subtilen Form der Vertreibung.

Ich weiß so gut wie nichts über die DNA, nehme aber an, die menschliche Psyche ist so „konstruiert", dass sie am besten in einer natürlichen Umgebung lebt und gedeiht, die sich von der, in der unsere fernen Vorfahren entstanden sind, nicht allzu sehr unterscheidet. Wenn dem so ist, hat unsere DNA womöglich nicht genug Zeit gehabt, sich den rasanten Veränderungen anzupassen, die die Menschheit in den vergangenen zwei oder drei Jahrhunderten selbst herbeigeführt hat und denen wir nun gnadenlos ausgeliefert sind. Und deretwegen wir uns mit unserer Umwelt nicht mehr im Einklang befinden.

Vielleicht sind die dunklen, leeren Löcher, von denen wir reden, wenn wir uns niedergeschlagen oder deprimiert fühlen, jene Abgründe, die wir mit Schokolade, Fastfood, Alkohol, Drogen und einem Leben voller Hast auszufüllen suchen, vielleicht ist diese Leere einfach nur die Abwesenheit jener Anblicke, Gerüche und Geräusche, die in der freien Natur im Überfluss vorhanden sind. Ich weiß es nicht. Aber ich weiß, dass ich mich in dem Moment, in dem ich nach draußen gehe und die Sonne auf meinem Gesicht spüre, den Regen auf meiner Hand oder den Wind in meinen Haaren, um so vieles *lebendiger* fühle. Diese Beispiele sind Klischees, ich weiß, aber so elementar und grundlegend ist eben das Gefühl.

Wenn ich die Elemente erlebe, fühle ich mich vollständig. Das geschieht auch, wenn ich im hohen Gras einer Wiese auf dem Rücken liege, durch den Wald gehe und innehalte, um die Rinde eines alten Baums zu berühren oder meine Schuhe ausziehe, meine Zehen in den Sand grabe und hinaus ins Meer wate. Sonne, Regen, Wind und Erde machen, dass ich mich lebendig fühle.

Diejenigen von uns, die das Glück haben, einen Teil ihrer Zeit im Freien arbeiten oder leben zu können wie etwa mein Mann Rob, befinden sich häufig mehr im Einklang mit den natürlichen Rhythmen und Klängen der Erde als diejenigen, die in klimatisierten oder zentral beheizten Gebäuden ihrer Arbeit nachgehen. Rob hat, seitdem er erwachsen ist, fast sein ganzes Leben als Gärtner gearbeitet, deshalb wundert es mich nicht, dass er so viele Vögel allein an ihrem Flugbild zu erkennen vermag. Jahr für Jahr hat er das Kommen und Gehen der Vögel beobachtet, und er weiß daher, wann die unterschiedlichen Arten der Zugvögel eintreffen, wo sie ihre Nester bauen und wann ihre Jungen flügge werden. Er weiß auch, zu welchen Tageszeiten die Trupps der standorttreuen Finken und Meisen die Futterstationen aufsuchen, die er immer gut gefüllt hält. All dieses Wissen hat er fast osmotisch in sich aufgesogen, in der Art, wie kleine Kinder aus dem lernen, was um sie herum vorgeht, ohne es sich bewusst einzuprägen.

Liebend gerne würde ich die Vögel und ihr Verhalten auf so natürliche Art kennenlernen wie Rob, aber das braucht Zeit, und wie es bei neuen Freundschaften der Fall ist, muss man es langsam angehen. Ich habe große Achtung vor denjenigen, die ihr Leben leidenschaftlich der Beobachtung von Vögeln verschrieben haben und daher auf einen Blick sagen können – nur aufgrund der allgemeinen Erscheinung –, dass ein bestimmter Vogel in einer Gruppe von Meeres- und Watvögeln ein seltener und aufregender Zuwanderer aus Amerika oder dem Baltikum ist. Es fällt mir noch immer schwer, die verschiedenen Möwenarten auseinanderzuhalten, aber ich mache Fortschritte.

Einstweilen freue ich mich daran, bestimmte Bienen an ihrem Geräusch erkennen zu können. Eine Bienenart anhand ihres Summens zu identifizieren, ist nicht so einfach, wie etwa einen Vogel an seinem Gesang oder seinem Ruf zu erkennen, aber manche lassen sich durchaus voneinander unterscheiden. Die Pelzbienen zum Beispiel haben ein hohes, leicht hektisches Summen; und die Waldhummeln lassen sich vielleicht sogar leichter an ihrem überaus nervösen Surren erkennen als an ihrem Aussehen (im Englischen werden sie deshalb auch als „Schrille Hummeln" bezeichnet). Ich liebe es, in unserer Gartenparzelle zu sitzen, die Augen zu schließen und aus dem Summen um mich herum zu erraten, ob es sich bei unseren Besuchern heute um Schwebfliegen oder Hummeln handelt, und ob die Hummeln Königinnen oder Arbeiterinnen sind. Königinnen sind viel größer als Arbeiterinnen und ihr Brummen klingt viel tiefer.

Manchmal werde ich aus meinen Träumereien aufgerüttelt, dann nämlich, wenn das Summen in meiner Nähe plötzlich in eine viel höhere Tonlage umschlägt. Das heißt, dass eine meiner Hummelbesucherinnen die Tomaten entdeckt hat.

Wie eine erstaunliche Zahl anderer Blütenpflanzen produziert auch die Tomatenpflanze keinen Nektar, sondern nur Pollen, der meistens in einem äußerst schwer zugänglichen, röhrenförmigen Staubbeutel, der als *porizider* Staubbeutel bezeichnet wird, verborgen ist. Der in den poriziden Staubbeuteln dicht gepackte Pollen kann nur von Bienen freigesetzt werden, die die Kunst der Vibrationsbestäubung oder der *Beschallung* beherrschen. Honigbienen und die meisten Solitärbienen (bis auf Holzbienen und wenige andere Arten) wissen nicht, wie sie bei diesen Pflanzen an den Pollen kommen können. Hummeln allerdings wissen genau, was zu tun ist. Sobald eine Hummel auf einer entsprechenden Blüte landet, packt sie die poriziden Staubbeutel mit ihren Beinen, kontrahiert wie bei der Warmhaltung ihrer Brut ihre Flugmuskeln und lässt sie sehr rasch, in der doppelten Frequenz des normalen Flügelschlags, vibrieren. Dadurch explodiert der Pollen aus den Spitzen der Staubbeutel und die Hummel wird mit einem Puder aus nährstoffreichem Protein bedeckt.

Das Geräusch, das entsteht, wenn Hummeln Blüten beschallen, ist unverkennbar und erinnert mich an einen sirrenden Zahnarztbohrer. Vielleicht nicht so entspannend wie ihr sanftes Brummen, aber wundersam genug, wenn man bedenkt, was sich dahinter verbirgt.

Offenbar hören nicht nur Menschen oder allgemein mit Gehör ausgestattete Lebewesen die Töne von Bienen und anderen summenden Insekten. Aktuelle Forschung, basierend auf der Beobachtung von Nachtkerzen, zeigt, dass die Pflanzen selbst auf die Bienengeräusche reagieren. Nur wenige Minuten, nachdem eine Pflanze das Summen einer Biene in der Nähe vernommen hat, steigt der Zuckergehalt in ihrem Nektar um durchschnittlich 20 Prozent. Die Blumen scheinen sogar in der Lage zu sein, irrelevante Geräusche wie den Wind herauszufiltern. Das bestätigt mich darin, den Pflanzen in unserem Gewächshaus Mozart vorzuspielen. Es liegt etwas zutiefst Beruhigendes in dem geschäftigen Summen, das von Bienen ausgeht, wenn sie über einem Blumenbeet umherfliegen. Für die meisten Menschen, selbst wenn sie sich vor Stichen fürchten, zählt das Bienengesumme zu den Klängen, die sie am häufigsten mit dem Sommer assoziieren.

Was Vögel, Bienen und andere Lebewesen in einem Lebensraum an Geräuschen von sich geben, wird zusammenfassend als *Biophonie* bezeichnet. Biophonie stellt aber nur eine von drei Geräuschwelten dar, die der Mensch wahrnimmt. Die anderen beiden sind die *Geophonie*, zu der die nicht-biologischen Geräusche etwa von Wasserfällen, Wind und Regen gehören, sowie die *Anthrophonie*, die vom Menschen geschaffene Geräuschkulisse, also alles vom Kreischen der Kettensäge in einem Waldstück über Instrumentalmusik bis hin zum Straßenverkehr. Diese drei Komponenten bilden unsere *Klanglandschaft*, das vielschichtige Zusammenspiel von Hörempfindungen, denen wir ausgesetzt sind, ob wir uns nun zuhause oder am Arbeitsplatz aufhalten oder Kilometer von der nächsten menschlichen Siedlung entfernt wandern gehen.

Bei den Geräuschen, die ich beim Aufwachen in der Hütte am Bach bei Ashbury vernommen habe, handelte es sich um „wilde" Klänge, die Klangkulissen der Bio- und Geophonie. Der Vogelgesang, von dem ich aufgewacht bin, war plötzlich in mein Bewusstsein eingebrochen, und zwar so, dass ich zunächst nichts anderes vernommen habe. Mit zunehmender Wachheit und Aufmerksamkeit gelang es mir, die Stimmen der einzelnen Vögel auseinanderzuhalten. Ich bemerkte, dass im Unterholz hinter der Hütte ein kleines Tier zugange war. Meine Aufmerksamkeit galt also den Geräuschen in der Landschaft, dem über die Steine rauschenden Bach, dem Wind, der durch das Laub der Bäume fuhr.

Diese Umgebungsgeräusche stellen den *Unterton* eines Ortes dar. In einem mitten im Dorf gelegenen Zimmer wäre ich vom Verkehr geweckt worden oder den Geräuschen von sich öffnenden und schließenden Autotüren auf einem Parkplatz. Unweit meiner kleinen Hütte verlief tatsächlich eine Straße, aber irgendwie habe ich mich daran gewöhnt, solche anthrophonischen Geräusche auszufiltern. Als ich in den Malvern Hills lebte, konnte ich sogar das Geräusch von Kettensägen überhören. Ich mochte es nicht, denn es ließ mich an die Bäume denken, die gefällt wurden. Also blendete ich es aus und richtete meine Aufmerksamkeit stattdessen auf den Gesang der Lerchen.

Klanglandschaften, sogenannte Soundscapes, sind nicht nur schön und elementar; sie sind zudem bedeutsame Indikatoren dramatischer, unserem Ökosystem aufgebürdeter Veränderungen, die wir auf eigene Gefahr ignorieren. In ihrem bahnbrechenden Buch *Der stumme Frühling* warnte uns Rachel Carson vor den Gefahren von Pestiziden und ihrer Bedrohungen für Vögel und andere Wildtiere: „Wenn der Frühling naht, wird er nun in den Vereinigten Staaten in immer größeren Gebieten nicht mehr von seinen Vorboten, den zurückkehrenden Vögeln angekündigt. Wo einst am frühen Morgen der herrliche Gesang der Vögel erschallte, ist es merkwürdig still geworden."

Carson machte auf die Gefahren des damals revolutionären neuen Pestizids DDT aufmerksam, das neben anderen Ursachen in den 1950er- und 1960er-Jahren für den Zusammenbruch der Vogelpopulationen verantwortlich war. DDT wurde in den Vereinigten Staaten 1972 verboten, aber ich fürchte, dass sich die Geschichte wiederholt und wir uns rasch einer Zeit nähern, in der es heißen könnte: „Wo einst die Sommernachmittage mit dem sanften Summen der Bienen erfüllt waren, ist es merkwürdig still geworden."

Dieses Mal liegt die Schuld bei einer anderen „revolutionären" Gruppe von Pestiziden, nämlich den Neonikotinoiden (kurz Neoniks genannt). Sie kamen 1990 auf den Markt und stellen aktuell die weltweit am häufigsten eingesetzten Insektizide. Über 140 verschiedene

143

Feldfrüchte – darunter Soja, Mais, Weizen, Baumwolle, Hülsenfrüchte, Kartoffeln, Zuckerrüben, Sonnenblumen, Raps und Flachs – werden mit Neoniks behandelt.

Neoniks sind Nervengifte, die das zentrale Nervensystem der Insekten angreifen. Sie führen zu Lähmungen und schließlich zum Tod. Sie sind insbesondere zur Bekämpfung von Landwirtschaftsschädlingen wie Breitmaulrüssler, Blattlaus, Weiße Fliege, Kartoffelkäfer und Termiten entwickelt worden, aber der Schaden, den sie in den vergangenen zwei Jahrzehnten angerichtet haben, war verheerend.

Noch bis vor Kurzem konnten wir die Pestizide „sehen", denn sie wurden auf Obst oder Gemüse gesprüht. Diese Kontaktchemikalien ließen sich in der Regel leicht abwaschen. Die meisten Neoniks indessen sind unsichtbar. Sie werden zwar gelegentlich auf das Laub von Nutzpflanzen gesprüht, in der Hauptsache jedoch zur Beizung von Saatgut oder Pflanzenzwiebeln verwendet oder in Wasser gelöst dem Boden beigegeben. Es handelt sich um systemische Pestizide, das heißt die Chemikalien werden im Verlauf des Wachstums von der gesamten Pflanze – Wurzeln, Blättern, Früchten, Blüten, Pollen und Nektar – aufgenommen.

Frühere Pestizide wurden eher reaktiv angewendet, das heißt, erst nachdem in einem bestimmten Gebiet Schädlinge festgestellt wurden, viele Felder wurden also überhaupt nicht besprüht. Nach Angaben des Center for Food Safety wurden in den Vereinigten Staaten beispielsweise nur 30 Prozent der Maisanbauflächen behandelt. Im Gegensatz dazu werden die Neoniks prophylaktisch eingesetzt, was bedeutet, dass viele Feldfrüchte, darunter 80 bis 100 Prozent des US-amerikanischen Maises, aus vorbehandeltem Saatgut oder auf vorbehandelten Böden gezogen werden; die Gifte dienen lediglich als Sicherheitsvorkehrung gegen einen möglichen Befall durch den Schädling, gegen den das Pestizid gerichtet ist. Das ist ein bisschen so, als nähme man für den Fall, dass man im kommenden Dezember jemandem mit einer Atemwegsinfektion begegnet, das ganze Jahr hindurch Antibiotika.

Paradoxerweise sind die Neoniks mit der Ansage entwickelt worden, sie seien „sicherer" für Bienen und die Umwelt. Man glaubte, sie seien effektiver, als das Erntegut mit Chemikalien zu besprühen, die auf spezifische Schädlinge ausgerichtet sind, und umweltfreundlicher, da keine Notwendigkeit besteht, die Feldfrüchte mehrmals zu behandeln.

Doch leider sind ihre subletalen, also beinahe tödlichen Wirkungen nicht getestet worden, bevor man sie auf unsere Felder ausbrachte.

Weil die Neoniks wasserlöslich sind, können sie mehrere Jahre im Boden verbleiben. Nur 5 Prozent der auf den Samen aufgebrachten Menge werden tatsächlich von den Pflanzen aufgenommen. Die restlichen 95 Prozent sickern in den Boden und wandern aufgrund ihrer Löslichkeit über das Grundwasser in Bäche und andere Gewässer. Neoniks werden auch über verseuchte Böden aufgesogen, und dies nicht nur von den Ackerfrüchten, die in den Folgejahren auf den behandelten Böden angebaut werden, sondern auch von den Wildblumenrainen entlang der Felder, die eigens zur Unterstützung der bestäubenden Insekten eingesät oder stehen gelassen wurden. Feldraine und Gewässer mit Neoniks zu behandeln, war nie vorgesehen, aber da auch diese kontaminiert sind, stellen sie eine anhaltende Gefahr für eine Vielzahl von Organismen dar, darunter Bienen, Falter, Schmetterlinge, Schwebfliegen und aquatische Wirbellose. Das ist zudem mit weiteren Folgewirkungen verbunden, denn das Verschwinden der Insekten reißt für verschiedene insektenfressende Fledermäuse, Vögel und Amphibien Lücken in die Nahrungsketten.

Als die ersten Auswirkungen der Neoniks bekannt wurden, sorgte man sich vor allem um die Honigbienen. Es war die Zeit, in der auch der Völkerkollaps (CCD) auftrat, und man verdächtigte die Neoniks als eine der Hauptursachen. Seit vielen Jahren weiß man jedoch, dass auch Hummeln und andere Wirbellose betroffen sind. Diese Insektizide sind, entgegen der in den 2000er-Jahren verlautbarten Beteuerungen, für Bienen *nicht* „sicher", aus einem einfachen Grund: Wenn Bienen Pollen und Nektar für die Versorgung ihrer Brut sammeln, dann können weder sie noch ihre Larven den neurotoxischen Wirkungen entgehen.

Wissenschaftliche Befunde aus den vergangenen zehn Jahren belegen, dass Neoniks bei Bienen zu zahlreichen chronischen Symptomen führen. Sie wirken sich auf ihren Orientierungssinn aus, stören ihr Sammelverhalten und ihre Kommunikationsfähigkeit, beeinträchtigen ihr Immunsystem und mindern ihren Fortpflanzungserfolg. Und erst kürzlich wurde festgestellt, dass der bei Solitärbienen beobachtete Rückgang der Brutzellen in den Nestern womöglich mit einem erhöhten Grad an Neonikotinoid-Rückständen in Verbindung steht.

Bienen und andere Lebewesen sind in manchen Fällen auch durch mechanische Fehlfunktionen bei der Aussaat gebeizten Saatguts vergiftet worden. So sind 2008 in Deutschland Millionen Honigbienen verendet, als mit Neoniks belasteter Staub, der nicht richtig an den behandelten Maiskörnern anhaftete, aus Sämaschinen freigesetzt wurde. Ein ähnlicher Vorfall ereignete sich einige Jahre später im amerikanischen Mittelwesten.

Als wären diese Ereignisse nicht besorgniserregend genug, haben Forscher entdeckt, dass Neoniks auch Vögel vergiften. Schon fünf mit Neoniks überzogene Maiskörner, die nach dem Säen auf dem Boden liegen bleiben, können sich als tödlich erweisen, wenn ein Vogel von der Größe eines Rebhuhns sie aufnimmt. Und die Hersteller erzählen uns immer noch, dass ihre Pestizide für Bienen und die Umwelt ungefährlich seien, so wie sie uns in den 1960ern erzählten, dass DDT für Menschen unbedenklich sei. Wer weiß, was sonst noch alles von diesen neurotoxischen Pestiziden angegriffen wird.

Als Reaktion auf die möglichen letalen und subletalen Auswirkungen auf Wildtiere verbot die EU 2018 die drei am häufigsten eingesetzten Neonikotinoide Clothianidin, Imidacloprid und Thiamethoxam für die Anwendung im Freien, also auch auf Wiesen und Äckern. Andere Neoniks und neuere Generationen systemischer Insektizide sind allerdings noch erlaubt und auch die Erde für Topfpflanzen darf noch damit behandelt werden, sogar mit den ansonsten verbotenen.

Trotz der wissenschaftlichen Befunde und Hinweise haben es die EU-Mitgliedstaaten bislang verabsäumt, Tests einzuführen, die Pestizide vor ihrer Zulassung auf ihre subletale und langfristige Giftigkeit für Honigbienen und Wildbienen prüfen. Solange die Regularien für die Risikobewertung von Pestiziden nicht geändert werden, sind wir dazu verurteilt, die Geschichte, aus der wir bedauerlicherweise nichts gelernt haben, zu wiederholen.

Insekten, Wirbellose und andere kleine Lebewesen bilden das Fundament des Lebens auf dem Planeten Erde. Sie werden inzwischen zu Milliarden vernichtet: nicht allein durch Neoniks, sondern durch giftige Cocktails, bestehend aus diesen und anderen Insektiziden, Fungiziden und Herbiziden, die in ihrer Gesamtwirkung auf die Insekten mehr Schaden anrichten als durch ihre einzelnen Komponenten. Die fortgesetzte und unterschiedslose Vergiftung von Tieren und Pflanzen, und darüber hinaus von Wasser und Boden, von denen unser Leben und das aller anderen Lebewesen abhängt, ist extrem gefährlich. Der weltweite Einsatz von Neonikotinoiden und anderen Pestiziden ist in meinen Augen ein ebenso dringliches Thema wie jedes andere aktuelle Umweltproblem.

Bestimmte Kreise sind der Überzeugung, die Ernten der wichtigsten Anbauprodukte würden ausfallen, wenn Saatgut, Pflanzen und Böden nicht mit Neoniks oder anderen Pestiziden behandelt werden. Es stimmt, ich bin keine Wissenschaftlerin und auch keine Landwirtin, nur eine Person, die sich wie viele andere auch um die Pflanzen und Tiere sorgt, mit denen wir diesen Planeten teilen. Angesichts der Möglichkeit, dass die Rapsernte ausfällt, wenn Neoniks verboten werden, mag man mit einigem Recht viel Lärm schlagen, dass es aber vielleicht keine Bestäuber zur Bestäubung der Feldfrüchte mehr gibt, ist sicherlich auch keine Alternative. Man will es sich gar nicht erst vorstellen. Stattdessen müssen wir nach nachhaltigeren Wegen zur Ernährung der Welt suchen und in einem ersten Schritt unser Getreide und Gemüse ohne den prophylaktischen Einsatz von Pestiziden anbauen. Wir könnten zum Beispiel vermehrt auf den biologischen Landbau in Kleinbetrieben umsteigen. Welche Lösung sich auch immer anbietet, wir alle, Wissenschaftler, Politiker, Bauern und Konsumenten, sind dringend dazu aufgerufen, das Problem anzuerkennen und es auf die Agenda zu setzen.

In den 1960er-Jahren, als ich ein Kind war, fuhren wir öfter über die A1 nach York, um meine Großmutter zu besuchen. Ich erinnere mich, dass mein Vater regelmäßig anhalten musste, um die Windschutzscheibe zu waschen. Sie war so sehr mit toten Insekten gesprenkelt, dass die Scheibenwischer allein es nicht schafften. Ich erinnere mich auch an riesige Scharen von Vögeln, die auf den Feldern entlang der Straße den Pflügen der Bauern folgten. Heute weiß ich, dass sie die Überfülle von Würmern und anderen Organismen jagten, die von den Pflügen an die Oberfläche befördert worden waren.

Heute sind nur noch so wenige Insekten in der Luft, dass die Windschutzscheiben auf einer Fahrt von Land's End in Cornwall bis nach John o'Groats im äußersten Norden Schottlands sauber bleiben.

Und den Traktoren folgen nur noch wenige Vogeltrupps, denn in den meisten Ackerböden ist so gut wie kein Leben mehr zu finden.

Insekten sind zäh. Als Gruppe haben sie fünf große Massenaussterben überstanden. Doch der katastrophale Niedergang der Populationen, den wir gerade erleben, und das Erlöschen von Arten und ganzen Familien sind etwas anderes. Sie sind nicht von Eiszeiten oder Meteoriten verursacht. Ihre Ursache ist der Mensch.

Vor fast sechzig Jahren hat uns Rachel Carson mit ihrem weltverändernden Buch über die leidvollen Folgen des DDT-Einsatzes aufgeklärt. Noch nie war es so wichtig wie heute, dem zu lauschen, ja, wirklich zuzuhören, was die Klanglandschaften der Natur uns zu sagen haben.

8.

KUCKUCK,
KUCKUCK

Wir alle wissen, was ein Kuckuck ist, oder nicht? Der Kuckuck ist ein Vogel, der seine Eier in das Nest anderer Vögel legt und sich darauf verlässt, dass diese anderen Vogelarten seine Küken aufziehen. Ein Kuckuck legt zwischen zwölf und zweiundzwanzig Eier pro Saison, jedes in ein anderes Nest, in der Regel in Nester derjenigen Art, von der das Kuckucksweibchen aufgezogen wurde. In meinem ganzen Leben habe ich erst einen ausgewachsenen Kuckuck gesehen. Der Vogel saß auf einem Telefonmasten in Nordirland und ich war ziemlich sicher, dass es sich um einen Sperber handelte, bis er direkt über unsere Köpfe flog und ich sein Gefieder sehen konnte, das eher gestreift als gesprenkelt war. Ich habe allerdings eine ganze Menge Bilder von Kuckucksküken gesehen, die von ihren armen, viel kleineren Pflegeeltern gefüttert werden. Das Kuckucksjunge ist so viel größer als die Küken seiner Wirtsvögel, dass es kaum in das Nest passt. Oft ist es sogar größer als das Nest selbst.

Wir sehen dem Kuckuck sein freches Benehmen gerne nach, denn er ist ein Vorbote des Frühlings. Seine Ankunft aus Afrika verheißt wärmeres Wetter und Sonnenschein. Spielt es dann für uns eine Rolle, wenn sich das Kuckucksweibchen in die Nester niedlicher, aber argloser Heckenbraunellen, Wiesenpieper und Teichrohrsänger stiehlt und eines der Eier aus dem Gelege durch ein eigenes ersetzt, oder dass ihr Küken später, wenn es schlüpft, seine Adoptivgeschwister aus dem Nest wirft und alles, was die erschöpften Eltern an Nahrung ins Nest

151

bringen, für sich beansprucht? Nein, denn nur eines zählt für uns: Sobald wir den ersten Ruf eines (männlichen) Kuckucks im Jahr hören, wissen wir, dass die Welt in Ordnung ist.

Kuckucksbienen allerdings lassen sich nicht so leicht ins Herz schließen.

Der Ausdruck „Kuckucksbienen" wird auf eine Reihe verschiedener Bienen angewandt, die wie der namensgebende Vogel ihre Eier in die Nester anderer Bienen legen. Alle sind Brut- oder Kleptoparasiten. Und so wie sich die Lebenszyklen von Hummeln und Solitärbienen unterscheiden, unterscheiden sich auch die Lebenszyklen ihrer jeweiligen Kuckucke.

Kuckucksbienen stellen rund 80 der 270 in Großbritannien und Irland lebenden Solitärbienenarten. Typischerweise sind sie mit einer bestimmten Wirtsbienenart verbunden, bisweilen aber auch mit mehreren. Nicht alle Bienen müssen sich vor Kuckucksarten hüten. In Großbritannien ist zum Beispiel keine Kuckucksart für die Auen-Schenkelbiene (*Macropis europaea*) bekannt. Umgekehrt gibt es unter den bodennistenden *Andrena*-Arten nur sehr wenige, die nicht von Kuckucksarten heimgesucht werden. Die Kuckucke der bodennistenden Sandbienen gehören meistens der Gattung *Nomada* an.

Eine *Nomada*-Biene ist in der Regel an Nistplätzen zu finden, wo sie auf der Suche nach ihren Wirtsarten umherstreift. Hat sie ein entsprechendes Nest ausgemacht, lungert sie davor herum und wartet, bis die hart arbeitende Besitzerin zum Pollensammeln aus ihrem Nest kommt. Dann stiehlt sie sich in das Nest und legt dort ihre eigenen Eier ab. Das tut sie im Laufe ihres Fortpflanzungszyklus in mehreren Nestern ihrer Wirtsart. Sobald die Larven der *Nomada* ausschlüpfen, zerstören sie entweder mit ihren langen Mandibeln die Maden der Wirtsbiene oder sie fressen so viel Pollen, dass diese verhungern. Ist das Nest von einer Kuckucksbiene heimgesucht, hat die Wirtsbienenlarve, ob sie nun direkt oder indirekt angegriffen wird, keine Chance mehr.

Ich habe mich oft gefragt, warum *Nomada*-Arten meist nur mit bestimmten Wirten assoziiert sind. Die Antwort liegt offenbar in der extremen Spezialisierung, die darin besteht, dass Kuckucksbienenlarven für die Entwicklung genau die gleiche Menge und Art von Pollen benötigen wie die Wirtslarven. Die *Nomada*-Bienen und andere Kuckucksbienen haben sich in ihrer Entwicklung so sehr an ihre Wirte angepasst, dass sie keinen eigenen Apparat für das Sammeln von Pollen mehr besitzen und gar nicht mehr dazu imstande sind, ohne ihre Wirte zu leben. In den meisten Fällen sind die Kuckucksbienenarten auch sehr viel seltener als ihre Wirtsbienen.

Wenn ich auf der Suche nach bodennistenden Einsiedlerbienen (*Andrena*-Arten) bin, werde ich häufig durch *Nomada*-Kuckucksbienen auf ein Nest oder eine Nestaggregation aufmerksam gemacht. Das liegt daran, dass die Kuckucksbienen, die ihre Eier in die Nester der bodennistenden Arten legen, leicht auszumachen sind. Häufig sind sie kräftig gefärbt, meist gelb und schwarz, aber auch oft mit roten Flecken versehen und nur unauffällig behaart, wodurch sie eher kleinen Wespen ähneln als Bienen. Da die Kuckucksbienen so viel Zeit im offenen Gelände auf der Lauer liegen und auf eine Gelegenheit warten, in ein Wirtsnest zu schlüpfen, dürfte die kräftige Farbgebung dazu beitragen, sie vor ihren Fressfeinden zu schützen, die sie mit Wespen verwechseln. Aber nicht nur ihre Farbgebung erregt meine Aufmerksamkeit, sondern auch ihr Verhalten, wenn sie knapp über dem Boden hin und her fliegen und nach geeigneten Wirtsnestern suchen.

Wie ich zugeben muss, fällt es mir bei einzelnen Arten der *Nomada*-Bienen schwer, sie auseinanderzuhalten.

Am unteren Ende eines steinigen Pfads, der von der Shaftesbury Abbey steil in die Tanyard Lane hinunterführt und dann weiter bis St. James, befindet sich eine Reihe Garagen. Diese Garagen grenzen an eine alte Mauer aus Shaftesbury Greenstone, die „Bienenmauer", wie sie im Ort auch bezeichnet wird. Jeden Frühling erwacht diese Mauer zum Leben, wenn ihre Bewohner, eine große Aggregation herrlicher Frühlings-Pelzbienen, einer nach dem anderen aus ihrer Winterruhe hervorkommen. Die fuchsrot gefärbten Frühlings-Pelzbienenmännchen erscheinen zuerst, in der Regel irgendwann zwischen Mitte und Ende März – aufgrund der mit dem Klimawandel verbundenen Erwärmung auch manchmal früher. Ihnen folgen ein, zwei Wochen später die völlig schwarzen Weibchen. Die Paarung findet statt, Pollen wird gesammelt und die Weibchen machen sich daran, in der Mauer neue Nester anzulegen, indem sie aus sorgfältig aufgeschichtetem Mörtel Einzelzellen bauen. Dann schaffen sie eine genau bemessene Pollenmenge in die Zelle, legen ein Ei und versiegeln sie.

Wie andere (menschliche) Bewohner Shaftesburys auch stehe ich gerne vor der Mauer und beobachte das Kommen und Gehen. Dabei frage ich mich, wie es die nestbauenden Weibchen schaffen, mit der Aufmerksamkeit der Männchen fertig zu werden, wo sie doch nur ihre Eier legen und Pollen sammeln wollen.

Heute Morgen hat es geregnet und auf meinem Weg durch die Tanyard Lane zum Donnerstagsmarkt bemerke ich ein schnurrbärtiges Männchen, das in einer Mauerspalte Schutz gesucht hat. Vorsichtig, ich möchte es ja nicht erschrecken, gehe ich in die Hocke, um es besser betrachten zu können. Mit seiner ungewöhnlichen, offenherzig wirkenden gelben Gesichtsmaske sieht es verdammt gut aus. Frühlings-Pelzbienen bleiben nur selten für längere Zeit still sitzen, darum freue ich mich umso mehr, das Tierchen beobachten zu können. Dann aber kommt plötzlich die Sonne hervor und die Bienenmauer brummt vor Aktivitäten. Als ich mich wieder zu der Spalte umdrehe, ist das Männchen verschwunden. Stattdessen tragen jetzt die Weibchen Pollen von Beinwell, Goldlack und Lungenkraut aus der Nachbarschaft zurück.

Während ich eines beobachte, das offenbar den Eingang zu seinem Nest nicht findet, sehe ich plötzlich ein anderes Insekt, das ziemlich verdächtig genau über dem Eingang eines Pelzbienennests lauert. Eine unheilvolle Gestalt, wie sie im Buche steht: ein fast schwarzes Dunkelgrau, mit silberweißen Punkten entlang des Hinterleibs und cremeweißen Haarbüscheln an den Beinen. Gibt es bei Frühlings-Pelzbienen einen Kuckuck? Ich weiß es nicht, aber wenn, dann habe ich das starke Gefühl, dass diese Biene ein Kuckuck ist. Ich fotografiere sie und gehe schnell auf den Markt, bevor ich nach Hause eile, um vielleicht herauszufinden, womit ich es hier zu tun habe.

Zuhause schlage ich in Steven Falks *Field Guide of the Bees of Great Britain and Ireland* nach und es bestätigt sich: Meine unbekannte Biene ist, wie ich mir gedacht habe, ein Kleptoparasit der Frühlings-Pelzbiene, eine Frühlings-Trauerbiene (*Melecta albifrons*). Ich vermag jedoch nicht mit Sicherheit zu sagen, ob es sich bei dem Exemplar, das ich gesehen habe, um ein Männchen oder ein Weibchen handelte, sehen sich doch die beiden Geschlechter sehr ähnlich. Da es jedoch vor dem Nesteingang seines üblichen Wirts lauerte, nehme ich an, es war ein Weibchen.

Wie es scheint, kommt diese Kuckucksbiene „eher sporadisch und nur gelegentlich" vor, weshalb ich mich freue, sie in Shaftesbury entdeckt zu haben. Aber freue ich mich tatsächlich? Schließlich weiß ich genau, wozu sie und ihre Artgenossinnen in der Lage sind, und bin eigentlich nicht willens, ihr Verhalten gutzuheißen. Sie ist eine Brutparasitin, die auf Kosten einer Wirtsart lebt und sich fortpflanzt, deren Larven sie zerstört, damit die eigenen leben können. Sie ist nichts weniger als eine Mörderin. Nicht das erste Mal auf meiner Reise zurück zur Natur muss ich mich dazu ermahnen, einen Schritt zurückzutreten, und damit aufzuhören, wildlebende Geschöpfe so zu beurteilen, wie wir unsere Mitmenschen beurteilen. Es gibt bei Weitem mehr Frühlings-Pelzbienen als Frühlings-Trauerbienen auf der Welt. Mit diesem Gedanken im Kopf entschließe ich mich zu einer nachsichtigen Haltung gegenüber der Kleptoparasitin.

Bis weit in den Mai hinein bleibt die Bienenmauer ein Hort der Geschäftigkeit. Da sich inzwischen alle Weibchen gepaart haben und dabei sind, ihre Nester zu füllen, sind die männlichen Frühlings-Pelzbienen nirgends mehr zu sehen. Sie dürften mittlerweile alle verendet sein. Die weiblichen Bienen allerdings und auch ihre Kuckucke werden noch bis in den frühen Juni hinein ein- und ausfliegen. Ich merke, dass die Frühlings-Trauerbienen ganz versessen sind auf die Ausdauernde Ochsenzunge, die in dem Garten gegenüber der Mauer wächst. Vielleicht ist das einer der Gründe, warum in diesem Teil von Shaftesbury eine gesunde Population der Trauerbienen lebt. Wer weiß.

Ab Mitte Juni ist die Mauer still. Tief in ihrem Inneren entwickeln sich nun Hunderte Bienen. Wie groß mag wohl der Anteil der Kuckucksbienen sein?

So wie die Kuckucksbienen mit einer spezifischen Wirtsbiene (oder verschiedenen Wirtsbienen) verbunden sind, sind auch Kuckuckshummeln auf bestimmte Hummelarten spezialisiert. So okkupiert etwa die Keusche Kuckuckshummel das Nest der Dunklen Erdhummel und die Wald-Kuckuckshummel übernimmt das der Kleinen Wiesen- oder Waldhummel. In Großbritannien und Irland gibt es lediglich sechs Kuckuckshummelarten.

Es geht auf Ende Juli zu und ich kann erfreut feststellen, dass dies ein wirklich gutes Jahr für die Steinhummeln (*Bombus lapidarius*) war. Letztes Jahr habe ich so gut wie keine zu Gesicht bekommen, aber in der Stadt verteilt muss es nun eine Reihe aktiver Nester geben, denn ich habe mindestens so viele Exemplare dieser Art beobachten können wie von anderen Hummeln, wenn nicht noch mehr. Es sind bereits einige Königinnen und Drohnen unterwegs, ein deutlicher Hinweis, dass die Nester erfolgreich gewesen sind, worüber ich mich sehr freue. Zudem habe ich dieses Jahr mindestens fünf Felsenkuckuckshummeln (*Bombus rupestris*) gesehen, mehr als ich insgesamt schon zu Gesicht bekommen hatte, seitdem ich sie zu bestimmen weiß.

Weibliche Felsen-Kuckuckshummeln sind herrlich. Sie sind die größten Kuckuckshummeln in Großbritannien und sie besitzen die größte durchschnittliche Flügelspannweite von allen Hummelarten. Wie ihr Name andeutet, gleichen sie weitgehend ihren Wirtsköniginnen, den Steinhummeln, und so könnte man erwarten, dass es nicht einfach ist, sie zu unterscheiden. Doch weit gefehlt. Abgesehen von ihrem Brummen, das wie eine Kreuzung aus einem Tandemhubschrauber und einer wütenden Hornissenkönigin klingt, ist etwas an dieser Hummel, etwas an ihrem Auftreten, das sagt, ich bin *Bombus rupestris: Fürchtet euch, fürchtet euch sehr.* Wäre ich eine Steinhummelkönigin, ich hätte Angst, wirklich Angst.

Es war gegen Ende Mai, als ich die fünf Felsenkuckuckshummeln sah, drei davon am gleichen Tag im St. James Park auf Löwenzahn nach Nahrung suchend, die anderen etwa eine Woche später auf der anderen Seite der Stadt. Kuckuckshummeln sehen für mich immer so aus, als würden sie gerade einschlafen oder aufwachen. Sie haben es nie eilig, irgendwohin zu gelangen. Trifft man sie also irgendwo an, hat man gewöhnlich noch ausreichend Zeit, nach Hause zu gehen, einen Kessel Wasser aufzusetzen, eine Thermoskanne mit Tee zu füllen und die Kamera oder einen Skizzenblock einzupacken. Wenn man zurückkommt, sind sie in der Regel noch da, wahrscheinlich sogar auf derselben Blume. Diesmal war es nicht anders. Zwei von den dreien im St. James Park waren auch nach fast zwanzig Minuten noch zugegen und beide posierten wunderschön für mich; gegen das strahlende Gelb der Löwenzahnblüten sahen sie sogar noch beeindruckender aus als sonst. Wie bei der Hummel, deren Nest sie bald einzunehmen versuchen wird, sind auch bei der Felsenkuckucksbiene Kopf, Thorax und Abdomen tiefschwarz und das Hinterleibsende feuerrot. Die Flügel jedoch sind deutlich dunkler als bei ihrer Wirtshummel. Auf den ersten Blick wirken sie eher schwärzlich-braun, fängt sich aber das Sonnenlicht in ihnen, schimmern sie in dunkel leuchtenden Blau- und Violetttönen.

Abgesehen von ihrem lethargischen Verhalten und den (meist) dunkleren Flügeln, besteht der größte Unterschied zwischen Kuckuckshummeln und den echten Hummeln darin, dass Ersteren die Pollenkörbchen fehlen. Wie die Kuckucke der Solitärbienen sind auch die Kuckuckshummeln bei der Aufzucht ihrer Jungen vollständig auf andere Hummeln angewiesen und haben deshalb auch keinen eigenen Apparat zum Pollensammeln.

Kuckuckshummeln haben auch weniger Haare als echte Hummeln. An manchen Körperstellen wächst das Haar so spärlich, dass man die harte, schwarze Kutikula sehen kann, die so undurchlässig ist, als seien die Tiere mit einer Rüstung ausgestattet, was im Grunde auch zutrifft. Wie bei allen anderen Wirbellosen sind die inneren Organe der Hummeln und Bienen durch ein *Exoskelett* aus Chitin geschützt. Die äußere Hülle der sich unter dem Haarkleid abzeichnenden glänzend schwarzen Rüstung ist die *Kutikula*. Im Falle der Kuckuckshummeln ist diese hartschalige Außenhaut dicker als bei echten Hummeln und schützt entsprechend besser vor Stichen.

Zwei weitere physiologische Besonderheiten führen dazu, dass die Kuckuckshummel weniger verwundbar und besser für die Schlacht ausgerüstet sein muss. Erstens haben die echten Hummeln Spalten zwischen den Hinterleibssegmenten, aus denen sie dünne Wachsblättchen für den Nestbau absondern. Bei den weiblichen Kuckuckshummeln gibt es diese Lücken in der Panzerung nicht. Zweitens sind die Kuckucksweibchen mit stärkeren Mandibeln und längeren, stärker gebogenen Stacheln ausgerüstet als die Königinnen und Arbeiterinnen der echten Hummeln. All diese Anpassungen zusammengenommen machen die weiblichen Kuckuckshummeln zu furchterregenden Gegnern. Wenn es zum Kampf kommt, sind Opfer meistens auf der gegnerischen Seite zu beklagen.

Die Kuckuckshummeln wachen in der Regel später aus ihrem Winterschlaf auf als ihre Wirtsarten. Nachdem sie Nahrung aufgenommen und ihre Energievorräte aufgefüllt haben und sobald ihre Ovarien voll entwickelt sind, sind sie zur Eiablage bereit. In diesem Stadium kann man sie oft dabei beobachten, wie sie Grasböschungen und ähnliche Areale auf der Suche nach bereits angelegten Wirtsnestern abfliegen. Vermutlich setzen die Kuckuckshummeln ihre Fühler ein, um den von den Arbeiterinnen auf ihren Flügen zwischen dem Nest und den blühenden Futterpflanzen unwissentlich hinterlassenen Duftspuren zu folgen und so die Nester ihrer unglücklichen Wirtshummeln aufzuspüren.

Hat unsere teuflisch schlaue Kuckucksbiene ein passendes Nest gefunden, treibt sie sich oft noch eine Weile in der Nähe des Nesteingangs herum, bevor sie sich hineinstiehlt. Wenn es so weit ist, wird die Kolonie normalerweise versuchen, sie zu vertreiben. Falls sie nicht bemerkt wird, hält sie sich in einer Ecke des Nests versteckt und nimmt, während sie auf den günstigsten Moment wartet, die amtierende Königin abzusetzen, langsam den Duft des Wirtsnestes an. Sobald die Zeit gekommen ist, wird die Kuckuckshummel die echte Königin angreifen und töten oder sie unterwerfen. Dieser Angriff läuft nur selten ohne Widerstand ab und bisweilen lassen zahlreiche Arbeiterinnen bei der Verteidigung der Königin ihr Leben. Siegt die Kuckuckshummel, fegt sie durchs Nest und tötet alle vorhandenen Eier und Larven, um dann selbst einen großen Schub eigener Eier zu legen. Mit einer Kombination aus Aggressivität und Pheromonen zwingt sie die der alten Königin dienenden Arbeiterinnen unter ihre Herrschaft.

Manche Kuckuckshummeln kommen und gehen offenbar lieber als Besucher und verzichten darauf, das Wirtsnest zu übernehmen. Das konnte ich selbst beobachten, als ich einmal zu einem Nest der Kleinen Wiesenhummel gerufen wurde, das knapp, sehr knapp einem Gartenfeuer entgangen war. Ein Freund hatte schon damit begonnen, einen Haufen Gartenabfälle zu verbrennen, als er unter ein paar Blättern am Rande des Haufens ein hektisches Brummen hörte. Er hatte die Flammen schnell gelöscht, bevor größerer Schaden angerichtet wurde, aber die Hummeln waren die nächsten Tage damit beschäftigt, zu reparieren, was von ihrem nun freigelegten Nest noch übrig war. Ich beobachtete, wie sie trockene Blätter und winzige Zweige zur Bedeckung ihrer

Behausung über den Boden schleppten. Während ich ihnen bei dieser Arbeit zuschaute, bemerkte ich, wie in der Nähe eine große weibliche Kuckuckshummel landete.

Sie krabbelte nach Belieben in das Nest und wieder heraus, und kroch dabei sogar manchmal über die Königin, ohne dass diese oder ihre Arbeiterinnen von ihrer Gegenwart auch nur die leiseste Notiz nahmen. Vielleicht waren sie einfach zu beschäftigt, ihr Zuhause zu reparieren, um innezuhalten und dem Eindringling Aufmerksamkeit zu schenken. Jedenfalls schien die Kuckuckshummel keine Gefahr für sie darzustellen. Interessanterweise handelte es sich um eine Keusche Kuckuckshummel, eine Art, die eher die Nester der Dunklen Erdhummel attackiert. Was sie im Nest einer Wiesenhummel zu suchen hatte, weiß ich nicht. Aber wie es scheint, ist dieses Verhalten gar nicht so selten; womöglich hat sie das Nest einfach nur als eine Art kostenloses Bed and Breakfast benutzt.

Kuckuckshummeln produzieren keine eigenen Arbeiterinnen und sind bei der Aufzucht ihrer Jungen von den Arbeiterinnen der Kolonie abhängig. Deshalb ist der Zeitpunkt, an dem ein Angriff stattfindet, hochkritisch, wobei die Einschätzung des Entwicklungsstadiums der Kolonie zu den wichtigsten Erwägungen gehört. Gibt es zu wenig Arbeiterinnen, geht die Kuckuckshummel zwar ein geringeres Risiko ein, angegriffen zu werden, tötet sie jedoch in diesem Stadium die Königin, besteht die Gefahr, dass für die Aufzucht ihrer eigenen Brut zu wenig Wirtsbienen zur Verfügung stehen. Wartet sie hingegen, bis mehr Arbeitshummeln geschlüpft sind und es gibt zum Zeitpunkt des Angriffs zu viele davon, riskiert sie, besiegt zu werden, wenn der ganze Hummeltrupp seine Königin verteidigt. Der Erfolg der Kuckuckshummel ist keineswegs garantiert.

Gelingt es dem Kleptoparasiten jedoch, die echte Königin aus dem Feld zu schlagen, wird das Nest wohl kaum eigenen Nachwuchs produzieren können. Ausnahmen von dieser Regel treten auf, wo beide, die echte Königin und die Kuckucksbiene, es irgendwie schaffen, in einem Nest zu leben und die Arbeiterinnen beide Bruten aufziehen. Soweit ich es sehe, ist das jedoch eher ungewöhnlich. In den meisten Fällen ist die Kuckuckshummel, die nun über die Kolonie herrscht, in der Lage, Gelege mit viel mehr Eiern zu produzieren, als die verstorbene oder geschlagene Königin es konnte. Wenn die Eier der Usurpatorinnen ausschlüpfen, werden sämtliche Larven von den Arbeiterinnen der Kolonie gefüttert und aufgezogen. Zwar gibt es unter den Kuckucksjungen Männchen und Weibchen, jedoch keine Arbeiterkaste und keine „Königinnen" im engeren Sinne. Für gewöhnlich gibt es viel mehr Kuckucksmännchen als Weibchen. Die Männchen findet man häufig in kleinen Gruppen auf Blütenköpfen. Ich habe solche Ansammlungen auf der Acker-Witwenblume gesehen, auf Wiesen-Flockenblumen und verschiedenen Disteln. Und wie die weiblichen Kuckuckshummeln im St. James Park waren sie überaus lethargisch und deshalb auch sehr leicht zu beobachten.

Nach der Paarung gehen die befruchteten Weibchen in die Überwinterung. Die Männchen verschwinden und sterben noch vor Wintereintritt. Im folgenden Frühjahr kommen die weiblichen Kuckuckshummeln wieder hervor, frisch aus ihrem Winterschlaf und bereit, den Lebenszyklus von vorne beginnen zu lassen.

Vor ein paar Jahren noch hätte ich mein gesamtes Wissen über Hummeln in ein paar kurzen Sätzen zusammenfassen können, und nun rede ich von „Wirtsköniginnen", „Kleptoparasiten" und „aus Abdomenspalten abgesonderten Wachsplättchen". Was aus Sorge über den Niedergang der Bienen und Hummeln begann, hat sich zu einem überwältigenden Interesse an diesen Geschöpfen entwickelt, einer Leidenschaft, die mich sogar dazu veranlasst, mich durch Wissenschaftsartikel zu wühlen, die für mich meistens wie Kauderwelsch klingen, nur damit ich mein Wissen über diesen Aspekt der Wildbienenpopulation erweitern kann. Zugegeben, als ich das erste Mal davon hörte, wie sich Kuckucksbienen gegenüber ihren arglosen Wirtsbienen verhalten, war ich ihnen nicht gerade freundlich gesinnt. Und offenbar war ich nicht die Einzige. In F. W. L. Sladens 1912 erschienenem Buch *The Humble-Bee* ist die einer Kuckuckshummel gewidmete Zusammenfassung stark tendenziös:

Die Art, wie die … [Königin] vorgeht, um ihr entsetzliches Werk zum Erfolg zu führen, weist alle Elemente eines gerissenen Plans auf, klug erdacht und ausgeführt von einer Regentin, die nicht nur Herrin ihres Mordverbrechens ist, sondern auch weiß, wie sie es zu der für sie und ihre künftigen Kinder günstigsten Zeit begeht, wobei sie die armen Waisen, die sie geschaffen hat, dazu zwingt, ihr als Sklaven zu Willen zu sein.

Wenn man aber fragt, ob die Kuckucksbienen eine existenzielle Bedrohung für ihre Wirtsbienen darstellen, würde ich sagen, dass dies unter dem Strich nicht der Fall ist. Es ist sicherlich kein Zufall, dass das Jahr, in dem ich mehr Felsen-Kuckuckshummeln gesehen habe als jemals zuvor, auch ein Jahr war, in dem ich ihre Wirtsart, die Steinhummel, in großer Zahl beobachten konnte. Ohne eine gesunde Wirtspopulation wird es keine gesunde Kuckuckspopulation geben. Es liegt nicht im Interesse der Kuckuckshummeln, ihre Wirtsarten auszulöschen, denn ohne diese können auch sie nicht überleben. Wenn allerdings eine bestimmte Art kurz vor dem Aussterben steht, kann ich mir vorstellen, dass ein plötzliches vermehrtes Aufkommen von Kuckuckshummeln die Art erkennbar an den Rand der Existenz bringen kann. Im Übrigen hat die Natur, solange sie sich selbst überlassen bleibt, immer ein Mittel parat, eine Balance zu wahren.

9.
ÜBER SCHWÄRME
UND STICHE

Zwischen Frühlingsende und Hochsommer sind mein Posteingang, mein Mobiltelefon und die Timelines der sozialen Medien voll von Nachrichten, in denen ich wegen Bienenschwärmen um Rat gebeten werde. Da Rob Imker ist, denke ich beim Wort „Schwarm" als Erstes an den Moment, an dem eine Honigbienenkönigin, begleitet von Tausenden loyalen Arbeiterinnen, ihren Stock verlässt und nach einem geeigneten Platz zur Gründung einer neuen Kolonie sucht.

Wenn also klar ist, dass der Ratsuchende einen Honigbienenschwarm gesehen hat, rege ich in der Regel an, den örtlichen Imkerverband anzurufen, der meist jemanden schickt, um den Schwarm einzufangen. Wenn der Fragende aber in der Nähe wohnt, springt Rob oft selbst in seinen Imkeranzug, packt einen alten Weidenkorb ins Auto und sieht zu, ob er die Bienen einfangen und zu sich nach Hause bringen kann. Imker lieben nichts so sehr, als einen Schwarm Honigbienen zu bergen und ihm ein neues Zuhause zu geben. Und wenn wir einmal keinen freien Bienenstock haben, gibt es immer genügend Imker in der Nähe, die Rob nur zu gerne einen Schwarm abnehmen.

Um die Bienen fangen zu können, ist ein Behälter notwendig, der für den Transport nach Hause einen gut schließenden Deckel hat. Einen Imkeranzug braucht es hingegen nicht unbedingt, für jemanden ohne Erfahrung ist er aber ratsam. Es gibt Imker, die mit ihren Bienen arbeiten können, ohne sich selbst in irgendeiner Weise schützen zu müssen.

Die wunderbare Heidi Herrmann, Präsidentin des Natural Beekeeping Trust, hat ein Video online gestellt, in dem sie im Hochsommer einen Bienenschwarm fängt, den sie erst von Hand in einem Stülper (einem Bienenkorb aus Stroh) einsammelt, bevor sie ihn in einen ihrer leeren Stöcke schiebt – und das alles nur in leichter Sommerkleidung. Dies setzt viel Vertrauen von Seiten des Bienenfängers voraus und ist sicher nicht jedermanns Sache. Der Schwarm stammte allerdings aus einem der Bienenstöcke, die sie in ihrem Garten hält; sie kannte also die Bienen und die Bienen kannten sie.

Heidis Umgang mit Bienen war nicht immer so unbefangen. Als sie vor zwanzig Jahren mit der Imkerei startete, war ihre Angst, gestochen zu werden, das erste Hindernis, das sie überwinden musste. Langsam ging sie dazu über, den einen oder anderen Schutz, etwa Handschuhe oder Schleier, wegzulassen, bis sie schließlich so weit war, einen Bienenstock ohne jegliche Schutzvorkehrung zu öffnen. Diesen Moment beschreibt sie als „einen Moment der Eintracht".

Rob trägt lieber einen Anzug, besonders wenn er es mit Bienen unbekannter Herkunft zu tun hat.

Schwärmende Honigbienen haben eigentlich eine geringere Neigung zu stechen als sonst. Das verdankt sich dem Umstand, dass sie sich vor dem Schwärmen mit Honig vollschlagen, was sie gutmütiger macht als gewöhnlich. Sie sind zudem so vollgefressen und ihr Honigmagen ist so überdehnt, dass sie ihren Hinterleib für den Stechvorgang nicht mehr so leicht einrollen können.

Manche Schwärme lassen sich leichter einsammeln als andere; sie können einfach vorsichtig in einen Behälter gefegt oder geschüttelt werden. Gelegentlich werden auch Leitern oder Schraubenzieher und anderes Werkzeug benötigt, etwa wenn sich der Schwarm in einem Taubenschlag oder unter einigen Holzbrettern niedergelassen hat.

Der schwierigste Fall, mit dem Rob vor ein paar Jahren zu tun hatte, war kein Schwarm, sondern ein wildes Bienenvolk, das sich zwischen der inneren und äußeren Wand des Gemeindehauses in Sutton Waldron eingerichtet hatte. Der zuständige Ausschuss hatte bereits andere Imker in der Gegend um Hilfe gebeten, aber keiner wollte die Aufgabe übernehmen, wahrscheinlich, weil eine erste Inspektion schnell ergeben hatte, dass die äußere hölzerne Verschalung des Hauses komplett hätte abgenommen werden müssen, um an das Volk zu gelangen. Das hätte extrem viel Zeit gekostet, und ob man die Königin hätte fangen können – was für das Überleben der Kolonie unabdingbar ist –, wäre keineswegs garantiert gewesen. Immer mehr Arbeiterinnen flogen in dem Gebäude ein und aus, und da der Raum regelmäßig für Gemeindeaktivitäten benutzt wurde (darunter von einer Mutter-Kind-Gruppe), hatte der Ausschuss nach einigem Zögern beschlossen, die Bienen zu vernichten, sollten sie sich nicht entfernen lassen. Rob war die letzte Hoffnung.

Rob liebt nichts so sehr wie eine Herausforderung, also entfernte er vier Wochen lang Stück für Stück und überaus behutsam die äußere Verschalung des Gebäudes und legte schließlich eine riesige Honigwabe frei, die sich über mehrere Querbalken bis hinauf ins Dach erstreckte. Das Bienenvolk musste dort schon eine ganze Weile gelebt haben und war so groß geworden, dass es in dem Wandzwischenraum keinen Platz mehr hatte. Deshalb fühlten sich die Leute auch zunehmend von den Bienen behelligt.

Rob war schnell klar geworden, dass die Kolonie aufgrund ihrer Größe in zwei Teilen entfernt werden musste. Da zwar warmes, aber nasses Wetter herrschte, hatte er für seine Arbeit eine Plane an der Seite des Gebäudes befestigt, um die freigelegte Wabe zu schützen, wenn er nicht da war. An einem Samstagabend war für die nächsten Stunden Sturm und starker Regen angekündigt und Rob blieb nichts anderes mehr übrig, als die nun leicht erreichbaren Bienen zu entfernen und darauf zu setzen, dass er dabei auch die Königin erwischen würde. Mit Unterstützung eines Helfers aus dem Dorf nahm er ein Messer, schnitt den freigelegten Teil der Wabe komplett mit Brutzellen und Tausenden Arbeiterinnen ab und ließ das Ganze in einen Karton plumpsen.

Erst, als er die Wabe abschnitt, konnte er sehen, dass die Bienen ihre Kolonie um die Nägel herum gebaut hatten, mit denen die Außenhülle des Gemeindehauses an der Innenstruktur befestigt war. Als die Stücke, die nicht an den Nägeln hingen, in den Karton fielen, schwante ihm, dass sich die Königin wahrscheinlich in der eng zusammengeballten Bienentraube befand, die es geschafft hatte, während seiner Arbeit hinauf ins Dach zu wandern.

Rob ist niemand, der leicht aufgibt. Im Wettlauf gegen die Zeit bastelte er eine Kiste und schob sie über die Wabe, die noch aus dem

Hohlraum im Dach herausragte, und ließ sie dort über Nacht. Er hoffte, die Königin und die Arbeiterinnen, die er noch nicht eingefangen hatte, würden zurück zu dem Wabenteil krabbeln, das noch an der Wand hing, nun aber auch in seiner improvisierten Kiste steckte.

Spät am nächsten Abend kehrten wir zurück, um die verbliebene Wabe in der gebastelten Kiste von der Wand zu lösen. Diese letzte Phase der Rettung – denn darum handelte es sich inzwischen – wurde im strömenden Regen, aber mit großer Präzision ausgeführt. Kurz vor Mitternacht machten wir uns wieder auf den Heimweg, erschöpft aber glücklich, im Kofferraum zwei Kartons mit Tausenden Bienen und riesigen Stücken Honigwaben.

Zuhause angekommen, kippte Rob den Inhalt der beiden Kisten in einen leeren Oberträger-Bienenkasten und verschloss ihn mit einem Deckel. Erst am nächsten Tag, an dem wir noch einmal zum Gemeindehaus zurückkehren wollten, um ein paar Nachzügler einzusammeln, würde sich herausstellen, ob die Rettung erfolgreich war oder nicht. Zum Glück konnte Rob, als er die Leiter in das Dach hochstieg, kein Anzeichen einer auch nur annähernd traubenartigen Bienenansammlung entdecken, lediglich kaum eine Handvoll verstörter, orientierungsloser Bienen. Was für eine Erleichterung. Alles deutete darauf hin, dass es ihm gelungen war, die Königin und so gut wie alle Arbeiterinnen der Kolonie einzufangen, und auch fast alle Waben zu ergattern – auf den letzten Drücker, denn an diesem Nachmittag erreichte das angekündigte stürmische Wetter seinen Höhepunkt.

––––––––

Drei Jahre später nennen wir diese Kolonie, die trotz aller Widrigkeiten überlebt hat, unsere Gemeindehausbienen. Sie haben sich gut an ihr neues Zuhause angepasst und selbst mindestens zwei neue Schwärme gebildet. Sie sind uns besonders ans Herz gewachsen.

Nicht alle Schwärme in der Schwarmsaison sind Honigbienen. Wenn von Bienen berichtet wird, die um den Eingang eines Vogelkastens schwärmen, oder unter der Dachtraufe, und wenn der Schwarm anstatt aus tausenden anscheinend nur aus zehn Individuen besteht, handelt es sich aller Wahrscheinlichkeit nach um Baumhummeln.

Baumhummeln (*Bombus hypnorum*) sind sozusagen neu im Viertel. Es ist nicht ganz klar, wie diese Art, die im übrigen Europa und in Teilen Asiens bereits weitverbreitet ist, nach Großbritannien und Irland gelangte. Man nimmt an, dass die Hummeln mit dem Wind über den Ärmelkanal getragen wurden oder als überwinternde Königinnen in der Erde importierter Pflanzen auf die Inseln kamen. Wie auch immer, seit ihrer erstmaligen Sichtung im New Forest im Jahr 2001 haben sie sich rasant ausgebreitet.

Dies geschah so rasch, dass sich ihr Verbreitungsgebiet mittlerweile im Norden bis nach Schottland und über die Irische See nach Westen erstreckt. Ihr Vordringen wird von der BWARS überwacht und bis jetzt scheinen die Neuankömmlinge unsere einheimischen Arten nicht zu beeinträchtigen; sie werden daher nicht als invasive Art eingestuft. Die Blaumeisen, für deren Nistkästen die Hummeln offenbar eine besondere Vorliebe entwickelt haben, mögen dem vielleicht widersprechen, vor allem aber jene Vögel, die in den Anfangsstadien ihres Nestbaus von einer Baumhummelkönigin auf der Suche nach einem Platz für eine neue Kolonie vertrieben werden.

Der Erfolg der Baumhummel in einer Zeit, in der andere Hummelarten um ihr Überleben kämpfen, verdankt sich offenbar ihrer einzigartigen Nistweise. Die meisten Hummeln legen ihre Nester in oder auf dem Boden an, häufig in verlassenen Mäusenestern, unter Komposthaufen oder in dichten Grasbüscheln, Baumhummeln jedoch wählen Baumhöhlen (daher ihr Name) oder Vogelkästen, vornehmlich solche, in denen schon einmal Vögel genistet haben. Da wir Briten eine Nation von Vogelliebhabern sind und kein Gärtner, der etwas auf sich hält, nicht mindestens einen Vogelkasten in seinem Garten hat, besteht für diese opportunistische Art kein Mangel an geeigneten Nistplätzen.

Auch von anderen Hummeln und Bienen ist hinsichtlich dieser ungewöhnlichen Nistplätze keine große Konkurrenz zu erwarten. Kein Wunder also, dass es den Baumhummeln so gut geht. In Wirklichkeit mögen sie nicht nur Vogelkästen. Die Art brütet regelmäßig unter Dachtraufen und in anderen menschengemachten Hohlräumen, etwa in den Entlüftungsrohren von Wäschetrocknern oder in Briefkästen. Diese so leicht zu findenden Plätze haben jedoch den Nachteil, dass die Baumhummeln dort besonders anfällig sind für Angriffe durch Wachsmottenraupen.

Da die Nester der Baumhummeln oft auf Augenhöhe oder höher liegen, sind sie auch für uns leicht zu finden. Vor ein paar Jahren beobachtete ich fasziniert, wie in Dianas Garten eine Baumhummelkönigin ein Nest in einer alten Kanone baute, die zuvor einer Familie von Kohlmeisen als Behausung gedient hatte. Im selben Sommer zeigte uns David auf seiner in der Nähe gelegenen Berrybrook Farm in Sedgehill eine höchst aktive Kolonie dieser Hummeln in einem alten, an der Seite seines Jauchewagens versteckten Mäusenest.

Erstaunlich dabei ist, dass David während des dreimonatigen Bestands der Kolonie zweimal die Woche mit dem Tank auf die Felder fuhr, um Jauche auszubringen und ihn abends genau am gleichen Platz wieder abstellte, hinter dem Gatter eines auf der anderen Straßenseite seines Hofes liegenden Felds. Für die Arbeiterinnen muss es verwirrend gewesen sein, vom Futtersammeln, beladen mit Pollen und Nektar, zurückzukehren und zeitweise ihre Behausung nicht mehr vorzufinden!

Am meisten an der Geschichte über diese Kolonie liebe ich, dass David, obwohl er ein- oder zweimal gestochen worden war, als er den Jauchewagen an den Traktor koppelte, nicht auf den Gedanken kam, die Hummeln aus ihrer Behausung zu jagen. „Leben und leben lassen" – wenn sich doch nur mehr Menschen diese Haltung Davids zu eigen machen würden.

Abgesehen von den ins Auge fallenden Anhaltspunkten bei ihrer Nestwahl, gehören die Baumhummeln zu den Hummeln, die man dem Aussehen nach am leichtesten bestimmen kann. Sie besitzen eine unverkennbare Bänderung, die, fast wie eine Trikolore, aus einem fuchsroten Thorax, einem schwarzen Abdomen und einem schneeweißen Hinterleibsende besteht. Bei dem fuchsroten Thorax besteht oft der Anschein, als habe er eine leicht kahle Stelle in seiner Mitte. Anders als bei anderen Hummelarten unterscheiden sich die Königinnen, Arbeiterinnen und Drohnen in ihrem Aussehen kaum, was es nicht leicht macht, sie auf den ersten Blick auseinanderzuhalten. Allerdings sind die Königinnen etwas größer.

Obwohl ich davon gesprochen habe, dass die Baumhummeln leicht zu identifizieren sind, muss ich doch einräumen, dass bei ihnen gelegentlich Varianten und Abweichungen vorkommen. Manche sind fast vollständig schwarz, andere zum größten Teil, aber mit einem weißen

Hinterleibsende. Dieses Jahr habe ich in einer Ringelblume auf unserer Parzelle ein völlig schwarzes Männchen entdeckt. Das heißt, ich dachte zunächst, es sei ein Männchen und ermutigte es, auf meine Hand zu klettern, um es besser in Augenschein nehmen zu können. Erst später, als ich ein Foto auf Twitter gepostet hatte und mich Steven Falk darauf hinwies, dass das angebliche Männchen in Wahrheit ein Weibchen sei, erkannte ich meinen Fehler. Hätte ich dies gleich gewusst, wäre ich wohl weniger hochmütig gewesen.

Die Ringelblume gehört nicht unbedingt zu den Pflanzen, die ich ohne Weiteres mit Baumhummeln in Zusammenhang bringe, auch wenn ich schon andere kurzrüsselige Arten auf ihr beobachtet habe. Baumhummeln bevorzugen eher Pflanzen aus der Familie der Rosengewächse wie Brombeeren, Himbeeren und Zwergmispeln. Sie mögen auch Blüten, die nach unten hängen, wie Heidekraut, Schneebeeren und Wachsblumen (Cerinthen). Die Pflanze allerdings, die sie auf unserer Parzelle am meisten mögen, ist der Beinwell.

Wenn sich herausstellt, dass es sich bei dem Schwarm, dessentwegen man mich kontaktiert hat, um eine Baumhummelkolonie handelt, versuche ich mit allen Mitteln, mein Gegenüber davon zu überzeugen, ihn einfach in Ruhe zu lassen. Denn wenn eine Kolonie das Stadium erreicht hat, dass man von einem Schwarm reden kann, muss das Nest schon einige Monate lang bestehen. Der plötzliche Aktivitätsschub weist darauf hin, dass die Kolonie Tochterköniginnen hervorgebracht hat. Die frisch geschlüpften Königinnen locken mit einem Duft oder Pheromonen sämtliche Männchen in einem Umkreis von mehreren Kilometern an. Diese in der Regel aus anderen Nestern stammenden Drohnen versammeln sich vor dem Nest, tanzen aufgeregt um den Eingang herum und stoßen auch schon einmal zusammen. Sie warten darauf, dass die Jungköniginnen herauskommen und erwecken den Eindruck eines Schwarms.

Wichtig ist zu wissen, dass diese Paarungspräliminarien nicht lange dauern – ein paar Tage vielleicht, und gewiss nicht länger als eine Woche. Wenn das Leben ohne Störung seinen Lauf nimmt und vor allem kein Schädlingsbekämpfer eingreift, werden die Tochterköniginnen schon bald das Nest verlassen. Sobald dies geschieht, stürzen sich die Drohnen auf sie und die Paarung findet statt. In Großbritannien und

169

Irland ist die Baumhummel die einzige verbreitete Hummelart, bei der die Männchen diese Taktik anwenden und nicht in Trupps an einem „Balzplatz" auf die Königinnen warten.

Ich frage mich, ob diese Taktik genau deshalb gewählt wird, weil die Art gewöhnlich in Baumhöhlen und dergleichen nistet. Hummeln, die im Boden nisten – manchmal in bis zu fünf Meter langen Tunneln –, dürften es, angesichts der Bodenschichten, durch die sie und ihre Pheromone von der Welt draußen getrennt sind, weit schwerer haben. Oder geben die Baumhummelköniginnen einfach stärkere Pheromone ab? Im Gegensatz zu anderen Hummelarten auf den Inseln sind die Baumhummeln polyandrisch, das heißt sie paaren sich meist mehrmals. Von allen britischen Hummeln haben sie zudem die kürzeste Kopulationszeit.

Haben die Königinnen die Paarung hinter sich, fressen sie sich, wie die anderer Hummeln auch, mit Nektar voll und überwintern dann bis zeitig im nächsten Frühjahr. Die alte Königin sowie sämtliche Arbeiterinnen und die tanzenden und schubsenden Drohnen werden nun höchstens noch ein paar Wochen am Leben bleiben. Wenn man also einen „Schwarm" Baumhummeln zu Gesicht bekommt, sollte man die Zeit genießen und sich daran erfreuen, dass man diesen hochinteressanten Tierchen ein Zuhause gewährt, in dem sie ihren Lebenszyklus vollenden können.

Zum Schluss soll allerdings noch eine Warnung ausgesprochen werden. Die Wächterinnen unter den Arbeiterinnen sind in diesem letzten Stadium des Nestzyklus überaus alarmiert und können schon einmal etwas defensiver (gelegentlich sogar aggressiver) reagieren als üblich, um ihre Jungköniginnen zu beschützen, und zwar nicht nur vor potentiellen Fressfeinden, sondern auch, bevor diese bereit sind, die Kolonie zu verlassen und sich aus eigenem Willen zu paaren, vor der unerwünschten Aufmerksamkeit der Männchen. Ich würde raten, Abstand zu halten, solange die Männchen vor den Baumhummelnestern tanzen. Ich spreche aus leidvoller Erfahrung. Einmal bin ich auf eine aktive Baumhummelkolonie gestoßen, die an den Ufern des Severn in Worcestershire in einer Höhlung eines alten Holunders nistete. Das war kurz nach dem ersten Auftreten der Art in England und für mich daher sehr aufregend. Um den Moment einzufangen, begann ich ein kurzes Video zu drehen. „Dies ist ein Baumhummelnest", startete ich,

„wie man sehen kann, sind diese Hummeln keineswegs angriffslustig. Offenbar fühlen sie sich durch meine Gegenwart überhaupt nicht gestört." Genau in diesem Moment prallte eine heimkehrende Arbeiterin auf meinen Kopf und verfing sich in meinen Haaren.

Meine Reaktion fiel alles andere als besonnen aus, wie ich beschämt zugeben muss; ich habe meinen Kopf geschüttelt und mich ziemlich aufgeregt verhalten. Dies muss die Wächterinnen alarmiert haben, die mit wütendem Summen direkt auf mich zugeflogen kamen, während ich so schnell ich konnte von dem Nest wegrannte. Trotzdem jagten sie mir nach und ich wurde schließlich zweimal ins Ohr gestochen. Das Ganze endete mit einem Blumenkohlohr, das jeden Rugbyspieler stolz gemacht hätte. Im Nachhinein aber muss ich sagen, dass ich es verdient habe, von den Hummeln gestochen zu werden. Ich hätte mehr Rücksicht auf ihr Nest und ihren Lebenszyklus nehmen sollen und mir hätte eigentlich bewusst sein müssen, dass ich in der Flugbahn der ein- und ausfliegenden Nahrungssammlerinnen stehe. Die Wächterinnen haben nur ihren Job gemacht und ihre Schwester verteidigt, die vermutlich, als sie sich in meinem Haar verfing, Stresssignale ausgesendet hat. Hätte ich nicht so töricht reagiert, wäre ich wahrscheinlich auch nicht gestochen worden. Ich brauche wohl kaum zu erwähnen, dass ich das betreffende Video nicht auf YouTube hochgeladen habe.

Eine Biene sticht nur in seltenen Fällen, ohne dass sie zuvor provoziert wurde. Die meisten Bienenarten stechen nicht oder können überhaupt nicht stechen. Hummeln sind normalerweise sehr friedfertige, sanftmütige Kreaturen. Ja, die Weibchen sind mit einem Stachel ausgestattet, sie benutzen ihn aber nur, wenn sie unbedingt müssen, haben sie doch weit Wichtigeres zu tun, als herumzufliegen und Menschen zu stechen. Damit eine Hummel sticht, muss man sich normalerweise schon auf sie setzen, ihr Nest aufstören oder einen Fuß in einen Stiefel stecken, in dem sie sich versteckt hat – und selbst dann geschieht das Ganze nur zur Verteidigung.

Es ist eine verbreitete Annahme, dass Bienen nach dem Stechen sterben. Das trifft zwar auf Honigbienen zu, nicht aber auf Hummeln. Ihre Stacheln gleichen glücklicherweise eher Nadeln, und können deshalb leichter wieder aus der Haut herausgezogen werden. Sollte sich eine Hummel durch eure Gegenwart angegriffen fühlen, wird sie freundlich signalisieren, dass ihr bereits zu nahe seid und die Toleranzschwelle überschritten habt und dass ihr doch bitte weggehen sollt. Dabei hebt sie eines ihrer mittleren Beine in die Luft, als würde sie winken.

Geht man dann einen Schritt zurück, beruhigt sich die Hummel und senkt das Bein wieder. Wenn man sich aber noch mehr nähert und sie sich damit unwohl fühlt, wird sie ein anderes Bein in die Luft heben. Kommt man trotz dieser Warnung noch näher, wird sie beide Beine vertikal anheben und sich dann auf den Rücken legen, um ihren Stachel zu präsentieren. Dieses Abwehrverhalten führt nur selten dazu, dass die Hummel tatsächlich zusticht – vielmehr bedeutet es, dass ihre Energievorräte erschöpft sind, dass sie nicht davonfliegen kann und es ihr am liebsten wäre, wenn man so bald wie möglich aus ihrer Sphäre verschwände. Die männlichen Hummeln zeigen die gleiche Abwehrreaktion wie die Weibchen, es ist aber alles nur Bluff, weil sie gar keinen Stachel besitzen.

Die Arbeiterinnen der Honigbiene sind mit einem Stachel ausgerüstet, den sie einsetzen, wenn sie glauben, ihre Honigspeicher oder ihre Königin seien in Gefahr. Sie versuchen sich mit ihrem Stachel zu wehren, wenn sie ihr Leben bedroht glauben, zum Beispiel, weil man auf sie tritt oder sich auf sie setzt. Anders als der Stachel der Hummel ist der Stachel der Honigbiene mit kleinen Widerhaken versehen und bleibt in der Haut stecken, wenn man gestochen worden ist. Wenn die Biene von der Stichstelle wegzufliegen versucht, werden ihr Stachel und ihre Eingeweide herausgezogen, so dass das unglückliche Tierchen, wenn man es nicht rasch und ohne den Stachel zu beschädigen entfernt, sterben wird. Honigbienenköniginnen indessen sind zu wiederholten Stichen in der Lage, da sie aber fast ihr ganzes Leben im Bienenstock verbringen, ist es eher unwahrscheinlich, auf eine zu treffen. Die Drohnen der Honigbienen besitzen wie die Männchen aller Bienenarten keinen Stachel.

Erwähnenswert ist auch, dass sich Honigbienenvölker in ihrem Temperament etwas unterscheiden und manche überaus sanftmütig, andere aber ziemlich reizbar sind. Das hat mit der Genetik zu tun, wobei manche Kreuzungen selbst von erfahrenen Imkern nur schwer zu handhaben sind. Die gute Nachricht ist, dass Honigbienen so gut wie niemanden stechen, der nicht in der Nähe ihres Bienenstocks ist. Man muss daher kaum befürchten, bei der Gartenarbeit oder beim Gang durch ein Feld gestochen zu werden. Wenn man allerdings gegen Bienenstiche allergisch ist, sollte man stets einen EpiPen bei sich tragen.

Bei manchen Einsiedlerbienen, darunter auch einige *Andrena*-Arten, hat sich der Stechapparat mit der Zeit zurückgebildet. Die Arten, die noch einen Stachel besitzen, gebrauchen ihn nur selten und die meisten sind so schwach ausgebildet, dass sie die menschliche Haut nicht durchdringen können. Ausnahmen gibt es nur ein paar. Die kleinsten Arten der bodennistenden Einsiedlerbienen in Großbritannien und Irland – Arten der Gattungen *Lasioglossum* und *Halictus* – verfügen über völlig wehrtüchtige Stachel, die durch die Haut des Menschen zu stechen vermögen und deren Stiche ziemlich schmerzhaft sein können.

Hat man Bienenkästen in seinem Garten oder stößt irgendwo im Freien auf ein Insektenhotel, ist es unwahrscheinlich, diese winzigen Arten darin als Nistgäste vorzufinden, denn die Kästen locken eher in vorgefundenen Hohlräumen nistende Arten wie die Mörtel- oder Blattschneiderbienen an. Gelegentlich wird von Stichen dieser Arten berichtet, doch sie sind äußerst unwahrscheinlich und kommen nur vor, wenn man die Tiere unsanft behandelt.

Unter den anderen Wildbienen, mit denen wir uns diesen Planeten teilen, besitzen einige überhaupt keine Stachel. Zum Beispiel die fünfhundert Arten im Tribus der Meliponini, die vornehmlich in tropischen und subtropischen Regionen leben. Diese „Stachellosen" Bienen bilden hochsoziale Gesellschaften aus einer Königin, einigen Drohnen und zahllosen Arbeiterinnen. Nicht anders als die europäischen Honigbienen sammeln auch sie Pollen und lagern Honig ein.

Nur wenige Meliponini produzieren so viel Honig, dass sie sich für die Imkerei lohnen. Sie haben aber durchaus ein paar Honigtöpfe zu schützen und man könnte eigentlich davon ausgehen, dass die Natur so freundlich war, sie wie Honigbienen und Hummeln mit Stacheln auszurüsten. Da diesen Bienen aber ein Stachel fehlt, wehren sie sich in der Regel mit Bissen, und allein ihre schiere Anzahl reicht mitunter, einen Fressfeind zu verjagen, aber nicht immer. Manche stachellosen Arten haben „Soldatenbienen" entwickelt, eine Arbeiterinnenkaste, die erheblich größer ist als die übrige Kolonie und mit ihren kräftigeren Bissen Eindringlinge abzuwehren vermag.

Viele Menschen haben mehr Angst vor Bienen, als eigentlich nötig wäre, denn dass man gestochen wird, ist eher unwahrscheinlich. Diese Angst, die sich häufig auf alle Fluginsekten und auf alles mit mehr als vier Beinen erstreckt, ist in vielen Teilen der Welt offenbar endemisch geworden, insbesondere in Städten, in denen die Menschen im Durchschnitt mit weniger Insekten in Berührung kommen als auf dem Land.

Diese auch als *Insektophobie* oder *Entomophobie* bekannte Angst ist in vielerlei Hinsicht irrational (außer natürlich, man ist allergisch gegen Bienenstiche oder Insektenbisse). Ich mokiere mich nicht über Leute, die solche Ängste haben, denn trotz meiner unabdingbaren Liebe für alles wilde Getier muss ich zugeben, dass auch ich Angst davor habe, gestochen zu werden. Man denke nur an meine Reaktion, als sich eine Baumhummel in meinen Haaren verfing. Ich habe keine Ahnung, woher diese Angst rührt. Womöglich habe ich sie von meiner Mutter, die extrem allergisch auf Bienen- und Wespenstiche reagierte; vielleicht aber habe ich sie nur, weil ich schon ein paar Mal gestochen worden bin und auf eine Wiederholung nicht besonders erpicht bin.

Kurioserweise bin ich vor ein paar Jahren von einer Kriebelmücke (*Simulium posticatum*) gestochen worden, und obwohl ich mich daran erinnere, sie auf meinem Bein gesehen und den Biss gespürt zu haben, machte ich mir damals keine weiteren Gedanken – es war ja nur eine Mücke. Ihr Aussehen löste keine Assoziationen mit Schmerz oder Unwohlsein aus, daher hatte ich auch keine Angst. Ich konnte mir nicht vorstellen, wie krank diese Mücke mich machen würde. Hätte ich gewusst, dass ich nach ihrem Biss eine Woche lang mit Fieber, grippeähnlichen Symptomen und einem so dick wie ein Bierfass angeschwollenen Bein das Bett hüten würde, hätte ich wohl wild um mich geschlagen. Ich glaube, bei mir sind es die Assoziationen mit Schmerz, die mir vor stechenden Insekten Angst einflößen. Allerdings tut es gar nicht so weh, von einer Biene oder Wespe gestochen zu werden und es juckt auch nicht mehr als der Stich einer Stechmücke. Warum dann die Aufregung und die Angst?

Viele Menschen sind mit einer pauschalen Abscheu vor Insekten aufgewachsen. Ich verstehe ja, wenn man einem Bienenstock oder einem Hornissennest aus Angst, gestochen zu werden, nicht zu nahe kommen möchte und respektiere, dass manche Menschen echte

Phobien etwa vor Spinnen oder Motten haben. Für den Instinkt, routinemäßig auf alles zu treten, was krabbelt, kraucht, wuselt, flattert oder summt, bringe ich aber kein Verständnis auf.

Die Reaktion, das Ungeziefer zu töten, scheint eher im Haus als im Freien stattzufinden, was nahelegt, dass wir Insekten in ihrer natürlichen Umgebung eher akzeptieren als in geschlossenen Räumen. Hat dies vielleicht damit zu tun, dass uns beigebracht wurde, Insekten seien eklige Krankheitsüberträger? Ich weiß es nicht, würde mir aber wünschen, dass mehr Menschen versuchen, diese Instinkte und Angewohnheiten zu zügeln und wie David auf der Berrybrook Farm eine Haltung des „Leben und Leben-Lassens" zu kultivieren. Man sollte zumindest in Betracht ziehen, Insekten in Gläsern zu fangen und sie draußen freizulassen, anstatt sie zu töten, damit auch sie ihren Lebenszyklus vollenden und ihren Teil zum örtlichen Ökosystem beitragen können.

10.
BIENE ODER NICHT BIENE, DAS IST HIER DIE FRAGE

Die Sonne scheint und unser kleiner Terrassengarten wimmelt von Fluginsekten, die zusammen so lautstark summen, surren und brummen, dass sie sogar die im benachbarten Garten laufende Motorsense übertönen. Ich fühle mich wie im Himmel – mit allen Sinnen wach, mit den Augen nach rechts und links, oben und unten blickend, um alles in mich aufzunehmen –, aber auch wie in der Hölle, da ich nicht weiß, wo ich hinschauen, was ich in den Blick nehmen soll. Es ist einfach zu viel.

Was mir vertraut ist, habe ich schon mit Freude zur Kenntnis genommen. Ackerhummeln suchen die letzten Blüten unseres Kriechenden Beinwells ab, den ich bald zurückschneiden muss, wenn er dieses Jahr noch einmal blühen soll. Steinhummeln tun sich am Schnittlauch gütlich; die Dunklen Erdhummeln tragen Pollen zurück in das Nest, das ihre Königin im Frühjahr mitten in unserem kleinen Steingarten angelegt hat. Und die in diesem Jahr allererste Totholz-Blattschneiderbiene fliegt mit Blattstückchen des Großen Hexenkrauts, das am Fuß von Sues Blechschuppen wächst, in ihr Nest zurück.

Ich bin derart abgelenkt, dass der Zitronenverbenentee, den ich vor gut einer Stunde aufgesetzt habe, nun eiskalt ist. Ich hatte nicht die Absicht, so lange draußen zu bleiben. Ich nehme einen Schluck und bin angenehm überrascht, dass er kalt genauso köstlich schmeckt wie heiß. Zitronenverbene lässt sich so leicht anbauen und bewahrt, wenn getrocknet, offenbar besser als andere Kräuter ihren Geschmack bis nach dem Winter. Vielleicht brühe ich mir später noch einen Krug auf und stelle ihn in den Kühlschrank. Oder ich kann sogar einen Sirup daraus herstellen, wie man es mit Minze oder Holunderblüten macht.

Ich sollte wirklich ins Haus gehen und mich wieder an die Arbeit setzen, bin aber völlig von einigen der weniger bekannten Insekten im Garten, also von denen, die keine Bienen sind, fasziniert. Auf dem Ackerziest am Gartentor sitzen die bronzefarbenen, metallisch glänzenden Spitzbauchwanzen (*Troilus luridus*), an die ich mich noch vom letzten Jahr erinnere; und ich glaube auch Florfliegen (*Chrysopidae*), die sich als lindgrüne Blattskelette tarnen. Ein zierlicher tagaktiver Nachtfalter flattert über die Minze und ich frage mich, ob es sich vielleicht um so etwas wie eine Minzenmotte handelt. Ich nehme mir vor, in meinem Schmetterlingsbuch nachzuschlagen, ob es dergleichen überhaupt gibt. Diese Insekten sind so unglaublich schön, und jedes verdient meine Aufmerksamkeit, aber mein Blick bleibt bei einem Schwebfliegenpärchen hängen, von dessen Verhalten ich absolut hingerissen bin.

Das Weibchen ist damit beschäftigt, sich an den Margeriten gütlich zu tun, die Rob in den alten rostigen, als Pflanzkübel benutzten Schubkarren gesetzt hat. Ihm folgt das Männchen, das genau über, aber leicht hinter ihr schwebt, während sie von Blüte zu Blüte fliegt. Er scheint sie zu beschatten. Vermutlich handelt es sich um eine Art Balzritual. Sehr hypnotisch.

In der Familie der Schwebfliegen (*Syrphidae*) gibt es weltweit ungefähr 6.000 Arten, davon leben etwa 280 in Großbritannien und Irland. Kurioserweise entspricht diese Zahl fast genau der Anzahl der britischen Wildbienenarten, auch wenn die Bienen schon bald die Schwebfliegen überholen dürften, da die Zuwachsrate an Bienenarten so hoch ist wie seit hundert Jahren nicht mehr. Die Schwebfliegenarten, die ich ohne Zuhilfenahme von Alan Stubbs' und Steven Falks *British Hoverflies: An Illustrated Identification Guide* verlässlich bestimmen kann, lassen sich an einer Hand abzählen, und die beobachtete Art gehört dazu. Diese Lufttänzer sind Mistbienen (*Eristalis tenax*), die ihren englischen Namen – *Common Drone Fly* – ihrer großen Ähnlichkeit mit den Drohnen der Honigbiene verdanken. Und das hat Folgen.

Wenn ihr einen Zeitungsartikel über Löwen lest, der mit der Abbildung eines Tigers aufgemacht wäre, würdet ihr es merken? Natürlich würdet ihr es bemerken und ihr wärt zweifelsohne über die Verwechslung verwundert. Ihr würdet vielleicht sogar einen Brief an den Herausgeber schreiben und auf den Fehler hinweisen.

Was aber, wenn ein Artikel über Bienen von der Fotografie einer Schwebfliege begleitet würde? Die Chancen, dass ihr es gar nicht bemerkt, stehen gut, es sei denn, ihr seid Entomologinnen oder Insektenliebhaber. Das Internet und die Printmedien aber sind tatsächlich voll von hervorragenden, gut recherchierten und hochinteressanten Artikeln über Bienen, die mit Schwebfliegen bebildert sind. Bei einer Neuauflage von Christopher O'Tooles und Anthony Raws *Bees of the World*, eines der weltweit bekanntesten Standardwerke über Wildbienen, prangte sogar das Bild einer *Fliege* auf der Titelseite. Die Autoren müssen aus allen Wolken gefallen sein, als ihr wunderbar informatives Buch in dieser Aufmachung in die Buchhandlungen kam.

Wie kann ein solcher Fehler geschehen? Können uns Schwebfliegenarten tatsächlich so sehr foppen, dass wir sie für Bienen halten? Und wenn dem so ist, warum tun sie es dann? Wie können wir mit unserem Alltagsverstand auf einen Blick zwischen einer stinknormalen Biene und einer großen pelzigen Schwebfliege unterscheiden?

Es war vor einigen Jahren, ich lebte noch in Malvern, als mir das erste Mal bewusst wurde, dass manche Hummeln in meinem Garten gar keine Hummeln sind. Mir war etwas ins Auge gestochen, das genau wie eine Steinhummel (*Bombus lapidarius*) aussah und auf den Blumen vor meinem Küchenfenster Nahrung sammelte. Aber irgendetwas an dem Insekt, das ich nicht ganz einordnen konnte, war ungewöhnlich. Also rannte ich nach draußen, machte einen schnellen Schnappschuss und lud das Bild für eine genauere Begutachtung auf meinen Computer.

Siehe da! Es war gar keine Hummel. Aus der Entfernung war es schwierig gewesen, aber nun sah ich sofort, dass sich dieses Insekt in mancherlei Hinsicht deutlich von meinen geliebten Steinhummeln unterschied. Zunächst einmal hatte es große und stark hervorstehende „Fliegenaugen", die oben auf dem Kopf fast zusammenstoßen. Hummeln haben seitlich am Kopf sitzende eiförmige Augen. Zudem waren die Fühler dieses Doppelgängers kurz, plump und behaart. Die Fühler der Hummeln dagegen sind lang und elegant und sitzen etwas mehr auseinander. Bei näherer Betrachtung sah ich auch, dass dem

Doppelgänger die für alle Bienenarten typische wespenartige Taille fehlte. Und wie es aussah, verfügte er anders als die Hummeln mit ihren zwei Flügelpaaren lediglich über ein Flügelpaar.

Ich war fasziniert. Aus der Ferne sah dieses Geschöpf wie eine Steinhummel aus und benahm sich auch so, war aber eindeutig keine. Ich musste noch etwas nachforschen, aber schließlich entdeckte ich die wahre Identität des Doppelgängers: Es handelte sich um eine *Volucella bombylans,* eine Hummel-Waldschwebfliege. Eine Fliege, die vorgibt, eine Hummel zu sein. Genial.

Die Hummel-Waldschwebfliege ist ein Mimet oder Nachahmer. *Mimikry* ist etwas anderes als *Tarnung*. Ein Organismus, der einen anderen imitiert, versucht aus der Nachahmung des Verhaltens oder des Aussehens einer anderen Art einen Vorteil zu ziehen, während Organismen, die auf Tarnung setzen, meist bestimmte Färbungen oder Muster auf Fell, Schale, Haut, Außenskelett usw. entwickelt haben, durch die sie mit ihrer Umgebung verschmelzen. Tiere, die sich tarnen, versuchen sich in der Regel zu verbergen. Mimeten wollen im Grunde gesehen werden – als etwas, das sie nicht sind.

Die Schwebfliege in meinem Garten spielt eine spezielle Mimikry aus, die als *Bates'sche Mimikry* bezeichnet wird. Eine eigentlich harmlose Art hat sich so entwickelt, dass sie das Aussehen und die Warnsignale gefährlicher Arten imitiert. Zahlreiche Schwebfliegenarten etwa haben die Farbgebung und das Verhalten von Bienen und Wespen angenommen. Mit dieser List versuchen sie zu vermeiden, von Vögeln und anderen Fressfeinden als leichte Beute angesehen zu werden. Manchen gelingt das überzeugender als anderen, zumindest für das menschliche Auge. Doch der Mensch ist nicht die größte Sorge der Schwebfliegen. Die Menschen, die Insekten oder andere Tiere fangen, um sie zu essen, haben für gewöhnlich Zeit genug, zu überprüfen, was sie zu essen beabsichtigen.

Vögel hingegen müssen raschere Entscheidungen treffen, insbesondere wenn sie ihre Mahlzeiten im Flug fangen. Fressen oder nicht fressen? Meist bleibt zum Überlegen keine Zeit, das heißt, wenn man auf Nummer sicher gehen will, vermeidet man am besten alles, was nach einem stechenden Insekt aussieht. Das erklärt auch, warum manche Schwebfliegen mit einer sozusagen unzureichenden oder nur groben Mimikry, die wir Menschen wohl kaum für eine Biene halten würden, trotz ihres fliegenartigen Aussehens noch immer einen gewissen Schutz vor insektenfressenden Vögeln genießen.

Nachdem ich wusste, dass es so etwas wie die Schwebfliegen-Doppelgänger gibt, hielt ich in meinem Garten nach ihnen Ausschau und gab ihnen, je nach Ähnlichkeit mit den Bienen oder Wespen, die sie nachzuahmen vorgaben, ein bis zehn Punkte. Manche kamen dem Original, ihrem Vorbild, deutlich näher als andere. Die Weißband-Schwebfliege (*Leucozona lucorum*) zum Beispiel besitzt in Größe und Form und mit einem verblüffenden elfenbeinweißen Streifen in der Mitte des Thorax vage Ähnlichkeit mit einer Hummel, aber verglichen mit anderen Schwebfliegenvertretern handelt es sich um eine extrem schwach ausgebildete Mimikry. Ich würde ihr drei von zehn Punkten geben. Die Mistbiene (*Eristalis tenax*), die Honigbienen nachahmt, ist schon beeindruckender – für diese Art würde ich 7 von 10 Punkten vergeben. Für die schöne fuchsrote Ackerhummel-Nachahmerin *Sericomyia superbiens* eine 8; und für die Hornissen-Schwebfliege (*Volucella zonaria*) eine 9. Ihr hatte ich erst eine 8 verliehen, aber eine Unterhaltung mit Steven Falk, bei der wir darüber sprachen, wie viel beeindruckender die Mimikry dieser Schwebfliegen im Flug ist, überzeugte mich, auf 9 Punkte zu erhöhen. Denn zugegeben, ich wäre außerstande, ein im Flug befindliches Exemplar von einer Hornisse zu unterscheiden.

Längen voraus ist aber bestimmt die Hummel-Waldschwebfliege (*Volucella bombylans*), die mich, als ich sie das erste Mal vor meinem Fenster sah, komplett zum Narren gehalten hat – was sie beim flüchtigen Hinschauen noch immer tut. Mit ihrem langen Pelz, der auffälligen Farbgebung und der Zeichnung einer Hummel ist diese Art ein exzellentes Beispiel für die Bates'sche Mimikry. Kaum zu glauben, aber sie hat sogar unterschiedliche Formen oder *Varianten* ausgebildet, die jeweils eine bestimmte Hummelart imitieren. Die beiden Varietäten (abgekürzt „var.“), die in Großbritannien und Irland am häufigsten zu finden sind, sind var. *bombylans*, die, wie wir bereits wissen, der Steinhummel gleicht, und var. *plumata*, die mit ihrem dicken gelben Band und dem reinweißen Hinterleibsende der Hellen Erdhummel und der Gartenhummel sehr ähnlich sieht. Diesen Hummelmimeten gebe ich 10 von 10 Punkten. Sie sind die wahrhaften Meister der Verstellung. Kein Wunder also, dass die Bildredakteure sie immer wieder mit Hummeln verwechseln (obwohl ich anmerken möchte, dass es schon aus Gründen der Professionalität klug wäre, sich mit einem Wissenschaftler zu besprechen, anstatt mit einem Agenturfoto in Druck zu gehen).

Es gibt noch weitere Hummelnachahmer. Einer meiner Lieblinge ist der Große Wollschweber (*Bombylius major*). Er gehört zu den vier in Großbritannien und Irland heimischen *Bombylius*-Arten, die alle großartige Hummel-Imitatoren sind. Wollschweber lassen sich leicht an der Art erkennen, in der sie herumflitzen, häufig nur knapp über dem Boden, und gelegentlich schwebend an einer Stelle verweilen, um mit ihrem immensen, langgestreckten Rüssel Nektar aus Blumen wie der Primel oder dem Ehrenpreis zu saugen. Rasten sie irgendwo, sind es ihre Flügel, die sie verraten. Während Bienen in Ruhepausen ihre Flügel über ihrem Rücken falten, winkeln die Wollschweber die ihren seitwärts in einem Winkel von etwa 45 Grad ab – wie die Flügel der alten Concorde, falls ihr euch daran erinnert.

Wollschweber sehen mitunter recht niedlich aus und gleichen winzigen, rundlichen Teddybären, doch ihr Aussehen täuscht über die ziemlich freche Art hinweg, mit der sie ihre Eier, schlauerweise noch mit Sandkörnern beschwert, in die Nester bodennistender Solitärbienen schnipsen. Einmal geschlüpft, weiden sich die Wollschweberlarven an den Larven der armen arglosen Wildbienen. Bemerkt sei noch, dass das Weibchen der Hummel-Waldschwebfliege ihre Eier auf ähnliche Weise in die Nester von Hummeln und Wespen legt. Ihre Larven ernähren sich von Nistabfällen und gelegentlich auch von den Larven der Nestbewohner.

Die bei Weitem schönsten Hummel-Doppelgänger sind jedoch die hierzulande seltenen Skabiosen- und Hummelschwärmer (*Hemaris tityus* und *Hemaris fuciformis*). Diese delikaten Geschöpfe haben einen pelzigen, gebänderten hummelartigen Körper und keulenförmige Fühler. Ihr erstaunlichstes Merkmal allerdings sind die Flügel, die bis auf die Adern und schmalen schwärzlichen (*Hemaris tityus*) oder breiteren rötlich-braunen Ränder (*Hemaris fuciformis*) völlig transparent sind.

Wie andere Schwärmer schweben diese Mimeten in der Art von Miniatur-Kolibris in der Luft, während sie Nektar aus den Blüten saugen. Ich habe noch keine dieser *Hemaris*-Arten in natura gesehen, aber unverbesserliche Optimisten, die wir sind, haben Rob und ich ihre

Lieblingsnahrungsquellen angepflanzt, zu denen laut des Naturschutzverbands für Schmetterlinge Kriechender Günsel, Kuckucks-Lichtnelke, Heckenkirsche, Gewöhnlicher Teufelsabbiss und die Acker-Witwenblume gehören. Man weiß ja nie!

Im Haus wartet bergeweise Papierkram auf mich, in nachlässigen Stapeln über Tisch und Boden im Esszimmer verteilt. Ich sollte mich eigentlich darum kümmern, vermag mich aber nicht vom Garten loszureißen. Zum tausendsten Mal wünsche ich mir, die unglaubliche Welt der Wirbellosen früher in meinem Leben entdeckt zu haben, denn inzwischen hat ein Tag einfach nicht mehr genug Stunden, um das, was mir entgangen ist, aufzuholen. Aber das Vergnügen allein, einem Paar Bienen nachahmende Schwebfliegen beim Paarungsritual auf unseren Margeriten zuzusehen, wird nicht ausreichen, um mein Buch zu schreiben oder meine Ablage zu erledigen.

Schwebfliegen sind für zahlreiche Pflanzen die Hauptbestäuber; sie spielen eine wichtige Rolle in der globalen Agrarproduktion. Zwar sind nicht alle so pelzig wie Bienen, doch etliche größere Arten tragen eine extrem dichte Behaarung, womit auch sie effektive Pollenüberträger sind. Selbst bei ungünstigen Wetterverhältnissen, in denen bis auf die Hummeln fast alle Wildbienen Schwierigkeiten haben, bleiben Schwebfliegen aktiv. Ist es kalt, nass oder bedeckt, sind sie oft die einzigen Insekten, die man an blühenden Pflanzen sieht. Zudem sind sie häufiger als Bienen in feuchten, schattigen Lebensräumen wie Waldgebieten und Salzmarschen sowie unter den extremen Bedingungen arktischer und alpiner Regionen anzutreffen. Viele der in diesen Lebensräumen wachsenden Pflanzen werden also eher von Schwebfliegen als von Wildbienen bestäubt. Und wer Schokolade mag, den wird vielleicht interessieren, dass der Kakaobaum, der sich nicht selbst befruchten kann, für die Bestäubung auf eine winzige Gnitze angewiesen ist. Ohne diese Stechmücken gäbe es keine Schokolade. Man stelle sich das Dilemma vor, das entstünde, wenn der Kakaobaum in dem von Stechmücken heimgesuchten Schottland wüchse!

Dank neuer Forschungen wird auch die Rolle anderer nicht zu den Bienen gehörender Insekten für die Bestäubung zunehmend deutlich. Trotzdem gibt es noch große Wissenslücken, und da es auf unserem Planeten wohl mehr Blütenpflanzen und Blumenbesucher als

Wissenschaftler gibt, die sie untersuchen, werden wir wahrscheinlich nie genau wissen, wie effektiv manche Bestäuber im Vergleich zu anderen sind. Unter dem Strich läuft es darauf hinaus, dass wir, wenn wir die außergewöhnlichen und mannigfaltigen Ökosysteme der Erde in ihrer ganzen Fülle erhalten wollen, all diese bestäubenden Kreaturen schützen müssen. Die Bewahrung der biologischen Vielfalt ist unverzichtbar.

11.
AUF DER SUCHE NACH DER DEICHHUMMEL, TEIL 1

Mit großer Begeisterung sehe ich mir Naturdokumentationen an. Wie Millionen andere Zuschauer auch bin ich von der exotischen und vielgestaltigen Tierwelt und den spektakulären Landschaften, in der sie gefilmt wird, hingerissen. Doch trotz der Pracht und Herrlichkeit der Regenwälder, Wüsten und Ozeane unseres Planeten fühle ich mich weit mehr von der freien Wildbahn und den unberührten Orten Großbritanniens und Irlands angezogen als von diesen fernen Gebieten. In den Mooren, Bergen, Marschen, Wäldern, Flüssen, Seen und Küsten der Inseln, die wir als unsere Heimat bezeichnen, gibt es so viel an Leben zu entdecken, dass ich kaum weiß, wo anfangen.

Wäre es nicht schön, mehr über das Tierleben in unserer unmittelbaren Nachbarschaft zu sehen, zu hören und zu wissen? Wie viel reicher wäre unser Leben, würden wir uns die Zeit nehmen und uns auf den Boden legen, um das Leben im Bodengestrüpp zu beobachten, durch Wälder, Wiesen, Marschen und Heide wandern, um uns auf diese unterschiedlichen Landschaften einzulassen, ihre Energien aufzunehmen und anderem Leben, nicht Menschen, sondern anderen dort vorkommenden Lebewesen, im wahrsten Wortsinne zu *begegnen*.

Nie wird mir langweilig werden, von den Pflanzen und Tieren zu erfahren, die in meiner eigenen kleinen Welt in Dorset leben und die ich zum größten Teil noch kennenlernen muss. Ich teile mir mittlerweile meine Zeit so sorgfältig ein wie nur möglich, damit ich häufiger

187

als nur gelegentlich einen sonnigen Nachmittag in unserem Garten mit dem Beobachten von Vögeln und Insekten verbringen kann. Und ich verbringe mehr Zeit damit, als ich eigentlich sollte, durch die Makro-Linse meiner Kamera Flechten und Moose, die auf den Grünsteinmauern Shaftesburys wachsen und die Wildblumen entlang der Wege und Pfade ins Visier zu nehmen, wenn ich zwischen unserem Haus und unserem Gartengrundstück unterwegs bin.

Im März und April gehen Rob und ich manchmal noch vor dem Frühstück hinaus, in der Hoffnung, Hasen beim Boxen zu beobachten. Wir kennen ein paar Felder, in denen wir in weniger als einer Stunde mindestens elf Hasen gesehen haben, aber ich träume noch immer davon, sie endlich „boxen" zu sehen. Und das werde ich, wenn die Zeit dafür reif ist. Im Mai stehen wir sogar noch um einiges früher auf. Dann versuchen wir, den morgendlichen Vogelchor in Garston Wood, einem Naturschutzgebiet gleich hinter der Grenze nach Wiltshire in der Nähe des Dorfs Sixpenny Handley, zu erhaschen. Ich sage „versuchen", weil wir uns viel zu leicht von den Hasen, Schleiereulen und anderen Wildtieren, die wir unterwegs zu Gesicht bekommen, ablenken lassen, deshalb häufig zu spät kommen und den Höhepunkt des Vogelgesangs verpassen. Manchmal entgeht er uns auch völlig.

All diese und weitere Begegnungen haben mir viel Freude bereitet, doch in letzter Zeit sehne ich mich danach, andere, entferntere Gebiete Großbritanniens und Irlands zu besuchen, in denen meines Wissens Schätze heimisch sind, die zu Gesicht zu bekommen ich mir hier in North Dorset nur erträumen kann. Ich habe zum Beispiel noch nie einen Schneehasen, einen Baummarder oder eine Waldohreule gesehen. Ebenso wenig Schmetterlinge wie den Schwalbenschwanz, den Trauermantel oder den Großen Schillerfalter, die ich immer schon sehen wollte, seit ich ihre Bilder auf den Brook-Tea-Sammelbildchen gesehen habe, die ich als Kind sammelte.

Dann sind da noch die Wildbienenarten, die ich nur zu gerne als gesehen vermerken würde, darunter die für ihre Schönheit gerühmten Mai-Langhornbienen (*Eucera longicornis*) und Berglandhummeln (*Bombus monticola*). Dazu gehört auch die Braunbürstige Hosenbiene (*Dasypoda hirtipes*). Sie ist an ihren Beinen mit einem Pollensammelapparat ausgerüstet, mit dem sie aussieht, als würde sie Reithosen tragen. Ganz oben auf meiner Liste rangiert aber eine Hummel, die ich vor einigen Jahren während eines Ausflugs auf die Insel Barra nur kurz zu Gesicht bekommen habe und die ich gerne noch einmal sehen würde: *Bombus distinguendus*, die Deichhummel.

Heute kommt die „distinguierte" Hummel in England nicht mehr vor. Aufgrund von Daten, die von engagierten Hummelfreunden aufgezeichnet wurden, ließ sich genau kartieren, um wie vieles kleiner das Verbreitungsgebiet der Deichhummel geworden ist. In den vergangenen hundert Jahren ist der Lebensraum der einst in ganz Großbritannien vorkommenden Art um 80 Prozent geschrumpft, offenbar aufgrund landschaftlicher Veränderungen, die auf die industrielle Agrarwirtschaft zurückgehen. Aus England und Wales ist die Hummel völlig verschwunden und ihre Populationen beschränken sich nun weitgehend auf Randgebiete mit blumenreicher kleinbäuerlicher Landwirtschaft im Norden und Westen Schottlands, an der Westküste Irlands, auf Orkney, Coll und Tiree und den Inseln der Äußeren Hebriden.

Die Inseln der Äußeren Hebriden. Es gibt da so eine Idee. Wir haben uns beide ein bisschen in Barra verliebt, und Rob wollte schon immer einmal nach Lewis und Harris fahren.

Die Äußeren Hebriden sind zwar ein reizvolles Reiseziel, aber von Dorset aus ist es eine ziemlich lange Fahrt. Wenn wir diese Reise tatsächlich noch einmal antreten, sollte es auf keinen Fall nur ein Kurztrip sein. Und von zuhause wegzukommen, ist vielleicht genau das, was wir brauchen: Für mich ein willkommener Tapetenwechsel nach den traurigen Zeiten mit der Krankheit und dem Tod meiner Mutter, für Rob eine Chance, seinen Fuß zu schonen, den er sich vor ein paar Monaten bei einem Sturz von der Leiter schlimm verletzt hat, so dass er nicht mehr Vollzeit als Gärtner arbeiten kann. Auch Robs Mutter starb im vergangenen Jahr, so dass wir uns alles in allem nach den letzten Jahren mental, physisch und emotional ausgelaugt fühlen. Man sagt, die Zeit heilt alle Wunden, und ich kann mir nichts Heilsameres vorstellen, als ein paar Monate frei zu nehmen, um ganz in die Natur einzutauchen.

Mitte Juni also, ein paar Wochen, nachdem wir meine wunderbare Mutter beerdigten, packen Rob und ich unsere Kameras, Ferngläser, Regenjacken, Fahrräder, Sonnenschutzcremes, Anti-Mückensprays, Karten und Bücher zur Flora und Fauna Großbritanniens und Irlands zusammen und machen uns in unserem Campingbus auf den Weg zu den Inseln der Äußeren Hebriden. Wir haben geplant, den ganzen Sommer lang die am Rande des Atlantiks gelegenen Inseln zu erkunden. Und beide hoffen wir natürlich, dass wir bei unserem Aufenthalt die Deichhummel zu Gesicht bekommen werden.

Unsere Reise könnte zeitlich nicht besser fallen, da sie mit der Blüte des *Machair*, eines seltenen und herrlichen Küstenhabitats, das nur im Westen Großbritanniens und in Irland vorkommt, zusammenfällt. Das Machair ist als Lebensraum für die Deichhummel wie geschaffen. Seine Wiesen blühen zwar von Mai bis August, da aber die Deichhummel zu den späten Hummeln gehört, wird man sie in der Regel nicht vor Ende Mai oder Anfang Juni beobachten können, und erst im August dürfte man sie in größerer Zahl zu Gesicht bekommen. Wenn das Glück uns hold ist, werden wir lange genug auf den Inseln sein, um gerade aus der Überwinterung hervorkommende Königinnen, ein paar Juni-Arbeiterinnen und, falls das Geld reicht, im August eine neue Generation Königinnen und Drohnen zu sehen.

Wie sich herausstellt, gestaltet sich unsere Fahrt mitsamt der Tiere und Pflanzen, denen wir entlang der Strecke begegnen, mindestens als ebenso unvergesslich wie unser Reiseziel.

Wir verlassen Dorset an einem Donnerstag und hoffen, bis zum Ende des Wochenendes in Lewis und Harris, der nördlichsten Insel, einzutreffen. Für danach haben wir keinen festen Plan, außer dass wir uns langsam Richtung Süden bis nach Barra vorarbeiten, unsere Tage mit Wandern und Fahrradfahren verbringen und das Wetter der Hebriden genießen oder ihm trotzen wollen. Aber Pläne werden gemacht, um sie zu ändern, und weniger als 48 Stunden, nachdem wir aufgebrochen waren, fanden wir uns anstatt am Quai von Ullapool am Ufer eines kleinen Lochs am Rand des großen schottischen Kaledonischen Walds wieder.

Eigentlich wollten wir am nächsten Morgen um 10 Uhr 30 die Fähre von Ullapool nach Stornoway erreichen, aber es gab eine „Unwetterwarnung". Da ich leicht seekrank werde und selbst auf Meeren, die nach Auskunft Dritter „ruhig wie ein Mühlteich" sein sollen, Schiffbruch befürchte, reicht schon das Wort „Unwetterwarnung", um mich in Angst und Schrecken zu versetzen. Zum Glück entdecke ich, kurz nachdem wir den Wetterbericht im Radio gehört haben, ein Straßenschild, dem zu entnehmen ist, dass wir uns nicht weit von Loch Garten befinden, eines von der Vogelschutzorganisation RSPB ausgewiesenen weltberühmten Fischadler-Brutreviers. Das liefert mir eine perfekte Ausrede für einen Umweg, wobei ich hoffe, dass wir einen dieser großartigen Raubvögel zu Gesicht bekommen, während wir den aufkommenden Sturm aussitzen.

Der Fischadler (*Pandion haliaetus*) war früher in ganz Europa verbreitet, doch aufgrund unausgesetzter Verfolgung, gepaart mit der in viktorianischer Zeit hoch im Kurs stehenden Taxidermie und dem Sammeln von Vogeleiern, starb er in Schottland 1916 aus. 1954 jedoch kehrte ein wahrscheinlich aus Skandinavien kommendes Brutpaar nach Schottland zurück und baute einen Horst. Seit 1959 brüten Fischadler wieder erfolgreich am Loch Garten. Die RSPB rief die „Operation Fischadler" ins Leben, um die Vögel vor weiteren Bedrohungen zu schützen, unter anderem vor Eierdieben, die es auch heute noch auf ihre Nester abgesehen haben und sie plündern. Ohne die unermüdlichen Anstrengungen von Naturschützern, Freiwilligen und Landbesitzern wären die Fischadler wahrscheinlich nicht so erfolgreich gewesen.

In der Vorfreude, einen Fischadler zu sehen, aber schon spät am Tag, kurz bevor das Besucherzentrum schließt, lassen wir unseren Campingbus fast überstürzt auf dem Parkplatz zurück. Ich greife noch meine Kamera und eine Flasche Avon Skin So Soft – offenbar das einzige wirkliche Mittel gegen die gefürchteten schottischen Stechmücken –, bevor wir direkt zum Besucherzentrum eilen.

Die fast nur freiwilligen Mitarbeiter sind überaus hilfsbereit und erzählen uns begeistert von den in ihrem Naturschutzgebiet vorkommenden Tieren. Sie machen uns auf drei Zeisige an den Futterspendern vor einem der Beobachtungsfenster aufmerksam; auch Buchfinken sind dort zugange und ein Buntspecht, aber er ist scheu und fliegt auf, als zwei Tauben etwas unbeholfen auf dem Ast neben ihm landen. Durch schmale Fenster in den Gebäudewänden ist etwas weiter weg der Fischadlerhorst zu sehen. Ferngläser und Fernrohre liegen für die Besucher bereit. Bequemer ist es, das Nest über ein Live-Video zu beobachten, aber beim Blick durch ein Fernglas fühle ich mich mehr mit dem Nest verbunden. Ich kann ein Gelege mit drei Eiern erkennen, aber nichts, was auf die Elternvögel hinwiese.

Die freiwilligen Mitarbeiter informieren uns, dass es dem zwanzig Jahre alten Weibchen mit dem Namen EJ nun schon in der zweiten Brutsaison nicht gelungen sei, Küken aufzuziehen. Bereits seit fünfzehn Jahren brüte sie hier und in dieser Zeit habe sie erfolgreich fünfundzwanzig Küken aufgezogen. Leider habe es George, ihr neuer Partner, versäumt, sie mit genügend Fisch zu versorgen, so dass sie gezwungen war, ihre Eier zu verlassen und selbst auf die Jagd zu gehen. Das sei ihr beileibe nicht leichtgefallen, wie man uns mitteilt, denn im Jahr zuvor hätte sie ihr Gelege bebrütet, und zwar auch dann noch, als sie völlig eingeschneit war. George sei offenbar jung und unerfahren – im Gegensatz zu Odin, EJs vorigem Partner, mit dem sie in den letzten neun Jahren erfolgreich 17 Küken aufgezogen habe.

Natürlich sind die Mitarbeiter angesichts der Situation betrübt, erzählen uns aber, dass die Ereignisse im Jahr zuvor weitaus schlimmer waren. Kurz nachdem damals die Küken geschlüpft waren, war Odin, ihr Vater, von einem rivalisierenden Männchen verjagt worden und die Küken verhungerten. Dieses Drama über die Live-Webcam mitansehen zu müssen, muss herzzerreißend gewesen sein und ich möchte die Mitarbeiter fragen, warum sie die Küken nicht selbst gefüttert haben, lasse es aber sein, da ich die Antwort kenne: Naturschützer greifen in solchen Situationen nicht ein, sondern lassen der Natur ihren Lauf.

Als das Zentrum am Abend schließt, gehen wir zu unserem Campingbus zurück. Der Wind frischt auf, und wir beschließen, in einer kleinen Lichtung unweit der Straße Deckung zu suchen. Die Aussicht ist spektakulär. Eine einsame Salweide (*Salix caprea*) rahmt unser Fenster zur Linken ein, während zur Rechten alte Waldkiefern (*Pinus sylvestris*) bis hinunter ans Ufer des Sees wachsen, zum Teil mit so niedrig hängenden Ästen, dass sie beinahe die Wasseroberfläche berühren. Zwischen den Bäumen direkt vor uns liegt ein schmaler Strand, höchstens zwei Meter breit und fünfzehn Meter lang. Auf der anderen Seite des Sees und hinter uns Kiefern so weit das Auge reicht. Wir befinden uns im Abernethy Forest, dem größten noch existierenden Überrest jenes Kaledonischen Waldes, der sich in Schottland am Ende der letzten Eiszeit ausbreitete.

Ein kleinerer Vogel fliegt von rechts heran, landet im Spülsaum des Wassers und arbeitet sich langsam von den hohen dunklen Kiefern bis zu der alten Weide über den Strand vor. Er ist gekommen, um zu fressen. Offenbar macht er reiche Beute, denn als er die Salweide erreicht hat, fliegt er wieder zurück zu dem Kiefernbankett auf der anderen Seite des Strands und beginnt von Neuem. Sein Hinterende wippt auf und ab, während er den Spülsaum entlangstolziert.

Der Vogel erinnert mich an eine Bachstelze, aber mit einem deutlich kürzeren Schwanz und verhältnismäßig langen Beinen. Jetzt wo ich genauer hinschaue, sehe ich, dass er weniger wippt als „knickst", was Bachstelzen meines Wissens nicht tun. Ich habe den Vogel schon einmal gesehen und sollte ihn eigentlich beim Namen nennen können. Kann ich aber nicht. „Ein Flussuferläufer", klärt mich Rob auf.

Ich wünschte, ich würde mehr Vögel beim Namen kennen und hätte nicht so viele kostbare Jahre verstreichen lassen. Doch ich fange mich rasch, denn das Leben ist kurz und Bedauern ist müßig. Ich verscheuche jedes „Was, wenn" und hole mich wieder ins Hier und Jetzt zurück. Das Wetter draußen ist stürmisch und ich sitze am Rand eines Sees in den schottischen Highlands, gut geschützt vor den Elementen in unserem alten, aber gemütlichen Campingbus, umgeben von hochaufgeschossenen Kiefern und dem Tierleben, das sie beherbergen. Irgendwo da draußen, für mich unsichtbar, aber mich beobachtend, leben Eichhörnchen, Baummarder, Ottern, Haubenmeisen und Fischadler. Ich kann mich glücklich schätzen und danke dem Universum für den Sturm, der uns zu diesem Umweg veranlasste.

Nach dem Aufwachen am nächsten Morgen haben wir noch etwas Zeit für einen Spaziergang, bevor wir unsere Reise fortsetzen. Das Gelände um unseren Bus ist ziemlich sumpfig, nach dem Unwetter heute Nacht noch mehr, und wir beschließen uns vom See abzuwenden und hinauf in den Wald zu gehen. Vor allem seiner Sumpfigkeit und seiner Unzugänglichkeit wegen hat dieses um den Loch Garten liegende Gebiet des Kaledonischen Waldes bis heute überdauert. Wäre es leichter zugänglich gewesen, wäre es bestimmt schon vom Menschen zerstört worden.

Die Waldkiefer – auf Englisch Scots Pine – ist der größte und langlebigste Baum des Waldes. Sie kann mehr als 700 Jahre alt werden und bildet eine wichtige *Schlüsselart*, eine Art also, von der ein ganzes Ökosystem abhängt. Man kann sich kaum vorstellen, dass viele der mächtigen

Bäume, unter denen wir gerade entlanggehen, bereits standen, als noch Wölfe und Biber hier herumstreiften. Noch etwas weiter zurück in der Zeit war dieser alte Wald, der einst über eine Million Hektar bedeckte, Heimat von Luchsen, Wildschweinen und Bären.

In Großbritannien und Irland gibt es heute keine Spitzenprädatoren mehr, aber alles ist möglich, und wer weiß, was die Zukunft angesichts heftig diskutierter sehr weitgehender Auswilderungspläne an Überraschungen birgt. Der Schottischen Naturschutzstiftung Trees for Life ist es zu verdanken, dass sich der alte Kaledonische Wald und die heute dort noch lebenden Wildtiere langsam aber sicher wieder erholen. Mit der Hilfe von Freiwilligen und Naturschützern aus aller Welt hat die Stiftung weit über eine Million Bäume gepflanzt – Birken, Espen, Weiden, Eichen und Holunder, aber auch Waldkiefern – und die natürliche Verjüngung von hunderttausenden anderen auf den Weg gebracht.

Trees for Life gibt an, dass die Waldkiefer „unter den Nadelbäumen insofern heraussticht, als sie verschiedene Wuchsformen aufweisen kann, die von hohen Bäumen mit geraden Stämmen und wenigen Seitenästen zu ausladenden Exemplaren mit mehreren Stämmen reichen". Wenn sie nahe beieinander wachsen, wie es hier der Fall ist, besitzen sie bis fast hinauf in die Wipfel nur sehr wenig Astwerk und Nadeln. Während wir also zwischen ihnen hindurchgehen, sind wir fast nur von Stämmen umgeben. Ihre Borke ist dick und von flachen Rissen durchzogen, die in den unteren Lagen graubraun und in den oberen orangebraun sind. Im frühen Morgenlicht entfaltet das Orange seine ganze Pracht.

Wir klettern über einen umgestürzten Baum, dessen verworrene Wurzeln sich wie ein riesiges Wagenrad über dem leeren Krater spreizen, in dem sie einst wuchsen. Der Wurzelstock ist voller Nischen und Ritzen, in denen kleine Vögel und Säugetiere nisten oder sich verstecken können. Das Holz der Kiefern ist sehr harzreich, was es langsamer als anderes Holz verwittern lässt. Es ist weich, von Spalten und Löchern durchzogen und von Moosen, Lebermoosen und Flechten bewachsen – ein gefundener Schatz für Insekten, die bei näherem Hinsehen viel zu zahlreich sind, um sie zählen zu können. Es gibt auch einige Bäume, die abgestorben sind, aber noch stehen. Kürzlich habe ich im Radio gehört, dass diese Kiefern noch bis zu hundert Jahre stehen bleiben können, nachdem sie längst eingegangen sind. Ob umgestürzt oder noch stehend, Bäume liefern abgestorben für mehr Arten eine Lebensgrundlage als zu Lebzeiten.

Wir wollen gerade weitergehen, als ich neben dem umgestürzten Baum einen Fleck mit buschigen Pflanzen bemerke. Sie haben wachsartige Blätter und Trauben hübscher kleiner weißer glockenförmiger Blüten. Ob es Preiselbeeren sind? Da wir das Pflanzenbuch im Camper gelassen haben, mache ich ein Foto von den Blumen und von einer anderen Pflanze mit langen, schmalen Blättern und blassgelben, trompetenförmigen Blüten, bei der ich absolut nicht weiß, worum es sich handeln könnte. Das sind die ersten von zahlreichen neuen Pflanzen, denen wir auf unserer Reise gen Norden vermutlich noch begegnen werden. Ich kann es kaum erwarten, weitere zu finden. Wir gehen tiefer in den Wald hinein und ich bin erstaunt, wie licht er ist. Bei einem Blick zurück habe ich aufgrund des fehlenden Unterholzes freie Sicht bis hinunter ans Wasser und ans gegenüberliegende Ufer des Sees.

Der Boden unter unseren Füßen ist nun ziemlich sandig, übersät von Kiefernnadeln, vereinzelten zerbrochenen Zweigen und Kieferzapfen. Ein paar davon stopfen wir uns in die Taschen. Wir können sie gut gebrauchen, um ein Lagerfeuer anzuzünden – nicht hier im Wald natürlich, aber vielleicht auf einem ausgedehnten leeren Strand, wenn wir auf den Inseln angekommen sind. Wir schauen in die Wipfelregion, ob sich irgendwo etwas bewegt, und hoffen wider besseres Wissen, vielleicht einen Baummarder, ein Eichhörnchen, vielleicht einen Trupp Haubenmeisen oder einen Schottlandkreuzschnabel zu Gesicht zu bekommen. Aber wenn dort oben irgendetwas sein sollte, so bleibt es unsichtbar für uns. Der Kaledonische Wald gibt heute seine Geheimnisse nicht preis. Vielleicht ein andermal.

Wir gehen zurück zu unserem Wagen. Dort treffen wir auf einen Spaziergänger, der uns erzählt, dass es weiter die Straße hinauf eine Futterstelle für Eichhörnchen gibt, wo man mit ziemlicher Sicherheit welche sehen würde. Dies ist zu verlockend für mich, um es zu verpassen. Vielleicht nicht ganz dasselbe, als wenn man einen Blick auf diese schönen und emblematischen Geschöpfe erhascht, wenn sie mitten im Wald einen Baum hinaufhuschen, aber doch um einiges besser, als sie gar nicht zu Gesicht zu bekommen.

An der Futterstelle sehen wir tatsächlich zwei Eichhörnchen und sie sind so entzückend und rot, wie ich sie mir vorgestellt habe. Da diese Exemplare keine Angst vor Menschen haben, lassen sie uns ziemlich nahe herankommen. Eines ist etwas mutiger und zeigt sich völlig unbeeindruckt von unserer Gegenwart. Es bleibt eine Weile auf einem Ast über dem Futterplatz sitzen. Ich habe meine Kamera parat und beobachte es durch die Linse.

Seine Hinterpfoten hat es flach auf den Ast gesetzt, an den es sich mit zehn scharfen kleinen Zehennägeln festkrallt, während seine Vorderpfoten eine Nuss umklammern. Mit nach vorne gebeugtem Kopf nagt es an der Nuss, sein Schwanz folgt bis hinauf in den Nacken den Kurven und Konturen seines Körpers. Es schaut aus schwarzen Knopfaugen und trägt an den Ohrenspitzen cremefarbene Pinsel – ein Eichhörnchen, wie es im Buche steht. Es macht mich so traurig, dass dieses schöne Tier und das Überleben seiner Art hier in Großbritannien auf Naturschutzmaßnahmen angewiesen sind.

Ich merke, dass sich trotz meiner Betrübtheit über den Gefährdungsstatus der Eichhörnchen mit dem Exemplar vor mir keine wie auch immer geartete tiefere „Verbindung" einstellen will. Ich beobachte es einfach, etwa so, wie man ein Tier im Zoo beobachtet. Es ist schon ein persönlicheres Erlebnis, ein Tier in seiner natürlichen Umgebung zu sehen, aber letztlich kommt mir doch zugute, dass das Eichhörnchen hier, da es so leicht an Futter kommt, bis zu einem gewissen Grad zahm ist. Es fühlt sich einfach nicht an wie eine „wilde" Begegnung.

Ich überlege, an welchem Punkt die Begegnung mit einem wilden Tier mehr als nur eine einfache „Begegnung", ein unerwartetes, aber flüchtiges Zusammentreffen wird. Dabei muss ich an die Vögel denken, die zuhause an unsere Futterstation kommen. Manche, darunter Rotkehlchen, Amseln und Schwanzmeisen, haben langsam Vertrauen gefasst und sind dadurch offenbar zahmer geworden. Diese Zutraulichkeit rührt mich.

Andere, etwa Spechte und Gimpel, bleiben so wild, wie sie immer waren. Ich würde gerne einmal eine länger anhaltende, dauerhafte Verbindung mit wilden Tieren erleben, wie man sie von Menschen kennt, die an abgelegenen und einsamen Orten achtsam mit ihren Mitgeschöpfen zusammenleben und von ihnen als Teil ihrer natürlichen

Umgebung akzeptiert werden – in etwa so, wie man manchmal Kaninchen sieht, die geruhsam Gras in sich hineinmümmeln, während Vögel daneben nach Würmern picken. In solchen Situationen findet zwar keine Kommunikation oder Interaktion zwischen den Arten statt, trotzdem herrscht aber Vertrauen und Akzeptanz.

––––––––––

Wir verbringen unsere letzte Nacht auf dem Festland auf einem Rastplatz über dem Hafen von Ullapool. Wir lieben Ullapool. Es ist wie ein Treffpunkt, eine Mischung aus Alt und Neu, ein großes Kommen und Gehen, das dennoch ein Gemeinschaftsgefühl ausstrahlt. Die Ortsansässigen sind wahrscheinlich anderer Meinung, doch trotz der zahlreichen Touristen kommt uns der Ort nicht wie ein Touristenkaff vor.

Die Sonne scheint und da wir noch ein paar Stunden totzuschlagen haben, gönnen wir uns einen Kaffee und Zitronen-Polenta-Kuchen in Ufernähe. Rob verschwindet in einem original altmodischen Eisenwarenladen. Gleich daneben liegt eine wunderbare kleine Buchhandlung, in der ich John Lister-Kayes *Gods of the Morning: A Birds Eye View of a Highland Year* erstehe.

Schließlich ist es so weit, an Bord der Fähre zu gehen. Sturmtief Hector ist abgezogen und unsere Reise auf die Äußeren Hebriden kann beginnen.

Die Überfahrt mit der Fähre dauert ungefähr drei Stunden. Wir verbringen die meiste Zeit an Deck und beobachten große Ansammlungen von Tölpeln (*Morus*), die im Sturzflug nach Fischen tauchen. Rob hat dieses Schauspiel schon viele Male gesehen, für mich aber ist das Spektakel – ein wahrhaftes Spektakel – absolut neu und aufregend. Die Tölpel kreisen in Scharen hoch über dem Meer und halten nach Fisch Ausschau. Sie müssen außerordentlich gut sehen können. Wenn ich über die Reling unseres Schiffes nach unten blicke, kann ich unter der aufgewühlten grauen Wasserfläche absolut nichts erkennen; die Tölpel hingegen sehen Fische.

Wenn sie ein Ziel gesichtet haben, drehen sie in einen Sturzflug ab, bei dem sie Geschwindigkeiten von bis zu hundert Kilometern pro Stunde erreichen können. Sie legen ihre Flügel immer mehr an den

Körper an, bis sie nur Millisekunden, bevor sie auf das Wasser treffen, die Gestalt lebender Torpedos annehmen. Timing und Präzision beim Durchstoßen der Oberfläche sind ebenso erstaunlich wie die Tatsache, dass sie sich dabei nicht den Hals brechen oder über beziehungsweise unter der Wasseroberfläche mit einem Artgenossen zusammenstoßen. Sie müssen eine außergewöhnliche räumliche Wahrnehmung besitzen. Später habe ich gelesen, dass Tölpel, um den Einschlag ins Wasser abzupuffern, spezielle Nackenmuskeln und eine schwammartige Knochenplatte an der Schnabelbasis entwickelt haben.

Einmal ins Wasser eingetaucht treibt die im Sturzflug erreichte Beschleunigung die Vögel in Tiefen bis zu fünf Metern. Danach sind sie in der Lage, zu schwimmen oder besser gesagt zu fliegen, da sie ihre Flügel unter Wasser in nahezu der gleichen Weise benutzen wie in der Luft. Häufig verschlingen sie den gefangenen Fisch noch beim Auftauchen. Damit verhindern sie, dass sie von den Großen Raubmöwen oder „Bonxies", wie sie hier heißen, belästigt werden.

Es ist ihnen nicht zu verdenken. Wer hat schon Lust, sich einen mühsam gemachten Fang von einem marodierenden rüpelhaften Vogel klauen zu lassen, dessen Luftakrobatik so fein austariert ist, dass er einem anderen Vogel in der Luft einen Fisch aus dem Schnabel reißen kann und sich sein Fressen nicht selbst fischen muss? Der englische Name für den Basstölpel „gannet" stammt vom Altenglischen *ganot* ab, das „stark oder maskulin" bedeutet. Das scheint mir viel passender zu sein als die abfällige Art, in der das Wort heute zur Bezeichnung von allzu gierigen Essern oder Vielfraßen verwendet wird. Solche Leute sollten besser als „Bonxies" bezeichnet werden.

Als Vögel sind Basstölpel unverwechselbar. Sind sie an Land bei aller Schönheit unbeholfen, geben sie im Flug ein großartiges Bild ab. Ihr Gesichtsausdruck wirkt leicht mürrisch, fast missbilligend. Ihre Augen und Schnäbel, die aussehen, als seien sie ihren Gesichtern angeheftet und dann an den Rändern mit einem schwarzen Filzstift konturiert worden, erinnern mich an mittelalterliche Pestärzte mit ihren vogelartigen Schnabelmasken, die zum Schutz vor Ansteckungen mit getrockneten Blüten, Kräutern und Gewürzen gefüllt waren. Mit einer Flügelspannweite von zwei Metern sind Basstölpel Großbritanniens größte Meeresvögel. Wie ich gelesen habe, können sie über dreißig

Jahre alt werden. Sie bleiben lebenslang mit einem Partner zusammen und brüten mit vier oder fünf Jahren das erste Mal, in Kolonien, die bis zu 150.000 Vögel ihrer Art umfassen.

Dies bringt mir die tragische Geschichte von Nigel dem Tölpel in Erinnerung, die vor einigen Jahren durch die Nachrichten ging. Angelockt von den Lauten seiner Artgenossen, landete er 2013 auf dem kleinen vor der Nordinsel Neuseelands liegenden Eiland Mana. Die Rufe stammten allerdings nicht von echten Tölpeln, sondern kamen aus solarbetriebenen Lautsprechern, die neben achtzig Betonattrappen mit gelben Schnäbeln und schwarzen Flügelspitzen auf den östlichen Kliffs der Insel mit der Absicht aufgestellt worden waren, echte Tölpel zur Gründung einer Kolonie zu bewegen. Nur Nigel kam.

Schon bald hatte er sich aus den Betonvögeln eine Partnerin erwählt und nach Auskunft des auf der Insel lebenden Wildhüters Chris Bell sorgsam damit begonnen, aus Tang und kleinen Stöcken ein Nest zu bauen. Er pflegte und striegelte das kalte Betongefieder seiner Auserwählten und schwatzte mit ihr „Jahr um Jahr um Jahr". Nigel blieb auf der Insel, seiner Partnerin treu ergeben, bis zu seinem Tod Anfang 2018, nur ein paar Wochen, nachdem endlich drei lebende Tölpel auf Mana eingetroffen waren. Er hatte sich mit den Neuankömmlingen nicht anfreunden können und zog ihnen die Gesellschaft seiner Betonkolonie vor. Bell hatte sich Nigels frühen Tod sehr zu Herzen genommen, aber da Tölpel gerne nisten, wo schon Artgenossen ihre Nester gebaut haben, wird angenommen, dass seine Gegenwart auf der Insel ausschlaggebend für die anderen Vögel war, sich niederzulassen. „Es ist wirklich traurig, dass er starb", teilte Bell Reportern mit, „aber es war nicht umsonst."

Wir werden noch mehr Tölpel zu Gesicht bekommen, sagt Rob. Auf den Äußeren Hebriden kommen sie recht häufig vor. Und so wende ich mich von den lärmenden, sturztauchenden Tölpeln ab, die rasch als immer kleinere Flecken in der Ferne verschwinden und sehe voller Erwartung unserem Bestimmungshafen Stornoway entgegen.

Bei der Planung der Reise war ich davon ausgegangen, dass unser „Abenteuer" anfangen würde, wenn wir auf den Inseln landen, in Wirklichkeit aber stellt sich die ganze Fahrt als Abenteuer heraus, und dass wir auf unserer Überfahrt von Basstölpeln begleitet worden sind, gehört sicherlich zu den Höhepunkten, insbesondere für Rob, der ein Faible für diese Meeresvögel hat. Wie wunderbar, dass ich durch die Begegnung mit Rob nun auch seine Leidenschaft für Vögel teile, so wie er mein Interesse für Wildbienen mit mir teilt. Durch diese gemeinsamen Interessen hat unser Zusammenleben noch mehr an Sinnhaftigkeit und Freude gewonnen.

Ich bin voller Vorfreude, als wir uns bereit machen und von Bord fahren, zugleich überfällt mich Traurigkeit, dass ich meiner Mutter, die meinen Geschichten gerne gelauscht hätte, nicht von den anstehenden Abenteuern werde erzählen können. Ich hoffe, dass diese Traurigkeit bald von den Wundern und der Wildheit der Äußeren Hebriden gemildert wird. Und auch der Umstand, dass wir keinen bestimmten Zeitplan für die nächsten Monate haben, außer zu gehen und zu bleiben, wo immer uns Lust und Laune hinführen, wird seinen Teil dazu beitragen.

12.
AUF DER SUCHE NACH DER DEICHHUMMEL, TEIL 2

Bei der Ankunft auf Lewis ist es bedeckt und das Erste, was ich zu sehen bekomme, als wir aus Stornoway hinausfahren, macht einen so öden und kargen Eindruck, wie ich es noch nie erlebt habe. Kilometerweit ist nur eine anscheinend leere Landschaft mit weiten offenen Himmeln zu sehen. Aber sie ist nicht so trostlos, wie es zunächst aussieht.

Als Erstes fällt mir das Wollgras ins Auge. Mit seinen flauschigen, weißen Baumwollbüscheln, die sich an der Spitze langer binsenartiger Stängel im Wind neigen und wiegen, ist es nur schwer zu übersehen. Ich liebe diese Pflanze, obwohl sie meist an nassen und sumpfigen Stellen steht. Dort wachsen auch noch andere Gräser und schwammige Torfmoose und das stehende Wasser ist braun. Bei näherem Hinsehen entdeckt man in den flachen Gräben und Kanälen, die für diese torfigen Moorgebiete so typisch sind, Ansammlungen von Läusekraut und Moorlilie. Das Läusekraut ist rosa und blüht auf kurzen Stielen mit verkümmerten Blättern. Die Moorlilie wächst höher als das Läusekraut, aber kürzer als das Wollgras und trägt Büschel aus rötlichen Knospen, die sich zu hübschen gelben sternförmigen Blüten öffnen. Ich bin überrascht, wie grazil diese kleinen Blumen wirken. Sie müssen viel robuster sein, als sie erscheinen, denn in einer Landschaft wie dieser gilt es, ziemlich zäh und widerstandsfähig zu sein, um überleben zu können.

Eine andere Pflanzengruppe, die sich an diese Verhältnisse und an die sauren, morastigen Bedingungen der Torfmoore angepasst hat, ist Sonnentau (*Drosera* spp.). Ein Gewächs wie dieses habe ich noch nie gesehen und bin völlig fasziniert. Die Pflanzen der Sonnentauarten sind klein und wachsen sehr nah am Boden. Man muss sie sich also durch ein Vergrößerungsglas anschauen, um ihre ganze Schönheit erkennen zu können. Ihre Blätter, die in einer Rosette direkt aus der Wurzel wachsen, sind gelblich grün und erinnern an abgeflachte Daumen. Ich vermute, ich habe es hier mit dem „Mittleren Sonnentau" (*Drosera intermedia*) zu tun. Die Blattränder sind mit kurzen, stacheligen roten Haaren umsäumt, ein bisschen wie Tentakel, die jeweils an ihrem Ende ein tauartiges Tröpfchen tragen – daher der Name –, das im Sonnenlicht schimmert und funkelt. Die Pflanze ist eine fleischfressende Pflanze und die an den Haarspitzen ausgeschiedene klebrige Substanz erweist sich für ein argloses Insekt, das sich niederlässt und daran ergötzen möchte, als tödliche Falle. Manche Sonnentauarten haben kleine weiße Blüten entwickelt, die an langen, geraden und hoch über die Blätter aufragenden Stielen sitzen. Ich nehme an, die Blüten müssen außer Reichweite der klebrigen Sekrete sein, denn es wäre wenig zuträglich, die Insekten, die es zur Bestäubung braucht, zu fangen und zu verdauen. Ich frage mich, welche Insekten die Pflanze eigentlich bestäuben sollen. Bienen sind jedenfalls nicht zu sehen; vielleicht Fliegen.

Heidekraut gibt es auch, überall, so weit das Auge reicht. Weil es nicht blüht, habe ich es zunächst nicht wahrgenommen. Nicht mehr lange, und es wird vor Farbe explodieren und das Torfland in Lila tauchen. Vom Heidekraut hat die Insel Lewis einen ihrer gälischen Namen: *Eilean an Fhraoich*, „Heideinsel".

Nach und nach sehe ich diese weite offene Landschaft in einem völlig anderen Licht. Dieser einzigartige Lebensraum, der alles andere als karg ist, strotzt vor Leben. Nicht nur, dass in ihm eine vielfältige Gemeinschaft von Pflanzen und Wirbellosen gedeiht, er ist auch ein international wichtiges Brutgebiet für Vögel, darunter Alpenstrandläufer, Goldregenpfeifer und Brachvogel. Auch Kornweihe und Sumpfohreulen sind auf diesen Lebensraum als Jagdrevier angewiesen.

Solche Torflandschaften spielen zudem eine wichtige Rolle beim Binden und Speichern von Kohlenstoff. Heute ist es wichtiger denn je, dass Lebensräume wie solche auf der Insel Lewis geschützt werden. In einem guten Zustand sind Torflandschaften in ihrer Fähigkeit,

Kohlenstoff aufzunehmen, allen anderen Ökosystemen voraus. Nur drei Prozent der gesamten Erdoberfläche bestehen aus Torflandschaften, aber diese mageren drei Prozent speichern mindestens doppelt so viel Kohlenstoff wie alle Wälder der Erde zusammengenommen. „Wenn Torfmoore beschädigt oder beeinträchtigt werden", so eine Mitteilung des Woodland Trust, „emittieren sie Kohlendioxid und andere Treibhausgase. Schon bei einem Verlust von 1,5 Prozent der Torflandschaften der Erde entspricht der freigesetzte Kohlenstoff der Menge, die jedes Jahr weltweit durch den Menschen emittiert wird." Wenn ihr noch immer Torf als Kompost für euren Garten kauft, dürfte es jetzt an der Zeit sein, auf eine nachhaltigere Variante umzusteigen.

Von der Begegnung mit diesen neuen Pflanzen in Beschlag genommen, habe ich jedes Zeitgefühl verloren. Da wir noch einen Platz für die Nacht finden müssen, verlassen wir die Sümpfe und Torfmoore und reisen an die äußerste Nordspitze der Insel, wo wir den Abend am Hafen von Port of Ness verbringen. Ein Trupp Basstölpel jagt in der Bucht. Sie sind so nahe, dass wir keine Ferngläser brauchen. Hinter uns in den Klippen nisten Eissturmvögel in ehemaligen Kaninchenbauen. Eine Seeschwalbe, einen Sandaal mit ihrem kleinen Schnabel umklammernd, kämpft gegen die Gewalt des Windes an. Sie ist vermutlich auf dem Rückweg zu ihrem Nest, das irgendwo landeinwärts liegt, geschützt von langem Gras im Rücken der Klippen. Der Strand ist leer, das Wetter ungestüm und um Mitternacht ist es noch immer hell.

Von Port of Ness aus fahren wir nach Süden mit einem Abstecher zu den Callanish Stones, die noch tausend Jahre älter als Stonehenge sind. Hier feiern wir die Sommersonnenwende. Ich finde es gut, den Wechsel der Jahreszeiten zu begehen, bin aber betrübt, dass die Sonnwendfeiern von Leuten gekapert wurden, für die sie nur als Vorwand für eine große Party dienen. Ich habe nichts gegen Partys, ärgere mich aber über den Mangel an Achtsamkeit und Respekt gegenüber der Landschaft und den uralten Monumenten, um die sich die Leute versammeln und die sie haufig schon zugemüllt haben, bevor die Sonne an diesem längsten Tag des Jahres aufgeht. Glücklicherweise halten die Menschen, die wir in Callanish antreffen, die Steine und die Landschaft, in der sie stehen, in Ehren und so ist es uns gegönnt, den

Sonnenaufgang an einem der kältesten aber bei Weitem dem schönsten und magischsten Mittsommermorgen, den ich je erlebt habe, zu beobachten.

––––––––

Wir sind noch keine Woche auf den Inseln, doch meine Sinne sind bereits überfrachtet und mein Kopf kann kaum mithalten mit all den Ausblicken und Informationen, die er zu verarbeiten sucht. Seit unserer Ankunft habe ich ein Feldbuch geführt, in dem ich alle Pflanzen, Vögel und Insekten verzeichne, auf die wir stoßen, und so langsam fühle ich mich wie ein Kind, das sich hemmungslos in einem Süßigkeitenladen austoben darf. Ich kann es kaum glauben, wie viele verschiedenen Blütenpflanzen ich bereits notiert habe – mindestens fünfunddreißig bis jetzt und das sind nur die, deren Namen ich bestimmen konnte. Die anderen kann ich hoffentlich anhand meiner Fotografien identifizieren, wenn wir im August wieder zuhause sind.

Wir haben auch unzählige Vögel gesehen, nicht nur Meeresvögel und Watvögel, sondern auch Strand- und Wiesenpieper, Feldlerchen und Steinschmätzer, so viele Steinschmätzer, dass man annehmen möchte, die Hälfte der weltweiten Population dieser Spezies sei auf der Insel Lewis zu Besuch. Mir sind diese lustigen kleinen Vögel ziemlich ans Herz gewachsen. Sie sind weniger furchtsam als andere und wenn wir auf den engen Inselstraßen wandern oder mit dem Fahrrad unterwegs sind, hüpfen und fliegen sie neben uns her, immer nur ein paar Zaunpfosten voraus. In Größe und Gestalt ähneln sie den Rotkehlchen, sind aber auffälliger. Kopf und Rücken der Männchen sind blaugrau, die Flügel schwarz. Sie tragen schwarze Wangenflecken und weiße Streifen über den Augen. Brust und Nacken sind blassorange überhaucht. Die Weibchen sind bräunlich und nicht so leicht zu erkennen. Ich verwechsle sie leicht mit anderen Arten.

Wir haben Kuckucke, Feldlerchen, Austernfischer, Kiebitze, Brachvögel und einen Wachtelkönig (*Crex crex*) gehört. Ja, einen Wachtelkönig – der, ich schwöre, nur wenige Meter von unserem Bus entfernt war. Er hielt sich so gut im Gestrüpp verborgen, dass wir ihn trotz unserer ausdauernden Geduld, mehreren Stunden frustrierenden Wartens, nicht zu Gesicht bekamen. Wir sahen noch nicht einmal, wie sich das Gras bewegte, obwohl wir, sein unaufhörliches *crex* verfolgend, erraten konnten, dass er ständig in Bewegung war. Diese Vögel gelten nicht umsonst als überaus scheu.

Am bislang faszinierendsten dürfte die Begegnung mit einem Seeadlerpärchen (*Haliaeetus albicilla*) gewesen sein, das wir am Morgen der Abfahrt aus Callanish gesichtet hatten. Die Adler waren nicht draußen auf dem Meer, sondern landeinwärts, wo sie, sich in der Luft überschlagend, mit ineinander verfangenen Klauen direkt auf uns zuhielten, nur ein paar Meter von unserem Bus entfernt. Einen Moment lang sah es fast so aus, als würden sie auf dem Boden aufschlagen, aber dann trennten sie sich in letzter Sekunde, schwenkten ab, nach oben, und entfernten sich. Wir verfolgten sie durch unsere Ferngläser, bis sie nicht mehr zu sehen waren. Kein Superlativ reicht aus, um diese Vögel, oder was ich bei ihrem Anblick empfand, zu beschreiben. Dieses Erlebnis werde ich nie vergessen.

Und wir haben noch fast zwei volle Monate vor uns. Keine Termine oder Verpflichtungen, und keinen anderen Plan, als die Anblicke, Geräusche, Gerüche und Energien dieser Inseln in uns aufzusaugen. Ich überlege, wie man die Äußeren Hebriden im Herbst, Winter oder Frühling erlebt. Vielleicht sollten wir es irgendwann einmal versuchen. Vielleicht finden wir schon morgen einen kleinen verlassenen Bauernhof am Rande des Machair, irgendwo zwischen den Bergen und den endlosen Weiten des Atlantischen Ozeans, wo wir unseren Bus abstellen und ein kleines Stück Land bestellen können und von wo wir niemals wieder weggehen müssten. Ich frage mich, wie viele Inselbesucher vor uns auf genau die gleiche Idee verfielen.

Was aber lässt, wenn man irgendwo in der Wildnis ist, ein solches Verlangen aufkommen? In der Sehnsucht, den Sand unter unseren Füßen zu spüren, im Meer zu schwimmen, einen Baum zu umarmen, unter den Sternen zu tanzen und auf den Gipfel des höchsten Bergs zu steigen, um das Wetter in seiner ganzen Kraft zu erleben, artikuliert sich ein Bedürfnis nach Ursprünglichkeit. Allerdings reagiert nicht jeder auf wilde Landschaften in dieser Weise. Um sich derart fallen lassen zu können, braucht es eine mentale *Offenheit*, das heißt, man muss bereit oder willens sein, sich körperlich und emotional auf die Natur einzulassen. Wer dieses Gefühl nicht spürt, hat womöglich gegenüber den Sehnsüchten und Gefühlen, wie ich sie gerade erlebe, eine Ablehnung entwickelt. Vielleicht aus Angst. Vielleicht aus Frucht, niemals mehr in sein altes Leben zurückkehren zu wollen, wenn man nur einen Moment lang Schleusen und Dämme öffnet und man sich dem Urverlangen, eins mit den Elementen und der Erde zu sein, aussetzt.

Angst ist eine merkwürdige Sache. Manchmal haben die Menschen, die man für stark hält, mehr Angst davor, „sich mit ihrer sensibleren Seite auseinanderzusetzen", wie man so schön sagt, als davor, von einem Löwen oder einem Tiger angegriffen zu werden. Ich kann mich des Gedankens nicht erwehren, dass sich Politikern und Managern, wenn sie mehr Zeit an unberührten Orten wie diesem hier verbringen, Schuhe, Socken, Jobs, Titel und Mobiltelefone ablegen und sich ganz der Natur überlassen würden, etwas Größeres und Wichtigeres zeigen würde als jenes „wirtschaftliche Wachstum", von dem sie so besessen sind. Sie würden vielleicht merken, dass man der Natur kein Preisschild aufdrücken kann und dass es nicht nur kurzsichtig, sondern auf lange Sicht sogar selbstmörderisch ist, die Wirtschaft über die Ökologie zu stellen. Das wäre schön.

———

Seit einer Stippvisite auf Barra vor ein paar Jahren hatten Rob und ich immer das Verlangen gehegt, zurückzukommen. Bei unserem Besuch damals konnten wir zwar Deichhummeln erspähen, wir hatten aber nur wenig Zeit. Auf unserer jetzigen Reise hoffen wir, diese Art eingehender beobachten zu können. Wir haben auch festgestellt, dass diese Inseln der Mooshummel (einschließlich der selteneren schottischen Form, die manchmal als Hebridenhummel bezeichnet wird) – einer weiteren Art, deren Zahl im Schwinden begriffen ist – sowie einer sehr seltenen Einsiedlerbiene, der *Colletes floralis,* eine Heimat bietet. Diese Inseln sind für Insekten, Vögel, Wildblumen – und für mich – ein siebter Himmel.

Lewis wird zu Harris und die Landschaft verändert sich von Neuem. Wir fahren nach Süden, auf der Golden Road, einer schmalen einspurigen Straße mit Ausweichbuchten, die sich die dramatische

Ostküste der Insel Harris entlangwindet und -schlängelt. Mit seinen Bergen, Mondlandschaften, unzähligen Binnenlochs oder Seen, Inselchen und Buchten ist das Terrain ziemlich ungewöhnlich. Auf den größeren Flächen des flachen, niedrig gelegenen Bodens zwischen den Inselchen und Buchten wachsen hellrosa Grasnelken in großen Feldern.

Inzwischen habe ich Mühe, mein Feldbuch auf dem Laufenden zu halten. So mannigfaltig ist diese Landschaft und so reich an Wildblumen und Gräsern, dass jeder Tag eine Überfülle neuer Szenarien und Arten mit sich bringt. Und nun, da wir an die Westküste gewechselt sind, raubt mir die Landschaft den Atem. Wir hatten eigentlich nie Strandurlaub im Sinn gehabt, aber jetzt fällt es uns schwer, etwas anderes zu tun, als dazusitzen, offenen Munds und staunenden Auges, und auf den unberührten weißen Sand und das azurblaue Wasser zu schauen. Und hier, im Rücken dieser Strände, haben wir im Grunde das erste Mal verstanden, was es mit dem Machair auf sich hat.

Es ist spektakulär. In diesem seltenen und fragilen Küstenhabitat gedeihen und blühen mehr Wildblumen, als ich zählen kann. Im Machair kommen mehrere Landschaftstypen vor, nasse, trockene oder torfige, aber vornehmlich handelt es sich um eine vom Sand geprägte Küstenlandschaft. Die Pflanzen, die man sieht, variieren also, je nachdem, zu welcher Jahreszeit man kommt und an welcher Stelle man sich gerade aufhält.

Stellt euch eine Landschaft voller Wildblumen vor, in der eine Fülle wilder Orchideen neben Kreuzblumen, Augentrost und Sandthymian wachsen, in der auf langen dünnen Stängeln, über einer Lage Klee und Wicken, Kuckucks-Lichtnelken, Wollgras und Butterblumen im Wind schwanken und wo die Luft von dem süßen und zarten Duft des Liebfrauenbettstrohs (oder Labkrauts) erfüllt ist. Dazwischen wachsen Kleine Braunelle, Flocken- und Glockenblume und Vergissmeinnicht, aber auch Pflanzen mit so wenig vertrauten, gleichwohl vollmundigen Namen wie Sumpf-Schafgarbe, Niederliegendes Mastkraut oder Wasserknöterich. Die Liste ließe sich immer weiterführen.

Wenn ihr so weit seid, euch von den einzelnen Pflanzen loszureißen, versucht sie nach Farben zu arrangieren. Farblich wechselt die Landschaft des Machair von vornehmlich Weiß im Mai zu jedem nur denkbaren Gelbton im Juni und dann zu hochsommerlichen Exzessen von Rosa-, Rot- und Mauvetönen bis hin zu Blau- und Violettschattierungen Ende August. Dem füge man als Hintergrund den weißen Sand und das ewig wechselnde Farbenspiel des Meeres hinzu … oder man blicke landeinwärts auf eine kontrastreiche Szenerie aus Hügeln, durchsetzt vom blaubraunen Wasser torfiger Lochs mit ihren kleinen Inselchen, die darauf warten, erkundet zu werden. Falls es euch gelingt, dies vor eurem inneren Auge vorbeiziehen zu lassen, bekommt ihr vielleicht einen Eindruck von dieser überwältigenden Landschaft. Solltet ihr je das Glück haben, diese Gegend zu besuchen, ihr werdet nicht enttäuscht sein. Versprochen.

Das gälische Wort *machair* bedeutet „fruchtbare Ebene", die Landschaft ist aber eine Kombination verschiedener Variablen, aus der die einzigartigen Gebiete zwischen Meer und Torfland hervorgehen. Zu dieser Mischung gehört tiefliegendes Grasland; mit den Splittern von Millionen Muschelschalen angereicherter und von tief wurzelndem Strandhafer zusammengehaltener Sand; stark auflandige Winde, die den Sand landeinwärts wehen; die richtige Niederschlagsmenge; und vor allem die Einwirkung von Menschen und ihren Weidetieren. „Der richtige Mix dieser Merkmale ist so ungewöhnlich", heißt es von Seiten des Scottish National Heritage, „dass das Machair weltweit nur im Nordwesten Schottlands und im Nordwesten Irlands vorkommt."

Mehr als tausend Jahre haben Kleinbauern, sogenannte *crofter*, lange schmale Streifen des Machair bestellt und dabei die schonende traditionelle Praxis des Fruchtwechsels in Kombination mit saisonaler Beweidung angewendet. Was nach der Ernte stehen bleibt, wird untergepflügt, mit der Folge, dass die Samen im Boden durchmischt werden und zwischen den Feldfrüchten Wildblumen wachsen. Als Düngemittel wird nur Tang verwendet. Da keine Unkrautvernichtungsmittel gespritzt werden, gedeihen die Wildblumen üppig.

Sieben herrliche Tage lang erkunden Rob und ich die Strände und das Machair auf der Westseite von Harris, saugen sie regelrecht in uns auf, und dort, an einem mit Klee bestandenen Fleckchen, stoßen wir auch auf unsere erste Mooshummel (*Bombus muscorum*). Wie die Deichhummel hat diese Art aufgrund veränderter landwirtschaftlicher Gepflogenheiten und wahrscheinlich des Klimawandels im Lauf des letzten Jahrhunderts einen starken Niedergang erlebt. Allerdings ist sie in Großbritannien und Irland noch weiter verbreitet als die Deich-hummel, mit Rückzugsgebieten an den Küsten von Wales, England und Schottland sowie hier in den Äußeren Hebriden.

Was die Blütenpflanzen anlangt, ähneln die Vorlieben der Moos-hummel interessanterweise denen der Deichhummel. Das deutet da-rauf hin, dass noch weitere Faktoren eine Rolle spielen, warum die Deichhummel so weit in den Norden abgedrängt worden ist, während die Mooshummel auch noch in Gebieten weiter im Süden des Vereinig-ten Königreichs überlebt.

————————

Schweren Herzens verlassen wir Harris. Da wir eine Fähre neh-men müssen, werden wir unsere Meinung nicht ohne Weiteres ändern und wieder zurückkehren können. Aber es ist an der Zeit weiterzuzie-hen und wir fahren über Berneray auf die Uist-Inseln.

Wir erreichen das Vogelschutzgebiet Balranald, ein Naturreser-vat an der Westküste von North Uist, es ist Anfang Juli. Unser Plan ist, hier einen Gutteil der Woche das Auto abzustellen und Radtouren zu machen. Das Naturschutzgebiet ist bekannt für seine ausgedehn-ten Sandstrände, sein felsiges Küstenvorland, seine Marschen, Dünen und sein Machair. Wir hoffen hier eine große Anzahl Meeres- und Watvögel zu beobachten und mit etwas Glück einen Wachtelkönig vor die Augen zu bekommen. Ich möchte auch unbedingt auf Deichhum-meln stoßen. Aber als Erstes müssen wir ausladen und unser Lager aufbauen.

Während wir den Camper nivellieren, bemerke ich in dem Feld di-rekt hinter dem Campingplatz eine Gruppe von Leuten mit Insektennet-zen und Fotoausrüstung. Das Feld, in dem sie stehen, ist wie praktisch alle Landstücke in seiner Nachbarschaft mit gelben Blumen übersät. Ich bin mir nicht sicher, nehme aber an, es handelt sich um Wundklee (*Anthyllis vulneraria*). Deichhummeln mögen Wundklee. Ich rätsle, was die Leute tun, und bemerke, dass sie die meiste Zeit nach unten auf den Boden schauen. Im Wissen, dass auf den Äußeren Hebriden Natur-safaris angeboten werden, bilde ich mir ein, die Gruppe würde nach Schmetterlingen oder Hummeln Ausschau halten.

211

Je länger ich sie beobachte, desto größer wird meine Ungeduld. „Geh schon!", meint Rob, „ich komme nach, wenn ich mit dem Ausladen fertig bin. Und vergiss deine Kamera nicht."

Halb gehend, halb rennend lasse ich den Camper, die Fahrräder, das Ausladen und Rob zurück und laufe zu dem Feld, wo die Leute mit den Netzen und Kameras gerade dabei sind aufzubrechen. Ich möchte sie einholen und fragen, ob sie vielleicht zufällig Deichhummeln gesehen haben. Zum Glück kommen sie mir entgegen und ich treffe sie am Eingang des Campingplatzes. An ihrer Ausrüstung sehe ich, dass es sich um ein Fernsehteam handelt. Das ist schon mal gut.

„Entschuldigung, dass ich mich so aufdränge", fange ich an, „aber ich habe Sie in dem Feld da drüben gesehen. Haben Sie vielleicht zufällig nach Deichhummeln Ausschau gehalten?"

Die Antwort fällt positiv aus. Sie haben sogar eigens nach Deichhummeln gesucht, um sie für eine Sektion in einem zweiteiligen Special der BBC *The One Show* zu filmen. In der kommenden Woche soll live von den Äußeren Hebriden gesendet werden. Ihrer Auskunft nach dürften sich auch jetzt noch etliche Deichhummeln auf dem Wundklee tummeln und Nahrung sammeln.

Aufgeregt winke ich Rob, bedeute ihm, doch schnell zu kommen. Ich will mir die Hummeln nicht entgehen lassen, möchte aber auch, dass er dabei ist, wenn wir sie entdecken. Ob sie wirklich so schön und gelb sind wie in meiner Erinnerung?

Vorsichtig bahnen wir uns einen Weg durch den Teppich aus gelbem Klee bis zu der Stelle, wo das Fernsehteam gefilmt hat. Dort ist nichts mehr zu sehen. Wir gehen am Rand des Kleefelds entlang zurück, die Augen auf den Boden gerichtet und immer mal wieder anhaltend, um zu lauschen. Oft verrät das tiefe, nachhallende Brummen die Nähe einer Hummel und tatsächlich, nach ein paar Minuten höre ich eine.

Ich konzentriere mich, wende meinen Kopf, um ihre Position besser anpeilen zu können. Und dann, plötzlich, sehe ich sie – eine wunderschöne, makellose Deichhummelkönigin! Sie ist so „distinguiert", wie es ihr Name *Bombus distinguendus* nahelegt. Von vorne bis hinten ist sie in ein dicht gepacktes, hell ockerfarbenes Fell eingehüllt, das nur von einer einzigen kräftigen schwarzen Binde zwischen ihren Flügeln, genau in der Mitte ihres Rückens, unterbrochen wird. Ihre Unterseite und Beine sind vollkommen schwarz. Diese Hummel ist wahrhaftig eine Königin der Königinnen.

Das Brummen meiner so überaus distinguierten Hummelkönigin ist verblüffend tief und macht es leicht, ihr zu folgen, wenn sie zielstrebig von Blüte zu Blüte fliegt. Mit ihrem langen Rüssel sondiert sie die tiefen Blütenköpfe des Wundklees nach Nektar und an ihren Hinterbeinen transportiert sie, wie ich sehen kann, auch schon Pollen. Das lässt darauf schließen, dass sie bereits ein Nest gegründet hat und den Pollen wohl zur Versorgung ihrer ersten Brut sammelt.

Auf dem Festland gelangen manche Hummeln bereits an das Ende ihres Nistzyklus, aber die Deichhummeln, die erst Ende Mai oder Anfang Juni, wenn ihre Lieblingspflanzen blühen, ihre Überwinterungsperiode beenden, sind Spätzünder.

Wie etliche andere Hummelarten nisten Deichhummeln gerne in den verlassenen Bauen von Nagetieren und Kaninchen. Verborgen unter dem büscheligen Gras des Machair gibt es viele davon. Auf der Webseite des Bumblebee Conservation Trust habe ich allerdings gelesen, dass trotz der perfekten Nistbedingungen, die dieser Lebensraum bietet, „in jedem Quadratkilometer geeigneten Habitats" lediglich ein oder zwei Nester anzutreffen sind. Verglichen mit anderen Hummeln bleiben die Kolonien der Art zudem relativ klein. Angesichts ihres Nistverhaltens und dem Mangel an noch verbliebenen geeigneten Habitaten ist es kein Wunder, dass diese Hummelart in Großbritannien und Irland so selten geworden ist.

Schon so bald nach unserer Ankunft in Balranald auf eine Deichhummel gestoßen zu sein, macht mich ganz glücklich und ich bin optimistisch, dass wir noch weitere sehen werden. Ganz klar, das ist genau der Lebensraum, den sie brauchen, hier haben sie alles Nötige, um erfolgreich ihren Lebenszyklus zu durchlaufen. Neben dem Wundklee wachsen hier noch andere favorisierte Pflanzen, etwa Hornklee und Rotklee, und es sieht danach aus, als ob die Flockenblumen bei ihrer Blüte etwas später im Sommer eine volle Ernte garantieren, die die Hummeln ernähren wird, wenn Wund-, Horn- und Rotklee verblüht sind.

Für Hummeln ist es überlebenswichtig, dass sie während ihres gesamten Lebenszyklus geeignete Nahrungspflanzen vorfinden, doch geeignete Lebensräume, die dies gewährleisten, gibt es mittlerweile leider nur noch vereinzelt. Im Vereinigten Königreich haben wir seit dem Ende des Zweiten Weltkriegs etwa 98 Prozent unser Wildblumenwiesen verloren und damit einhergehend nicht nur den Rückgang der Deichhummel und anderer auf Wildblumen angewiesener Arten zu verzeichnen, sondern auch das Verschwinden bodenbrütender Vögel wie Kiebitz, Feldlerche, Brachvogel und Wachtelkönig.

Tatsächlich entdecken wir noch weitere Deichhummeln, fast ausnahmslos auf dem Wundklee. Aber sie sind hier nirgendwo so zahlreich wie die Mooshummeln, die besonders häufig an Tagen mit bedecktem Wetter anzutreffen sind. Auch das lässt mich rätseln, ob für den Rückgang der Deichhummelpopulationen nicht andere Gründe eine Rolle spielen.

Ein Online-Chat mit einem Freund veranlasst mich, etwas tiefer zu graben. Ich stoße auf einen Artikel von Dr. Paul Williams, einem Entomologen am Natural History Museum London. Williams mutmaßt, dass Deichhummeln empfindlicher auf Klimaveränderungen reagieren als andere Hummelarten. Wo es um Artenschwund geht, liegen die Dinge nie so einfach, wie es scheint. Meist spielen mehrere Ursachen eine Rolle und man sollte die Schuld nicht unbedingt bloß bei einer suchen. Wer mit dem Finger auf nur einen Faktor zeigt, zum Beispiel auf Pestizide, auf vermehrt auftretende Krankheiten oder invasive Arten, macht es sich zu einfach, denn in Wirklichkeit sind die Ursachen viel komplexer. Sie müssen ganzheitlich und nicht getrennt voneinander betrachtet und angepackt werden.

Unsere Woche auf North Uist geht zu Ende. Mittlerweile habe ich annähernd siebzig Blütenpflanzen gesehen und bestimmt. Unter den Vögeln, die wir auf der Insel gesichtet haben, sind drei Sumpfohreulen, ein Steinadler und zahllose Kornweihen, Männchen wie Weibchen. Die Äußeren Hebriden sind ein sicherer Rückzugsort für diese und viele weitere Raubvögel, von denen ich zuhause in Dorset wahrscheinlich nie welche zu Gesicht bekommen werde.

Die Kornweihen gesehen zu haben, war schon ein außerordentliches Privileg, und zu wissen, dass sie auf dem Festland so gnadenlos verfolgt werden, macht mich traurig. Eines Tages, so hoffe ich, werden sie vielleicht den Schutz erhalten, den sie verdienen, so dass ihre Population nicht nur auf den Äußeren Hebriden, sondern überall in Großbritannien und Irland wieder zunimmt.

Das Tüpfelchen auf dem i kommt am vorletzten Tag unseres Aufenthalts, als uns das unerwartete Glück widerfährt, gleich zwei Wachtelkönige zu sehen. Obwohl wir sie Tag und Nacht haben *crex-crexen* hören, hatten wir es völlig aufgegeben, nach ihnen Ausschau zu halten, und waren deshalb umso perplexer, als ein Pärchen direkt vor uns ungeschickt flatternd vom Boden aufflog. Sie überflogen das Feld und landeten hinter dem Zaun, wo sie nicht mehr gesehen waren, zumindest nicht von uns.

———————

Am Tag unserer Abfahrt studiert Rob die Karte. Er liest gerne Karten. Ich bin froh darüber, denn sonst hätten wir manches atemberaubende Gebiet im Machair verpasst.

„Hast du Lust, heute nach Baleshare zu fahren?", fragt er. „Muss ein toller Ort sein, um Vögel zu beobachten."

„Warum nicht!"

Ein paar Stunden später überqueren wir den Damm, der zu der vor der Westküste von Nord Uist gelegenen Gezeiteninsel Baleshare führt. Sie ist extrem flach. Wir parken kurz oberhalb eines Strandes und ich gehe auf der Straße zu einem Stück Machair, das mir zuvor beim Vorbeifahren ins Auge gefallen war.

Dort habe ich mehr Pflanzenarten auf einem Fleck gesehen als irgendwo sonst in meinem Leben. Ich hätte es bis dato nicht für möglich gehalten, dass so viele Pflanzen in so enger Nachbarschaft bestehen können, ohne dass die eine oder andere aus dem Feld geschlagen würde. Um genauer hinsehen zu können, gehe ich in die Hocke und entdecke allein auf dem kleinen Fleck vor meinen Füßen Klappertopf, Zaunwicke, Kuckucks-Lichtnelke, Kleine Braunelle, Gemeiner Augentrost, Veilchen, Wegerich, Rotklee, Weißklee, Jakobs-Greiskraut, Butterblume, Echtes Labkraut und Gänsefingerkraut, und das sind nur die, die ich kenne.

Von den anderen Blütenpflanzen, darunter zwei Orchideenarten und etliche Gräser, weiß ich die Namen nicht. Das nenne ich mal eine Blumenwiese. Zwei kleine blaue Schmetterlinge tanzen über der Kuckucks-Lichtnelke; Mooshummeln tun sich an der Kleinen Braunelle gütlich und die Luft ist schwer von dem unverkennbaren Duft des

Echten Labkrauts. Wenn ich einen Moment herauspicken sollte, der mir für immer als Erinnerung an unseren Aufenthalt auf den Äußeren Hebriden bleiben wird, dann diesen.

Als ich es endlich schaffe, mich von diesem kleinen Stückchen Himmel loszureißen und zum Strand zurückzukehren, ist von Rob nichts zu sehen. Also gehe ich am Strand entlang, sammle kleine Tangstücke, Muscheln und Treibholz. Ich finde auch etwas Meerglas und ein paar komisch aussehende Schwämme. Ich liebe es, Sachen am Strand aufzusammeln. Ich habe es immer geliebt und werde es immer lieben. Auf alten Familienfotos von Ferien am Meer sieht man mich immer mit dem Kopf nach unten den Strand nach Schätzen absuchen.

Von Rob noch immer keine Spur, also gehe ich zurück und setze mich oben am Strand auf eine sandige Böschung. Ich suche mir eine Stelle mit ein bisschen Vegetation aus, doch als ich mich hinsetzen will, fliegt dort ein Insekt auf, das gerade Sonne getankt hat. Ich rücke etwas weiter weg, Insekten kehren oft an dieselbe Stelle zurück und ich möchte nicht im Weg sein, wenn dieses zurückkommt.

Ich blicke auf das Meer und bin dankbar, dass das Wetter heute so gut ist. In Großbritannien herrscht eine Hitzewelle, aber seit wir auf den Inseln sind, hatten wir nur wenige regenfreie Tage und die Tage, die wir ohne warmen Pullover, Schal und Ohrenschützer (nur ich, Rob trägt so etwas nicht) wandern oder Rad fahren konnten, lassen sich an einer Hand abzählen. Kaltes, nasses, windiges Wetter mag für Menschen noch angehen, nicht aber für Fluginsekten. Kein Wunder also, dass heute so viele von ihnen unterwegs sind. Sie kosten die Sonne nach besten Kräften aus.

Das aufgeschreckte Insekt ist wieder zurückgekommen. In den Augenwinkeln habe ich gesehen, wie es angeflogen kam und landete, aber als ich nachsehe, finde ich es nicht. Das macht mich neugierig und ich lehne mich etwas vor, um die Stelle abzusuchen. Es muss dort irgendwo sein. Nur weil ich nach dem verschwundenen Insekt suche, entdecke ich die Löcher in der Sandböschung. Sie sind klein und sie sind zahlreich, verteilt über eine recht große Fläche sowohl über als auch unter der Böschung.

Ist das tatsächlich, was ich glaube? Ich drehe mich auf den Bauch und liege nun auf den Steinen am Fuß der Böschung, um so nahe wie möglich heranzukommen. Ich wünsche mir geradezu, dass dies eine Niststelle für Einsiedlerbienen ist. Und kaum habe ich den Wunsch gedacht, sehe ich auch schon die erste Biene ihr Nest verlassen, nach oben und direkt zurück in das Machair fliegen. Während sie davonfliegt, landet bereits eine andere, die Bürstenhaare an ihren Beinen vollbeladen mit strahlend gelbem Pollen. Ich kann mein Glück kaum fassen. Ich bin auf eine Nestaggregation der *Colletes floralis* gestoßen! Zugegeben, ich hatte gehofft, diese solitär lebende Seidenbiene irgendwann auf unserer Reise zu sehen. Es gibt sie nur hier auf den Western Isles (den Äußeren Hebriden) und in Irland, wo sie weit verbreitet ist.

Eine halbe Stunde beobachte und fotografiere ich die Bienen, wie sie zum Nest kommen und wieder abfliegen. Dann kommt Rob von seiner Wanderung zurück und wir beschließen weiterzufahren. Der Tag hat uns bereits einige unerwartete Begegnungen beschert und eine weitere sollte noch kommen. Denn kurz bevor wir den Damm erreichen, fliegt eine wunderschöne Sumpfohreule genau vor uns über die Straße und lässt sich auf einem Zaunpfahl nur zwanzig Meter von uns entfernt nieder. Dort sitzt sie gute zwanzig Minuten lang, bevor sie in Richtung der Dünen weiterfliegt. Ich bin ja so froh, diesem Umweg über Baleshare zugestimmt zu haben.

Auf unserer Fahrt durch Benbecula und weiter nach South Uist, wo wir noch mehr Kornweihen und Sumpfohreulen sehen, merke ich, dass sich die Farben des Machair und im Grunde der ganzen Landschaft wandeln und verändern. Gelb ist nicht länger die vorherrschende Farbe. Der Wundklee ist verschwunden, ebenso das Jakobs-Kreuzkraut, der Kleine Klappertopf und zu großen Teilen das Echte Labkraut. Sie sind von rosa, violetten und blauen Farbtönen abgelöst worden.

Anfang der letzten Juliwoche stehen die Straßenränder und -gräben voller Disteln, die Wiesen-Flockenblumen sind in voller Blüte und überall blüht Rotklee. Von all den Pflanzen, die wir bislang gesehen haben, ziehen diese drei die größte Zahl und breiteste Vielfalt an Insekten an. Eines Nachmittags halten wir an einer Stelle mit Acker-Kratzdisteln an. An ihren Blüten zähle ich Dutzende verschiedene Hummeln, Schmetterlinge, Schwebfliegen, Sägewespen, Käfer und andere fliegende Insekten, deren Namen ich nicht kenne. Schade, dass die

Acker-Kratzdistel bei uns Menschen auf so wenig Gegenliebe stößt. Sie ist eine so wunderbare Pflanze für bestäubende Insekten.

Der Tag, an dem wir auf Barra ankommen, ist unser erster Hochzeitstag und nirgends auf der Welt möchte ich lieber sein, um ihn zu feiern. Barra, so heißt es, sei das Juwel in der Krone der Äußeren Hebriden. Mit seinen weiten offenen Stränden, Hügeln, Lochs, Sanddünen und dem Machair hat es offenbar alles, was man sich nur wünschen kann. Schon bei unserer Stippvisite vor drei Jahren haben wir uns in die kleine Insel verliebt und verlieben uns heute jeden Tag aufs Neue in sie.

Wir parken auf einer alten, nicht mehr benutzten Mole auf der Eoligarry-Halbinsel ganz im Norden von Barra und sind in den kommenden Tagen auf unseren Fahrrädern unterwegs. Bevor wir jedoch aufbrechen, um die Insel zu erkunden, schlägt Rob vor, einen durch die Dünen am Strand führenden Pfad abzugehen, und hier, nur einen Steinwurf von der Mole entfernt, stoßen wir auf Deichhummeln. Es sind ziemlich viele, die auf Flockenblumen und Rotklee nach Nahrung suchen. Wir entdecken auch Helle Erdhummeln – auf Weißklee – sowie Garten- und Mooshummeln. Wo man hinschaut, Hummeln.

Dies, muss man wissen, ist das „Tal der Hummeln", wie ich diesen besonderen Ort getauft habe. Genau hier haben wir, im Juni 2015, das erste Mal eine Deichhummelkönigin zu Gesicht bekommen – bei einem Besuch, der abrupt unterbrochen wurde von dem Pfiff, mit dem unsere Fähre zurück ihre baldige Abfahrt signalisierte.

Damals sah die Landschaft ganz anders aus als heute. Dieses Mal ist sie von Rosa- und Violetttönen bestimmt, bei unserem letzten Aufenthalt flimmerte das Tal in den sonnigen Gelbtönen von Wundklee, Labkraut und Hornklee. Auch die Hummeln sind andere. Es sind Arbeiterinnen, die ausschließlich damit beschäftigt sind, Pollen zu sammeln. Wir sehen auch ein paar Männchen, was auf ein baldiges Erscheinen der Jungköniginnen schließen lässt (wenn sie nicht schon da waren).

Kurz darauf stoßen wir auf ein überaus aktives Nest von Gartenhummeln (*Bombus hortorum*). Es nieselt, aber völlig fasziniert von der schieren Anzahl der ein- und ausfliegenden Arbeiterinnen sitze ich auf dem stechenden Strandhafer vor dem Nesteingang. Ich bemerke auch eine Schwebfliege, eine Hummelnachahmerin, die sich ganz in der Nähe des Einfluglochs niedergelassen hat. Ihre Farbgebung entspricht genau der der Hummeln, die sich offenbar nicht daran stören, wenn sie gelegentlich in das Nest krabbelt oder wieder herauskommt. Inzwischen bin ich ganz durchnässt, aber vollkommen zufrieden. Gerade als ich denke, dass unser Tag nicht mehr besser werden kann, höre ich den Ruf eines Brachvogels.

Unser Abenteuer ist fast vorbei. Morgen machen wir uns auf die Rückfahrt. Wir sitzen in unserem Camper und beobachten die einsetzende Ebbe und ich weiß, ich habe diese Insel für immer in mein Herz geschlossen. Draußen ruft wieder der Brachvogel. Vor allem diesen Laut werde ich vermissen; erschreckend schön und wie aus einer anderen Welt, verkörpert er für mich die Wildnis, die eigentliche Seele der Inseln. Der Brachvogel landet auf dem Strand und ich folge ihm mit den Augen, bis ihn ein Trupp Austernfischer stört und er davonfliegt. Am Strand gibt es viel zu picken, er wird also schon bald wieder zurückkommen.

Auch die Austernfischer mit ihren grellorangen Pinocchioschnäbeln und ihren lustigen Pieplauten werden mir fehlen, und die Rotschenkel, Sandregenpfeifer und Kornweihen. Seltsam. Ich habe mich nie für eine Vogelliebhaberin gehalten, aber es sind gar nicht so sehr die Hummeln, sondern die Vögel, an denen ich während unserer Zeit auf den Äußeren Hebriden die meiste Freude hatte. Meine Gedanken werden von Rob unterbrochen, der mir von der anderen Seite des Campers zuzwinkert. Er winkt mich zu sich und deutet mir mit Handzeichen, mich sehr langsam zu bewegen und still zu verhalten. Er nickt leicht mit dem Kopf in Richtung der unterhalb der Mole liegenden Steine und dort, zwischen dem Meer und dem Ufer, weniger als zehn Meter von unserem Fenster entfernt, sind drei Bekassinen, zwei Altvögel und ein Jungvogel, die absolut nichts von unserer Gegenwart ahnen.

Bekassinen sind extrem scheue, sich im Verborgenen haltende Vögel. Es ist also äußerst ungewöhnlich, sie so im freien Gelände zu sehen. Ich muss allerdings sagen, dass sie vor dem Tang, in dem sie nach Nahrung suchen, sehr gut getarnt sind. Sie sehen etwas plump aus, mit ihren kurzen Beinen und langen graden Schnäbeln, die sie benutzen, um im Sand und Tang vermutlich nach Schnecken, Krebsen und Insekten zu stochern. Kaum zu glauben, dass sie uns nicht bemerkt haben.

Damit ich mehr sehen kann, reicht mir Rob behutsam das Fernglas. Ich halte den Atem an, als ich es langsam vor die Augen hebe, denn jede plötzliche Bewegung könnte die Vögel über unsere Gegenwart alarmieren. *Toll!* Jetzt kann ich sie *wirklich* erkennen. Als Erstes nehme ich ihre langen und schmalen Schnäbel wahr, dann ihr vertrackt gemustertes, vorwiegend braunes Gefieder, mit den weißen Streifen entlang des Rückens. Wenn ich sie aus den Augen lasse, verliere ich sie, so sehr verschmelzen sie mit den Steinen und dem Tang. Ich bin völlig gebannt von ihrer unaufdringlichen Schönheit.

Fast vierzig Minuten lang beobachten wir die Bekassinen, wie sie nach Futter suchen, sich das Gefieder putzen, Pause machen und wieder nach Futter picken, bevor sie schließlich davonfliegen und uns unserem Abendessen überlassen, das eiskalt geworden ist. Aber wen schert schon ein Abendessen, wenn man gerade ein Vogelerlebnis hatte, wie es nur einmal im Leben vorkommt?

Der große gälische Dichter des 18. Jahrhunderts, Iain Mac Fhearchair, verfasste in seinem Lied „Smeòrach Chlann Dòmhnaill" die folgenden Zeilen:

'S I 'n tir sgiamhach tir a'machair,
Tir nan dithean miogach daithe,
An tir laireach aigeach mhartach,
Tir an aigh gu brath nach gaisear

'S ist ein schönes Land, das Land des Machair,
das Land der lächelnd bunten Blumen,
das Land der Stuten, Hengste und Rinder,
das Land des auf immer unverdorbenen Glücks

13.

IN BOVEY
HEATHFIELD

Je größer mein Interesse an den Bienen wurde, desto bewusster habe ich auch all jene Dinge, die in ihrem Umfeld stattfinden oder sie mit dem Netz des Lebens verbinden, wahrgenommen. Es kommt mir vor, als sei ich auf eine endlose Reise aufgebrochen, eine Reise, die fortwährend größere Kreise zieht, an Fahrt gewinnt und, einen Tross all der wunderbaren, wilden Geschöpfe, die fliegen, schwimmen, laufen oder krabbeln hinter sich versammelnd, ein Eigenleben annimmt. Ich halte das Steuer nicht mehr in der Hand. Vielmehr werde ich von einer unbekannten Kraft getrieben oder geführt, die weit stärker ist als ich selbst und mein Wunsch, „etwas über Bienen zu lernen". Könnte ich meine Reiseroute aufzeichnen, sähe sie, glaube ich, ein bisschen wie ein Spinnennetz aus, hier und dort mit Schätzen bestückt, deren Existenz ich mir zuvor nicht hätte ausmalen, ja, noch nicht einmal, weder mit den Händen noch gedanklich, hätte fassen können.

Ich ertappe mich dabei, manchen Wildtieren, die mir ins Auge fallen, mehr Aufmerksamkeit zu schenken als anderen. Wenn ich zum Beispiel einen Hasen zu Gesicht bekomme, stockt mir der Atem. Das Gleiche gilt für Schleiereulen. Begegnungen mit diesen Tieren sind, zumindest für mich, rar gesät, was sie womöglich umso zauberhafter macht. Auch von dem alltäglichen Zauber der Wildblumen, Moose und Flechten, die auf den Wegen in der Nähe unseres Hauses in Dorset wachsen, fühle ich mich angezogen und lasse mich hinreißen von dem

223

Gesang und den Rufen mir unbekannter Vögel, die gut versteckt auf den Bäumen und in den Hecken entlang dieser Wege sitzen und singen.

Jedes Jahr wieder, wenn der Waldziest blüht, verspüre ich einen unwiderstehlichen Drang, die Spitzbauchwanzen zu suchen, die auf seinen Blättern leben. Ich werde nicht müde, diese hübschen kleinen Viecher dabei zu beobachten, wie sie sich, die verschiedenen Larvenstadien durchlaufend, wandeln: Von den flugunfähigen grünen Nymphen mit ihren adretten schwarzen Krägen und Knöpfen zu den prächtigen erwachsenen Tieren, die ihre ganz eigene kupferfarbige Rüstung tragen. Und viel mehr Zeit, als ich sollte, wende ich dafür auf, die Namen der in unserer Schmetterlingsfalle gelandeten Nachtfalter zu bestimmen, bevor ich sie wieder freilasse.

Bislang widerstand ich bewusst der Versuchung, in die Welt all der nicht zu den Bienen und Hummeln gehörenden Insektenarten einzutauchen, bei denen ich, wenn sie mir über den Weg laufen, denke: Mein Gott, ist das interessant, ob ich irgendwann einmal die Zeit haben werde, sie genauer zu studieren? Doch all dies änderte sich letztes Wochenende, als ich mit meinem Freund John Walters einen Nachmittag in Bovey Heathfield, einem Naturschutzgebiet am Rand des Dartmoors, verbrachte.

John ist ein Tier- und Pflanzenillustrator. Ihm sind die fantastischen Illustrationen in diesem Buch zu verdanken. Er zeichnet und malt seine Objekte direkt nach dem Leben, im Feld, mit Sicherheit ein Grund, weshalb die Porträts dieser Geschöpfe so überaus lebendig wirken. John ist jedoch nicht nur Illustrator, sondern auch Entomologe und darüber hinaus Vortragsredner, Schriftsteller und Lehrer; Beobachter der Schwanzmeise; Käferkenner; und Wächter der überaus seltenen Zwergspinnenart mit dem wunderbaren englischen Namen *Horrid Ground-weaver spider* (*Nothophantes horridus*). Zudem weiß kein Mensch auf diesem Planeten besser über die Töpferwespe *Eumenes coarctatus* Bescheid als John.

Würde ich nicht so eifrig Johns Twitter-Posts folgen, hätte ich wohl nie etwas von „Töpferwespen" gehört und wäre schon gar nicht in die Heidegebiete im Süden Devons gefahren, in der Hoffnung, eines dieser unglaublich kreativen Wesen zu Gesicht zu bekommen.

Bovey Heathfield erstreckt sich unweit der kleinen Marktstadt Bovey Tracey über eine Fläche von 24 Hektar. Auf dem Gebiet fand im

Januar 1646 eine wichtige Schlacht des Englischen Bürgerkriegs statt. 1989 wurde es als Site of Special Scientific Interest (SSSI, „Gebiet von besonderem wissenschaftlichen Interesse" – eine Art Naturschutzgebiet) ausgewiesen.

Das wertvolle Heideland, das sich einst über 400 Hektar erstreckte und fast das gesamte Bovey Basin einnahm, ist ein Paradies für seltene Pflanzen und Tiere. Nach Angaben des Devon Wildlife Trust ist es eines der besten Beispiele für die Heidelandschaft, wie sie früher in diesem Teil Südwestenglands vorherrschend war. Es ist also ein Glücksfall, dass das, was noch von Bovey Heathfield übrig ist, heute dem Wildlife Trust gehört und von ihm verwaltet wird.

Schon seit geraumer Zeit habe ich versucht, mit John eine Exkursion in das Heideland zu vereinbaren, doch jedes Mal ist etwas dazwischengekommen. Nun hat sich glücklicherweise für das kommende Wochenende eine, wenn auch kurzfristige, Gelegenheit ergeben. Wir hatten bereits den Plan gefasst, die Familie meines Sohns in Cornwall zu besuchen, als Rob vorschlug, doch einen Umweg in Betracht zu ziehen und nach Johns Töpferwespen zu suchen. Das Wochenende versprach warmes und sonniges Wetter, was für die Beobachtung der Töpferwespen und ihrer Tätigkeiten ideal war, aber wichtiger noch, an dem geplanten Reisetag hatte John einen freien Nachmittag zur Verfügung. Wir waren übereingekommen, uns um zwei Uhr nachmittags am Rand der Heide zu treffen.

Als uns John die Ortsangaben für den genauen Treffpunkt schickte, war ich zunächst etwas verwirrt. „Fahrt noch an Mole Valley Farmers vorbei und biegt bei den Läden hinter dem Zebrastreifen nach links ab. Durchquert das Industriegebiet bis ans Ende der Straße und parkt dort", hatte er uns geschrieben. *Ein Naturschutzgebiet am Rande eines Industriegeländes* …? Nicht gerade das, was ich erwartet hätte. Am Samstagmorgen jedoch machten wir uns unbeirrt, mit Proviant, Wanderstiefeln und Kamera bepackt, auf den Weg und ein paar Stunden später erreichten wir das Industriegebiet.

Wir durchquerten es bis ans Ende der Straße und parkten wie angewiesen an der Kreuzung Dragoon Close, Cavalier Road und Fairfax Road, royalistische Namen, die sich auf die historische Bedeutung des Gebiets bezogen. Ich bin jedoch zu abgelenkt von der Umgebung, um

225

mich noch an den Schulstoff über den Bürgerkrieg zu erinnern. Was wir sehen, sind hohe Drahtzäune, Frachtcontainer, abgestellte Zugmaschinen und mit Fast Food-Verpackungen zugemüllte Asphaltflächen.

In meinen wildesten Träumen nicht hätte ich mir einen solchen Ort, eingeklemmt zwischen einem Industriegelände und einer großen Fernstraße, als Paradies für seltene Pflanzen und Tiere vorstellen können. Daran zeigt sich, wie falsch man liegen kann, wenn man nach Äußerlichkeiten geht, und es beweist, wenn es denn eines Beweises bedarf, dass sich ein üppiges Biotop nicht anhand benachbarter Gebiete erkennen lässt.

Wir haben unser kleines Mittagspicknick gerade beendet und sind dabei, unsere Wanderschuhe anzuziehen, da taucht auch schon John auf. Nach vielen Hallos und der gegenseitigen Versicherung, dass das Wetter perfekt für Töpferwespen sei, und nachdem ich John nicht nur einmal gesagt habe, wie toll ich das alles finde, folgen wir ihm zu dem Tor, das uns aus dem Industriegelände und in die wunderbare Welt der Heide-Töpferwespen (*Eumenes coarctatus*) führt.

Tieflandheide wie in Bovey Heathfield wird als Lebensraum zunehmend seltener und ist, wie viele ihrer Bewohner, bedroht. Bovey Heathfield beherbergt über sechzig wichtige, gefährdete oder geschützte Arten, darunter bis vor Kurzem auch die Große Kerbameise (*Formica exsecta*). Diese Waldameise ist äußerst selten. Abgesehen von einigen Rückzugsorten in den Schottischen Highlands kommt sie in Großbritannien nur noch in dem in der Nähe liegenden Heidegebiet von Chudleigh Knighton vor. John unterstützt die Naturschutzstiftung Buglife bei ihren Bemühungen, diese Ameise „vor dem Aussterben zu retten"; dazu gehört auch der Plan, sie wieder in Bovey Heath anzusiedeln.

Die Heide beherbergt zudem Kreuzottern, Ringelnattern und Zauneidechsen; bodennistende Vögel wie Schwarzkehlchen, Goldammer und Bluthänfling sowie gelegentlich eine Provencegrasmücke. Letztere ist extrem scheu und nur mit viel Glück wird man sie zu Gesicht bekommen. Auch gibt es weitere seltene Insekten mit so wunderbaren Namen wie Zweifarbiger Buntgrabläufer (*Poecilus kugelanni*) und Kurzflügelige Beißschrecke (*Metrioptera brachyptera*).

Neben säureliebenden Gräsern wie dem Straußgras *Agrostis curtisii* und dem Blauen Pfeifengras, die in solchen Habitaten gedeihen, kommen in der Tieflandheide vor allem Heidekraut und Ginster vor. Als wir durch das Zauntor gehen, fallen mir als Erstes die Farben auf. Was für ein Kontrast zu der grauen und trostlosen Ödnis des Industriegeländes direkt hinter uns.

Mit einem Wimpernschlag hat sich die Landschaft komplett gewandelt, als ob uns unsere Schritte zuerst in einen Schrank und dann hinaus in ein spätsommerliches Narnia geführt hätten. Wir sind umgeben von sprühend gelbem Stechginster, dessen nach Vanille duftende Blüten auf stacheligen dunkelgrünen Zweigen sitzen. Sie heischen mit den nicht minder lebhaften, aber weniger stachligen Violetts der Glockenheide und der Grauen Heide um Aufmerksamkeit. Hie und da bricht grauer Fels oder gebleichte zusammengebackene Erde durch die Farbigkeit der Pflanzen und verstärkt den buntscheckigen Eindruck. Wenn Heidekraut und Stechginster wie hier in voller Blüte stehen, ergeben sie eine prächtige Kombination. Zu einer anderen Jahreszeit hätten die Farben vielleicht gedämpft oder gar verbrannt angemutet, aber es ist August, und im August ist die Heide wahrhaftig eine Augenweide.

Neben Stechginster sehe ich gewöhnlich klein aus. Daher bin ich überrascht, dass die Büsche hier so verkrüppelt wirken. Ich war naiverweise davon ausgegangen, dass der Stechginster, der in Großbritannien und Irland wächst, immer nur einer Art angehört. Aber dem ist nicht so. Der Stechginster, der hier in Bovey Heathfield vorkommt und mir kaum bis an die Knie reicht, ist der Westliche Stechginster (*Ulex gallii*). Im Gegensatz zu dem mächtigen Europäischen oder Gewöhnlichen Stechginster (*Ulex europaeus*), der von Januar bis Juni blüht und dann gelegentlich das ganze Jahr hindurch, blüht der Westliche Stechginster nur im Spätsommer und im Frühherbst.

Wir folgen John, der sich einen kurvigen Weg durch das leicht hügelige Heideland bahnt. Es gibt zwar ein paar breite, gut ausgetretene und knochentrockene Pfade, aber meistens gehen wir hintereinander durch niedrig wachsendes Gestrüpp. Der Stechginster ist ziemlich dornig, daher bin ich froh, mich in letzter Minute doch noch für Jeans entschieden zu haben. Ich wette, Rob auch. Wir gehen zu einer von mehreren Stellen mit blanker Erde, an denen, wie John weiß, die Töpferwespen höchstwahrscheinlich auftauchen, um den Lehm zu gewinnen, mit dem sie ihre Nester bauen. Da er nun schon seit acht Jahren, also seit 2010, die in Bovey Heathfield vorkommenden Töpferwespen beobachtet, gibt es nur wenig, was John nicht über diese Art und ihr Verhalten weiß.

Auf unserem Gang erzählt er von den anderen Tieren, die hier in der Heide leben und brüten. Er zeigt uns eine Wespenspinne (*Argiope bruennichi*), die wie eine grellfarbige Wespe mit acht Beinen aussieht. Ich gehe zwischen dem Stechginster in die Hocke – die Jeans sind ein Segen – und versuche, ohne das Netz zu zerstören, so nahe wie möglich heranzukommen, um dieses großartige Geschöpf zu fotografieren. Während ich meine Linse auf die Spinnenaugen richte, wundere ich mich darüber, dass mich vor zehn Jahren allein schon der Gedanke, eine „Wespenspinne" würde in diesem Heidegebiet leben, von einem Besuch abgehalten hätte. Doch nun bin ich hier, mitten in einem stachligen Ginstergestrüpp hockend, am Rande eines Industriegeländes in South Devon, und bestaune die Spinne in ihrer ganzen Pracht.

Was für ein Ort. Wir sind gerade einmal zehn Minuten hier und ich bin begeistert. Gekommen bin ich, um Töpferwespen zu sehen, doch aufgrund von Johns Erzählung male ich mir bereits aus, alle möglichen seltenen und exotisch aussehenden Käfer, Schmetterlinge, Ameisen und, kaum zu glauben, Ziegenmelker zu sehen. *Hier leben Ziegenmelker.* Und John weiß, wo sie nisten. Nicht dass wir sie in ihrem Nest antreffen werden – die Brutsaison ist bereits vorüber –, aber wie aufregend, an einem Ort zu sein, wo sie brüten.

Manchmal bin ich überaus neidisch auf Menschen wie John, die ihr ganzes Leben in enger Verbundenheit mit der Natur verbracht haben. Ich frage mich, wie viele Heidegebiete ich in meinem Leben schon durchwandert hätte, ohne in ihnen die einzigartigen, vor Leben strotzenden Habitate zu erkennen, die sie sind. Hätte ich überhaupt gewusst, dass es sich tatsächlich um Heidegebiete handelt und nicht um Moore, die ähnlich sind und doch anders? Wahrscheinlich nicht. Aber ich kann damit leben, denn mittlerweile genieße ich es auch, nicht alles zu wissen: Es kann so viel Freude und Spaß machen, neue Dinge zu entdecken. In dem Wissen, dass es niemals zu spät ist, Verbindung mit der Natur aufzunehmen, fühle ich mich meistens ganz wohl. Öffnet man nur Augen, Herz und Verstand für das, was einen umgibt, bemerkt man unvermeidlich, was schon immer da war, direkt vor der eigenen Nase, und darauf wartete, sich zu offenbaren.

Wir erreichen die erste von Johns „Lehmgruben". Ein kleiner freiliegender Fleck gelblichen Lehms – eben, trocken und als Fläche nicht größer als meine Küchenspüle. Ich wäre wohl einfach daran vorbeigelaufen. Die Sonne scheint und es ist warm. Wenn also die Töpferwespen diese „Lehmgruben" tatsächlich nutzen, wird es nicht lange dauern, bevor sie zum Lehmsammeln kommen.

Während wir warten, erzählt uns John ein wenig über die jüngste Geschichte des Heidegebiets. Bevor vor fünfzehn Jahren das Gebiet vom Devon Wildlife Trust gekauft und eingezäunt wurde, war es als wilde Müllkippe und als Motocross-Gelände genutzt worden. Und dennoch brüten jetzt schon Ziegenmelker hier. Daran zeige sich, meint John, wie erfolgreich solche Renaturierungs- und Naturschutzprojekte sein können.

Nach zehn Minuten, in denen sich keine Töpferwespe hat blicken lassen, schlägt John vor, zu den anderen Lehmgruben zu gehen. An der nächsten Stelle ist der Lehm von rötlicher Farbe. Auf meine Frage nach dem Grund erklärt John, dass er mit etwas mitgebrachtem Lehm ein paar künstliche Abbaustellen eingerichtet hat, um die Wespen leichter beobachten zu können. Zehn Minuten später ist immer noch keine Wespe zu sehen, dafür aber ein balzendes Paar Ockerbindige Samtfalter (*Hipparchia semele*). Für mich das erste Mal, dass ich nicht nur die Balz, sondern überhaupt diese Schmetterlinge sehe. Das Balzverhalten ist faszinierend und beinhaltet eine komplizierte Reihe kurzer Manöver von Seiten des Männchens, das sich neben dem Weibchen niederlässt, um es herumkrabbelt und dabei seine Vorderflügel hebt und senkt, um seine dunklen Augenflecken abwechselnd zu enthüllen und zu verbergen. Schließlich stehen sie sich gegenüber und berühren sich mit den Fühlern. Sie ist beeindruckt. Er läuft wieder um sie herum, wiederholt seinen Tanz, und dann paaren sie sich.

Unsere Suche setzen wir noch etwa eine Stunde lang fort, drehen mehrere Runden zwischen den verschiedenen Lehmstellen. Wir sind nicht die einzigen Leute an diesem Nachmittag in der Heide. Ein, zwei führen ihre Hunde aus und wir treffen ein Paar, das wie wir unterwegs ist, um Naturbeobachtungen zu machen. Die beiden sind Freunde von John. Wir tauschen unsere Beobachtungen aus und müssen frustriert feststellen, dass sie etliche Töpferwespen gesehen haben, während wir immer noch keine zu Gesicht bekommen haben. Angesichts der Unwahrscheinlichkeit, noch eine Töpferwespe beim Lehmsammeln zu sehen, führt uns John zu einigen eigens markierten Stellen, an denen zuvor schon Wespenweibchen ihre für eine Saison bestimmten, winzigen Lehmnester gebaut haben. Ich habe zwar schon viele von Johns Fotografien und Bilder dieser Lehmtopfnester gesehen, sie aber nun leibhaftig vor Augen zu haben, lässt mich fast in die Hände klatschen und laut aufkreischen. Ich reiße mich aber zusammen und beschränke meine Wertschätzung darauf, etwas erwachsener wirkende Bemerkungen wie „Wow!", „Ach du meine Güte" oder „Kaum zu glauben, dass das Wespen waren!" von mir zu geben.

Die Töpfchen, jedes ein Unikat, sind an den holzigen Stängeln des Heidekrauts angebracht. Sie folgen alle dem gleichen Grundmuster: vollkommen rund und in der Form eines Kruges, weisen sie oben einen kleinen Kragen und eine Öffnung auf. Manche sind jedoch flacher, gedrungener als andere oder strukturierter. Die Töpfe unterscheiden sich auch in der Farbe, je nachdem, an welcher Lehmstelle sich die Wespe ihr Material beschafft hat. Sie erinnern mich an einen wunderschön gearbeiteten afrikanischen Topf, den ich zuhause habe und dessen Form mir so gut gefällt. Es erfüllt mich mit Ehrfurcht, dass ein Insekt, das ein so exotisch wirkendes Nest herzustellen vermag, hier im Vereinigten Königreich, am Rande eines Industriegeländes zuhause ist.

Als wir auf Umwegen zurück in Richtung der ersten Lehmgrube gehen, kommen wir an einem Haufen verrottenden Holzes vorbei, der halb verdeckt hinter Gebüsch liegt. John erzählt, dass er hier schon häufig auf einem Baumstumpf sitzende Ziegenmelker beobachtet hat. Mir bleibt nur übrig, sie mir vorzustellen, wunderbar getarnt, ihr gesprenkeltes graubraunes Gefieder nahtlos mit der Struktur des toten Holzes verschmelzend. Es ist dann ziemlich schwierig, ihren Umriss aus der Form des Baumstumpfes herauszulösen. Nur Augenblicke später sehen wir einen Ziegenmelker im Flug, der in den Bäumen am Rande des Heidegebiets nach Deckung sucht. Wirklich zu Gesicht bekommen habe ich ihn eigentlich nicht, denn ich habe nur ein Flattern und einen etwas größeren Vogel von hinten im Dickicht verschwinden sehen. Aber es ließ mein Herz höherschlagen.

Es ist jetzt sehr heiß in der Sonne, und als wir an die erste „Lehmgrube" zurückkommen, setzen wir uns hin und machen Pause. Ich schalte meine Kamera wieder ein, nehme den Objektivdeckel ab und überprüfe die Einstellungen für den Fall, dass doch noch eine Töpferwespe kommt. Es ist aber schon fast fünf Uhr und ich bin auch ziemlich zufrieden, dass wir die Samtfalter, Wespenspinnen und den Ziegenmelker gesehen haben. Ich muss heute nicht unbedingt noch eine Töpferwespe sehen. Das wäre maßlos.

John meint, die Töpferwespen wären noch den ganzen September hindurch aktiv und bei entsprechendem Wetter noch bis in den Oktober. Wir müssten lediglich einen Anlass finden, noch einmal herzukommen.

Doch genau als Rob und ich über einen möglichen nächsten Besuch sprechen, macht uns John auf eine Töpferwespe aufmerksam, die gerade direkt vor uns auf dem Lehm gelandet ist. Mir stockt der Atem. Sie ist auffallend schön: pechschwarz mit knallgelben Markierungen und viel größer, als ich erwartet habe. John reicht mir sein Fernglas. Sie fliegt über der Lehmstelle hin und her, knapp über dem Boden, und stoppt hin und wieder, um den Lehm zu untersuchen und zu testen. John meint, dieses Verhalten sei typisch für eine Wespe, die einen Nistplatz gefunden hat und vor Baubeginn ihre Lehmgrube und die Wasservorräte überprüft. Sie wird während ihrer gesamten zwei- bis dreiwochigen Lebensspanne nur diese eine Lehmstelle und immer nur eine Wasserquelle aufsuchen.

Diese Wespe besitzt eine unverkennbare Gestalt. Sie erinnert mich an die gebogenen wurstförmigen Luftballons auf Kinderpartys, die an

231

bestimmten Stellen zusammengezwirbelt sind und dazwischen Beulen bilden. Ihr Hinterleib ist wie ein birnenförmiger Tropfen gebildet, er schwillt hinter ihrer langen Taille an und läuft in einem scharfen, spitzen und nach unten gekrümmten Ende aus. Obwohl sie zur gleichen Familie (*Vespidae*) gehört, hat sie nur wenig Ähnlichkeit mit unserer Gemeinen Wespe, *Vespula vulgaris*.

Gerade als wir glauben, die Wespe würde mit dem Lehmsammeln beginnen, überlegt sie es sich anders. So plötzlich, wie sie gekommen ist, ist sie auch wieder verschwunden. Wir warten noch eine Weile, aber sie kehrt nicht mehr zurück.

———————

Der nächste Abend. Gerade habe ich eine E-Mail von John erhalten, in der er mir mitteilt, dass nun zwei Wespen an der letzten Lehmstelle zugange sind und die, die wir gestern gesehen haben, also unsere Wespe, einen Topf baut. Am späten Nachmittag, kurz bevor es zu kühl wurde, um mit dem Bauen weiter zu verfahren, war es ihm gelungen, sie aufzuspüren.

Ein paar Tage später eine erneute E-Mail, diesmal mit Fotos des fertiggestellten Topfs und ein paar fantastische Actionfotos von unserer Wespe, die, nachdem sie ein Ei in ihr Nest gelegt hat, Raupen als Proviant heranträgt. An der besagten Lehmstelle sind nun mindestens drei Töpferwespen aktiv, die offenbar noch den ganzen September hindurch bauen werden. Wie sehr ich mir wünsche, weniger weit weg zu wohnen.

So wenig ich auch von der Töpferwespe gesehen habe, es hat mich ganz und gar gefangen genommen. Ich bin nun ebenso sehr von dieser Art hingerissen wie von den über alles geliebten Schneckenhausbienen und möchte mehr über sie erfahren: wie sie ihre Gefäße „töpfern", ihren Lebenszyklus und ihre Nahrungsvorlieben, etwa welche Raupen sie am liebsten als Futter für ihren Nachwuchs fangen. Und noch habe ich keiner Töpferwespe dabei zugesehen, wie sie ihr Nest baut. Wie gerne würde ich mehr darüber wissen.

Ich schicke John eine E-Mail und bitte ihn, mir den Vorgang zu beschreiben. Er ist so nett, mir den Bericht aus seinem Feldbuch zu schicken, in dem er den Bauprozess in allen Einzelheiten schildert. Erst nachdem die weibliche Wespe ihre Lehmgrube und die Wasserstelle ausgewählt hat, beginnt sie ernsthaft zu bauen.

„Sie fliegt in die Heide zurück, wo sie wiederholt Halt macht, um an Heide, Stechginster und trockenen Gräsern nach geeigneten Stängeln zu suchen. Hat sie sich entschieden, wo sie ihren Topf bauen möchte, säubert sie den Stängel mit ihren Kiefern und feuchtet ihn, falls nötig, mit Speichel an, um alles lose Material entfernen zu können", schreibt John.

Sie macht also erst einmal reinen Tisch, oder in ihrem Fall, reinen Stängel. Was als Nächstes? „Nachdem sie den Pflanzenstängel vorbereitet hat, begibt sie sich an ihre Wasserstelle, wo sie ein paar Tropfen Wasser aufnimmt, bevor sie zu ihrer Lehmgrube fliegt, um mit ihren Kiefern Lehm abzuschaben", erklärt John in seinem Bericht. „Sie fügt dem trockenen Lehm etwas Wasser hinzu und hat so innerhalb weniger Minuten eine kleine Schlammkugel hergestellt. Diese Schlammkugel transportiert sie zwischen ihren Kiefern und den beiden Vorderbeinen zu der Baustelle und beginnt zu bauen. Bis der Topf fertig ist, wiederholt sich dieser Vorgang, unterbrochen von gelegentlichen Ausflügen zur Wasserstelle, zwischen sechzehn- und achtundzwanzigmal. Der Bau dauert zwischen zwei und drei Stunden, die sich aber bei schlechtem Wetter über mehrere Tage verteilen können."

Ich bin verblüfft über die Sorgfalt, die die Töpferwespen an den Tag legen. Offenbar sind es nicht nur die „fleißigen Bienen", die unsere Bewunderung verdienen.

Johns Aufzeichnungen fahren fort: „Nachdem der Hals und die Krempe des Topfes fertiggestellt sind, ruht die Wespe ein paar Minuten in der benachbarten Heide aus und kehrt dann zurück, um ein Ei zu legen, das sie an einem seidenen Faden an der Innenseite des Halses aufhängt. Die Eiablage dauert etwa zwei Minuten. Danach fliegt das Wespenweibchen hinaus in die Heide und sucht nach kleinen Raupen, wobei sie am liebsten die der Blütenspanner und der Rosskastanien-Miniermotten erbeutet, die an Heidekraut und Stechginster fressen. Zwischen acht und achtunddreißig Raupen werden in den Topf eingetragen, in der Regel etwa eine pro Stunde." Achtunddreißig?! Meine Güte. Diese Raupen müssen ja ziemlich klein sein, wenn die Wespe so viele in einen Topf stopfen kann. Ich muss weiterlesen.

„Sobald der Topf gefüllt ist", schreibt John, „versiegelt ihn die Wespe mit ein oder zwei weiteren Lehmkugeln und beginnt bald darauf mit der Suche nach einer neuen Stelle für ihren nächsten Topf. Gelegentlich, insbesondere im September, baut sie direkt neben dem ersten Topf einen weiteren. Es wird von Gruppen von bis zu acht Töpfen an der gleichen Stelle berichtet. Während ihrer zwei- bis dreimonatigen Lebensspanne baut ein Töpferwespenweibchen etwa fünfundzwanzig einzelne Töpfe."

Abschließend merkt John an, dass die zwischen Mai und Ende Juni gelegten Eier noch vor dem Herbst als ausgewachsene Wespen schlüpfen, während der Nachwuchs in den ab Juli gebauten Töpfen überwintert und erst im folgenden Jahr hervorkommt.

Ich danke John, dass er mir dieses Porträt der Heide-Töpferwespen und ihrer schönen Bruttöpfe überlassen hat, und schreibe ihm, dass ich es kaum erwarten kann, im kommenden Frühjahr nach Bovey Heathfield zurückkehren zu können. Hoffentlich hat er Zeit, uns zu begleiten.

14.
LOB DER BÄUME

Rob und ich sind nach unserem nassen, aber herrlichen Sommer auf den Inseln der Äußeren Hebriden wieder zu Hause. Diesen Inseln kommt nun ein besonderer Platz in meinem Herzen zu. Ich liebe sie für ihre Wildheit, für ihre wilden Blumen, Tiere und Landschaften und vor allem für ihr wildes und wunderbares Wetter. Etwas aber fehlt ihnen, und dieser Mangel ist auffällig: Was fehlt, sind *Bäume*. Es gibt auf den Inseln Bäume, vereinzelt auch kleine Anpflanzungen, und meines Wissens bestehen Pläne, noch viele tausend mehr anzupflanzen. Aber sie sind so selten, dass wir uns in den ersten Wochen jedes Mal, wenn wir welche sahen, zu der Bemerkung hinreißen ließen: „Schau mal, ein Baum!"

Gegen Ende des Sommers jedoch hatten wir uns komischerweise so sehr an die beinahe baumlose Landschaft gewöhnt, dass ich schließlich nicht mehr merkte, wie sehr mir die Bäume fehlten, bis wir auf der Insel South Uist in ein Gebiet mit dem Namen Airidh nam Ban kamen. Im Laufe von dreißig Jahren haben hier Archie MacDonald und seine Familie einen dichten Mischwald mit über hunderttausend Bäumen gepflanzt. Die Kiefern sowie Ahorn-, Eichen- und Vogelbeerbäume sind über die gesamte Länge und Breite des Familienlandes von der Küste über die Hügel bis hinauf in höchste Felsformationen hoch über Loch Eynort verteilt. Es war ein außergewöhnliches Erlebnis, wieder von Bäumen umgeben zu sein und ihre Gegenwart zu sehen, zu spüren, zu

237

hören und zu fühlen. Doch die größte Überraschung war, dass wir ein Wintergoldhähnchen erst hörten und dann sahen.

Wintergoldhähnchen sind Großbritanniens kleinste Vögel. Sie sind spezialisierte Insektenfresser und leben in Nadelwäldern, die in South Uist nur verschwindend gering vorkommen. Wie dieser winzige Vogel seinen Weg in Mr. MacDonalds Waldung gefunden hat, kann ich mir beim besten Willen nicht vorstellen. Wenn oder sobald auf diesen Inseln aber weitere Bäume gepflanzt werden, wird er sich wohl auch weiterverbreiten. Wer weiß, vielleicht wird sein Gezwitscher auf den Inseln eines Tages so geläufig sein wie der Gesang von Feldlerche, Kiebitz und Brachvogel.

Der Gang durch dieses unerwartete und isolierte Waldstück macht mir deutlich, dass ich, so sehr ich auch die Wildheit der Berge und Moore sowie die weiten, offenen Himmel und unermesslichen Wasserflächen schätze, doch mehr als alles andere die Ruhe und Stille der Wälder mit ihren Gemeinschaften aus Bäumen, Singvögeln und anderen Bewohnern liebe.

Eine Welt ohne Bäume vermag ich mir nicht vorzustellen. Wenn ich an all die Orte, an denen ich gelebt habe, die ich besucht und geliebt habe, zurückdenke, verbinde ich sie stets mit einzelnen Bäumen. Meist kann ich nicht mehr genau sagen, um was für Bäume es sich handelte, besonders bei jenen aus meiner frühen Kindheit, wenn ich aber die Augen schließe, sehe ich ihre Formen, Farben und Texturen so deutlich vor mir, als würde ich unter ihnen stehen. In meinen Erinnerungen kommen sogar Bäume vor, die ich damals nicht bewusst wahrgenommen habe.

Beim Schreiben dieser Zeilen rufe ich mir einen riesigen Baum vor Augen, der in Suffolk im Garten meiner Großeltern neben einem stillen Teich stand. Seine Wurzeln waren voller Nischen und Verstecke, in denen Feen lebten; es war der reinste Zauberbaum. Dann gab es diesen Baum vor dem Haus meiner anderen Großmutter, einem Pub, das zufällig „The Green Tree" hieß und in Patrick Brompton, einem Dorf in North Yorkshire, stand. Ich glaube, es war ein alter Ahornbaum. Kürzlich habe ich im Internet nachgeschaut, er steht – wie das Pub – noch immer, genauso wie in meiner Erinnerung.

Zu meinen ersten Erinnerungen gehört ein Baum, der vor dem Haus, in dem wir in Ipplepen, Devon, lebten, in der Mitte einer großen

Wiese stand. Damals war ich vier Jahre alt. Er war wirklich riesig und sein Stamm war mächtig genug, dass ich mich dahinter verstecken konnte. Von einem seiner Äste hing an einem Seil ein alter Gummireifen, auf dem ich schaukeln konnte.

Es gibt noch zahlreiche weitere Bäume, die ich aber in Anbetracht dessen, dass ich in meinem Leben ungefähr vierzigmal umgezogen bin, hier nicht alle erwähnen kann. Wenn ich es genau bedenke, ließe sich mein Lebenslauf wahrscheinlich anhand von Bäumen aufzeichnen.

Wann immer ich meine Arme um einen Baum schlinge – was ich mitunter tue, denn es ist für mich die einzige Möglichkeit, meine tiefempfundene Dankbarkeit und Wertschätzung für all das, was Bäume für uns tun, auszudrücken –, spüre ich eine mächtige Energie durch mich hindurchfließen. Dieser Energieaustausch ist schwer in Worte zu fassen, aber irgendwie fühle ich mich mit etwas verbunden, das weit größer ist, als mein Verstand begreifen kann. Ich fühle mich „unterstützt", und werde es faktisch auch, so wie wir alle, jeder Einzelne von uns, von den Bäumen Unterstützung erfahren. Wir stehen wirklich tief in ihrer Schuld. Bäume sind die Lunge des Planeten und ohne sie könnten wir als Art nicht existieren.

Den meisten ist bekannt, dass Bäume Sauerstoff in die Atmosphäre abgeben und Kohlenstoffdioxid aufnehmen. Darüber hinaus absorbieren sie auch schädliche Stoffe wie Kohlenstoffmonoxid, Stickstoffdioxid und Schwefeldioxid aus der Luft, die sie über Blätter, Stiele und Zweige einfangen und filtern. Doch wie lässt sich das in Mengen angeben, die wir nachvollziehen können? Angesichts der über 60.000 verschiedenen Baumarten weltweit, ist es unmöglich, ihren individuellen oder ihren Gesamtwert als Kohlenstoffsenker oder Sauerstoffproduzenten zu messen. Nach Angaben der *New York Times* absorbiert ein Hektar mit ausgewachsenem Eichenbestand so viel Kohlendioxid, wie etwa 2,7 Autos in die Luft pusten. Ein Hektar setzt zudem Sauerstoff in einer Menge frei, die ein ganzes Jahr für die Atemluft von 45 Menschen reicht. Eine ganze Menge Kohlendioxid und eine ganze Menge Sauerstoff.

Doch halt, bevor man jetzt loslegt und einen Hektar, oder den Garten mit x-beliebigen Bäumen bepflanzt, sollte man so klug sein, sich mit den zahlreichen weiteren Variablen zu befassen, die auch eine Rolle

239

spielen, bevor man sich entscheidet, *welchen* Baum man *wohin* pflanzt. Wichtig ist es vor allem, Bäume auszuwählen, die für das örtliche Klima und die jeweilige Bodenbeschaffenheit geeignet sind, Faktoren, die man auch bei anderen Pflanzen berücksichtigen würde. Möchte man sichergehen, die richtigen Bäume zu pflanzen, bietet der Woodland Trust für das Vereinigte Königreich Rat und Hilfe an, um je nach Gebiet die geeigneten Arten auszuwählen. Entsprechende Naturschutzorganisationen lassen sich auf der ganzen Welt finden.

Zusätzlich zu ihrer lebenswichtigen Aufgabe des Absorbierens von Kohlenstoff liefern Bäume dringend benötigten Schatten, Lebensraum und Schutz für zahlreiche Pflanzen und alles mögliche Getier, von winzigen für das menschliche Auge unsichtbaren Wirbellosen bis hin zu den größten Raubtieren. Neben dem Pflanzen von Bäumen zur Eindämmung des Klimawandels möchte man womöglich dafür sorgen, dass die Bäume vielfältige Aufgaben übernehmen und daher auch solche mit einbeziehen, die dem Wildtierbestand vor Ort zugutekommen, wobei man wissen muss, dass manche Bäume mehr Arten Lebensraum bieten können als andere.

Möchte man den Vögeln Gutes tun, wird man zu Holzapfel, Weißdorn oder Stechpalme greifen, die große Mengen Früchte und Beeren produzieren. Für Insekten fressende Vögel sollte man jene aussuchen, die großen Gemeinschaften von Wirbellosen eine Heimat bieten, wie Eiche, Esche, Weide und Birke.

Um dem Klimawandel zu begegnen und die Luftqualität zu verbessern, benötigen wir dringend ein ausgewogenes Verhältnis verschiedener Baumarten, was bedeutet, dass wir mehr schnell wachsende, aber auch langsam wachsende Bäume pflanzen und zugleich die auf unserem Planeten existierenden Altbestände an Bäumen und Wäldern schützen müssen. Je älter ein Baum oder ein Wald ist, desto größer die Biodiversität, die er unterstützt. Dies trifft besonders auf die letzten Lebensjahre eines Baumes zu, in denen die Zahl der Wirbellosen und der nutzbringenden Pilze, die auf dem Baum oder in seiner Umgebung leben, exponentiell zunimmt.

Und Bäume kommen uns und dem Planeten auch noch auf andere Weise zugute. Sie sorgen für relativ milde Luft und Bodentemperaturen, schützen vor Sturmschäden, verbessern die Bodenfruchtbarkeit und verfestigen den Boden, wodurch sie der Erosion vorbeugen und Über-schwemmungen abmildern.

All diese Geschenke und noch viele mehr lassen uns die Bäume zuteilwerden, aber wir profitieren nicht nur in praktischer Hinsicht von der Großzügigkeit dieser edlen Riesen der Pflanzenwelt. Seit Langem ist bekannt, dass es sich überaus positiv auf unsere psychische und körper-liche Gesundheit auswirkt, wenn wir Zeit in Gesellschaft von Bäumen verbringen. Die Japaner haben dafür sogar einen Namen: *Shinrin-yoku*, was so viel bedeutet wie „die Atmosphäre des Waldes aufnehmen" oder „ein Waldbad nehmen".

Das Waldbaden, also Zeit unter dem Blätterdach eines lebendigen Waldes verbringen, fand in Japan in den 1980er-Jahren seinen Anfang und hat sich seitdem zu einem populären Mittel zur Stressminderung und Entspannung entwickelt. Heute ist es in der japanischen Medi-zin ein Grundpfeiler präventiver Gesundheits- und Heilungsmaßnah-men. Man mag über die Vorstellung lächeln, dass das „Umarmen eines Baums" heilsam sein soll, aber es ist wissenschaftlich erwiesen, dass die Zeit, die man in Gesellschaft von Bäumen verbringt, oder allein schon die Möglichkeit, sie vom Fenster aus sehen zu können, dazu bei-tragen kann, den Blutdruck zu senken, den Schlaf zu verbessern, das Immunsystem zu stärken oder Genesungsprozesse zu beschleunigen. Und es geht noch tiefer.

Wenn wir unsere Sinne auf die Natur richten, ohne gleich auf ein Ergebnis zu schielen, bieten sich neue Möglichkeiten, uns mit der Welt um uns herum zu verbinden. Man wird dies nicht beschleunigen oder erzwingen können, denn die Natur macht nicht, was wir uns gerade wünschen. Wir sind daran gewöhnt, dass die Dinge in einem engen Zeitrahmen ablaufen, aber die Welt der Natur, der Bäume, insbesonde-re solcher, die schon seit Hunderten Jahren existieren, richtet sich nicht nach dem Takt einer menschlichen Lebensspanne und schon gar nicht nach dem Terminkalender eines heutigen Individuums.

Man kann sich nicht für fünf Minuten an den Stamm einer ural-ten Eiche lehnen und davon eine heilsame Wirkung, eine Beruhigung des Geistes oder einen Einblick in die Geheimnisse des Universums erwarten. Wenn man aber geduldig ist und Herz und Geist öffnet, wird man schon bald eine größere Zufriedenheit erleben, eine tiefere

Freundschaft, ein Gefühl der Verbundenheit erfahren und dies nicht nur mit dem Baum, den man sich ausgesucht hat, sondern mit der Erde selbst. Ich habe es erlebt.

Wenn ich heute zurückblicke, sehe ich zahlreiche Momente, in denen ich davon profitierte, tief in die Natur einzutauchen, auch wenn ich damals weder bewusst „profitieren" noch „eintauchen" wollte. Wie so viele andere meiner Generation verbrachte ich meine Kindheit meistens draußen, wo ich unbekümmert spielte: Ich baute kleine Höhlen, spielte Verstecken, legte in alten Keksdosen kleine Gärten an, angelte aus Bächen und Wasserläufen in der Nähe kleine Fische oder fing im Garten Schmetterlinge, Spinnen und andere Krabbeltiere für meinen „Zoo".

Mein Zoo war in einem der Schuppen hinter dem Haus untergebracht, in dem wir in den frühen 70ern in den Malvern Hills lebten. Es war dunkel und roch nach Kohle, aber das Krabbelgetier schien sich dort wohlzufühlen. Die Schmetterlinge, meistens Admirale und Pfauenaugen, hielt ich im Esszimmer, das wir offenbar nur selten als solches benutzt haben. Ich wüsste mir sonst nicht zu erklären, warum ich große Zweige Sommerflieder zur Fütterung der Falter auf dem Tisch auftürmen durfte.

Als mein jüngerer Bruder groß genug war, in der richtigen Badewanne zu baden, gab mir meine Mutter die Plastikbadewanne, aus der wir vier Geschwister alle herausgewachsen waren. Nun konnte ich Molche, Frösche und Froschlaich aus dem alten Steinbruchsee auf den Malvern Hills sammeln und darin aussetzen. All dies sind mir sorgsam gehütete Erinnerungen.

Die ersten Erinnerungen daran, dass ich mich von der Natur unterstützt fühlte, habe ich aus der Zeit, als ich zwischen neun und zwölf Jahre alt war. Damals lebten meine Eltern in Deutschland und ich wurde auf eine Klosterschule in Yorkshire geschickt. Ich wurde gnadenlos gehänselt. Ich hatte zwar Freundinnen, aber die meisten waren Tagesschüler oder waren nur unter der Woche vor Ort, so dass ich an den Wochenenden niemanden hatte, der mir Gesellschaft geleistet oder mich beschützt hätte. Die Wochenenden waren im Großen und Ganzen ziemlich fürchterlich.

Ob bei Regen oder Sonne, der Sonntagnachmittag allerdings brachte stets willkommene Erleichterung. Sobald das Mittagessen beendet und alles aufgeräumt war, zogen wir Internen wetterfeste Kleidung an und begaben uns auf einen langen Spaziergang, je nach Laune der Nonnen am Ufer des Swale entlang bis zum nahegelegenen Richmond Castle, durch die Moore oder bis weit in die Yorkshire Dales hinein.

Ich ging immer alleine, blieb hinter dem Gros der Klasse zurück, kann aber ehrlich behaupten, mich niemals allein *gefühlt* zu haben. Mir gefielen diese Spaziergänge, gleich wie das Wetter war, oder wohin es auch ging. Ich liebte den Wind, den Regen, Schnee und Sonne, den Fluss, Felsen, Bäume, Pfade, die Pflanzen und den Himmel. Und mir gefiel dies alles nicht nur, ich sog es auch auf.

Besonders liebte ich die Spaziergänge, bei denen wir am Fluss entlangkraxelten und ihn, wo er flach genug war, dass das Wasser nicht in unsere Gummistiefel floss, überquerten, wo wir über große Felsen und Brocken kletterten und dann auf der anderen Seite steile Böschungen hinauf, bis wir schließlich die Felder am Ende des Tals erreichten. Ich erinnere mich auch an Wasserfälle, weiß aber nicht, ob mir das Gedächtnis einen Streich spielt. Ich tat so, als sei ich ein Entdecker und merkte mir die Lage der Höhlen und Überhänge, in denen ich Schutz finden würde, sollte ich einmal den Mut aufbringen, auszureißen.

Allerdings bin ich nie weggelaufen. Ich weiß nicht mehr genau warum, aber als ich zwölf, dreizehn war, wendeten sich die Dinge zum Besseren, das heißt, ich fing an, mit Gruppen anderer Mädchen zu gehen. Interessanterweise war die Zeit, als ich neue Freundschaften mit den internen Schülerinnen einzugehen begann, auch die Zeit, in der ich aufhörte, meine Umgebung wahrzunehmen. Heute frage ich mich, ob damals der Abkopplungsprozess von der Natur einsetzte. Ich habe mich so verzweifelt danach gesehnt, dazuzugehören, dass ich, als es endlich passierte und ich ziemlich unvermittelt und wie durch ein Wunder dazugehörte, womöglich nicht anders zu reagieren wusste, als der Natur die Tür zu verschließen, ein bisschen so wie jemand, der einem ergebenen alten Freund die Tür versperrt, wenn jemand Neues und Aufregendes im Anmarsch ist.

All dies war komplett in den Hintergrund gerückt, bis vor etwa zehn Jahren meine über zwanzig Jahre währende Ehe in die Brüche ging. Von Neuem war ich Stunden um Stunden auf langen, in diesem Falle ziellosen Spaziergängen über Hügel und in Wäldern unterwegs.

243

Es war eine dunkle, von Traurigkeit und Bestürzung dominierte Zeit in meinem Leben, doch im Gehen fand ich Stärke und Frieden und ich fing an, wieder ruhiger zu werden. Stärke und innerer Friede hatten allerdings rasch ein Ende, wenn ich wieder zuhause war. Gleichwohl war es, was mich angeht, der Anfang eines neuen „Wissens" und der Überzeugung, dass ich es schaffen könnte, die Gefühle, die ich auf meinen Spaziergängen erlebte, zu behalten, und mich vielleicht wieder zu erden oder ein Gleichgewicht zu finden, wenn ich nur wüsste, wie.

Das „Wie" sollte sich als leichter erweisen als gedacht. Nach und nach dämmerte mir, dass meine Spaziergänge lediglich dazu dienten, meinen Lebensumständen zu entkommen, und das Gehen so etwas wie eine Schnellreparatur darstellte, mit denen ich die Risse im Gebälk zukleisterte. Nachdem ich dies herausgefunden hatte, fing ich an, jeden Tag loszugehen, ganz egal, wie ich mich fühlte. Es war nur eine kleine Umstellung, aber der Unterschied war lebensverändernd und gab mir neue Kraft. Ich freute mich auf meine Spaziergänge und genoss sie über alles.

Ich begann Laute, Anblicke und Gerüche wahrzunehmen, die ich zuvor nicht bemerkt hatte. Dann merkte ich, dass ich mich von bestimmten Plätzen und bestimmten Bäumen angezogen fühlte. An Tagen mit trockenem Wetter zog ich meine Schuhe aus und legte mich unterhalb der knorrigen alten Hängebirke auf den Hang, berührte mit Händen und nackten Füßen die Erde. Manchmal setzte ich mich auf den unteren Ast der Birke, mit über dem Boden baumelnden Füßen, und stellte mir vor, unsichtbar zu sein. Und dann, eines Tages, obwohl ich in meinem ganzen Leben noch keinen Baum umarmt hatte, legte ich meine Arme um die Birke, umarmte sie – und fühlte mich völlig, gänzlich und absolut von ihr umarmt.

Leute, die Bäume umarmen, werden häufig etwas abschätzig oder schmunzelnd als Ökoapostel bezeichnet, die sich wie Hippies kleiden, Sandalen tragen und sich vegetarisch oder vegan ernähren. Die meisten, die darauf mit einem gewissen Amüsement anspielen, dürften aber keine Ahnung haben, woher die Praxis stammt. Die Handlung, die wir heute darunter verstehen, geht auf das Jahr 1730 zurück, als 294 Männer und 69 Frauen, die der hinduistischen Bishnoi-Gemeinschaft angehörten, die Khejri-Bäume in ihrem Dorf davor bewahren wollten, als Baumaterial für den Palast des Maharadschas von Jodhpur verwendet zu werden. Sie umarmten die Bäume, klammerten sich an sie und wurden dafür niedergemetzelt. Sie haben ihr Leben aber nicht umsonst gelassen, denn ihr Tod hatte ein königliches Dekret zur Folge, das von nun an das Fällen von Bäumen in den Dörfern der Bishnoi verbot.

Der Triumph der Bishnoi war Vorbild für die in Nordindien in den 1970er-Jahren aufkommende Chipko-Bewegung – *chipko* bedeutet „umklammern" oder „umfangen" –, als Landfrauen mit ihren Körpern eine Baumgruppe, die abgeholzt werden sollte, umstellten, die Bäume umarmten und blockierten. Als Form des gewaltlosen Protests gegen die Abholzung und Zerstörung der Wälder verbreitete sich die Bewegung bald in ganz Indien und führte schließlich zu Reformen in der Forstpolitik und im Himalaya zu einem mehrjährigen Abholzungsverbot.

Als ich das erste Mal einen Baum umarmte, wusste ich davon noch nichts. Aber heute, da ich davon weiß, wäre ich stolz, für eine Baumumarmerin gehalten zu werden. Dass Bäume bei Menschen solche Beschützerinstinkte wecken können, ist ein Beleg dafür, wie sehr sich viele von uns mit ihnen verbunden fühlen. Ich kenne zwar niemanden, der bereit wäre, das Fällen eines geliebten Baums mit seinem Leben zu verhindern, kenne aber eine ganze Menge Menschen, die sich mit aller Kraft dafür einsetzen und ihren Lebensunterhalt dafür opfern, sie zu beschützen. In den vergangenen Jahren haben Aktivisten in Sheffield für die Rettung von Bäumen gekämpft, wo die Stadtverwaltung vorhat, 17.500 Bäume, die Hälfte aller Straßenbäume der Stadt, fällen zu lassen. Die meisten dieser Bäume sind gesund und gedeihen prächtig.

Auch bei uns zuhause in Shaftesbury gibt es eine Gruppe von Leuten, die sich für Bäume engagiert. Zum Glück für unsere Bäume hatten sich die Mitglieder der Initiative noch nicht mit Bedrohungen auseinanderzusetzen, wie sie in Sheffield anstehen. Sie kümmern sich vielmehr darum, über die Geschichte und die Standorte wichtiger Bäume in der Gegend aufzuklären. Gleichwohl existieren auch heute noch Bäume, die gefällt worden wären, hätte die Gruppe nicht von ihrer Bedrohung erfahren und sie gerettet. Dies gelang ihnen, weil sie in Form einer „Baumschutzverordnung" rechtlichen Schutz für die Bäume erwirkten.

Um unter die Baumschutzverordnung zu fallen, muss ein Baum spezifische Kriterien erfüllen; unter anderem muss eine gewisse Sichtbarkeit in der Öffentlichkeit gewährleistet sein, er muss über ein bestimmtes Alter, eine gewisse Größe und Gestalt verfügen, Erholungspotenzial sowie lokale oder historische Bedeutung haben und auch die Seltenheit seiner Art spielt eine Rolle. Keines dieser Kriterien ist überraschend, allerdings war ich doch sehr verwundert, als ich von Sue Clifford und Angela King, den Gründerinnen der Baumgruppe, erfuhr, dass ein Baum, bevor er überhaupt unter die Baumschutzverordnung fallen kann, erst einmal akut bedroht sein muss, entweder gefällt oder durch Bauprojekte beschädigt zu werden. Das heißt, Gruppen, die sich für die Rettung von Bäumen engagieren, bleiben oft nur wenige kostbare Wochen, in denen sie um Unterstützung werben und die erforderlichen Begründungen beibringen können.

Selbst wenn ein Baum alle Kriterien erfüllt, reicht dies leider oft nicht zu seiner Rettung aus. Wie sich in Sheffield in Anbetracht der schockierenden Beseitigung der Straßenbäume gezeigt hat, sind die gegenwärtigen Gesetze zum Schutz von Bäumen eindeutig nicht gut genug. Bizarrerweise ist für den gesetzlichen Schutz von Baudenkmälern besser gesorgt als für den lebender Bäume.

Sue und Angela engagieren sich noch immer stark für die Shaftesbury Tree Group; alle paar Monate organisieren sie in dem in der Stadtmitte gelegenen Friends Meeting House Zusammenkünfte. Die Gruppe lädt zu Vorträgen und anderen Veranstaltungen ein und organisiert regelmäßige „Baumspaziergänge", bei denen Einheimische, aber auch Touristen mit den „signifikanten Bäumen" Shaftesburys bekannt gemacht werden.

Vom Sehen kenne ich unsere hiesigen Bäume ganz gut, schließe mich aber freudig den Spaziergängen an, um Sue oder andere erzählen zu hören, was es mit den Bäumen auf sich hat, welche regionalen Namen sie tragen, warum diese sich je nach Ort unterscheiden und welche kulturellen Gegebenheiten dazu beigetragen haben, dass sie nun an ihrem Ort stehen. Die Spaziergänge beginnen in der Regel vor den Abbey Gardens und führen als Erstes durch den Park Walk, der auf einer Seite mit einer Reihe von Ahornbäumen bestanden ist. Diese Bergahorne sind in der zweiten Hälfte des 18. Jahrhunderts angepflanzt worden, als es Mode war, beschattete Alleen anzulegen. Verglichen mit anderen Bäumen, kommt Bergahorn sehr gut mit starkem Wind zurecht, was im Park Walk, der erhöht und in exponierter Lage über dem Blackmore Vale entlangführt, vonnöten ist.

Zu Beginn des Spaziergangs stehen wir unter den Ahornbäumen, um den spektakulären Ausblick über das Tal zu genießen und Sue bittet mich, ein bisschen über die Bienen zu erzählen, die hier in der Nähe vorkommen. An der Böschung, die die Promenade vom Fußweg weiter unten trennt, nisten Einsiedlerbienen und Hummeln weiden an dem Löwenzahn, den die Stadtverwaltung extra für die Bienen hat stehen und blühen lassen.

Wir verlassen den Park Walk und schlendern durch den Halbschatten hoher Birken, die auf den Böschungen oberhalb und unterhalb wachsen, bis wir zum Pine Walk gelangen. Die riesigen harzigen Waldkiefern, die den Weg flankieren, vermitteln eine ganz andere Atmosphäre. Es gibt hier so gut wie keine Bienen, obwohl ich gelegentlich Honigbienen gesehen habe, die die von tiefen Rissen durchfurchten Stämme der Kiefern nach Harz absuchen. Das Harz verwandeln sie in *Propolis*, mit dem sie ihre Stöcke und Waben vor Infektionen und Eindringlingen schützen. Die Kiefern sind eher ein Platz für Eulen und Raben als für Bienen.

Oben am St. John's Hill verlassen wir den Pine Walk, überqueren die Straße und erreichen Bury Litton. Hier ändert sich das Ambiente von Neuem. Es ist ein magischer und rätselhafter Ort, ein Ort noch ungelüfteter Geheimnisse und unerzählter Geschichten. An der Stelle dieses kleinen umfriedeten Parks stand vermutlich einmal die alte St.-John-Kirche, von der allerdings keine Spur mehr erhalten ist. Hier, zwischen Grabsteinen aus dem 17. Jahrhundert, steht die großartige Shaston Yew, eine von unheilvoll wirkenden Lorbeerbüschen umstandene Eibe (sie drohte von dem Lorbeer erstickt zu werden, bis dieser von der „Baumgruppe" zurückgeschnitten wurde). Die gekrümmten und verdrehten Äste winden sich weit ausladend, aber niedrig über die Reste zersprungener Grabsteine und über Aberhunderte nun verborgener Schneeglöckchenzwiebeln. Da die Ancient Yew Group (die englische Gesellschaft für alte Eiben) den Baum als „bemerkenswert" einstuft, ist diese Eibe ziemlich sicher der „bedeutendste" Baum Shaftesburys. Auf dem Programm stehen noch weitere sehenswerte Bäume, aber ich möchte noch etwas bei diesem herrlichen Baum verweilen. Als ich sehe, wie der letzte Teilnehmer unseres Spazierlehrgangs den kleinen Friedhof verlässt, bin ich doch erstaunt, wie beliebt diese Baumspaziergänge sind – ein Beleg für die angeborene Liebe des Menschen zu den Bäumen und für die uralte Verbindung, die wir mit ihnen haben.

Die Europäische Eibe (*Taxus baccata*) ist normalerweise entweder männlich oder weiblich, aber um zu bestimmen, welchen Geschlechts die Shaston-Yew ist, müsste ich ihre „Blüten" oder ihre Zapfen, die jeweils im Frühling austreiben, oder aber die Winterbeeren sehen, die auf den weiblichen Bäumen vorkommen. Ich habe gelesen, dass die älteste Eibe des Vereinigten Königreichs, die Fortingall Yew, die immer als männlich geführt wurde, vor Kurzem Beeren produziert hat, was im Prinzip bedeutet, dass sie ihr Geschlecht zu wechseln vermag.

Die sogenannten Blüten auf männlichen Eiben hängen nach unten und ähneln zunächst winzigen Rosenkohlröschen, bevor sie sich zu Zapfen mit unauffälligen rosa-weißen Blüten auswachsen. Die weibliche „Blüte" startet als aufrechte schuppige Knospe, die sich erst zu einer kleinen Eichel umbildet und dann eine scharlachroten Beere entwickelt, die an paprikagefüllte Oliven erinnern, nur mit umgekehrten Farben. Diese Beeren sind übrigens hochgiftig.

Da ich gesehen habe, dass Honigbienen an den winzigen männlichen Blüten, die die Eibe im Frühling hervorbringt, unterwegs waren, nahm ich naiverweise an, sie würden von den Insekten bestäubt. Dies trifft jedoch keineswegs zu.

Bäume werden in zwei Gruppen unterteilt, in *Gymnosperme* oder Nacktsamer und in *Angiosperme* oder Bedecktsamer. Die frühesten, vor 390 Millionen Jahren in Erscheinung tretenden Bäume waren Nacktsamer. Diese Gruppe hat einige der mächtigsten, größten und ältesten Bäume der Erde vorzuweisen, vor allem Nadelbäume wie Kiefern, Fichten, Zedern und Eiben. Der Ausdruck „gymnosperm" bedeutet „nackter Same", das heißt der Samen ist nicht von einem Fruchtknoten umschlossen. Diese Bäume bringen keine echten Blüten hervor und ihre direkt der Luft ausgesetzten Samen sind vom Wind bestäubt worden.

Die Samen der Angiospermen sind in Früchten verborgen. Die Bäume aus dieser Gruppe, die ausnahmslos Blüten produzieren, erschienen etwa vor 100 Millionen Jahren und haben sich zusammen mit Insekten, Vögeln und Säugetieren entwickelt, die sie besuchen, um an ihren Pollen oder Nektar zu gelangen. Auch in dieser Gruppe gibt es noch immer Bäume, die vornehmlich auf die Bestäubung durch Wind angewiesen sind, zum Beispiel Eschen, Birken, Hasel, Eichen oder Esskastanie. Diese Bäume wachsen zumeist in offenen Lebensräumen, in denen die Windbestäubung wirksamer erfolgen kann. Sie produzieren längliche (männliche) Kätzchen, die von den Zweigen herabhängen, so dass der Pollen vom Wind leicht herausgeschüttelt werden kann.

Da der Erfolg der Windbestäubung viel mit Zufall zu tun hat, erhöhen die Bäume die Chance, dass ihr Pollen die weibliche „Blüte" erreicht, indem sie Unmengen an Pollenkörnern produzieren. Ein einziges Büschel Birkenkätzchen vermag zum Beispiel phänomenale zehn Millionen Pollenkörner zu erzeugen. Diese Überfülle macht sie für Menschen mit Heuschnupfen zu einem absoluten Alptraum, aber, wie man sich denken kann, äußerst attraktiv für Bienen und andere Insekten. Wenn man jedoch auf Kätzchen hervorbringenden Bäumen zahlreiche Insekten beobachtet, die Pollen sammeln, heißt das – mit Ausnahme der Weide, die tatsächlich auf Insektenbestäubung angewiesen ist – nicht unbedingt, dass sie die Bäume auch bestäuben.

Blütenbäume hingegen, die stark duftende oder rötliche Blüten hervorbringen – Apfel, Schlehe, Kirsche, Holzapfel, Weißdorn, Rosskastanie, Linde, Feld- und Bergahorn, um nur einige zu erwähnen –, werden bis zu einem gewissen Grad stets von Insekten bestäubt. Nicht alle diese Bäume bieten jedoch Nektar als Belohnung an. Manche, besonders etwa Linde und Weißdorn, sind so launisch und unberechenbar, dass sie in einem Jahr Tonnen von Nektar produzieren und im nächsten Jahr fast gar keinen, da ihre Nektarproduktion von der Bodenbeschaffenheit, der Lage, dem Wetter und anderen Faktoren abhängt.

Blütenbäume sind, gleich ob sie zur Bestäubung auf Insekten angewiesen sind oder nicht, extrem wertvolle Nahrungsressourcen für Bienen und andere Insekten. Wenn eine Biene zwischen ihrem Nest oder Stock und der Nektar- oder Pollenquelle hin- und herfliegt, verbraucht sie jedes Mal kostbare Energie. Kann sie eine üppige Blumenweide anfliegen, die aus einem einzigen blühenden Baum besteht, liegt es auf der Hand, dass sie viel weniger Energie verbraucht, als wenn sie zwischen einzelnen Pflanzen in weit auseinanderliegenden Gärten hin- und herfliegen müsste. Je weniger Zeit eine Biene für Pausen benötigt, in denen sie selbst Energie aufnehmen muss, desto mehr Zeit hat sie zum Sammeln von Nahrung, die sie zu ihrer Brut zurückbringen kann.

Wenn man darüber nachdenkt, ist Baumökologie demnach keine allzu komplizierte Wissenschaft. Einen Blütenbaum anzupflanzen, hilft also nicht nur morgen dem Klima, sondern heute schon den Bestäubern.

Obstbäume sind von allen Bäumen am meisten darauf angewiesen, dass Insekten sie bestäuben. Apfelbäume zum Beispiel sind zur Bestäubung mehr als die meisten anderen Nutzpflanzen vor allem von einheimischen Wildbienen abhängig. Auch wenn einige Apfelsorten selbstbestäubend sind, benötigt die Mehrzahl von ihnen eine Fremdbestäubung von anderen Bäumen. Ohne bestäubende Insekten würden sie nur wenige Früchte tragen.

Nirgendwo sonst wird dieser Dominoeffekt augenfälliger als in der Region Sichuan im Südwesten Chinas, die einst zu den größten Apfelproduzenten der Erde gehörte. Dort sind die einheimischen Wildbienen durch eine Kombination übermäßigen Insektizid-, Herbizid- und Fungizideinsatzes sowie den Verlust des natürlichen Lebensraums aufgrund übertrieben extensiver Wirtschaftsweise vollkommen ausgerottet worden und die Apfelbäume müssen inzwischen gänzlich von Menschenhand bestäubt werden.

Jedes Jahr gehen Tausende von Obstbauern mit ihren Familien in die Apfelplantagen, wo sie über Wochen jede der Milliarden Blüten mit selbst hergestellten Bestäubungsstäbchen, zum Beispiel aus Hühnerfedern oder Zigarettenfiltern, die in pollengefüllte Plastikflaschen getunkt werden, per Hand bestäuben. Weil Äpfel ein hochpreisiges Erntegut sind und die Arbeitskraft in China relativ „billig" ist, ist die Handbestäubung noch geradeso ein gangbarer Weg. Sollten aber unsere bestäubenden Insekten auch in anderen Weltregionen einen solchen Niedergang erleben, werden wir ernsthaft in Schwierigkeiten geraten. Es gibt einfach nicht genügend Menschen auf unserem Planeten, um alle Nutzpflanzen mit der Hand zu bestäuben.

Bäume sind bestimmt ein wertvoller Wirtschaftsfaktor, wir müssen aber auch ihrem Wert an sich und dem Platz, den sie in unseren Herzen einnehmen, Beachtung schenken. Ich finde es fürchterlich traurig, wenn Bäume als „natürliches Kapital" bezeichnet werden oder davon gesprochen wird, dass sie „wesentliche Leistungen für das Ökosystem erbringen". Ich verabscheue diese Wendungen und die Art, in der sie nahelegen, der Wert eines Baums oder eines Waldstücks sei ausschließlich monetär zu beziffern. Die gleiche Ausdrucksweise wird häufig auch bemüht, wenn vom Wert der Bienen als Bestäuber gesprochen wird oder über die ökologische Funktion anderer Lebewesen. Doch um alles in der Welt, hier handelt es sich nicht um leblose Gegenstände, sondern um außergewöhnliche, schöne, vitale, herrliche lebende Organismen, eigenständig und unschätzbar in ihrem Wert.

Und es ärgert mich auch, wenn von „Biodiversitätskompensation" die Rede ist, als ob das Versprechen, irgendwo ein paar neue Bäume zu pflanzen, die Zerstörung alter Wälder mitsamt ihrer Ökosysteme wettmachen könnte. Je älter ein Baum ist, desto mehr hat er dem Planeten zu geben. Auch wenn es bestimmt nicht schlecht ist, neue Bäume zu pflanzen, so ist es mit Sicherheit nicht gut, alte gesunde Bäume zu vernichten.

Probleme wie das Bienensterben würden von unseren Regierungen allerdings nicht so ernst genommen, wenn die bestäubenden Insekten wirtschaftlich keine so große Rolle spielen würden und Naturschutzprogramme werden häufig von den Einnahmen beflügelt, die Naturliebhaber und Besucher den Nationalparks und Naturschutzgebieten bescheren. Der Natur jedoch einen monetären Wert beizumessen, ist für mich ein zutiefst fehlgeleitetes Denken. Es dient lediglich dazu, die Verbindung zwischen dem Menschen und der Natur weiter zu schwächen.

„Ökonomie" ohne „Ökologie" kann es nicht geben; beide sind untrennbar miteinander verbunden. Und wenn uns die Ökologie, das heißt unsere Heimat, der Planet Erde, nicht kümmert, was soll dann der ganze Rest? Man kann sich nicht bei sich zuhause einrichten, wenn das Zuhause zerstört ist, egal wie viel Geld man auf der Bank hat.

15.
SEDGEHILL, EINE NATURGESCHICHTE

Von dem Bild auf meinem Laptop bin ich völlig verwirrt. Als ich auf den Auslöser meiner Kamera drückte, hatte ich keinen Zweifel, dass es sich um eine Solitärbiene oder etwas in der Art handelte, aber das Tier, das ich nun sehe, scheint zwei schwarze Greifer oder Scheren – ähnlich wie bei Krabben oder wie die Mundwerkzeuge von großen Käfern – zu besitzen. Sein Körper steckt tief in einer Blüte und ist größtenteils verborgen, und nur die Scheren (wenn es denn Scheren sind) sind sichtbar, in den Himmel gebohrt, als ob sie darauf warten, ein vorbeifliegendes Insekt zu packen.

Ich komme nicht dahinter. Ich weiß, meine Bestimmungskünste lassen zu wünschen übrig, aber es war mit ziemlicher Sicherheit eine Art Solitärbiene.

Heute Vormittag habe ich sie in Dianas Garten in Sedgehill entdeckt, wo Rob arbeitet. Manchmal besuche ich ihn und helfe ihm beim Jäten, gehe aber auch viel herum und wenn ich nicht gerade Zaunwinden herausreiße, fotografiere ich Blumen und Bienen.

Rob hat in den letzten fünfzehn Jahren diesen Garten bearbeitet und es spricht für seine Liebe zur Natur, dass es ihm gelungen ist, eine Balance zwischen den abgezirkelten Rasenflächen und den mit traditionellen Sträuchern und Stauden eines Cottage-Gartens vollgepackten Rabatten sowie den halbwilden Flächen – etwa dem Obstgarten mit seiner Wiese – herzustellen, ohne auch nur einmal zu Insektiziden,

Herbiziden oder Fungiziden greifen zu müssen. Noch nicht einmal Rasendünger hat er benutzt.

Der fast einen Hektar große Garten hat dadurch zu einem natürlichen Gleichgewicht gefunden und ist zu einem Paradies für Wirbellose, Blindschleichen, Amphibien und Gartenvögel geworden. Ich habe in Dianas Garten mehr verschiedene Bienenarten gezählt als an jedem anderen Ort.

Die Biene, die ich heute Morgen gesehen habe, war glänzend schwarz und vor dem Büschel hübscher gelber Blumen, zu denen sie immer wieder zurückkehrte, ziemlich auffällig. Ich verfolgte sie eine Weile durch die Linse meiner Kamera, und schoss das Bild in dem Moment, als sie, für mich ganz praktisch, auf der Blume direkt vor mir landete.

Wenn sich nicht etwas anderes in dieser Blume verborgen hielt, müsste dies also die gleiche Biene sein. Ich ziehe das Bild noch etwas weiter auf, und drehe es. Wie ich nun sehen kann, sind die schwarzen „Greifer" üppig mit hellgelben Pollen bedeckt. Vielleicht ein Pollen sammelnder Käfer? Ich sehe mir das Ganze aus verschiedenen Blickwinkeln an und kann schließlich säuberlich gefaltete membranartige Flügel, das Hinterende des Abdomens und die Spitzen zweier langer Fühler erkennen. Es ist also tatsächlich eine Biene. Und was ist mit den Scheren?

Plötzlich schwant es mir. Ich weiß genau, um welche Art es sich handelt. Das heißt, ich glaube es zu wissen, liege aber bestimmt falsch. Zunächst einmal scheint dieser Garten nicht den richtigen Lebensraum zu bieten. Es ist nicht feucht genug. Es gibt zwar zwei größere Teiche, aber beide sind künstlich angelegt und meines Wissens gibt es auch keine morastigen Stellen, außer vielleicht die Fläche unten bei den Ställen, die im Winter mitunter etwas versumpft.

Vor allem aber bin ich mir nicht sicher, was den Namen der Blütenpflanze angeht, an der die Biene Pollen sammelte – der in diesem Fall aber für die Artbestimmung ausschlaggebend ist. Am besten, ich frage Rob. Wenn die Blume tatsächlich die Blume ist, die ich *vermute*, sind die „Scheren" keine Scheren, sondern Beine, die nur deshalb wie Greifzangen aussehen, weil sie im Vergleich zu anderen Bienenbeinen stark vergrößert sind, und die Biene, die ich heute Morgen gesehen habe, muss eine Auen-Schenkelbiene (*Macropis europaea*) sein.

Nach allem, was ich über die Art weiß, sammelt sie nur Pollen aus den Blüten des Gilbweiderichs, woraus sich auch der englische

Name der Biene erklärt: „Yellow Loosestrife bee" (Gilbweiderich-Biene). Zudem ist die Auen-Schenkelbiene auf den Britischen Inseln insofern einzigartig, als die Weibchen der Art Blütenöle sammeln, die sie dem Pollen, den sie an ihre Larven verfüttern, beimischen. Noch raffinierter und ungewöhnlicher ist, dass sie mit diesen Ölen ihre unterirdischen Nester schützen und wasserdicht machen, Nester, die sie gerne in Marschen, Sumpfgebieten und an Flussufern bauen, also Gebieten, die anfällig für Überflutungen sind. Es gibt zwar außerhalb Großbritanniens andere Wildbienengattungen und mindestens ein Dutzend weiterer *Macropis*-Arten, die Pflanzenöle sammeln, auf den Britischen Inseln ist die Auen-Schenkelbiene jedoch die einzige.

Wie der Pollen, so stammen auch die von den Bienen gesammelten Öle ausschließlich vom Gilbweiderich. Damit die Tierchen die kostbaren Öle aufsaugen können, die die Blumen aus Drüsenhaaren an der Basis der Stamina (die männlichen Fortpflanzungsorgane einer Blüte, die Pollen produzieren) ausscheiden, haben sie speziell angepasste, silberfarbene Haare auf ihren vergrößerten Hinterbeinen ausgebildet.

Der Gilbweiderich ist allerdings nicht die einzige Anlaufstelle. Seine Blüten enthalten keine Nektarien, weshalb die Bienen, um sich mit Nektar zu versorgen, noch andere Pflanzen besuchen müssen. Sie sind zwar extrem wählerisch, was Pollen und Öle anbelangt, aber weit weniger pingelig, was ihre Nektarquellen angeht. So sind sie auf vielen verschiedenen Blütenpflanzen, darunter Brombeeren, Weidenröschen, Minzen, Acker-Kratzdisteln und Flockenblumen anzutreffen, die alle in und rund um Dianas Garten vorkommen.

Die Auen-Schenkelbiene weist aber noch ein weiteres ungewöhnliches Merkmal auf: Von den Weibchen ist bekannt, dass sie gelegentlich beim Blütenbesuch ihre beiden Hinterbeine vertikal in die Luft strecken. Keine andere Bienenart in Großbritannien und Irland zeigt dieses Verhalten.

Ich habe Stunden im Internet verbracht, um herauszufinden, warum sie dieses Verhalten an den Tag legt. Ohne Erfolg. Davor schon habe ich irgendwo von der Vermutung gelesen, dass das Weibchen mit dieser Beinhaltung den vorbeikommenden Männchen signalisiert, sie sei „nicht interessiert", kann mich aber beim besten Willen nicht mehr daran erinnern, wo. Im Garten heute habe ich keine vorbeikommenden

Männchen gesehen und daher auch keine Möglichkeit gehabt, festzustellen, ob an dieser Idee etwas dran ist. Ich hatte den Gedanken, dass das Weibchen vielleicht seine Beine in die Luft streckt, um beim Ölsammeln keinen Pollen zu verlieren, habe aber Fotos entdeckt, auf denen die Beinhaltung ohne Pollenfracht vorkommt. Wie dem auch sei, die Tatsache, dass die Biene dieses Verhalten an den Tag gelegt hat, macht es für mich umso gewisser, dass ich es mit einer Auen-Schenkelbiene zu tun habe.

Ich öffne den letzten Artikel, für den ich ein Lesezeichen gesetzt habe. „Foraging, Grooming and Mate-seeking Behaviors of *Macropis nuda* (Hymenoptera, Melittidae) and Use of *Lysimachia ciliata* (Primulaceae) Oils in Larval Provisions and Cell Linings" lautet der wortreiche Titel. Der Artikel stammt aus dem Jahr 1983 und seine Autoren sind James H. Cane, George C. Eickwort, F. Robert Wesley und Joan Spielholz. Ich überfliege die Zusammenfassung der Forschungsergebnisse und lese: „Eingegangen wird auch auf das Vorstrecken der Hinterbeine als Anzeiger bei fehlender Paarungsempfänglichkeit". Sieh einer an!

Über die Entdeckung, dass die Weibchen von Macropis tatsächlich ihre Hinterbeine ausstrecken, um vorbeifliegenden Männchen ein mangelndes Paarungsinteresse zu signalisieren, bin ich überglücklich. Das ist der Beweis, der mir noch fehlte. Der Artikel erklärt zwar nicht, warum meine Biene ihre Beine in die Luft streckte, waren doch, als ich sie fotografierte, weit und breit keine vorbeifliegenden Männchen zu sehen. Dass aber die Autoren dieses Verhalten im Feld dokumentiert haben, ist für mich überzeugend genug. Ich würde gerne mehr erfahren. Wenn ich doch nur mit einem der Autoren sprechen könnte ...

Ich recherchiere ein bisschen im Internet und es gelingt mir, den ersten Autor des Artikels ausfindig zu machen. Jim Cane arbeitet zurzeit als Forschungsentomologe für das US-Landwirtschaftsministerium. Beim Durchlesen seiner Biografie springen mir ein paar Wendungen ins Auge, nämlich, dass er „schon lange ein Interesse an Naturschutz hegt" und „seit dreißig Jahren über Solitärbienen forscht". Es gibt tausend Dinge, die ich ihn fragen möchte.

Nachdem wir uns über Wochen E-Mails hin- und hergeschickt haben, gelingt uns eine Telefonverabredung. Schon aufgrund unseres E-Mailaustauschs weiß ich, dass ich von dem, was er mir zu erzählen hat, fasziniert sein würde. Und er ist tatsächlich eine Schatzgrube voller Informationen über alles, was mit Bienen zu tun hat.

Der Artikel, auf den ich gestoßen sei, beginnt Jim, sei Teil seiner Dissertation gewesen, für die er in den 1980er-Jahren „anhand einer Vielzahl von Bienenarten über die Sekrete der Dufour-Drüsen, ihre Chemie und ihre Verwendung bei nistenden Bienen" erforscht habe. Obwohl mittlerweile in Utah ansässig, habe er damals die *Macropis*-Bienen in New York State beobachtet. Ich frage, ob er sich noch daran erinnert. Er bejaht.

Er habe beobachtet, erzählt er, wie die Männchen Gilbweiderich-pflanzen abflogen und nach Weibchen suchten, auf die sie sich gestürzt hätten (wie es männliche Solitärbienen zu tun pflegen), dann aber von den Weibchen, die sich bereits gepaart hatten, abrupt zurückgestoßen worden seien. Die bereits befruchteten Weibchen „haben die zudring-lichen Männchen mit einem einzigen synchron ausgeführten Heben ihrer ausgestreckten Hinterbeine zurückgewiesen" und sich wieder ihrer Tätigkeit des Nektar-, Pollen- oder Ölsammelns zugewendet, wobei sie noch ein paar Minuten lang ihre Beine ausgestreckt hielten. Dies würde erklären, warum mein Weibchen seine Beine ausgestreckt hielt, obwohl zu diesem Zeitpunkt keine Männchen zugegen waren.

Im Laufe unseres Gesprächs erzähle ich Jim von der *Macropis*-Art, die ich in Dianas Garten gesehen habe und er berichtet mir mehr über das Nistverhalten der *Macropis*-Arten, die er als Student beobachtete. Ihre Nester seien stets ziemlich nahe an der Oberfläche gebaut, sagt er, und bestünden aus einem Haupttunnel, von dem ausgehend das Weibchen mehrere Seitentunnel grabe, an deren Ende sie ein oder zwei Brutzellen einrichte. Soweit er und seine Kollegen beobachten konnten, lege das Weibchen nicht mehr als zehn Eier in ein Nest und baue dann seines Wissens kein weiteres Nest mehr.

Auf meine Frage, wie er darauf komme, erklärt er, dass bei einem Weibchen, das mit dem Nestbau beginnt, zerfledderte Flügel vermuten ließen, es habe schon anderswo ein Nest angelegt, aber bei allen Bienen, die er beobachtet habe, seien die Flügel wie neu gewesen. Ich erfahre zudem, dass die *Macropis*-Bienen in einem Umkreis von dreißig Metern von ihrem Nest auf Nahrungssuche gehen, nicht in großen Aggregatio-nen nisten und dass die von den Weibchen gesammelten *Lysimachia*-Öle

257

einen grünlichen Stich haben, der sich, nachdem die Bienen ihre Zellen mit dem Öl wasserfest gemacht haben, an den Wänden erkennen lässt.

Gegen Ende unseres Gesprächs kommen wir noch kurz auf Jims Leidenschaft für den Naturschutz zu sprechen. Ich hatte ihm zwar zahlreiche Fragen zum Nist- und Paarungsverhalten der *Macropis*-Bienen gestellt, aber eigentlich liegt es auf der Hand, dass ich auf einige meiner Fragen selbst Antworten finden würde, indem ich dort, wo ich die Auen-Schenkelbiene gesehen habe, noch mehr Gilbweiderich anpflanze und selbst mehr Zeit mit der Beobachtung der Art verbringe.

Jim ermuntert mich, genau dies zu tun und unterstreicht den großen Wert, der der *Citizen science* zukommt und wie sehr die von Laien gemachten Beobachtungen dazu beitragen, das Bild, das man sich von den Verhaltensweisen der Solitärbienen oder überhaupt der Tiere in der Wildnis macht, zu vervollständigen. Unsere Unterhaltung bestärkt mich in dem Vorsatz, bei meinen Bienenbeobachtungen mehr Notizen zu machen – nur für den Fall, dass ich etwas bis dahin noch nicht Bemerktes wahrnehme.

Wichtiger noch als das Verhalten der Bienen aufzuzeichnen, ist festzustellen, dass sie überhaupt vorhanden sind. Wenn wir nicht wissen, dass etwas existiert, können wir auch nicht wissen, dass es verschwunden ist. Dafür setzt sich Richard Comont, der Wissenschaftsmanager des Bumblebee Conservation Trust, leidenschaftlich ein. „Biologische Bestandsaufnahmen", sagt Richard, „insbesondere Langzeitmonitoring ist die Grundlage der Ökologie, der Erforschung der Arten und ihrer Umwelten."

Und es ist wenig sinnvoll, diese Informationen für sich zu behalten. Wir müssen sie teilen, damit Naturschützer und Wissenschaftler entsprechend handeln können. Nur weil die Butterfly Conservation schon 1976 ein weltweit einzigartiges Monitoring- und Erfassungsprogramm initiiert hat, wissen wir von dem gravierenden, schon lange stattfindenden und anhaltenden Niedergang der Schmetterlinge im Vereinigten Königreich und können seinen Gründen nachgehen. Wir alle sollten uns mehr im Sinne der Bürgerwissenschaften engagieren.

Viele Menschen nehmen bereits an der großen Gartenvogelzählung teil, die alljährlich im Januar vom RSPB veranstaltet wird, oder an der von der Botanical Society of Britain & Ireland ins Leben gerufenen

Neujahrspflanzenjagd, wir können aber noch viel mehr ausrichten, indem wir die Lebewesen, insbesondere die Insekten dokumentieren, die wir im Laufe des Jahres sehen. Richard hat Recht, wenn er betont, dass „ohne verlässliche Artenerfassung alles keinen rechten Sinn ergibt". Zum Glück war es nie einfacher, Rat zu finden, wenn es darum geht, eigene Funde zu bestimmen. Man muss nur ein Foto machen, es auf die iSpot-Seite hochladen und es wird sich für jede Pflanze, jedes Tier, auf das man gestoßen ist, jemand finden, der bei der Bestimmung hilft und erklärt, wo und wie man eine Sichtung meldet.

Nach meinem Telefonat mit Jim kann ich wohl sicher davon ausgehen, dass das Ausstrecken der Hinterbeine, wie es sowohl bei *Macropis nuda* (Jims Biene) als auch bei *Macropis europaea* (meine Biene) zu sehen war, sich aus den gleichen Gründen entwickelt hat. Aber trotz all der Belege, die ich gesammelt habe, gibt es noch eine offene Frage, die ich gerne geklärt hätte. Und das ist der Umstand, dass die Pflanze auf meinem Foto nicht wie die Pflanze aussieht, die ich als Gilbweiderich kenne.

Ich schicke einen kurzen Text an Rob: „Wie heißt die Pflanze an der oberen Gartenbegrenzung mit den hübschen, kleinen gelben Blüten, die vor der Baumlupine und rechts von den Fackellilien steht." Und weil ich viel zu ungeduldig bin, Robs Antwort abzuwarten, gebe ich im Internet „Gilbweiderich" ein.

Sofort erkenne ich die von der Suchmaschine ausgegebenen Pflanzenbilder als die üppigen gelben Rispen, die hinter unserem Teich im rückwärtigen Teil unseres kleinen Gartens wachsen. „*Lysimachia punctata*" lautet die Bildunterschrift. Doch ist dies definitiv nicht die Pflanze, an der meine Biene in Dianas Garten ihren Pollen sammelte. Abgesehen von den ähnlich geformten gelben Blüten sieht sie vollkommen anders aus. Ich wünschte, ich würde die Pflanzen nach ihrem wissenschaftlichen Namen und ihrem gemeinsprachlichen Namen kennen. Es wäre leichter, könnte ich meine Suche auf die taxonomische Familie einengen. Hoffentlich gehört die Pflanze, die ich suche, zur gleichen Gattung.

Ich scrolle etwas weiter und Bingo, es gibt eine weitere Gilbweiderichart, *Lysimachia vulgaris*, die mit der Pflanze auf meiner Fotografie übereinstimmt. Verglichen mit der Kultursorte (*Lysimachia punctata*), die aufrecht steht wie eine Armee hoher gelber Rispen und mit Unmengen offener, gelber Blüten dicht besetzt ist, macht die wilde Variante

(*Lysimachia vulgaris*) einen weicheren Eindruck, sie ist verzweigt, reckt sich weniger stramm in die Höhe und scheint mehr Blätter zu besitzen. Sie hat dünne Blütenstiele und ihre Blüten, die etwas geschlossener sind als die von *Lysimachia punctata*, sind lockerer und in pyramidenförmigen Büscheln angeordnet. Die blassgrünen Sepalen sind, wo sie die Basis der Blütenblätter umschließen, mit einem hübschen rot-orangen Rand versehen. Die Pflanze wirkt graziler und hübscher als ihre kultivierte Variante.

Nun ist es offiziell. Ich habe eine *Macropis europaea*, eine Auen-Schenkelbiene, gesehen, fotografiert und identifiziert. Ich kann es kaum abwarten, eine Meldung meines Funds an die Bees, Wasps und Ants Recording Society (BWARS) zu schicken und sie auf Twitter zu verkünden. Doch bevor ich das tue, bin ich neugierig genug, nachzusehen, wie es meiner Biene in Sedgehill ergeht. Man nenne mich eine Fachidiotin, aber nachdem ich so viel Sorgfalt darauf verwendet habe, die Biene richtig zu identifizieren, möchte ich, bevor ich eine Meldung mache, auch ein Gefühl für ihr Nistverhalten bekommen – denn deshalb ist sie ja hier.

Seitdem ich damit begonnen habe, Bienen zu identifizieren, hat sich vieles verändert. Zum Glück muss ich nicht mehr die BWARS-Website durchforsten und nach ähnlich aussehenden Exemplaren suchen. Mein Geschick bei der Bestimmung von Arten ist nicht unbedingt bedeutend besser geworden; denn trotz meiner größten Anstrengung und in Anbetracht der Zeit und der Energie, die ich darauf verwendet habe, meine Fähigkeiten zu verbessern und zu verfeinern, sind sie noch immer leidlich. Allerdings besitze ich inzwischen ein hervorragendes Buch, das mir aus der Bredouille hilft, wenn ich nicht mehr weiterweiß, Steven Falks *Field Guide to the Bees of Great Britain and Ireland* ist meine Bibel geworden. Mit Sicherheit finde ich darin mehr über das Habitat und die Voraussetzungen heraus, die die Bienen zum Nisten benötigen, und auch etwas über ihren Status und ihre geografische Verbreitung. Wenn sie etwa in unserem Gebiet noch nicht gesichtet worden sind, heißt dies nicht unbedingt, dass sie hier nicht vorkommen; sollten sie aber bislang immer nur für den äußersten Norden Großbritanniens und Irlands dokumentiert sein, dann würde es sich um eine Einzelsichtung handeln, um eine Anomalie.

Ich schlage Seite 264 des *Field Guide* auf und lese, dass die Auen-Schenkelbiene „vor allem im Südosten Englands zwischen Dorset und Norfolk dokumentiert ist". Sedgehill liegt an der Grenze zwischen Nord-Dorset und Wiltshire, das kommt also hin. Ich gehe den Abschnitt über Habitat und Nistvoraussetzungen durch: „Feuchtgebiete und Uferstreifen, auch Marschen, Eisenbahndämme, Bäche, Gräben und Kanäle mit großen Beständen an Gilbweiderich. Gelegentlich in Gärten." Wie bereits vermutet, bevorzugt diese Biene Feuchtgebiete als Lebensraum, aber „große Bestände an Gilbweiderich" habe ich hier in der Gegend nicht unbedingt gesehen. Und mit Sicherheit gibt es hier keine Marschen oder Kanäle. Andererseits wird das Dorf nicht ohne Grund Sedgehill, also „Seggenhügel", heißen.

Meine Meldung an die BWARS kann ich nun endlich abschicken, bin aber mehr denn je an den Ursprüngen des Namens und der Naturgeschichte dieser Gemeinde und ihrer Landschaft interessiert. Seggen wachsen meist, wie ich gelernt habe, in Feuchtgebieten und der Umstand, dass *Lysimachia vulgaris*, eine Pflanze, die feuchte Standorte bevorzugt, fröhlich in Dianas Garten gedeiht, besagt, dass diese Gegend feuchter sein muss, als ich bislang angenommen habe.

Ich mache mich an die Arbeit und lande schließlich auf der Website des Wiltshire County Council und dort bei dem Menüpunkt „community history" (Gemeindegeschichte). Dort lese ich Erfreuliches: „Die einstige Gemeinde Sedgehill liegt auf Kimmeridge-Lehm, einem Boden, der vorzüglich für Weiden und Wiesen geeignet ist", so die ersten Zeilen. „Der Name der Gemeinde ist in Varianten wie ‚Seghull(e)' und ‚Segghull' seit 1241 dokumentiert und bezeichnet wahrscheinlich ‚einen Hügel, an dem Seggen wachsen'." Ich erfahre, dass „an mehreren Stellen auf dem Gemeindegebiet kleinere Teiche liegen und drei größere von dem Flüsschen Sem gespeist werden". Ich kann mich nicht erinnern, je solche Teiche gesehen zu haben, lese dann aber, dass „manche inzwischen trockengelegt wurden". Anscheinend „folgt auch die südwestliche Grenze mit Dorset dem Lauf mehrerer Bäche". Wasser wird also so häufig erwähnt, dass mir der Kopf brummt.

Was mit der Frage begonnen hat, ob Sedgehill Lebensräume bietet, die der Auen-Schenkelbiene entgegenkommen, hat mich tief in die Geschichte der Gegend hineingezogen. Über die Erwähnungen von

Bächen und anderen Feuchthabitaten hinaus habe ich festgestellt, dass die historischen Namen hiesiger Farmen sich häufig auf Wasser beziehen. Die meisten sind schon lange verschwunden oder in anderen Farmen aufgegangen, allerdings habe ich auf einer Reproduktion einer wunderschönen Karte aus dem Jahr 1773 gesehen, dass es in der näheren Gegend einstmals eine Burybrook Farm (brook = Bach), eine Whitemarsh Farm und eine Westmarsh Farm (marsh = Sumpfland) gegeben hat. Die Burybrook Farm – die von David bewirtschaftet wird und sich heute Berrybrook Farm schreibt – und die einstige Whitemarsh Farm (nun Teil der Berrybrook Farm) liegen gar nicht so weit von dem Garten entfernt, den Rob betreut. Und die einstige Westmarsh Farm liegt nur einen Steinwurf nördlich davon.

Mit diesen historischen Gegebenheiten vor Augen, erscheint mir Dianas Garten in einem anderen Licht. Ich habe, wie ich nun merke, immer nur die in den Rabatten wachsenden Blumen im Blick gehabt, statt auf die Bodenverhältnisse und die Umgebung zu achten, und dabei zahlreiche auf ein Feuchthabitat verweisende Indikatoren übersehen, die nun offensichtlich sind.

Wenn ich mich in den offenen sonnigen Gebieten, von denen Dianas Garten umgeben ist und die der Gilbweiderich so liebt, auf die Suche begebe, dann, so mein Gedanke, entdecke ich vielleicht noch mehr Auen-Schenkelbienen. Der Geschichtsseite des Wiltshire County Council konnte ich entnehmen, dass es um Sedgehill noch recht große Flächen Gemeindeland gibt. Ich muss also niemanden um Erlaubnis bitten, wenn ich durch diese Landstücke streife oder die öffentlichen Pfade und Reitwege entlanggehe, auf denen ich mit meiner Suche beginnen möchte.

Leider werden wir am kommenden Wochenende in die Ferien fahren, und wenn wir Anfang September zurückkommen, ist die Flugsaison der Auen-Schenkelbiene vorbei. Ich werde mir also für nächstes Jahr die Monate Juni und Juli freihalten müssen, um über die Felder und entlang der Pfade, Wege, Deiche und Gräben Sedgehills zu wandern, auf der Suche nach diesen Bienen und den Pflanzen, von denen sie abhängen.

Mit dieser Erfahrung wird mir zudem klar, dass ich mittlerweile anders damit umgehe, wenn ich einem neuen Insekt, einer neuen

Pflanze begegne. Früher hätte ich die körperlichen Merkmale der Biene geprüft, hätte mir auf Twitter die Bestimmung bestätigen lassen, danach eine Meldung gemacht und schließlich das Foto auf meinem Desktop im Ordner „Bienenbilder" abgelegt. Dieses Mal bin ich dazu übergegangen, Fragen zu stellen: *Warum ist die Biene hier? Woher kommt sie? Warum streckt sie ihre Beine in die Luft? Und was bedeutet das alles?* Ich bin zu einer Naturdetektivin geworden, die nachforscht, tiefer gräbt, und jeden Stein umdreht, um Anhaltspunkte dafür zu finden, dass in dem Dorf Sedgehill nicht nur diese eine einsame Auen-Schenkelbiene zuhause ist.

Es hat mir Freude bereitet, all diese Hinweise aufzustöbern und sie fruchtbar zu machen, um Antworten auf einige meiner Fragen zu finden und Verbindungen herzustellen. Nicht weniger interessant war, etwas über die Geschichte Sedgehills zu erfahren. Mir war nicht bekannt, dass es schon immer eine verstreute Ansiedlung war, ein Dorf ohne Ortskern, das anders als die Dörfer, die sich um eine zentrale Kirche oder einen Dorfanger gruppieren, aus kleinen Weilern und Gehöften besteht, die bis zu vier Kilometer auseinanderliegen können und über ein Netz aus Straßen und Feldwegen verbunden sind.

Manchmal, wenn ich Rob zur Arbeit bringe, wandere ich diese Wege entlang. Ich brauche volle vierzig Minuten, wenn ich auf einer Art Rundweg einmal um das Dorf herumwandere. In der ersten Hälfte des 19. Jahrhunderts gab es gut neunzehn Höfe in der Gemeinde; als Rob 2003 in Dianas Garten zu arbeiten anfing, waren nur noch neun davon übrig, wovon vier im Besitz der Kommune waren. Heute sind nur noch drei der vormals fünf privaten Höfe in Betrieb und die letzte der gemeindeeigenen Farmen, die Berrybrook Farm, wird gerade verkauft.

Die Berrybrook Farm ist seit den 1950er-Jahren von Davids Familie bewirtschaftet worden. Nach dem Zweiten Weltkrieg verfolgten die Kommunen die Politik, Land aufzukaufen und es in kleinere Höfe und Betriebe aufzuteilen, die, in dem Versuch, eine neue Generation in die Landwirtschaft zu locken, jungen Familien überlassen werden konnten. Die Kommunen haben nun andere Prioritäten und sehen sich gezwungen, für mehr Wohnraum zu sorgen oder Gelder aufzutreiben, um die von Budgetkürzungen betroffenen öffentlichen Dienstleistungen aufrechterhalten zu können. Höfe im Gemeindebesitz gehören insofern auch zu den Opfern unserer unruhigen Zeiten.

Ganze Landstriche in und um Sedgehill, die über Jahrhunderte meist aus Weiden und Wiesen bestanden, sind mittlerweile in Ackerland umgewandelt worden. Was wird geschehen, sobald auch noch die letzten Weideflächen verkauft sind? Wie wird sich dies in den kommenden zehn Jahren auf die Landschaft und die Flora und Fauna auswirken? Wenn Bauernhöfe durch Wohnhäuser ersetzt werden, werden wohl Teile der noch bestehenden Sumpfgebiete Sedgehills trockengelegt und asphaltiert, mit der Folge, dass der Lebensraum der Auen-Schenkelbiene schrumpft. Und Gemeindeland wird überall in Großbritannien veräußert. Wohin dies alles führt und welche Auswirkungen dies auf die biologische Vielfalt und die Habitate in Sedgehill und anderswo auf dem Land haben wird, wird sich früher oder später zeigen.

Mir wird zunehmend bewusst, wie mein Interesse an Geschichte und meine Liebe zur Natur zusammenhängen. Geschichte und Natur sind unauflöslich miteinander verbunden, nicht nur weil der Mensch im Lauf der Zeiten mit der Landschaft interagierte und sie veränderte, sondern auch weil sich die Methoden ähneln, mit denen man Antworten auf die Rätsel der Geschichte und die der Natur sucht, indem man aus einer Reihe von Hinweisen auf einen klaren Befund schließt. Vielleicht, so denke ich, habe ich meine Berufung verfehlt; hätte ich, als ich jünger war, gewusst, dass es das Fach „Naturgeschichte" gibt, wäre ich wohl auf der Schule geblieben und hätte studiert.

————

Beim Studium der Geschichte geht es nicht nur darum, die Namen von Königen und Königinnen auswendig zu lernen oder sich an das Datum von Schlachten zu erinnern. Ich war zwölf oder dreizehn, als mir das bewusst wurde. Meine Mutter gab mir Josephine Teys *Alibi für einen König* zu lesen. Es ist eine Detektivgeschichte über einen heutigen Polizeibeamten, der beweisen möchte, dass Richard III die Prinzen im Tower nicht ermordet haben kann. Der Detektiv hatte das Gefühl, dass der Mann, dessen Gesicht ihm aus einem bekannten Porträt Richards III, des Buckligen, entgegenblickte, nicht das Gesicht eines

Mörders sein konnte. Also führte er eine Ermittlung durch, mit Methoden, mit denen man auch heute einen Mörder zu überführen versucht, das heißt, er sammelte und prüfte Beweise, erschloss Tathergänge aus Indizien, verwarf Gerüchte und gelangte schließlich zu der logischer scheinenden Schlussfolgerung, dass wohl Heinrich VII die Morde befohlen haben musste.

Ich las den Roman an nur einem Tag. Vor der Lektüre war ich komplett der Darstellung aufgesessen, dass Richard III ein grausamer und niederträchtiger König gewesen war, der, um an die Macht zu gelangen, seine Neffen hatte töten lassen. Diese Geschichte hat man uns in der Schule erzählt, und ich habe sie geglaubt. Josephine Tey hat mich gelehrt, wie wichtig es ist, den Dingen auf den Grund zu gehen und Fragen zu stellen.

Jahrelang habe ich nicht mehr an dieses Buch gedacht, oder mir über „Geschichte" Gedanken gemacht, aber seit ich mehr über die Geschichte von Sedgehill weiß und über seine Zukunft als Lebensraum nachgedacht habe, habe ich mich wieder erinnert, wie wichtig es ist, den Status quo nicht als gegeben hinzunehmen und die Dinge zu hinterfragen. Ich möchte unbedingt noch mehr darüber erfahren, welche Pflanzen und Insekten auf bestimmte Habitate und umgekehrt, welche Landschaften auf eine bestimmte Flora und Fauna schließen lassen.

Und nicht zu vergessen, es war eine Biene, die mir dieses neue Fenster der Entdeckungen öffnete.

16.

WOLLWALKER

Um in unserer Gartenparzelle zu arbeiten, ist es eigentlich viel zu heiß. Der ausgetrocknete Boden – eher Beton als Erde – widersteht meinen halbherzigen Versuchen, ihn von der Zaunwinde zu befreien, die sich während der Wochen unserer Abwesenheit breitgemacht hat. Anstatt die hartnäckige Pflanze mit den Wurzeln auszureißen, schaffe ich es nur, sie an der Oberfläche abzubrechen. Ich gebe auf.

Das Stück verworrenen Dschungels aus Brombeeren, Ampfer und Zaunwinden haben wir Anfang des Sommers als Erweiterung unserer Parzelle erworben. Da wir aber wussten, dass wir fast den ganzen Folgemonat verreist sein und keine Zeit finden würden, es herzurichten, haben wir es mit einem Stück alten Teppichs abgedeckt. Offen geblieben allerdings ist die kleine Fläche, die ich ausjäten sollte. Obwohl dieses Stückchen, als wir es bekamen, ebenso überwuchert war wie der Rest, hatten wir dort einen gesund aussehenden Rosmarin entdeckt, dem es irgendwie gelungen war, sich gegen den dominanten, alles überwuchernden Bewuchs zu behaupten. Es wäre schade gewesen, ihn nicht zu retten. Das war im Juni. Der Rosmarin sieht nun nicht mehr so gesund aus und ist auch nicht mehr imstande, sich zu erwehren.

Vielleicht kann ich ihn aus den um sich greifenden Zaunwinden befreien, die etwa fünfzehn Zentimeter von seiner Basis entfernt hervorgebrochen und über den blanken Boden gekrochen sind, um dann, wie für die Zaunwinde üblich, die Lücke zwischen Erde und Pflanze zu überspringen. Sie hat sich dem Rosmarin von mehreren Seiten genähert und droht, ihn völlig einzukreisen und zu ersticken. Wenn ich das Gewächs nicht unmittelbar über dem Boden abbreche, wird es sich bald um die unteren verholzten Teile winden und mit anderen Strängen und Stängeln einen dicken, festen Strick formen, der schließlich sein armes Opfer würgen und ersticken wird. Die Zaunwinde einfach am Boden abzubrechen, wird den Rosmarin auf lange Sicht nicht retten, aber jetzt geht es erst einmal darum, ihn vor dem schlimmsten Schaden zu bewahren. Ich möchte die Zaunwinde solange in Schach halten, bis der Boden wieder besser zu bearbeiten ist und ich die Wurzeln herausreißen kann.

Man muss die Zaunwinde bewundern, das heißt, *man* muss es nicht, aber ich tue es unumwunden. Auf unserer Parzelle wachsen zwei Arten, Echte Zaunwinde und Ackerwinde. Bienen lieben beide. Die Zaunwinde hat große, herzförmige Blätter und riesige weiße Trompetenblüten. Sie klettert an den hohen Pflanzen und Sträuchern in den Rabatten und Hecken hoch und erstickt sie. Die Ackerwinde ist viel kleiner, mit hübschen, blassrosa und weißen Trompetenblumen. Sie scheint mehr in die Breite zu wachsen als zu klettern, trotzdem würgt sie alle niedrigen Pflanzen, die sie zu fassen bekommt (falls ich es nicht zeitig genug bemerke). Selbst wenn ich meine, sämtliche Ackerwinden auf unserer Parzelle ausgemerzt zu haben, schießen sie immer wieder aus dem Boden und kommen jedes Mal, wenn wir eine Fläche für neue Pflanzen gesäubert haben, zurück. Sie sind unverwüstlich, hartnäckig und unbezähmbar. Ich würde lieber nicht Krieg gegen sie führen müssen.

Häufig frage ich mich, wie wohl unsere Parzelle in fünf Jahren aussehen würde, wenn wir sie einfach sich selbst überließen. Würden von den Blumen und Sträuchern, die wir gepflanzt und gepflegt haben, noch etwas übrig sein? Der Sommerflieder würde wahrscheinlich überleben und der Ziest wächst von selbst, ohne dass wir uns groß um ihn kümmern. Aber nach dem benachbarten Gartenstück zu urteilen, das seit ein paar Jahren verwahrlost, würden auf unserer Parzelle bald nur noch Brombeeren, Zaunwinden, Ampfer und Brennnesseln wachsen. Das zeigt, wie robust und zäh unsere einheimischen Pflanzen sind, aber auch, wie fragil und abhängig jene zarteren Pflanzen sind, die unsere Hege benötigen, um zu überleben.

Ich habe mir viele Gedanken über diese Dinge gemacht, besonders, nachdem ich Isabella Trees außergewöhnliches Buch *Wilding* gelesen habe, in dem sie von den Nachtigallen, Turteltauben und Schillerfaltern erzählt, die auf dem einstigen Farmland in Sussex leben und brüten, das sie und ihr Mann Charlie Burrell haben „verwildern" lassen. Dass diese Vögel und Schmetterlinge dort überhaupt aufgetaucht sind, ist allein schon ein Triumph, aber verglichen mit Populationen in anderen Gebieten Englands, die von Naturschützern eigens als Lebensraum eingerichtet wurden, begeistert vor allem ihre schiere Zahl, in der sie im Knepp Castle Estate, so der Name des Anwesens, vorkommen. Bei einigen dieser Arten ist man früher davon ausgegangen, dass sie Waldland als Lebensraum bevorzugen, in Knepp allerdings, wo sie sich nach eigenem Gutdünken ansiedeln konnten, ist ihre Wahl auf Gebiete mit üppigem Heckenbewuchs und Gebüsch gefallen. „Arten-Kategorien wie ‚Wald', ‚Ackerland', ‚Heide' usw. zuzuordnen, ist ein relativ neues Phänomen", schreibt Isabella. „Sieht man sich an, was die großen Naturforscher der viktorianischen Zeit darüber geschrieben haben, zeigt sich häufig ein ganz anderes, nuanciertes Bild. Wir haben vergessen, dass wir in einer Landschaft leben, die so heruntergewirtschaftet ist, dass eine Mehrzahl der Tiere mehr schlecht als recht in Habitaten überdauert, die nicht unbedingt optimal für sie sind, sie würden sich weit lieber an anderen Orten aufhalten. Wir aber nehmen an, dass sie es dort ‚mögen', oder dass sie dafür ‚bestimmt' sind."

Hätten Isabella und Charlie nicht den Mut gehabt, die Hände in den Schoß zu legen und der Natur die Freiheit zu geben, sich nach ihrem Gusto zu entfalten, hätten wir nie erfahren, welche Vorlieben diese und andere Tiere *von Natur aus* haben. Rob und ich, wir können uns keine Hoffnung machen, Nachtigallen, Turteltauben oder Schillerfalter in unser kleines Gartenstück zu locken, aber seit ich *Wilding* gelesen habe, gehen mir viele Gedanken durch den Kopf und ich überlege dauernd, wie wir anderswo in Shaftesbury der Natur und den Tieren mehr Raum bieten könnten, sich so zu entfalten, wie es gut für sie ist. Im Augenblick allerdings kümmern wir uns darum, Gemüse und Obst für uns und Pflanzen für unsere bestäubenden Insekten anzubauen.

Ich blicke mich um, um zu sehen, welche anderen Pflanzen mit der Trockenheit in diesem Sommer zurechtkommen. Da unsere Sommer trockener und heißer werden, ist es wichtig festzustellen, was in Phasen wie diesen gedeiht oder eingeht. Alles, was wir hier anpflanzen, muss robust sein und nachdem es angewachsen ist, mit eigener Kraft durchkommen. Wir wollen uns nicht zu Sklaven machen, die ständig gießen, können es uns auch gar nicht leisten, also werden die Pflanzen, die es dieses Jahr nicht geschafft haben, ersetzt durch solche, die überlebt haben. Der Lavendel sieht gut aus, auch Salbei, Katzenminze, Echtes Leinkraut, Kalifornischer Mohn und natürlich Ringelblume, der es immer gut geht. All diese Pflanzen stehen in voller Blüte und locken interessante und vielfältige Insektenbesucher an. Spinat und Mangold gedeihen nicht so gut; sie sind, wie der Koriander und alle Salatvarianten, ins Kraut geschossen; und die meisten einjährigen Wildblumen haben schon ausgesamt. Mit Erleichterung sehe ich, wie prächtig der Wollziest (*Stachys byzantina*) am unteren Ende unseres Gartenstücks wächst. Dann entsinne ich mich, dass das Gewächs zu den Pflanzen gehört, die im Eden Project in Cornwall im Mediterranen Biom angepflanzt werden, ich hätte mir also keine Sorgen machen müssen. Trotzdem bin ich erleichtert und erfreut, denn der Wollziest ist für mich eine der Pflanzen, denen es hier besonders gut gehen soll.

Wir haben den Wollziest vorletzten Herbst in der Hoffnung angepflanzt, er möge die Garten-Wollbiene (*Anthidium manicatum*), eine meiner Lieblings-Einsiedlerbienen, anlocken. Unterhalb des Lavendels bedecken seine Blätter bereits eine ansehnliche Fläche; sie lappen auch schon auf den Pfad über und verwischen die Grenze zwischen unserer und Davids Parzelle. David wird es nichts ausmachen. Wir haben Glück mit unseren Parzellennachbarn David und Pilar; sie stören sich nicht an unserem wuchernden (und ziemlich struppig aussehenden) Gartenstück und benutzen zudem nur sehr wenige oder gar keine Pestizide.

Freunde von uns weiter unten in der Kolonie, die wie wir in ihre gärtnerischen Überlegungen auch die Tierwelt einbeziehen, haben weniger Glück. Etliche ihrer Nachbarn sind noch der Auffassung, ohne großzügige Verwendung von Herbiziden, Insektiziden und Fungiziden sei ein gepflegter Garten oder eine gute Ernte nicht zu haben.

Auch mein Vater hatte diese Haltung und obwohl ich alles versuchte, ihn vom Gegenteil zu überzeugen, blieb er bis zu seinem Tod unerschütterlich davon überzeugt, dass man ohne einen Schuppen voller

Pestizide, Rasenverbesserer, Kunstdünger und weiß der Himmel was noch nicht anständig gärtnern könne. Er liebte seinen Garten und sein Gemüsebeet ebenso sehr wie wir, und wie Rob war er stolz auf alles, was er für die Küche produzierte (vor allem, wenn er daraus seine typische Zucchini-Suppe oder ein Chutney aus grünen Tomaten kochen konnte). Mein Vater hatte einfach andere Prioritäten. Und an manchen Tagen, zum Beispiel beim Ausgraben der Ackerwinde, kann ich den Wunsch verstehen, einen körperlich weniger schweißtreibenden Ansatz zu wählen.

Immer wenn ich mit anderen Gartenbesitzern spreche, versuche ich mich an diese Haltung zu erinnern. Auch wenn es mir lieber wäre, wenn niemand mehr Pestizide benutzt, kann man andere Menschen nicht dazu zwingen, die gleiche Haltung einzunehmen wie man selbst. Häufig ist es am besten, darüber zu sprechen, dass es Alternativen gibt und die Leute dazu zu ermuntern, die Abhängigkeit von Pestiziden zu verringern oder ganz auf sie zu verzichten, indem man ihre negativen Wirkungen auf unsere bestäubenden Insekten und andere nicht-schädliche Arten herausstreicht.

Trotz der Trockenheit und der Zaunwinde sieht der Wollziest großartig aus. Letztes Jahr noch hat er kaum geblüht, nun hat er sich aber gut etabliert. Aus einem Teppich aus silbrig-grünem und flauschigem Blattwerk, das diese Pflanze so attraktiv für Gärtner macht, ragen Dutzende dicker stämmiger Scheinähren. Winzige rosa Blüten stehen in dichtgereihten Quirlen um den Stängel und bieten der Dunklen Erdhummel, der Garten- und der Ackerhummel, Honigbienen und verschiedenen Schwebfliegen Nahrung. Auf manchen Blättern sitzen auch Blattwanzennymphen. Es handelt sich um die gleiche Art, die ich manchmal auf dem an den Cottages wachsenden Waldziest und gelegentlich auf Weißen Taubnesseln sitzen sehe. Ich frage mich, was die Nymphen auf dem Wollziest zu suchen haben, erinnere mich aber, dass Woll- und Waldziest der gleichen Gattung (*Stachys*) angehören, und dass alle drei Pflanzen, auf denen ich die Wanzen gesehen habe, nämlich Woll- und Waldziest sowie die Weiße Taubnessel, zu den Lippenblütlern beziehungsweise der *Lamiaceae* gehören. Meine rudimentäre Kenntnis der Taxonomie erweist sich nun als nützlich.

Ich lasse meinen Blick schweifen und suche unser Gartenstück nach weiteren Pflanzen ab, die zu den Lippenblütlern gehören. Wir

271

haben Betonie, Kriechenden Günsel, Ysop, Echtes Herzgespann, Kleine Braunelle und Majoran sowie verschiedene Sorten Thymian, Salbei und Katzenminze, alles Pflanzen, die Bienen anlocken. Solche Verbindungen herzustellen, bereitet mir riesige Freude. Das Kind in mir möchte seine Wahrnehmungen jemand anderem mitteilen, aber im Moment ist niemand in der Nähe. Ich lächle still in mich hinein und ergötze mich an dem Wollziest.

Nicht nur die schiere Zahl, sondern auch die Vielfalt der Bienen und anderer Insekten, die diese Pflanze besuchen, lassen mich staunen. Ehrlich gesagt bin ich ein bisschen „artenfixiert" gewesen, als ich sie für unser Gartenstück ausgesucht habe, aber da ich nun sehe, wie beliebt sie bei so vielen anderen Insekten ist, fühle ich mich völlig rehabilitiert.

Die Bienen, für die ich den Wollziest angepflanzt habe, die Garten-Wollbienen, haben ein ganz eigenes Erscheinungsbild. Sie sind fast völlig schwarz, eher glänzend als behaart, und weisen cremeweiße Haare an den unteren Segmenten ihrer Beine, den Tarsen, auf. Doch ihr hervorstechendstes Merkmal sind die hellen butterblumengelben Zeichnungen an der Seite ihres Hinterleibs, die manchmal als unterbrochene Streifen, manchmal eher als Punkte erscheinen. Insgesamt sind es zwölf gelbe Streifen, sechs auf jeder Seite, die für mich aussehen, als seien sie als eine Art Kriegsbemalung, als nachträglicher Einfall aufgemalt worden. Die Garten-Wollbienen – Männchen wie Weibchen – sind verglichen mit anderen Solitärbienen relativ groß, und es sind die einzigen Wildbienen in Großbritannien und Irland, deren Männchen größer als die Weibchen sind.

Unter all den Insekten, die sich heute an unserem Wollziest laben – sicherlich mehr als dreißig –, sehe ich paradoxerweise keine einzige Garten-Wollbiene. So viel zu „Wenn du es baust" – oder in diesem Fall, anbaust – „werden sie kommen". Auch letztes Jahr haben wir keine Wollbiene gesehen, was mich damals nicht überraschte, da Wollziest eine gewisse Zeit braucht, bis er sich etabliert hat. Doch wenn ich es recht bedenke, waren letztes Jahr in ganz Shaftesbury nur leidlich wenige Wollbienen zu sehen gewesen, noch nicht einmal in dem Garten meiner lieben Freundin Juliet, deren herrlich üppige Staudenrabatten ein absolutes Paradies für Bienen und andere Fluginsekten sind.

Juliet ist eine gewiefte Gärtnerin mit jahrelanger Erfahrung und einer großen Leidenschaft für die Pflanzen in ihrem Garten. Vor ein paar Jahren hatte sie mich eingeladen, ihr und ihren Freunden an ein paar Nachmittagen etwas über Bienen zu erzählen und zusammen Spaziergänge zu unternehmen. Und da sie nun genauer über die unterschiedlichen und faszinierenden Geschöpfe Bescheid wusste, die ihre Gartenpflanzen bestäuben, ist sie selbst eine engagierte Beobachterin geworden, die sich leidenschaftlich für Bienen einsetzt. Sie schickt mir ständig E-Mails mit Nachrichten über alles, was in ihrem Garten auftaucht und sechs Beine und zwei Flügelpaare besitzt – Sichtungen von Keuschen Kuckuckshummeln, Gemeinen Goldwespen, von Männchen der Kleinen Wiesenhummel und vielem mehr.

Zusammen mit den Nachrichten, die ich von meinen Freundinnen Jane und Jo erhalte (die eine beschreibt Schmetterlinge und Schleiereulen auf eine Weise, die mich wieder an Naturgeister und Feen glauben lässt; die andere spricht über Insekten und Vögel, die ihre kleine Wiese in Oxfordshire besuchen, aber auch über Schermäuse und Hasen, die bei ihr zuhause in der freien Natur vorkommen), bereiten mir Juliets virtuelle Skizzen am meisten Freude. Freundinnen zu haben, die sich poetisch über ihre Begegnungen mit der Natur und der damit einhergehenden Freude und Bezauberung auslassen, ist ein kostbares Geschenk, das ich hoffentlich nie für selbstverständlich halten werde.

Juliet und ich haben diesen Sommer nach der Wollbiene Ausschau gehalten, sie in ihrem Garten, ich auf unserer Parzelle. Ich hatte ihr das erste Mal im Sommer vor drei Jahren von dieser Spezies erzählt, mit dem Versprechen, dass sie den ausgedehnten Flächen mit Wollziest in ihren Rabatten nicht widerstehen könnten. Und Jahr für Jahr waren wir enttäuscht worden. Wahrscheinlich tat es mir sogar mehr um Juliet leid als um mich. Dieses Jahr, so mein Wunsch, sollte das große Jahr werden. Noch war es nicht zu spät für die Garten-Wollbiene und ich hatte noch nicht aufgegeben. Noch nicht ganz.

Ein paar Tage später erhalte ich eine E-Mail von Juliet: „Endlich, sie sind eingetroffen!", schreibt sie. Besser, ich mache mich auf den Weg in unsere Parzelle und zwar *pronto*.

Es ist wieder wärmer und auf dem Wollziest sind heute Nachmittag mehr Insekten zu Besuch als gestern, aber noch keine einzige

273

Garten-Wollbiene. Als hätten sie alle Zeit der Welt, bummeln verschiedene Hummeln von Blüte zu Blüte. Könnte ich mit diesem edlen Bienenvölkchen kommunizieren, würde ich ihnen raten, den Frieden und die Ruhe dieses Nachmittags nach besten Kräften zu nutzen, denn in den nächsten Tagen wird diese mit Wollziest bestandene Fläche zusammen mit vielen weiteren im ganzen Land zu einem Schlachtfeld werden. Und es könnte Opfer geben.

In Gebieten, in denen Populationen von Garten-Wollbienen ihre Nester bauen, werden Stellen mit Wollziest oder anderen Pflanzen wie Schafgarbe, Königskerze und Nepeta eifersüchtig von großen paarungsbereiten Männchen patrouilliert und verteidigt. Die Weibchen suchen diese Pflanzen auf, um Pflanzenfasern für ihr Nest oder als Nahrung zu sammeln. Die Männchen können sehr dominant und aggressiv auftreten, ein Verhalten, das als *Ressourcenverteidigungs-Polygynie* bezeichnet wird und unter den Bienenarten Großbritanniens und Irlands äußerst ungewöhnlich ist.

Bewehrt mit tödlichen Waffen in der Form von fünf scharfen keulenähnlichen Dornen, die am Ende ihres Abdomens hervorstehen – drei an der Spitze und einer an jeder Seite –, ist die männliche Garten-Wollbiene bereit, jeden noch so großen Eindringling, der in ihr Territorium einzudringen wagt, zu bekämpfen. Jedes Fluginsekt, das sich die Angebote der Pflanze zu Nutze machen möchte, muss damit rechnen, von diesem furchterregenden Bienengladiator herausgefordert zu werden. Nur sein Harem weiblicher Wollbienen ist hier willkommen und zur Belohnung dafür, dass er das Pflanzenrevier für ihren exklusiven Gebrauch schützt, darf er sich mit ihnen paaren.

Im Gegensatz zu vielen anderen Solitärbienen sind auch die weiblichen Wollbienen polyandrisch und paaren sich häufig, sodass ein dominantes Männchen für seine Bemühungen mehrmals belohnt wird. Um eine Chance zu bekommen, sich mit einem Weibchen zu paaren, sind kleinere Männchen gezwungen, sich in das Territorium eines dominanten Männchens zu schleichen, am besten dann, wenn es ihnen den Rücken zukehrt oder sich auf einem Blatt sonnt. Werden sie erwischt, werden sie sofort verjagt oder Schlimmeres.

Das Patrouillierverhalten großer, dominanter Wollbienenmännchen ist faszinierend. Sie schwirren nach oben und wieder nach unten und zwischen den Stängeln des Wollziests (oder welche Pflanze sie gerade in Besitz genommen haben) hin und her, wobei sie, während sie ihr Territorium überblicken, in der Luft schweben, bevor sie davonschießen, um die nächste Pflanze in ihrem Revier zu prüfen. Wehe dem arglosen Insekt, das sie in ihrem Territorium antreffen: Sie werden sich in vollem Tempo auf den Eindringling stürzen und ihn in der Luft aus der Bahn werfen oder ihn von einer Blüte stoßen und zu Boden ringen. Mit etwas Glück entkommt das Opfer. Wenn aber nicht, dann sind die Wollbienenmännchen imstande, Bienen anderer Arten zu überwältigen und zu töten.

In den Vereinigten Staaten, wo sie in den 1960er-Jahren aus Nordeuropa versehentlich eingeführt wurden, haben diese Wildbienen einen besonders schlimmen Ruf. So wie der Harlekin oder Asiatische Marienkäfer etliche Marienkäferarten Großbritanniens verdrängt, scheint auch *Anthidium manicatum* die in Amerika heimische *Anthidium maculosum* zu verdrängen. Ich habe zwar gesehen, wie dominante männliche Garten-Wollbienen andere Bienen gejagt oder zu Boden geworfen haben, aber selbst noch nie beobachtet, dass dies tödlich ausgegangen wäre.

Eine Woche später untersuche ich, wie immer in den letzten Tagen, den Wollziest. Dort herrscht Betrieb wie bereits die ganze Woche, ich sehe aber noch immer keine Wollbienen, weder Männchen noch Weibchen. Eigentlich ungewöhnlich für Einsiedlerbienen, kommen die Weibchen dieser Art noch vor den Männchen aus ihren Geburtsnestern. Ich frage mich, ob Juliet ein Männchen oder ein Weibchen gesehen hat. *Vielleicht,* so überlege ich, *sollte ich Juliets Garten aufsuchen, denn wie es aussieht, haben diese Insekten kein Interesse, unser Gartengrundstück zu besuchen. Oder … Einen Moment … Ist das eine …?* Ich halte meinen Atem an – so lange bis ich mir sicher bin. Das ist eine! Eine wunderschöne Garten-Wollbiene sitzt völlig reglos auf einem der unteren Blätter des Wollziests. Wäre ich nur ein paar Zentimeter weiter rechts oder links gestanden, hätte ich sie nicht gesehen.

Als ob sie gewartet hätte, bis ich komme, bewegt sie sich ein bisschen und macht sich dann daran, mich mit einem der kostbarsten Bienenerlebnisse zu beglücken, die man haben kann: Sie beginnt die seidigen Haare ihres Blattes zu „kardieren". Ich habe schon Dutzende Wollbienen gesehen, aber noch keine, die die feinen, weichen, flauschigen Haare, mit denen sie ihr Nest auskleiden, aberntete. Wie aufregend, ihr bei der Arbeit zuzusehen. Zusammengekrümmt, fast in der Mitte geknickt, stützt sie sich mit ihren vier Hinterbeinen auf dem Blatt auf, während sie mit ihren Vorderbeinen und ihren kräftigen Mundwerkzeugen oder *Mandibeln* die Haare abschabt und unter ihrem Hinterleib zu einer kleinen flaumigen Kugel formt. Völlig gebannt sehe ich zu, genieße jede einzelne Sekunde, bis sie ihre kleine Flaumkugel sicher mit ihren Kiefern packt und nach Hause fliegt.

Später erwähne ich mein Erlebnis dem Wildbienenexperten Stuart Roberts gegenüber, der mich fragt, ob ich den großen englischen Naturforscher Gilbert White gelesen hätte, der am 11. Juli 1722 die Wollbiene in dem Dorf Selborne, East Hampshire beobachtet habe. Ich muss verneinen, bin aber fasziniert. White schreibt:

> *Es gibt eine Wildbienenart, die die Rote Lichtnelke aufsucht. Es ist sehr vergnüglich zu sehen, mit welcher Gewandtheit sie von der Spitze bis zum unteren Ende eines Zweiges die Härchen abschält und ihn mit all der Geschicklichkeit eines Reifschneiders glatt schabt. Wenn sie ein größeres Bündel zusammen hat, fast so groß wie sie selbst, fliegt sie davon und hält es zwischen ihrem Kinn und ihren Vorderbeinen fest.*

Stuart meint, dass es sich bei der Lichtnelke, von der White spricht, wahrscheinlich um *Lychnis flos-jovis*, also die Jupiternelke handelt. Ein willkommener Anlass, gleich ein paar Samen davon zu bestellen.

Ich bleibe den restlichen Nachmittag in der Nähe des Wollziests und hoffe, dass sich die Darbietung wiederholt, sehe aber nur einige weibliche Wollbienen, die Pollen sammeln, aber kein Kardieren mehr.

Von allen in Hohlräumen nistenden Solitärbienen der Welt sind die Larven dieser Biene wahrscheinlich diejenigen, die mit dem größten Komfort gesegnet ins Leben starten. Andere Arten wie Mauer- und Blattschneiderbienen sind für ihre Nisthohlräume auf Materialien wie Schlamm, Blätter, Harz, Blütenblätter und kleine Steinchen angewiesen. Nur die Larven der Wollbienen schlüpfen aus ihrem Ei in ein Nest dieser Weichheit. Und diese Biene ist eine extrem gewandte Nestbauerin. Mit ihrer Flaumkugel im Nest angekommen, kämmt sie sie mit ihren scharfen gezahnten Mandibeln auseinander und webt aus den einzelnen Fasern eine fein wattierte Tasche, die sie, bevor sie ein einzelnes Ei legt, mit einem Klümpchen Pollen bestückt und schließlich mit weiterer Flaumwatte versiegelt. Der Vorgang, der das Sammeln und die Weiterverarbeitung der Pflanzenhärchen umfasst, wird *Kardieren* genannt.

In seinen *Erinnerungen eines Insektenforschers* beschreibt der französische Naturforscher Jean-Henri Fabre die Nistgewohnheiten der *Anthidium*-Bienen, die er wegen der Flaumkugeln, die sie ernten, „Wollbienen" und „Wollwalker" nennt. Da er unbedingt aus nächster Nähe erleben wollte, wie sie ihre kleinen Taschen anfertigen, versuchte er sie in sein Arbeitszimmer zu locken, damit sie in mit Glasröhren ausgestatteten Bienenkästen ihre Nester bauten. Den ganzen Sommer hatte er die Tür zu seinem Garten offengelassen, aber „nicht einmal geruhten die Wollwalker ... sich im Kristallpalast einzurichten".

Niemand schreibt so schön oder mit so viel Liebe fürs Detail wie Fabre über die Geschicklichkeit, die dieses bezaubernde Insekt beim Nestbau an den Tag legt:

> *Von den bewundernswerten Vogelnestern erreicht keines die Feinheit des Flaums, die Eleganz der Form, die Zartheit des gefilzten Futters in diesem wunderbaren Sack, den unsere geschickten Finger selbst mit Hilfe von Werkzeugen nicht anzufertigen vermöchten. Ich versuche gar nicht mehr zu begreifen, wie das Insekt, das auch nicht anders als die Schlammkneter und Blätterkorbmacher ausgerüstet ist, es fertigbringt, seine einzeln herangeschafften Wollbällchen zu einem Ganzen zu verfilzen und daraus ein fingerhutförmiges Säckchen zu walken. Das Werkzeug des Walkermeisters sind seine Beine und die Kieferzange, die genauso aussieht wie die Mörtel-Rührer und Blattschneider; und trotz dieser Gleichheit der Ausrüstung: Welche Unterschiede in den Ergebnissen!*

Für meine Bettlektüre ziehe ich die Bücher dieses Autors allen anderen vor.

Fabre zu lesen hat in mir den Wunsch geweckt, ein Wollbienenweibchen in einem der Bienenkästen in unserem Garten zu finden, erfüllt allerdings hat er sich noch nicht. Meinem Verständnis nach nisten die Garten-Wollbienen gerne hoch, unsere Kästen sind daher alle an der falschen Stelle angebracht. Ich komme darauf, weil ich kürzlich ein Video über Wollbienen gesehen habe, die unter alten Dachziegeln nisteten.

Letztes Jahr hat zudem meine Freundin Vivian Russell in ihrem Atelier unter dem Dach ein Wollbienennest zwischen zwei Diakästen entdeckt. Eine weibliche Biene muss während der Nistsaison einige Wochen lang durch ihr offenes Dachfenster ein- und ausgeflogen sein, ohne dass sie es bemerkt hat. Das Nest hat sie aber erst einige Monate später, im November, entdeckt. Vivian ist Fotografin und hat großartige Bilder von dem Nest aufgenommen. Die Nistzellen sehen aus wie winzige gefilzte Etuis, ganz so wie sie Fabre in seinem Buch beschrieb. Durch die feine Wattierung konnte man innen so etwas wie einen Kokon sehen. Seltsamerweise war jedes Etui am Ende etwas verjüngt, ich weiß allerdings nicht, ob dies normal ist und wenn, worin der Zweck dieser Verjüngung liegen mag. Vielleicht handelt es sich um die Stelle, an der das Weibchen die Zelle versiegelt.

Jeder andere, der winzige Baumwollnester bei sich zu Hause findet, wird sie wahrscheinlich zusammen mit allerlei anderen Staubmäusen aufsaugen oder in den Mülleimer kehren. Vivian aber hat seit vielen Jahren ihren Garten eigens so bepflanzt, dass er zahlreiche bestäubende Insekten anzieht. Da sie etwas früher im Jahr ein paar Wollbienen an ihrem Ziest bemerkt hatte, schwante ihr sofort, um was es sich handelte. Sie wusste um das Risiko, das Nest über den Winter in einem beheizten Raum zu belassen und übersiedelte es vorsichtig an einen geschützten Ort im Freien, nämlich in eine alte Bananen-Holzkiste, in der sie noch weitere Kokons von Solitärbienen über den Winter aufbewahrt. Sie achtet darauf, den Deckel leicht offenstehen zu lassen, damit die Bienen, sobald sie geschlüpft sind, ins Freie gelangen können. Wenn alles gut geht, werden die ausgewachsenen Wollbienen zusammen mit den Mauer- und Blattschneiderbienen, mit denen sie die Kiste teilen, im nächsten Jahr hervorkommen. Das Wollbienenweibchen hat eine gute Wahl getroffen, als es sich entschied, ihr Nest in Vivians Atelier zu bauen.

Wenn möglich versuche ich Internetrecherchen kurz vor dem Schlafengehen zu vermeiden, nachdem ich aber Vivians Fotografien des Wollbienennests gesehen hatte, las ich bis in die frühen Morgenstunden einen Artikel nach dem anderen. Meine Bewunderung für die Fertigkeiten der weiblichen Wollbienen war bereits groß, aber wie sich herausstellte, fließt in die Vorbereitung und den Bau des Nests noch viel mehr ein, als mir Fabre vermittelt hatte. Ich wusste, dass sie für den Nestbau Pflanzenhaare zusammentragen, und dass sie – oft von den gleichen Pflanzen – Pollen sammeln, um ihre Brutzellen zu bevorraten. Die Weibchen suchen aber auch noch aus einem anderen Grund bestimmte Pflanzen auf: Sie sammeln pflanzliche Sekrete, mit denen sie ihre Brut vor Bedrohungen schützen.

Dass Garten-Wollbienen auf ihren Tarsen cremeweiße Haare haben, habe ich bereits erwähnt. Wie einige andere Arten aus der Familie der *Megachilidae* nehmen Wollbienen mit ihren speziell angepassten Tarsalhaaren Sekrete von den winzigen Borsten auf, die zum Beispiel bei Geranien und Löwenmäulchen an Pflanzenstängeln und Blüten sitzen. Während jedoch manche Bienenarten Blütenöle und andere Pflanzensekrete dazu benutzen, ihre Nester wasserfest zu machen, oder mit den Pollen mischen, mit denen sie ihre Larven füttern, imprägniert die Garten-Wollbiene die fertiggestellte Baumwolltasche mit den von ihr gesammelten Pflanzensekreten. Wissenschaftler glauben, dass Chemikalien in den Sekreten Parasiten abhalten und deshalb einen zusätzlichen Schutz für die Brut bieten.

Nachdem das Weibchen alles dafür getan hat, ihrem Nachwuchs den bestmöglichen Start ins Leben zu gewährleisten, wird es, wie bei den meisten anderen Solitärbienen auch, nicht lange genug am Leben bleiben, um die Früchte ihrer Arbeit zu erleben. Sie wird ihren Larven nicht dabei zusehen können, wie sie im Zuge der Verpuppung weitere Schutzmaßnahmen vornehmen. Wo andere in Hohlräumen nistende Bienenlarven sich in seidene Kokons einspinnen, beschichten die Wollbienenlarven laut Fabre das Innere ihrer fragilen kleinen Baumwollbrutzellen kunstfertig mit ihren eigenen Fäzes. Auf Fotografien der nach dem Schlüpfen der Bienen aufgeschnittenen Baumwolltaschen wirkt das Innere wie eine Schale von blasskupferner Farbe. Ich bin überglücklich, als die Garten-Wollbienen schließlich auf unserer Parzelle erscheinen und ich sie selbst beobachten kann. Ich hatte mir in den vergangenen Jahren Sorgen gemacht, dass ihre Anzahl schwindet, aber vielleicht haben sie, wie so viele andere Lebewesen auch, ihre guten und schlechten Jahre. Jedenfalls hat sich das Warten gelohnt. Und wenn die Weibchen auf unserem Wollziest Haare sammeln, um damit ihre Nester auszukleiden, muss zumindest auch ein Männchen in der Nähe sein. Wahrscheinlich habe ich einfach keines zu Gesicht bekommen.

Zuhause lese ich eine weitere E-Mail von Juliet. Sie hat ein Männchen beobachtet, wie es „sein Revier durchstreift". Sie hat gesehen, dass es mehr als ein Weibchen begattete und wurde Zeuge, wie es „eine Steinhummel angriff und zu Boden rang". Ich bin so froh für sie und hoffe darauf, in den kommenden Tagen selbst eine dieser Gladiatorenbienen auf unserer Parzelle beobachten zu können.

Nächstes Jahr werde ich Rob wohl bitten, an der Hauswand unter der Dachtraufe ein paar Bienennistkästen anzubringen. Und direkt im Beet darunter möchte ich Wollziest und andere *Stachys*-Arten sowie, Stuarts Empfehlung folgend, weißen Andorn und Purpur-Leinkraut anpflanzen. Vielleicht greife ich sogar die Beobachtung von Reverend Gilbert auf und versuche es mit Roten Lichtnelken.

Ich würde so gut wie alles unternehmen, damit diese Spezies in unserem Garten nistet.

17.
ZEIT FÜR TEE

Bei so viel Zeit, wie ich in den letzten zehn Jahren damit verbracht habe, Bienen und andere Insekten zu beobachten, habe ich fast automatisch begonnen, auch den von ihnen besuchten Blütenpflanzen mehr Aufmerksamkeit zu schenken. Vor ein paar Jahren, nachdem ich bereits einen kurzen, vom Species Recovery Trust angebotenen Kurs zur Wildblumenbestimmung absolviert hatte, beschloss ich meine botanischen Kenntnisse weiter zu vertiefen und schrieb mich für einen Online-Kurs der Botanical Society of Britain & Ireland (BSBI) ein. Ich war guten Willens und habe mir Zeit zum Lernen und für die Feldarbeit freigeschaufelt, um die vierzehn Lektionen in der anberaumten Frist durchzunehmen. Allerdings konnte ich nicht voraussehen, dass meine Mutter krank würde.

Ungeachtet aller Widrigkeiten versuchte ich den Kurs durchzuziehen, gelangte aber nicht über die vierte Lektion hinaus. Ich hatte einfach nicht die mentale oder emotionale Kraft, weiterzumachen. Schweren Herzens gab ich auf.

Rückblickend war es nicht alleine der Umstand, dass ich für meine Mutter zu sorgen hatte, der mich davon abhielt, den Kurs bis zum Ende durchzuziehen. Angesichts der Erfahrung mit früheren Kursen wurde mir klar, dass Online-Kurse nicht unbedingt ideal für mich sind. Ich lerne mehr in einer Gruppe, im direkten Austausch, wenn ich meine Ideen unmittelbar in die Runde werfen und mit anderen in Beziehungen

283

treten kann. Und beim Nachdenken darüber wurde mir auch klar, dass ich mehr lerne, wenn ich draußen in der freien Natur bin.

Ich begebe mich also wieder in den Garten, in unsere Parzelle, zu den Hecken und in die Wälder, die Hügel und Senken North Dorsets, darauf hoffend, dass die Pflanzen selbst zu meinen Lehrern werden. Ich habe das Gefühl, wieder dahin zurückzukehren, wo ich mich als Kind befand, bevor mir beigebracht wurde, „wie man lernt". Zweifellos werde ich meine Bestimmungsbücher (die ich liebe) behalten auch weiterhin im Internet nachforschen und auf Twitter Bienenliebhaber und -experten um Rat und Hilfe bitten. Vor allem aber vertraue ich darauf, dass die Geheimnisse und Wahrheiten, nach denen ich suche, sich mir von selbst offenbaren, wenn ich ihnen nur mit offenem Verstand begegne und achtsam meinem Herzen lausche.

Meine Freundin Rachel Corby weiß genau, wie das geht. Sie lauscht den Pflanzen auf eine Art, wie es nur wenige von uns vermögen oder gar wagen. Sie gewinnt ihr Wissen über die Pflanzen und ihre Geheimnisse auf ähnliche Weise, wie unsere Altvorderen zu ihrem reichen und breitgefächerten Wissen über Pflanzen und Pflanzenmedizin kamen. Zahlreiche indigene Völker gelangen auch heute noch nicht nur über die von ihren Ältesten weitergegebenen mündlichen Überlieferungen, sondern indem sie mit den Pflanzen im wahrsten Sinne des Wortes kommunizieren, zu neuen Erkenntnissen hinsichtlich ihrer Verwendung.

Habt ihr jemals versucht, mit einer Pflanze zu kommunizieren? Wahrscheinlich nicht. Auch ich habe es nie versucht, bis ich Rachel kennenlernte.

Ich bin Rachel das erste Mal anlässlich eines kleinen „reellen" Zusammentreffens begegnet, bei dem sie einen Rundgang zu medizinischen Pflanzen leitete. Da ich schon immer vom therapeutischen Nutzen der Pflanzen fasziniert war, stand dieser Spaziergang ganz oben auf der Liste der Vorhaben für das Wochenende. Ich freute mich ungemein darauf, mehr über die Besonderheiten unserer einheimischer Rain- und Heckenpflanzen zu erfahren, erwartete aber nicht, dass meine Weltanschauung, oder zumindest die Art und Weise, wie ich Pflanzen im Allgemeinen betrachte, auf den Kopf gestellt würde. Doch genau das geschah.

Als wir an den Hecken entlangschlenderten und hin und wieder anhielten, damit Rachel uns diese oder jene Pflanze vorstellen und uns ein bisschen über ihre Besonderheiten und *Persönlichkeiten* erzählen konnte, wurde aus der Art, wie Rachel über die Pflanzen sprach, rasch deutlich, dass das Wissen, das sie nun mit uns teilte, nicht aus herkömmlichen Kräuterbüchern oder -kursen stammte. Es ist nicht so, dass sich ihr Wissen über Pflanzen oder deren Verwendung unbedingt von dem anderer Kräuterspezialisten unterschied, sondern dass sie es auf eine völlig andere Art, vielleicht von den Pflanzen selbst, erworben hat. Mein Interesse war geweckt und sobald ich nach diesem Treffen wieder zuhause war, bestellte ich ihr Buch *The Medicine Garden*.

Was für ein Vergnügen, dieses Buch zu lesen! Auf einer praktischen Ebene enthielt es alle Informationen, die ich brauchte, um zu wissen, welche Pflanze ich wählen musste, um zum Beispiel Halsweh, Sinusitis oder einen Sonnenbrand zu behandeln, aber auch detaillierte Anleitungen zur Herstellung so basaler Dinge wie Tinkturen, Salben, Infusionen und Sirups. Am meisten aber inspirierte mich Rachels tiefe und enge Verbindung zu den Pflanzen, über die sie schreibt und spricht, angefangen bei denen, die bei ihr hinter dem Haus, auf ihrem Rasen, in den Blumenrabatten und im Gemüsegarten wachsen, bis zu denen, auf die sie etwas weiter entfernt in Hecken, Wäldern, an Flussufern und im Bergland gestoßen ist.

Rachels Lehren waren anders als alles andere, was ich je zu hören bekommen hatte. Sie waren ein Aufruf zur Rückkehr zur Natur, eine Mahnung, dass wir uns so sehr von den Bindungen entfernen, die unsere Vorfahren mit ihr, oder in Rachels Worten, mit „der denkenden und fühlenden Welt, in die [wir] eingebettet sind", unterhielten, dass wir, wenn wir nicht achtgeben, Gefahr laufen, niemals mehr zu ihr zurückzufinden.

Von der Art, wie Rachel Pflanzen betrachtet, und von der Weisheit, die sie durch sie erhält, fühlte ich mich so inspiriert, dass ich mich für „Kommunikation mit Pflanzen", einen Wochenend-Workshop in ihrem Haus in Stroud, anmeldete, um noch mehr zu erfahren. Die Teilnehmer wurden gebeten, ein Notizbuch, einen Kugelschreiber und ein paar Farbstifte mitzubringen. Ich war davon ausgegangen, dass sich mein Notizbuch mit „Informationen" und mit botanischen Pflanzenzeichnungen füllen würde, lag damit aber völlig falsch. Da ich Rachel bereits kennengelernt hatte und auch aufgrund der Lektüre ihres Buchs, war mir bewusst, dass ihr Workshop mich etwas aus meiner Komfortzone herausführen würde. Was auch geschah, und zwar mehr, als ich erwartet hatte. Aber bisweilen ist es gut, aus seiner Komfortzone geworfen zu werden: Einige der schönsten und erinnerungsträchtigsten Momente meines Lebens habe ich immer dann erlebt, wenn ich mich getraut habe, mich aus dieser Zone hinauszuwagen und unbekanntes Terrain zu betreten.

An dem Kurs nahmen noch vier weitere Leute teil. Nachdem wir uns vorgestellt und etwas eingewöhnt hatten, lud uns Rachel ein, eine Tasse „Mystery Tea" zu trinken, den sie aus einer Teekanne in kleine Gläser füllte. Sie bat uns, den Tee langsam zu trinken und dann alle aufkommenden Gedanken und Gefühle ohne weitere Überlegung zu notieren.

Die ersten Notizen machte ich mir über den Geschmack. Er war zart, frisch und „grün", ohne dass ich ihn hätte zuordnen können. Ich hatte das überwältigende Gefühl, „unterstützt" zu werden, als ob mir eine Last von den Schultern genommen würde. Wir verglichen unsere Notizen und staunten nicht schlecht, als wir entdeckten, dass sich das Aufgeschriebene weitgehend ähnelte.

Rachel erklärte, dass wir, obwohl sie uns keine Informationen oder Hinweise zu der Pflanze gegeben hatte, von der die Teeblätter stammten, eine tiefere Verbindung, oder eine Intuition – wie auch immer man es nennen möchte – angezapft hätten, jedenfalls eine Form der Kommunikation zwischen der Essenz, den Energien oder dem Geist der Pflanze und uns selbst.

Wir wiederholten diese Übung mit einem anderen Pflanzenaufguss, nur dass Rachel uns dieses Mal bat, beim Trinken besonders daran zu denken, ob und wie wir gesundheitlich davon profitieren könnten. Und wieder ereignete sich das Gleiche – was wir an Überlegungen zu den möglichen medizinischen Eigenschaften aufgeschrieben hatten, ähnelte sich sehr.

Nach einem köstlichen selbstgekochten Mittagessen mit Suppe und Salat führte uns Rachel in ihren Garten. Wir wurden aufgefordert, uns eine Löwenzahnpflanze zu suchen, uns zu ihr zu setzen und uns so viel Zeit zu lassen, wie wir benötigten oder wollten, um sie in Augenschein zu nehmen, ihren Duft, ihren Standort und andere Aspekte ihrer

Persönlichkeit wahrzunehmen. Vor allem sollten wir uns auf das Gefühl konzentrieren, sagte sie, das unser Löwenzahn in uns auslöst, während wir bei ihm sitzen. Macht er uns wacher? Müde? Glücklich? Traurig? Brachte er uns Erinnerungen zurück?

Hätten wir mit dem Löwenzahn einige Zeit in dieser Weise kommuniziert, sollten wir unsere Pflanze zeichnen und sie, wenn, oder falls, wir dazu bereit wären, fragen: *Besitzt du eine Medizin, die du mir zukommen lassen kannst?* Bevor wir loslegten, sollten wir, so Rachel, der Pflanze eine Art Geschenk machen, etwa ein paar Tropfen Wasser oder ein Kompliment, so wie man, ist man irgendwo zum Abendessen eingeladen, ein kleines Geschenk mitbringt. Vor allem bat sie uns, den Dialog mit der Natur offenen Herzens und offenen Sinns zu verfolgen.

Ich setze mich hin und beginne damit, gewissermaßen um mich vorzustellen, ein paar Tropfen Wasser auf die Blätter meines Löwenzahns zu gießen. Dann sage ich Hallo und danke der Pflanze, mir mit ihren sonnengelben Blütenblättern den Tag heiterer gemacht zu haben – nicht laut, sondern in meinen Gedanken, in der ausdrücklichen Hoffnung, die Pflanze würde mich „hören" können. Dann mache ich es mir auf dem Gras bequem und schaue den Löwenzahn an – ich schaue ihn *wirklich* an –, wie ich noch nie zuvor eine Pflanze angeschaut habe.

Anfangs fühle ich mich noch etwas befangen. Nicht dass ich es nicht gewohnt wäre, dazusitzen und eine Sache zu beobachten. Das tue ich die ganze Zeit mit Bienen. Aber das hier fühlt sich vollkommen anders an. Pflanzen sind unbeweglich und fest im Boden verwurzelt. Sie weichen nicht zurück oder bekommen Angst und fliegen davon, wenn man zu nahekommt. Sie bleiben, wo sie sind. Bewegen sich nicht. Was also soll ich hier sehen oder hören?

Doch es dauert nicht lange, bis mein Geist und mein Körper ruhig werden und ich meine Beklommenheit vergesse. Ich sehe mir nun den Löwenzahn genauer an und beginne seine verschiedenen Teile wahrzunehmen: erst die Knospen, dann die Blüten, darauf die einzelnen Blütenblätter, die meinen Blick wiederum zu den Stängeln und Blättern lenken. Ich bemerke den Schatten, den meine Pflanze auf das Gras wirft, die Richtung, in die ihre Blüten zeigen und wie unerschrocken sie wirkt, so wie sie dasteht und ihren Platz behauptet, hier, mitten auf Rachels Rasen, ohne sich um die Welt zu scheren.

Als ich fertig bin, nehme ich meine Stifte und beginne erst zaghaft, dann aber vom Löwenzahn angestachelt, unerschrockener zu zeichnen. Seine Persönlichkeit färbt auf mich ab. Ich bin keine Künstlerin und meine Skizze ist weder genau noch maßstabsgetreu. Aber obwohl ich, nachdem ich die Pflanze so genau in Augenschein genommen habe, es kaum für möglich gehalten hätte, entdecke ich beim Zeichnen sogar noch mehr Einzelheiten, als ich beim bloßen Betrachten wahrgenommen habe. Ich gestalte die Spitzen der einzelnen Blütenblätter sehr sorgsam, um zu zeigen, dass sie nicht rund, sondern gezahnt sind; ich gebe mein Bestes, um die perfekten Kringel an der Spitze der zweilappigen Narben, die Zahnungen der Blätter, die Haare auf den Stängeln wiederzugeben. Kaum zu glauben, haarige Stängel! Dass Löwenzahn Haare auf seinen Stängeln hat, hatte ich bislang nicht bemerkt. Ins Zeichnen versunken, vergesse ich, wie die Zeit vergeht.

Meinen Löwenzahn zu malen ist schon für sich überaus meditativ, aber als ich damit aufhöre, bin ich aufs Neue überrascht. Ich sitze nur bei ihm, ohne etwas erzwingen, ohne seine Einzelheiten oder seine Persönlichkeit begreifen zu wollen und beginne etwas Weitergehendes zu fühlen, etwas, das ich nur als eine Art „Wissen" oder „Erwachen" zu beschreiben vermag. Es ist ja nicht so, dass wir jeden Tag mit Pflanzen kommunizieren und deshalb besitzen wir kein Vokabular, mit dem sich solche Kommunikationen oder Begegnungen beschreiben ließen. Ich bin aber sicher, dass manche unserer Vorfahren das Gefühl des „Einsseins", das ich gerade erlebe, wiedererkennen würden.

Als ich mich aus diesem Moment löse, verspüre ich kein Verlangen, den Löwenzahn zu fragen, ob er mir etwas von seiner Medizin überlassen wolle; er hat mir bereits genug gegeben. Ich danke der Pflanze aus tiefstem Herzen für das neue Bewusstsein, zu dem sie mir verholfen hat und gehe zu Rachel und den anderen ins Haus.

Rachel hatte uns erzählt, dass es viele verschiedene Ebenen und Schichten der Pflanzenkommunikation gibt, und wir keineswegs alle kennen müssten, um ihren Nutzen zu spüren. Alles was wir vernehmen würden, war Teil der Medizin, die uns die Pflanze zu geben hat. Als die anderen der Gruppe mitteilen sollen, welche Medizin ihre Pflanzen für sie bereitgehalten haben, haben sie, man mag es kaum glauben, sehr ähnliche Sachen notiert. Die Gedanken und Gefühle spiegeln auch wider, was wir am Morgen, nachdem wir Rachels Tee probiert hatten, zum Ausdruck gebracht haben. *Natürlich* war es Löwenzahntee gewesen.

Menschen treten zu verschiedenen Zeiten und aus verschiedenen Gründen in dein Leben. Hätte ich eine Person wie Rachel am Ende meiner Teenagerjahre oder Anfang zwanzig getroffen, wäre ich ihren Einstellungen gegenüber extrem aufgeschlossen gewesen und mein Leben hätte vielleicht einen völlig anderen Weg genommen. Seit meiner frühen Kindheit war ich an Vollwertkost und an Naturheilmitteln interessiert gewesen und mit zwölf, dreizehn trank ich, wenn ich Halsweh hatte, Salbeitee aus dem Garten oder legte Lavendelzweige unter mein Kissen, um vor Klassenarbeiten besser schlafen zu können.

Mit vierzehn, fünfzehn war ich stundenlang in der Küche zugange und braute für meine Mutter und ihre Freundinnen Tinkturen für die Haut zusammen, wobei ich gewissenhaft den Rezepten aus Clare Maxwell-Hudsons *Natural Beauty Book* folgte. Wässrige und ölhaltige Ingredienzen erwärmte ich in verschiedenen Tiegeln und mischte meine Öle und Wachse in einer Pyrexschüssel über einem Topf mit kochendem Wasser, damit sie nicht direkt mit Hitze in Kontakt kamen. Dann, mit viel Geduld, gab ich die Öle tropfenweise, wie man es bei einer Mayonnaise zu tun pflegt, dem warmen Orangenblüten- oder Rosenwasser hinzu. Ich träumte davon, mir mit dem Verkauf dieser Lotionen und Tinkturen meinen Lebensunterhalt zu verdienen. (Das war Mitte der 70er-Jahre, kurz nachdem die Mehrwertsteuer eingeführt worden war, und ich muss etwas beschämt zugeben, dass ich mein Einkommen in die Höhe trieb, indem ich all meinen Preisen zehn Prozent aufschlug, obwohl ich keine Ahnung hatte, was Mehrwertsteuer bedeutete, und auch das Geld nicht ans Finanzamt weiterleitete.)

Alle Rezepte testete ich erst zuhause, bevor ich sie verkaufte. Für meine Mutter muss es eine ziemliche Herausforderung gewesen sein, wenn sie beim Putzen die angetrockneten Überreste von fein geschnittenen Gurken und Kartoffeln auf dem Badezimmerboden fand oder Kleckse aus Crème double vermischt mit flüssigem Honig im Waschbecken. Von den Gesichtsmaskenresten aus pürierter Avocado ganz zu schweigen, die nicht länger avocadogrün, sondern matschbraun und klumpig an den Rändern der Badewanne hafteten. Sie war sehr tolerant gewesen, vor allem da sie mein Interesse an diesen Dingen überhaupt nicht teilte oder verstand.

Außer meiner etwas älteren Kusine Sarah (meine Teenagerheldin und mein Vorbild), die Hunderte Kilometer entfernt in Suffolk lebte, erinnere ich mich tatsächlich an kein anderes Familienmitglied, das an Naturkost oder Heilmitteln auch nur das geringste Interesse gezeigt hätte. Ich kann also beim besten Willen nicht sagen, woher mein Interesse kam. Vielleicht war ich von den Büchern beeinflusst worden, die ich als Kind gelesen hatte, oder ich hatte irgendeinen angeborenen Instinkt, alles, was „unnatürlich" war, zu meiden. Ich weiß es nicht. Jedenfalls steigerte ich mein Bewusstsein dafür, dass es wichtiger ist, „mit" der Natur zu arbeiten als „gegen" sie. Und selbst in den Jahrzehnten, in denen ich ansonsten mit der Natur nicht sehr verbunden war, trank ich noch Salbeitee oder kurierte mich mit anderen „Wald- und Wiesenarzneien". Immerhin lindert dies ein bisschen meinen Kummer über die verlorenen Jahre. Ich weiß nicht genau warum, aber es ist so.

Wir beziehen uns auf die natürliche Welt jeweils auf unsere eigene Weise. Wie sollte es auch anders sein? Immerhin nehmen auch unsere Beziehungen zu anderen Menschen so viele verschiedenen Formen an, dass sich keine zwei Beziehungen gleichen. Man führe sich nur die Beziehungen vor Augen, die man mit Freunden, Familienangehörigen, Arbeitskollegen oder Geliebten pflegt, und es wird schwerfallen, zwei zu finden, die sich ähneln. Einige sind tief und vielsagend, andere schwierig und wieder andere unkompliziert. Es gibt Beziehungen, die einem das Herz zerreißen und andere, die geistig inspirieren. Manche beruhen auf gemeinsamen Interessen, andere auf materiellen Notwendigkeiten. Das Gleiche gilt für unsere vielfältigen Beziehungen, die wir zu bestimmten Aspekten der Natur pflegen.

Zahlreiche Menschen sehen in diesem Planeten einen wundervollen, magischen Ort, den man lieben, feiern und um den man sich kümmern muss, andere sehen in ihm lediglich eine „Ressource", die verwaltet, kontrolliert und ausgebeutet und, wenn es nichts mehr zu holen gibt, weggeworfen werden kann. Es macht mich traurig, dass so viele Menschen verlernt haben, das Land zu respektieren und in Ehren zu halten, oder die Pflanzen, die uns ernähren und uns, wenn wir krank sind, helfen und wieder gesunden lassen. Wenn wir doch nur die tiefe, heilige Verbindung erleben könnten, die unsere Vorfahren zu ihrem Land unterhielten, wäre die Welt sicherlich ein freundlicherer und besserer Ort. Ich bin der festen Überzeugung, dass wir diese Verbindungen, wenn wir nur unseren Geist darauf richten, spüren können, obwohl es nicht reicht, nur unseren Geist und unseren Intellekt zu bemühen, viel wichtiger noch ist, dass wir auch unseren Herzen und unseren Sinnen folgen. Wenn unsere Herzen verschlossen und abgeschirmt und unsere Sinne stumpf bleiben, werden wir kaum jemals imstande sein, die Schönheit und die Wunder um uns herum in all ihrer Pracht zu würdigen und uns von ihnen berühren zu lassen.

Derartiges lässt sich nicht einfach erzwingen. Mir hat es geholfen, zeitliche und räumliche Schlupfwinkel zu schaffen, in denen ich Dinge ausprobieren, in denen ich mich neuen Wahrnehmungsweisen und Einsichten öffnen konnte, wie man sie nicht aus Büchern gewinnen kann. Dies sind meine „Schlupfwinkel der Stille", Zeit und Raum, in denen ich eher *sein* kann als *tun* muss. Sich diese Winkel zu schaffen, ist nicht so einfach, wie es klingt, ich glaube aber, es ist unerlässlich. Und, wie ich festgestellt habe, als ich mit Notizbuch und Stift in der Hand auf Rachels Rasen vor dem Löwenzahn saß und auf einen Geistesblitz hoffte, es lohnt sich zu warten, bis diese Momente von selbst zu einem kommen.

––––––––––

Der Löwenzahn, den ich in rauen Mengen heute Nachmittag auf meinem Weg durch den St. James Park in Shaftesbury sehe, erinnert mich an meine Begegnung mit dem Löwenzahn in Rachels Garten. Oft geschmäht, besitzt Löwenzahn ein strahlendes und fröhliches Temperament, ganz zu schweigen von einer fast trotzigen Aura. Für eine Pflanze, die so viel Heiterkeit ausstrahlt, scheint er ziemlich viel schlechte Presse zu bekommen. Ich weiß auch nicht, warum er so schlechtgeredet wird. Für mich allerdings gibt es nichts Erfreulicheres als ein Feld, eine Wiese, eine Böschung oder einen Straßenrand, die über und über mit Löwenzahn bewachsen sind. Ich bin mehr als froh, dass die Gemeinde den Löwenzahn in diesem Park nicht besprüht oder abgemäht hat. Seine Blüten sind wie jedes Jahr übersät von unzähligen Arten

Hummeln, Solitärbienen und Schwebfliegen. Auch zwischen Shaftesbury und Cherry Orchard habe ich am Straßenrand breite Streifen voller Löwenzahn entdeckt und bin enorm erleichtert, dass sie auch dort nicht abgemäht wurden.

Straßenränder sind nicht mehr so wie früher. Ich erinnere mich, als kleines Kind Straßen entlanggegangen zu sein, an denen in großer Fülle Wildblumen wuchsen, die fast so hoch standen wie die Hecken selbst. Heutzutage sind Ränder (und Hecken) oft nur wenige Zentimeter hoch abgemäht oder gesenst, eine Tragödie, wenn man bedenkt, dass sie wichtige *Wildkorridore* darstellen.

Es ist keine Neuigkeit mehr, dass der Verlust von Wildblumenwiesen und Grasland im Laufe des letzten Jahrhunderts zu einem starken Artenrückgang geführt hat. Weniger bekannt ist hingegen, dass diese Verluste und Niedergänge verschlimmert wurden, weil viele der noch bestehenden Inseln seltener und schöner blumenreicher Wiesen aufgrund fehlender verbindender Wildkorridore voneinander isoliert sind. Pflanzen und Tiere müssen sich verbreiten und ungehindert von einem Habitat zum nächsten wandern können, und sei es nur, um ihre genetische Diversität aufrechtzuerhalten. Ohne Korridore, die ihnen Deckung und Nahrung liefern, können sie sich nicht frei und sicher zwischen ihren natürlichen Lebensräumen bewegen.

Der Ausdruck „Wildkorridor" bezieht sich jedoch nicht nur auf Straßenränder; er meint jegliche linearen Strukturen in einer Landschaft, die den Tieren und Pflanzen zur Verbreitung und Migration dienen können: Bahngleise, Gräben, Bäche und Flussauen, Feldraine und baumbestandene Alleen. Dass kleine städtische Wildgärten untereinander verbunden sind, ist ebenso wichtig wie die Verknüpfung großer fragmentierter wildblumenreicher Lebensräume, wie sie hie und da noch auf dem Land anzutreffen sind. Zum Glück beginnen Organisationen wie River of Flowers, ein gemeinnütziges, von Kathryn Lwin gegründetes Unternehmen, sowie die Naturschutzorganisation Buglife zusammen mit ihren Partnern sich dieses Problems anzunehmen. In Zusammenarbeit mit den Menschen vor Ort legen sie nicht nur Gebiete an, die reich an Wildblumen sind, sondern sorgen auch für Korridore zwischen diesen Gebieten. Gleichzeitig arbeitet die Naturschutzorganisation Plantlife daran, den Menschen die Bedeutung von Straßenrändern bewusst zu machen und sie zu überzeugen, sie wieder in ihrer alten Pracht erstehen zu lassen.

Gleichwohl sind es unter allen unseren Wildkorridoren womöglich die Hecken, die bei guter Pflege in Fauna und Flora die größte Artenzahl beherbergen können. Glaubt man dem Woodland Trust, sind in englischen Hecken 500 bis 600 Pflanzenarten dokumentiert worden.

Nichts, aber auch wirklich gar nichts, erhebt mein Herz mehr als der Anblick einer einheimischen Hecke aus gemischten Gehölzen mit ihrer Gemeinschaft aus Wildblumen, Gräsern, Moosen, Pilzen und Flechten, die in ihrem Einzugsbereich und ihrem ausgedehnten Wurzelsystem leben und gedeihen. Die gemischten Hecken, in ihrem Mantel aus verschiedenen Grüntönen und Verzierungen aus Hagebutten, Mehlbeeren, Beeren, Früchten und Nüssen, überraschen mich jedes Mal mit ihren ständig wechselnden Farben und komplexen Texturen.

Selbst im tiefsten Winter sind in das überwiegend graubraune Gezweig der Hecken die glänzenden Grüns von Stecheiche und Eibe eingestreut; die hellen schwefeligen Gelbtöne und blassen Salbeigrüns verschiedener Flechtenarten und Trakte zerknitterter kupferfarbener Buchen mit ihren Blättern, die zu stur sind, um loszulassen und abzufallen, obwohl sie bei ihren Nachbarn schon längst abgeworfen sind und sich in einem üppigen, dunklen Mulch um die Wurzeln angehäuft haben. Diese köstlich reichhaltige Laubstreu ist nicht nur ein Festmahl für die Wurzeln, sondern stellt einen wertvollen Lebensraum für alle möglichen Wirbellosen dar, die wiederum anderen als Mahlzeit dienen.

Gemischte Hecken bestehen vornehmlich aus Gehölzen wie Weißdorn, Schlehe, Hasel, Buche und Eiche, können aber auch von Liguster, Pfaffenhütchen, Schneeball, Stecheiche, Holzapfel, Sanddorn, Amerikanischer Wildpflaume, Hainbuche, Feldahorn oder Eibe durchsetzt sein. Wo genügend Platz besteht, kommen vielleicht noch weitere Bäume hinzu – Esche zum Beispiel, Mehlbeere, Vogelbeere oder Birke – und bieten zusätzlich Höhe und Schatten. Dann gibt es noch die Kletterpflanzen: Brombeere, Geißblatt, Efeu und Waldrebe (Traveller's Joy, wie sie meine Mutter nannte), die sich durch und über ihre Wirtsbäume und -sträucher ranken und winden. Der Freude, die man an gemischten Hecken finden kann, sind keine Grenzen gesetzt.

Hecken umfassen definitionsgemäß auch sämtlichen krautigen Bewuchs, Gräben, Böschungen oder Bäume in einem Abstand von drei Metern ihrer Mittellinie. Die Gräben entlang unserer Hecken tragen zur Erweiterung des Hecken-Ökosystems bei, erhöhen die Biodiversität dramatisch, indem sie Lebensraum und Deckung für Frösche und Kröten bieten, die sie auf ihrer Suche nach Tümpeln als sichere Korridore benutzen, und auch, indem sie die feuchten, schattigen Bedingungen schaffen, wie sie von Waldpflanzen, etwa Wolfsmilch, Bärlauch oder Buschwindröschen, zahlreichen Farnen und Moosen und im Sommer von Mädesüß bevorzugt werden.

Mädesüß (*Filipendula ulmaria*) ist mit seinen schaumigen Wolken cremegelber Blüten vielleicht eine der hübschesten und sicherlich eine der am stärksten duftenden Heckenpflanzen. Ich bin mir unschlüssig, ob sein Duft mich mehr an Honig oder an Mandeln erinnert; vielleicht beides, und das macht es auch so überraschend, dass es zerrieben eher antiseptisch riecht.

Am Rande von Sedgehill steht eine Hecke mit einem großen breiten Graben auf ihrer gesamten Länge. Hier wächst Mädesüß zusammen mit dem Zottigen Weidenröschen (*Epilobium hirsutum*) in gleicher Menge. Beide erreichen Höhen von über zwei Metern. Das cremefarbene Mädesüß bildet in den Wochen, in denen die Blütezeit zusammenfällt, den perfekten Hintergrund für die fuchsienrosafarbenen Tupfer der Weidenröschen. Aus den Blüten des Mädesüß lässt sich ein köstlicher, nach Mandeln schmeckender Tee herstellen.

Entlang der Straßen, Wege und Pfade North Dorsets blühen zahlreiche gemischte Hecken, aber am liebsten mag ich jene, die sich von Shaftesbury entlang der French Mill Lane nach Melbury und Compton Abbas erstrecken. Im späten Frühling sind diese Hecken wahrlich eine Augenweide. Sie erinnern mich an die prächtigen Hecken Cornwalls, die auf farbenreichen Böschungen voller Hasenglöckchen, Lichtnelken, Sternmieren, Goldnesseln und weiteren Blütenpflanzen hoch über den Straßen stehen. Ich bin immer traurig, wenn diese Blumen nach und nach verwelken, doch was mich rettet, ist der Weißdorn, der nun zu blühen beginnt.

Weißdorn (*Crataegus*) ist eine der Hauptsäulen, wenn nicht gar der Hauptbestandteil unserer schönen einheimischen Hecken. Während seiner Blütezeit stellt er die meisten seiner Mitgehölze in den Schatten. Anfangs hängen die kleinen runden perlförmigen Knospen in Büscheln zwischen den tief gelappten, hellgrünen Blättern und vermitteln den Eindruck, als sei der Busch von einem späten Frühlingsunwetter hie und da mit Hagelkörnern bestreut worden. Doch wenn die Knospen aufgeblüht sind, sind die Zweige und Blätter fast völlig hinter den kaskadenartig bis zum Boden wallenden Blüten verborgen, so dass man fast glaubt, die Äste würden unter dem Gewicht der Blütenpracht brechen.

Die Blüten bestehen aus fünf schneeweißen, tellerförmigen Blütenblättern und sind mit an den Spitzen rosafarbenen Staubblättern besprenkelt, die innerhalb von vierundzwanzig Stunden, nachdem sich die Blüten geöffnet haben, dunkler, fast braun werden. Im Zentrum der Blüte steht stolz ein *Stigma* (das weibliche Fortpflanzungsorgan einer Blüte, das den Pollen empfängt). Die einzelnen Blüten sind äußerst delikat, verlieren sich aber leicht in der schieren Blütenmasse, die den Baum oder die Hecke bedeckt.

Allerdings zieht nicht nur das Aussehen dieser Maiblüte die Aufmerksamkeit auf sich; selbst wenn man blind unter dem Baum vorbeiginge, würde man ihn an seinen stark duftenden Blüten erkennen. „Duftend" lässt ein verlockendes wohlriechendes Bukett erwarten, in Wirklichkeit aber kann der Geruch ziemlich aufdringlich sein – süßlich und leicht aasig. Fliegen lieben ihn.

Weißdorn zeichnet sich jedoch nicht nur durch sein hübsches Erscheinungsbild aus, auch sein Wert für Tiere ist beträchtlich. Im Lauf der Jahre bin ich auf zahlreiche für mich neue Arten gestoßen, die unter seinem Gewirr aus Zweigen und Ästen leben, Nahrung und Schutz finden.

Einer seiner häufigsten und auch leicht zu bestimmenden Bewohner ist die hübsche grün und rot gezeichnete Wipfelstachelwanze (*Acanthosoma haemorrhoidale*), deren Nymphen sich von den reifenden Beeren ernähren. Die Wanze ist eine der größten Baumwanzen in Großbritannien und Irland und lässt sich zwischen April und Oktober beobachten. Freilich ist sie zwischen den anfangs rötlich gefärbten Blättern und den Beeren gut getarnt, so dass man schon genau hinsehen muss, um sie zu entdecken.

Dann gibt es noch die ganzen Falter mit den wundervollen Namen, die ihre Eier auf Blätter, Zweige und Rinde des Weißdorns legen und sich von ihm ernähren: Fleckenminiermotte, Frühlings-Wollafter, Perl-glanzspanner, Bodenseewickler, um nur einige zu nennen. Und es gibt die Weißdorn-Gespinstmotte (*Scythropia crataegella*), eine kleine weiße Motte mit dunklen rotbraunen Zeichnungen.

Was Bienen und andere Blütenbesucher angeht, so profitiert so ziemlich alles, was im Mai in den Lüften ist, vom Nektar und den cremefarbenen Pollen der Weißdornblüten. Schmetterlinge, Falter, Hummeln, Solitärbienen, Wespen und Schwebfliegen besuchen ihn in den Hecken. Vor allem Honigbienen werden in großer Zahl angelockt, ziehen sie doch im Mai ihre Brut auf und der Weißdorn liefert hervorra-genden Pollen, reich an Proteinen, Vitaminen und Antioxidantien. Zum Glück lockt er all diese Fluginsekten an, denn auch wenn er für die Be-fruchtung nicht ausschließlich von Insektenbestäubern abhängt, würde doch ohne diese die Fruchtbildung bedeutend schwächer ausfallen.

Dann kommen die Früchte des Weißdorns, seine Beeren. In guten Jahren biegen sich die Äste unter dem Gewicht der Überfülle scharlach-roter Kugeln, die in Büscheln aus dem inzwischen viel dunkleren, aus-gereiften grünen Laubwerk hängen. Diese herbstlichen Beeren sind schnell verschwunden. Sobald sie reif sind, machen sich die hungrigen Amseln, Drosseln und andere standorttreue Vögel über sie her, aber auch – falls sie nicht schon zuvor von durchziehenden Seidenschwän-zen, Rot- und Wacholderdrosseln gefressen werden – kleine Säuger wie die Siebenschläfer.

Von seiner Attraktivität für Wirbellose einmal abgesehen, von denen viele sich in seiner stark rissigen Rinde verbergen oder ihre Nester bauen, ist der Weißdorn auch für Vögel und Kleinsäuger enorm wichtig, da er ihnen Deckung bietet. Zahlreiche Vogelarten bauen ihre Nester in seiner dichten, dornigen Krone, nutzen aber auch sein dich-tes Gewirr an Zweigen und Ästen als Unterschlupf und Schutz. Sperber würden einem Vogel niemals in eine Weißdornhecke folgen, denn ihr Gefieder könnte an den scharfen stacheligen Dornen Schaden nehmen, für kleine Vögel aber ist sie ein perfekter Zufluchtsort. Auch Frösche und Kröten finden hier Schutz sowie kleine Säugetiere wie Igel und Hermeline, die sein eng stehendes Stamm- und Wurzelwerk nicht nur als Deckung, sondern auch als Wanderkorridor benutzen, über die sie landauf, landab ihre Habitate erreichen.

Seitdem ich Rachels Workshop besucht habe, wollte ich mehr Zeit darauf verwenden, bestimmte Bäume kennenzulernen, und obwohl ich lange überlegt habe, mit Eiche, Esche oder Birke zu beginnen, waren es die Weißdornhecken, die bei meinen Spaziergängen in letzter Zeit meine Aufmerksamkeit geweckt haben. In der ganzen Zeit, während ich die Hecken entlangwanderte, konnte ich mich kurioserweise nicht entscheiden, ob die Persönlichkeit des Weißdorns auf mich weiblich oder männlich wirkt. Nicht, dass er unbedingt eines von beiden sein müsste; Gedanken darüber habe ich mir erst gemacht, nachdem ich mich mit seiner Folklore beschäftigt hatte. Angeblich war der Weißdorn einst für seine Dualität, seine Ausgewogenheit bekannt. Mit seinen zarten Blüten und den scharfen, wehrhaften Dornen scheint er sowohl weibliche als auch männliche Attribute auf sich zu vereinen.

Früher holten sich die Leute gerne blühende Weißdornzweige, die sie zu Kränzen und Girlanden flochten, um damit am Maifeiertag ihren heimischen Herd zu schmücken. Ich war überrascht, als ich davon hörte, denn am ersten Mai ist es noch viel zu früh für blühenden Weißdorn. Allerdings fiel der Maifeiertag vor 1752, als wir in Großbritannien zum Gregorianischen Kalender wechselten, offenbar in die Zeit des heutigen 12. Mai, also die Zeit, in der der Weißdorn zu blühen beginnt. Wie wunderbar zu wissen, dass dieses Wissen über die „Alten Sitten" noch existiert und darauf wartet, dass wir es gegebenenfalls anzapfen.

Gerne würde ich mich zu verschiedenen Jahreszeiten mit dem Weißdorn befassen, besonders im Winter, wenn er – ohne Blüten, aber voller Dornen – weniger auffällig ist. Er sieht immer so abweisend, sogar trist aus, aber ich denke, der winterliche Weißdorn hat mehr an sich, als das Auge zu erkennen vermag. Ich weiß nicht, was ich entdecken werde und möchte auch gar nicht spekulieren, aber ich freue mich darauf, mich diesen Winter wieder mit ihm zu beschäftigen und es herauszufinden.

18.
IMMERGRÜN

Kirsten, die Mutter meiner Freundin, berichtet, dass in einem der Felder an der Foyle Hill, der alten Straße, die von Shaftesbury nach Cherry Orchard führt, Efeu-Seidenbienen nisten. Sie sah sie, als sie dort Anfang der Woche mit Fred, ihrem Border Terrier, spazieren war.

„Hunderte sind dort unterwegs", meint Kirsten, bevor sie zu erklären versucht, wo genau. Es nützt nichts; viel zu viele Gatter, Felder, Mauern und Zaunübertritte, die ich mir merken muss, so dass ich, als sie den kleinen Weg direkt hinter der Kirche erwähnt, wo ich über den ersten der Übertritte steigen muss, mental bereits aufgegeben habe. Kirsten ist so freundlich und willigt ein, mich am nächsten Tag zu treffen und mir persönlich zu zeigen, wo die Bienen nisten.

Die Efeu-Seidenbienen (*Colletes hederae*) sind noch relativ neu in Großbritannien. Sie sind zum ersten Mal 2001 in Worth Matravers, Dorset, gesichtet worden und haben sich seither rasch im Land ausgebreitet. Sie wurden sogar so weit im Norden wie Saltburn-by-the-Sea, in North Yorkshire, dokumentiert. Und genau an dem Tag, da ich diese Zeilen über ihre Verbreitung schreibe, kontaktiert mich meine Freundin Vivian Russell, um mir mitzuteilen, dass sie auf der anderen Seite Englands, in Cumbria, eine Population ausgemacht habe.

Wie der Name nahelegt, hat diese Solitärbiene eine Vorliebe für Efeu (*Hedera helix*), der von Anfang September bis in den späten Oktober blüht. Efeu-Seidenbienen besuchen auch andere Pflanzen wie Herbst-Löwenzahn und Löwenzahn auf der Suche nach Nektar, füttern aber ihre Larven fast ausschließlich mit Efeu-Pollen. Gelegentlich sammeln sie auch Pollen von Korbblütlern, wenn diese noch vor der Efeublüte erscheinen.

In Shaftesbury ist der Efeu dieses Jahr etwas später am Blühen, macht jetzt aber die verlorene Zeit wett und brummt regelrecht dank summender Insekten. Beim Gewöhnlichen Efeu bringt nur die Altersform Blüten und Früchte hervor. Früher habe ich gedacht, auf den Bäumen und Mauern, wo ich ihn gesehen habe, wüchsen zwei unterschiedliche Efeuarten, aber in Wirklichkeit handelt es sich um die Alters- und Jugendformen der gleichen Pflanze. Der Unterschied zwischen den beiden ist ziemlich deutlich.

In seiner Jugendform klettert oder kriecht Efeu, während er in seiner Altersform in die Höhe ragt und dabei frei stehen kann. Auch die Blätter unterscheiden sich. Die der Jugendform sind tief gelappt, mit drei bis fünf Lappen und ihre Unterseiten sind matt, während die der Altersform eher oval sind, dabei fast herzförmig, und ein tiefes, dunkles, glänzendes Grün aufweisen. Der größte Unterschied besteht in den Blüten der Altersform. Die Blütenköpfe sind klein, etwa dreißig Millimeter im Durchmesser, kugelförmig, und bestehen aus bis zu fünfundzwanzig hellgrünen Einzelblüten. Die gelblich-grünen Blütenblätter sind so winzig, dass man sie ohne den unverkennbaren berauschendsüßen Honigduft des Nektars nicht bemerken würde. Bei solchen olfaktorischen Reizen ist es kaum verwunderlich, dass sich so viele Insekten von der Pflanze angezogen fühlen.

Über Efeu sind viele Vorurteile und Missverständnisse im Umlauf, er wird häufig als Würger und Mörder von Bäumen geschmäht und von seinen Gegnern blindlings niedergemacht. Natürlich gibt es Situationen, wo Bäume von Efeu befreit werden müssen, zum Beispiel, wenn er vermutlich strukturelle Probleme überdeckt oder er Bäume zu ersticken droht, auf denen seltene Flechten wachsen. Gelegentlich kann es dazu führen, dass kleinere Bäume nach starken Winden unter ihm zusammenbrechen, was aber bei gesunden, großen Bäumen ein eher ungewöhnliches Phänomen ist. All dies sind jedoch eher Ausnahmen als Regelfälle, und so frage ich mich, ob die Leute es sich nicht zweimal überlegen würden, ihm mit ihren Äxten und Sägen zu Leibe zu rücken, wüssten sie, wie unglaublich wichtig Efeu für die Tierwelt ist.

Der Woodland Trust, dessen erklärtes Ziel es ist, die Wälder dieses Landes zu schützen und für ihren Schutz einzutreten, stellt fest: „Efeu bringt Bäume weder um, noch beschädigt er sie und wo er auf einem Baum wächst, heißt das nicht, dass dieser ungesund ist oder selbst ein Sicherheitsproblem darstellt." Wenn der Woodland Trust dies sagt, sollte es wohl einige Mythen zerstreuen.

Efeu ist tatsächlich ein Gewächs für alle Jahreszeiten, er liefert das ganze Jahr über Nahrung und Unterschlupf für zahlreiche Tiere – insbesondere im Winter und in Gegenden mit wenigen immergrünen Pflanzen. Vögel wie Zaunkönige, Baumläufer, Amseln und Grauschnäpper, aber auch Grünfinken (*Chloris chloris*) nisten gerne in oder hinter seinem Blattwerk.

Vic Savery, ein Twitterfreund, erzählt, dass er als Kind gleich ein halbes Dutzend Nester von Grünfinken in einer kleinen, efeubewachsenen Baumreihe gefunden habe. Leider hat dieser schöne Vogel in den letzten Jahren einen starken Rückgang erlebt. Sollten seine Bestände wieder zunehmen, werde ich während seiner Nistsaison den Efeu bestimmt besonders im Auge behalten.

Im Frühling und im Sommer bildet Efeu die Nahrungsgrundlage für die Raupen verschiedener Schmetterlinge, darunter der Faulbaum-Bläuling (*Celastrina argiolus*), aber auch für bestimmte Mottenlarven. Doch vor allem im Herbst hat er seinen großen Auftritt. Dann nämlich öffnen sich seine unscheinbaren Blüten und bieten vorbeikommenden Insekten eine Überfülle an Belohnungen. Abertausende Insekten sind auf den Efeu angewiesen und weiden sich an seinem Pollen und Nektar: Efeu-Seidenbienen, Honigbienen, Hummeln, Wespen, Fliegen (vor allem Schwebfliegen), Hornissen, Schmetterlinge und weitere, deren Namen ich nicht kenne. Ohne Efeu hätten sie Schwierigkeiten, genügend Nahrung zu finden, um sich für die kommenden harten Wintermonate zu rüsten. Nach den Blüten kommen die Früchte, kleine schwarze Beeren, deren hoher Fettgehalt Amseln, Drosseln, Rotdrosseln, Rotkehlchen, Ringeltauben und anderen wertvolle und dringend benötigte Winternahrung bietet.

In den vergangenen Wochen, seitdem der Efeu in Blüte steht, habe ich überall in der Stadt eine große Anzahl männlicher, später auch weiblicher Efeu-Seidenbienen auf Nahrungssuche gesehen. Bislang kenne ich in Shaftesbury nur eine große Nest-Aggregation, nämlich auf einem Feld am südlichen Stadtrand, das Sue und Angela, meinen Freundinnen von der Shaftesbury Tree Group, gehört. Es wird bestimmt noch weitere geben, aber bedauerlicherweise habe ich noch keines gefunden.

Eigentlich ist eine Efeu-Seidenbienen-Aggregation kaum zu übersehen, wenn man daran vorbeikommt, besonders zu Beginn ihrer Flugsaison, wenn die Männchen ausschwärmen. Ihr Verhalten ist überaus hektisch, sie fliegen hin und her, hoch und runter, nahe am Boden über den Nestern und suchen frisch hervorkommende Weibchen, um sich mit ihnen zu paaren.

Tatsächlich bekomme ich im Herbst fast so viele E-Mails und Anrufe von besorgten Mitbürgern, die Schwärme von Efeu-Seidenbienen gesichtet haben, wie im Sommer wegen der Baumhummelschwärme. Meine Fragesteller haben allerdings keinen Grund zur Sorge. Die männlichen Bienen besitzen keinen Stachel und um von einem Weibchen gestochen zu werden, muss man es schon ergreifen und etwas grober behandeln, was normalerweise natürlich niemand tut. Efeu-Seidenbienen sind also ohne Gefahr aus der Nähe zu beobachten.

Die Bienen nisten zusammen mit ihren Artgenossinnen in individuellen Röhren, die sie gewöhnlich in lockeren oder sandigen Böden anlegen. Ich habe ihre Nester in vielen verschiedenen Habitaten gesehen, an Straßenrändern, auf Rasenflächen, auf Feldern mit grasendem Vieh und auf Uferwegen, die stets nach Süden, Westen oder Osten ausgerichtet und an vegetationsarmen Stellen angelegt sind. Die Anzahl der einzelnen Röhren kann von wenigen hundert bis in die Tausende gehen.

Bei günstigen Bedingungen, genügend Platz zur Weiterverbreitung und einem ausreichenden Efeu-Angebot in der Nähe können sich die Bienen rapide vermehren. In Cornwall kam ich an einer Stelle vorbei, am Kamm eines sandigen Kliffs auf dem South West Coast Path, an der auf einer ausgedehnten Fläche mit kurzem Gras und blanker Erde Abertausende Nester gewesen müssen. Nach allem, was man hört, ist das nicht ungewöhnlich.

Am Vormittag holt mich Kirsten ab, um mir ihre Efeu-Seidenbienen zu zeigen und als wir ankommen, liegen ihre Nester zum größten Teil im Schatten. Wir sehen ein paar Bienen umherfliegen, aber, wie Kirsten meint, bei Weitem nicht so viele wie am Nachmittag zuvor. Solitärbienen sind meist aktiver, wenn es hell und sonnig ist. Ich beschließe also, später am Tag wiederzukommen, wenn die Stelle voll in der Sonne liegt.

Kirsten setzt mich an unserer Gartenparzelle ab. Ich sollte eigentlich jäten, bin aber mit meinen Gedanken zu sehr bei den Efeu-Seidenbienen. Also pflücke ich ein paar Stängel frische Minze und gehe nach Hause. Dort packe ich meine Sachen für meinen Nachmittags-Ausflug zusammen und überprüfe meine Kamera. Ihre Batterien müssen aufgeladen werden und meine auch. Zeit für eine Tasse frischen Pfefferminztee. Die Aromen, die die Minze freisetzt, als ich ihre Blätter mit kochendem Wasser übergieße, sind berauschend, ihr Geschmack ziemlich exotisch, vor allem, wenn man wie ich eine Scheibe Zitrone hinzugibt.

Erfrischt und erpicht darauf loszugehen, nehme ich meinen Rucksack und mache mich langsam auf den Weg zurück zum Efeu-Seidenbienen-Feld. Mein Gang führt mich an einigen meiner Lieblingsplätze in Shaftesbury vorbei: am Pine Walk entlang, wo nach Einbruch der Nacht häufig Waldkäuze zu hören und manchmal zu sehen sind; dann den St. John's Hill hinab zur Raspberry Lane, von wo aus ich zur St. James's Church gehe. Hier, zwischen der Raspberry Lane und der Kirche, bemerke ich plötzlich eine ungewöhnlich große Anzahl Fluginsekten. Etwas an der unbeholfenen und unberechenbaren Art, in der sie fliegen und erst mit mir und dann mit anderen Insekten zusammenstoßen, lässt mich einen Moment innehalten, um festzustellen, worum es sich handelt.

Es sind Marienkäfer und sie landen zu Hunderten, vielleicht sogar Tausenden, auf den Steinmauern, die die Old-Rectory-Gärten umgeben. Sie krabbeln in alle möglichen Richtungen, mitunter im Kreis, meist aber aufwärts, wobei sie die Risse und Spalten auskundschaften. Sie scheinen sich auf einer Art Mission zu befinden, machen insgesamt aber einen etwas chaotischen Eindruck. Bei genauerem Hinsehen sehe ich, dass es sich um Harlekin-Marienkäfer handelt (*Harmonia axyridis*). Abgesehen von dem Umstand, dass diese Marienkäfer ziemlich groß sind – zwischen sieben und acht Millimeter im Durchmesser –, glaubt man schnell, dass es sich um zahlreiche verschiedene Arten handelt. In Großbritannien und Irland sind die orangefarbenen Formen mit fünfzehn bis einundzwanzig kleinen schwarzen Punkten oder die schwarzen mit zwei bis vier orangen oder roten Punkten vorherrschend, aber sie können auch rot oder gelb sein mit unterschiedlich vielen Punkten. Kein Wunder, dass sie als Harlekine bezeichnet werden.

Harlekin-Marienkäfer sind keine einheimische, sondern eine invasive Art. Ursprünglich aus Asien, wurden sie in den frühen 1980er-Jahren in die USA importiert, von wo aus sie nach Europa kamen und bald, wahrscheinlich auf importierten Pflanzen, den Weg über den Ärmelkanal fanden. Andere nicht-einheimische Arten im Vereinigten Königreich sind das Grauhörnchen, der Muntjak-Hirsch und eine Reihe von Flusskrebsen, der amerikanische Nerz und Halsbandsittiche, aber obwohl diese Arten schon länger auf den Inseln sind, breiten sie sich viel langsamer aus als der Harlekin- oder Asiatische Marienkäfer.

Die Marienkäfer haben sich in der Tat so rapide ausgebreitet, dass sie laut Professor Helen Roy, die den UK Ladybird Survey leitet, die am schnellsten sich ausbreitende invasive Art ist, die je in Großbritannien dokumentiert wurde. Wenn nicht-einheimische Arten in einem Gebiet Fuß fassen, kann dies – durch eingeschleppte Krankheiten, Nahrungs- oder Ressourcenkonkurrenz und Lebensraumzerstörung – bisweilen große Verluste für die örtliche Biodiversität bedeuten.

Manche Gärtner habe ich sagen hören, sie würden die Efeu-Seidenbienen nicht mögen, weil sie der Meinung seien, diese bodennistenden Bienen würden „ihre Rasenflächen übernehmen". Kürzlich habe ich einen Imker kennengelernt, der auch behauptete, er möge die Efeu-Seidenbienen nicht, doch nicht aus dem genannten Grund, sondern weil sie dem Efeu so viel Honig entnehmen und den Honigbienen Konkurrenz machen würden. Er berichtete, dass seit der Ankunft der besagten Bienen in seinem Gebiet die Menge des im Herbst von seinen Völkern produzierten Honigs erheblich zurückgegangen sei. Es sei ihm nicht nur unmöglich, im Folgejahr einen größeren Überschuss abzuzweigen, sondern darüber hinaus könnten die Bienen ohne den Efeu-Nektar ihre Vorräte nicht aufstocken und hätten nun Schwierigkeiten, durch den Winter zu kommen.

Aus der Perspektive dieses Herrn kann ich zwar verstehen, warum man Efeu-Seidenbienen nicht unbedingt mag, aber es brachte mich auch zum Nachdenken: Wenn die Ankunft von ein paar tausend Bienen eine so unmittelbare und rasche Wirkung auf vor Ort gehaltene Populationen von Honigbienen hat, wie hat man sich dann die Folgen vorzustellen, wenn Hunderttausende kommerziell gezüchtete Honigbienen in ein Gebiet eingeführt werden, wo es zuvor nur ein paar Kolonien wilder Honigbienen und Imkerei lediglich im kleinen Maßstab gab? Die Auswirkungen auf die lokalen, einheimischen Wildbienenpopulationen müssten eigentlich verheerend sein.

Wichtig ist es, einen Unterschied zu machen zwischen jenen Arten, die sich negativ auf unsere heimische Flora und Fauna auswirken, und solchen, die dies nicht tun. Immerhin sind auch Baumhummeln und Efeu-Seidenbienen Neuankömmlinge in unserem Land. Die Verbreitung dieser beiden Wildbienenarten wird von der Wissenschaft sorgfältig überwacht, aber so wie es aussieht, macht keine der beiden unseren einheimischen Arten Konkurrenz. Die Efeu-Seidenbienen sind mit Sicherheit und die Waldhummel sehr wahrscheinlich auf natürlichem Wege zu uns gekommen. Sie haben ihre bestehenden Territorien von Nordeuropa aus erweitert.

Harlekin-Marienkäfer hingegen sind definitiv vom Menschen eingeführt worden. Dass sie nun bei uns vorkommen, hat bei einigen unserer einst verbreiteten Marienkäferarten zu schweren Einbußen geführt. Diese invasiven Insekten haben einen unersättlichen Appetit, und genau deshalb wurden sie nach Amerika und Europa eingeführt; sie sollten den Blattlausbefall in Obst- und Gemüsekulturen kontrollieren. Leider bedeutet ihr Heißhunger auf Blattläuse auch, dass sie vielen unserer heimischen Arten, insbesondere dem Zweipunkt-Marienkäfer (*Adalia bipunctata*), der die gleiche ökologische Nische besetzt, Konkurrenz machen. Es ist kein Zufall, dass die Populationen unseres heimischen Marienkäfers seit Ankunft des Harlekin-Marienkäfers um 44 Prozent gesunken sind.

Die Marienkäfer an der Raspberry Lane suchen nach einem Überwinterungsplatz und offenbar halten sie die Mauer des Old Rectory für geeignet. Ich mache ein paar Fotos und setze meinen Weg fort. Wie sich herausstellt, bin ich nicht die Einzige, die an diesem Tag Hunderte Harlekin-Marienkäfer zu Gesicht bekommt. Der diesjährige lange Sommer hat offenbar zu Rekordzahlen geführt und nun suchen all diese Individuen einen Platz zum Überwintern. Ungeachtet der Tatsache, dass ich sie heute im Freien gesehen habe, dringen die Käfer auch gerne in Häuser ein, wo sie sich wärmesuchend häufig in Ecken von Fensterrahmen oder Decken für ihren langen Winterschlaf aneinanderkauern.

Die Zeitungen sind zu dieser Zeit des Jahres voll von furchteinflößenden Geschichten über Marienkäfer-Invasionen. Dieses Jahr steht die schlimmste in *The Sun* und trägt den Titel: „Killerkäfer – Invasion kannibalistischer, mit sexuell übertragbaren Krankheiten infizierter Marienkäfer richtet in Häusern überall im Land verheerende Schäden an". Schlagzeilen wie diese verstärken die ohnehin schon irrationale Angst vieler Menschen vor Insekten. Wenn es keine Marienkäfer-Invasion ist, dann ist es eine Spinnen-Plage oder der Einmarsch der Riesenhornissen, die alle das gleiche Ergebnis zeitigen: Die Menschen verfallen so sehr in Panik, dass sie unterschiedslos auch schöne einheimische Marienkäfer, Spinnen oder Hornissen umbringen. Wir müssen uns in Wachsamkeit üben, denn manche der invasiven Arten stellen durchaus eine Bedrohung für heimische Arten dar, aber ich wünschte, es würde mit etwas mehr Zurückhaltung über sie berichtet. Bisweilen fühlt es sich an, als ob wir Krieg gegen diese Tiere und Pflanzen führen müssten.

Es ist immer noch früh am Nachmittag, als ich das Feld mit den Efeu-Seidenbienen erreiche. Beim Überwinden des Gatters wird meine Aufmerksamkeit von den heiseren „Krahs" zweier Krähen himmelwärts gelenkt, die einen in ihr Revier verirrten Bussard bedrängen. Auch der Bussard gibt ein klagendes Kreischen von sich, das etwas kürzer, vielleicht irritierter als gewöhnlich ausfällt. Was für ein Tohuwabohu! Ich gehe weiter, bin aber so abgelenkt von der Luftakrobatik des Raubvogels, der in immer neuen Volten und Drehungen den Krähen zu entkommen sucht, dass ich einfach an der Nest-Aggregation der Efeu-Seidenbienen vorbeilaufe.

Der Bussard ist nun hinter einer Kuppe abgetaucht, die Krähen haben sich verstreut und ich wende meine Aufmerksamkeit wieder dem Boden zu. Das Feld ist gesprenkelt mit Teufelsabbiss, lebhaft blau-violetten Knöpfen, die ich, bevor ich genauer hingucke, einen Moment lang für Schmetterlinge halte. Blau ist nicht unbedingt eine Farbe, die ich mit dem Herbst verbinde, und die leuchtenden Punkte wirken seltsam unpassend vor den tiefen Rot-, Braun- und Orangetönen der umstehenden Bäume und Hecken.

Mir fällt auf, dass der Teufelsabbiss mitunter eng beieinanderstehend wächst, mitunter aber auch einzeln. Diese Einzelgänger denke ich mir als die Ränder ihres Territoriums austestende Pioniere, während die in Büscheln stehenden auf Sicherheit setzen und auf den erprobten und bewährten „feuchten" Arealen bleiben, in denen sie bereits Fuß gefasst haben. Eigentlich aber wächst der Teufelsabbiss natürlicherweise sehr verstreut, so dass der Abstand zwischen einzelnen Exemplaren immer größer ist als zum Beispiel bei Flockenblume oder Klappertopf.

Ich lasse meinen Blick über das Feld schweifen, um festzustellen, wie weit sich die Blume von der kleinen Ansammlung vor meinen Füßen ausgebreitet hat. Auf den ersten Blick scheint sie örtlich ziemlich begrenzt zu sein, als ich aber für einen besseren Ausblick eine Böschung hinaufsteige, sehe ich, dass sie das ganze Feld zu besiedeln beginnt. Ich habe bereits Wiesen voller Teufelsabbiss gesehen und frage mich, wie viele Jahre er noch brauchen wird, um das ganze Feld in Beschlag zu nehmen. Aber ist dieses Feld überhaupt eine Wiese?

Wie mag wohl der ideale Lebensraum für diese *Scabiose* aussehen, überlege ich. Wir hatten einen langen, extrem heißen Sommer, so dass dieses Feld – oder die Wiese, zu der ich es erhoben habe – aktuell trockener ist, als es gewöhnlich im Oktober der Fall ist. Ich weiß, dass der Teufelsabbiss feuchte Habitate bevorzugt. Es wäre also interessant, bei nasserem Wetter zurückzukommen, um zu sehen, wie die Pflanze die verschiedenen Grade der Bodenfeuchte abbildet. Womöglich ist sie ein guter Anzeiger für feuchte Habitate.

Auf meinem Weg hierher habe ich bereits wahrgenommen, dass auf dem höher gelegenen Feld auf der anderen Straßenseite keine einzige dieser Wiesenblumen wächst. Ich vermute daher, dass, wenn ich später im Jahr noch einmal herkomme, das höher gelegene Feld sich als trockener erweisen wird als das, auf dem ich momentan stehe. Wie wunderbar ist es doch, dass schon der einfache Akt, sich die Zeit zu nehmen, auf einem Feld oder einer Wiese zu verweilen und eine Pflanze zu beobachten, dazu führen kann, sich in Hypothesen über solche Dinge zu ergehen.

Ich krame meinen Stift und mein Notizbuch hervor, um ein paar Skizzen zu machen. Auch wenn ich den Online-Kurs zur Pflanzenbestimmung, für den ich mich vor ein paar Jahren eingeschrieben hatte, aufgeben musste, lernte ich doch noch ein bisschen, worauf man bei der Pflanzenbestimmung zu achten hat. Wie bei den Bienen hatte ich vor dem Kurs versucht, Pflanzen zu identifizieren, indem ich ein Taschenhandbuch durchging und nach einer Abbildung Ausschau hielt, die zu dem, was auch immer ich vor mir hatte, passte. Auch heute noch greife ich manchmal zu diesem Mittel, wenn ich nicht weiterweiß, aber inzwischen schaue ich jedes Teil der Pflanze genau an, präge mir die Einzelheiten der Struktur, Textur und Form der Blätter, der Stängel, Kelchblätter und Blütenblätter ein. Kaum zu glauben, was man dabei alles bemerkt.

Ich schaue mir an, was es außerhalb der Stelle mit dem Teufelsabbiss, in der ich sitze, noch gibt. Die Blumen, die auf den von Rindern und Schafen stark beweideten Flächen wachsen, erschienen etwas gedrungener als die anderen, die auf bis zu fünfzig Zentimeter hohen Stielen stolz aus dem umgebenden Gras herausragen. Ich würde mir gerne die Blütenköpfe ansehen, aber in der Brise biegen und neigen sie sich zu stark. Ich halte einen am Stiel fest, damit ich ihn mit meiner Feldlupe genauer untersuchen kann, denn so kann ich Dinge erkennen, die mir mit bloßem Auge entgehen würden. Bevor ich ein Pflanzenbestimmungswochenende für Anfänger besucht hatte, wusste ich gar nicht, dass es ein solches Instrument überhaupt gibt, möchte es aber nun nicht mehr missen.

Beim Blick durch das Vergrößerungsglas nehme ich als Erstes die Blüten wahr, die vollständig geöffnet sind und eine viel komplexere Struktur besitzen als gedacht. Jede Blüte besteht aus zahlreichen winzigen vierblättrigen Blütchen. Aus manchen davon stehen blasslila Staubfäden mit winzigen rosa Antheren hervor, die den Pollen tragen. So wie es aussieht, sind die größeren Blüten männlich, die kleinen weiblich.

All dies hätte ich ohne meine Lupe kaum erkennen können. Ich hätte auch die Stängel nicht wahrgenommen, die rund, von dunkler, rötlicher Farbe und mit weichen silbergrünen Härchen besetzt sind. Die Blätter, die vornehmlich am Boden oder etwas unterhalb der Grasspitzen sitzen, sind lang und schmal. Die auf Bodenebene sind gezahnt, aber weiter oben sind ihre Ränder glatter. All dies schreibe ich in mein Notizbuch und fertige ein paar grobe Skizzen der Blätter und Blütenköpfe an. Irgendwann möchte ich den Bestimmungskurs für Wildblumen wieder aufnehmen oder ihn noch einmal von vorne beginnen.

Abrupt werde ich aus meinen Gedanken gerissen, als eine Ackerhummel (*Bombus pascuorum*) direkt auf der Blüte landet, deren Stängel ich als Nächstes festhalten wollte. Die ganze Blume biegt sich unter ihrem Gewicht. Die Hummel ist nicht der einzige Bestäuber, den ich heute auf diesen Blumen gesehen habe. Zuvor schon hatte ich etliche Schwebfliegen sowie Kleine Feuerfalter (*Lycena phlaeas*) bemerkt, deren metallisch schillernde Vorderflügel die Farben der von der Birke am Gatter abfallenden Blätter spiegeln. Vor ein paar Jahren ist dieser einst häufige Schmetterling stark in seinem Bestand zurückgegangen, doch wenn man sich an der Anzahl, die ich dieses Jahr gesehen habe, orientieren kann, scheint er ein Comeback zu erleben.

Zudem bin ich ziemlich sicher, dass der Teufelsabbiss den Raupen des seltenen Skabiosen-Scheckenfalters (*Euphydryas aurinia*) als Nahrung dient, ob aber diese Art auf der Wiese vorkommt, habe ich noch nicht feststellen können, zumindest gehe ich davon aus, sie noch nicht gesehen zu haben. Zugegeben, selbst wenn ich einen dieser Schmetterlinge sehen würde, wäre ich nicht sicher, ob ich ihn identifizieren könnte. Deshalb habe ich auf meinen Ausflügen auch immer eine Kamera dabei.

Die Ackerhummel hat auf diesem Fleck mit Blumen sämtlichen Nektar, dessen sie habhaft werden konnte, geerntet. Sie fliegt auf und davon und auch ich muss nun aufstehen und weitergehen. Ich würde gerne noch eine Weile hier sitzen bleiben, aber die Sonne steht schon niedrig am Himmel und die Efeu-Seidenbienen werden bald zu ihren Nestern zurückkehren. Ich möchte sie nicht verpassen.

Bevor ich zu der Stelle mit den Nestern gehe, laufe ich noch schnell die Ränder der Wiese ab, um nach Efeu Ausschau zu halten. Er glänzt durch Abwesenheit. Hagebutten, Weißdornfrüchte und andere Beeren gibt es in Hülle und Fülle, reichlich Winternahrung für die Vögel, die Efeu-Seidenbienen aber scheinen, um Nahrung zu finden, weitere Strecken fliegen zu müssen. Nach einer vollständigen Runde komme ich am unteren Ende des Feldes an und bin hocherfreut, dass der Nistplatz größer ist, als ich in Erinnerung habe – viel größer. Und er brummt vor Aktivität.

Ich habe mir vorgenommen, Fotografien und Notizen zu machen, aber fürs Erste liege ich einfach im Gras und schaue zu. Ich habe keine Ahnung, wie spät es ist und es kümmert mich auch nicht. Heute bin ich eine Efeu-Seidenbienen-Beobachterin, und solange dieses Wiesenstück noch von der Sonne beschienen wird, spielt die Zeit keine Rolle. Gute zehn Minuten liege ich bereits vor der Böschung mit den Bienennestern und schaue ohne nachzudenken zu, bevor ich bemerke, dass keine Männchen zu sehen sind.

Ihr Fehlen erklärt auch, warum ich bei meiner Ankunft einfach an dem Nest vorbeigegangen bin. Wie Kirsten die Stelle beschrieben hat, mit „Schwärmen" von Bienen, lässt darauf schließen, dass Anfang der Woche noch eine große Zahl Männchen zugegen gewesen sein muss. Ich habe sie einfach verpasst. Offenbar geben weibliche Efeu-Seidenbienen vor ihrer Paarung ein Pheromon ab, das die Männchen in der Nähe der Niststätte hält und wie bei allen anderen Solitärbienen auch zerstreuen sich die Männchen erst, nachdem alle Weibchen hervorgekommen sind und sich gepaart haben.

Diese Niststätte besteht und gedeiht sicherlich schon seit einigen Jahren. Für mich keine Überraschung. Das Feld liegt an einem Hang und im Lauf der Zeit haben Schafe eine nach Süden gerichtete Vertiefung in die Erde getreten, in deren Rücken eine exponierte, den Konturen des Geländes folgende Böschung liegt. Dort, wo ich gerade liege, ist sie nicht zur Gänze zu überblicken, aber hinter der Ecke geht sie mindestens noch fünfzehn Meter weiter und ist stellenweise mehrere Meter hoch. Eine nach Süden blickende Böschung mit bloßliegender Erde – für eine Efeu-Seidenbiene der ideale Ort, um sich häuslich einzurichten.

Die ganze Böschung ist durchsetzt von kleinen Löchern, im Durchmesser sind sie jeweils etwa acht Millimeter groß. Manche stammen von den in diesem Jahr hervorgekommenen Männchen und Weibchen, andere werden von frisch gepaarten Weibchen gegraben, die ihre eigenen Nester anlegen. Der BWARS-Website ist zu entnehmen, dass die Nistbiologie der Art in Deutschland, wo sie erst 1993 wissenschaftlich dokumentiert wurde, in allen Einzelheiten beschrieben worden ist. Die Forscher schreiben, dass jeder der untersuchten vier Tunnel „sieben bis zwölf Zentimeter horizontal in einer Steilwand verlief, bevor er nach unten führte" und dass „Gruppen von bis zu vier Zellen, die direkt von dem vertikalen Bau abzweigten, in einer Tiefe von 30 bis 45 Zentimetern lagen". Wie großartig, wenn man sich vorstellt, dass solche und sogar noch komplexere Bienenarchitekturen unter der Erde existieren und dem menschlichen Auge (meist) verborgen bleiben.

Je heller die Sonne scheint und je wärmer es wird, desto geschäftiger wird das Treiben in der Nähe des Nests. Manche Bienen bringen Pollen heran, um vor der Eiablage die neuen Brutzellen zu bevorraten, manche ruhen sich, im Eingang ihrer Niströhren sitzend und nach draußen schauend, aus, andere graben eifrig neue Baue. Auch alte Nester werden in Beschlag genommen.

Es passiert so viel, dass ich kaum weiß, wohin schauen. Die neu angelegten Baue lassen sich an den Häufchen feiner Erde erkennen, die dort, wo die Konstrukteure ihre Tunnel graben, herausrieseln, und auch der Boden unter der Steilwand ist mit Abraum bedeckt. Diese „Hangrutsche" müssen es denjenigen Bienen extrem schwer machen, die ihre Nester im Boden unter der Böschung anlegen wollen, denn jedes Mal, wenn sie nach Hause zurückkehren, müssen sie sich damit herumschlagen, dass ihre Eingänge von der feinen Krume aus den Nestern darüber zugeschüttet sind.

Es ist faszinierend zu sehen, wie die Bienen nach ihren Nesteingängen suchen. Sie wissen, dass ihr Nest hier irgendwo sein muss, also landen sie, suchen, graben, heben ab, fliegen im Zickzack über den Boden, um sich noch einmal zu orientieren, landen wieder, suchen, graben – und so geht es immer weiter, bis es ihnen endlich gelingt, den verschütteten Nesteingang zu finden. Es muss unglaublich herausfordernd sein, sich größere und kleinere Landmarken eingeprägt zu haben, und bei der Rückkehr festzustellen, dass das Nest verschüttet ist.

Aus der Beobachtung dieser und anderer bodennistender Arten, die nach ihren Nesteingängen suchen, schließe ich, dass sie sich nach visuellen Anhaltspunkten orientieren. Würden Pheromone bei der Lokalisierung der Nester helfen, wäre es meines Erachtens leichter für die Bienen. Bei den Exemplaren, die ihre Eingänge am schnellsten wiederfinden, liegen die Nester an den Rändern der Niststätte oder dort, wo es etwas Bewuchs gibt, kurz, an jenen Stellen, wo die visuellen Hinweise am deutlichsten sind.

Die Bienen, deren Nester in der Mitte großer Aggregationen liegen, zwischen Dutzenden anderen scheinbar identischen Eingängen, verbringen offenbar mehr Zeit damit, nach dem richtigen Bau zu suchen, bevor sie hineinkrabbeln und ihren Pollen deponieren können. Wie auch immer, sie geben niemals auf, und ich bin voller Bewunderung angesichts ihrer Entschlossenheit.

Interessant sind auch die Unterschiede, die zwischen den frisch aus der Erde geschlüpften Weibchen bestehen und jenen, die schon ein paar Wochen lang fliegen. Erstere sind noch unversehrt, ihre Hinterleibsbinden ein tieforanger und schwarz gestreifter Samt und ihr Thorax dicht mit fuchsroten Haaren besetzt. Sind sie schon länger unterwegs, sehen sie matter aus und kahl, die orangen Hinterleibsbinden sind zu einem blassen Gelb verblichen, ihre Thoraxhaare so gut wie verschwunden und ihre Flügel merklich zerfleddert. Das ist nicht anders zu erwarten, wenn man bedenkt, dass sie während ihrer kurzen Flugzeit Hunderte Male aus ihren engen Tunneln ausfliegen und wieder in sie hineinkriechen.

Eine Biene hat meine besondere Aufmerksamkeit auf sich gezogen. Sie war mindestens fünf Minuten zuvor von einem Erntezug zurückgekehrt, die Haare an ihren Beinen voll hellgelbem Efeupollen, und direkt zum Eingang ihres Nests geflogen. Aus Gründen, die sich mir nicht erschließen, will sie offenbar einen größeren Eingang zu ihrem Bau graben. Sie hat bereits etwas von ihrem Pollen verloren und wird, wenn sie so weitermacht, auch noch den Rest verlieren. Ihr Verhalten ist überaus seltsam. Wenn sie nicht bereits einen guten, brauchbaren Tunnel gegraben und Kammern angelegt hätte, in denen sie ihn hätte deponieren können, hätte sie bestimmt nicht so viel Pollen zurückgebracht. Um besser zu sehen, rücke ich etwas näher heran.

Anscheinend hat sie es mit einem Hindernis zu tun, etwas, das festsitzt und den Eingang zu ihrem Bau blockiert. Vielleicht hat eine der Bienen, die ihr Nest weiter oben in der Erdwand hat, ein kleines Steinchen losgetreten, das in ihren Eingang gefallen ist? Ihr Verhalten wird jetzt zunehmend resolut, fast obsessiv. Von verschiedenen Seiten versucht sie das Hindernis anzupacken und freizubekommen; gerade hat sie ihren Kopf und ihre Vorderbeine in die Röhre gequetscht und ist jetzt vollständig zusammengekrümmt. Es sieht aus, als versuche sie das, was sie stört, mit ihren Mundwerkzeugen zu packen; sie zerrt, hebelt und zieht, doch ohne Erfolg. Sie muss erschöpft sein.

Ich habe sie nun schon seit mehr als zwanzig Minuten beobachtet, als sie plötzlich, ohne Vorwarnung, das Hindernis freibekommt und rückwärts die Böschung hinunterpurzelt. Oder sollte ich sagen, sie purzeln rückwärts die Böschung hinunter, denn das Hindernis, so stellt sich jetzt heraus, ist kein Steinchen, sondern ein anderes Efeu-Seidenbienenweibchen! Die beiden Bienen sind völlig ineinander verhakt, ein Yin-Yang-Ball aus Flügeln, Augen, Abdomen und Thoraxen. Die beiden auseinanderzuhalten, ist gar nicht so einfach, bis die, wie ich vermute, rechtmäßige Eigentümerin des Nests – das heißt, die Biene, die gerade pollenbeladen zurückgekehrt ist – sich losreißen kann und halb kletternd, halb fliegend zu ihrem Bau zurückkehrt, in dem sie verschwindet. Zumindest kann sie jetzt, was noch von ihrer Pollenladung übrig ist, als Brutproviant deponieren.

Es ist Zeit, nach Hause zu gehen. Der Himmel hat sich zugezogen, die Luft wird kühler, und ich habe Hunger. Ich packe meinen Rucksack und wandere über den Hügel zurück, halte kurz bei der Marienkäfermauer, aber es sind nur noch sehr wenige Marienkäfer zu sehen. Sie sind in den Rissen und Spalten verschwunden, um den Winter zu überstehen. Auch die Efeu-Seidenbienen werden bald verschwunden sein, so wie die meisten Insekten, denen der Efeu in seiner Blütezeit eine Lebensgrundlage bietet. Einige Arten werden in ihrer adulten Form überwintern, andere aber schwinden dahin und sterben; sie haben für die Zukunft ihrer Art ganz und gar auf ihren Nachwuchs gesetzt, den sie unter der Erde, in alten Mauern, verrottendem Holz oder in Dächern, Pflanzenstängeln usw. sich selbst überlassen.

Ich bin so froh, den Tag mit den Efeu-Seidenbienen verbracht zu haben. Viele helle, sonnige Tage wird es nicht mehr geben, bis der Winter kommt. Die Bienensaison geht zu Ende, das heißt, bis nächstes

Frühjahr werde ich wohl nur noch wenige Bienen zu Gesicht bekommen. Sie werden mir fehlen. Wie immer. Aber wie bei Obst und Gemüse der Saison wird ihre sehnlichst erwartete Rückkehr nach der langen Abwesenheit umso einzigartiger ausfallen.

———

Postskriptum: Mir war es gelungen, ein paar schnelle Aufnahmen von den zwei Efeu-Seidenbienenweibchen zu machen, wie sie aus dem Nest purzelten. Als ich später die Fotos beschnitt und genau betrachtete, sah ich, dass die pollenbeladene Biene die Hausbesetzerin unter Zuhilfenahme ihrer Mandibeln aus ihrer Röhre herausgezogen hat. Ich bin beeindruckt. Natürlich kann ich nicht wissen, welcher Biene tatsächlich das Nest gehörte, ich bin aber sicher, dass die zurückkehrende Sammlerin überzeugt war, es sei das ihre.

19.
ZWISCHEN
SCHNEEGLÖCKCHEN

Es ist der 17. Februar und ich habe gerade meine erste Frühlingspelz-biene des Jahres gesehen. Sie ist zwischen den Schneeglöckchen in Dianas Garten auf Sammelflug und ich kann mich vor Begeisterung kaum halten. Von ihrem kleinen, schwarzen, runden und pelzigen Körper geht das hohe Summen aus, das für diese Art so typisch ist. Und dieses Summen war es auch, das mich auf ihre Anwesenheit in dem Blumen-beet aufmerksam gemacht hat. Ich beobachte, wie sie mit ausgestreck-tem Rüssel von Blüte zu Blüte flitzt und den Nektar aufsaugt, der von diesen frühesten Blüten bereitgestellt wird. Und wieder bin ich von die-ser entzückenden kleinen Biene völlig bezaubert.

Wie ärgerlich, dass ich keine Kamera dabeihabe. Ich habe noch nie eine Frühlings-Pelzbiene an einem Schneeglöckchen gesehen. Nor-malerweise sind sie an Pflanzen wie Lungenkraut, Kriechendem Bein-well, Goldlack und Roter Taubnessel unterwegs, meines Wissens aber nicht an Schneeglöckchen. Ich hätte meine Sichtung allzu gerne mit einem Foto dokumentiert, wenn ich sie am Nachmittag der Bees, Wasps and Ants Recording Society (BWARS) melde. Vielleicht ist meine Sich-tung ja die erste in diesem Jahr …

Der wissenschaftliche Name der Frühlings-Pelzbiene *Anthophora plumipes* klingt für mich fast so schön wir ihr volkssprachlicher, auch wenn *plumipes*, das so viel heißt wie „federfüßig", im Grunde nur auf das Männchen der Art zutrifft. Die mittleren Beine des Männchens

317

sind leicht verlängert und mit langen, weichen, fedrigen Haaren geschmückt, mit deren Hilfe es bei der Paarung Sekrete aus seiner Hinterleibsdrüse auf die Fühler des Weibchens überträgt. Dieses Verhalten sieht aus, als würde das Männchen dem Weibchen die Augen zuhalten. Ich habe nicht die blasseste Ahnung, was es mit der Sekret-Übertragung auf sich hat – ein weiteres der vielen Geheimnisse, die ich auf meiner Mission, mehr über die faszinierende und betörende Welt der Insekten herauszufinden, noch zu lüften habe.

Männliche und weibliche Frühlingspelzbienen unterscheiden sich, für britische Bienenarten ungewöhnlich, in ihrem Aussehen erheblich, auch wenn beide selbst für absolute Anfänger relativ leicht zu erkennen und zu bestimmen sind. Die Weibchen der Pelzbienen haben pechschwarze Körper mit dunkelorangen Pollenbürsten an ihren Hinterbeinen, mit denen sie ihren Pollen sammeln. Wenn die Bürsten voll beladen sind, sind die Borsten nicht mehr zu sehen und erscheinen mitunter in einer anderen Farbe. Die Männchen der Art sind von hinreißend gold-brauner Farbe, die nach ein paar Wochen in der Sonne zu einem blasseren Grau-Braun ausbleicht. Sie besitzen blassgelbe kastenförmige Gesichter, die fast wie eine Schnauze aussehen. Und sie haben natürlich diese überaus schönen fedrigen und haarigen Beine.

Obwohl Frühlings-Pelzbienen Einsiedler sind, werden sie aufgrund ihrer rundlichen haarigen Körper oft für Hummeln gehalten. Man kann aber zu Beginn des Frühjahrs, wenn sie erscheinen, ziemlich sicher davon ausgehen, eine Pelzbiene vor sich zu haben, denn die einzigen Hummeln, die man zu dieser Zeit zu Gesicht bekommt, sind die riesigen, gerade aus der Überwinterung kommenden Hummelköniginnen. Im Vergleich zu diesen sind die Frühlings-Pelzbienen ziemlich winzig.

Von Farbe, Aussehen und Größe abgesehen lassen sich Frühlings-Pelzbienen zweifellos am leichtesten durch ihr Verhalten erkennen und von anderen Bienen unterscheiden. Keine andere Bienenart (außer der mit ihnen verwandten anderen Pelzbienen und vielleicht noch die Wollbienen) summt, sammelt und verhält sich so wie die Frühlings-Pelzbiene. So wie sie herumschwirrt – von Blüte zu Blüte, in einer solchen Geschwindigkeit und Zielgerichtetheit, dass man sie kaum mit den Augen verfolgen kann – und dann wie ein Kolibri für Millisekunden in der Luft schwebt, um zu sondieren, wo es Nektar und Pollen gibt, ist ihr

Verhalten ganz und gar einzigartig und zuweilen nicht sehr bienenhaft. Dazu noch ihr unverkennbares, hohes Surren sowie das Territorialverhalten der Männchen, und es kann sich nur um eine Frühlings-Pelzbiene handeln.

Während ich meine kleine Pelzbiene sorgfältig in jedes einzelne Schneeglöckchen krabbeln sehe, wird mir langsam bewusst, dass ihr Verhalten nach allem, was ich gerade gesagt habe, gar nicht so hektisch ist wie zu erwarten; tatsächlich wirkt sie geradezu schläfrig. *Sie muss heute Morgen erst aus ihrer Überwinterung hervorgekommen sein*, überlege ich. *Kein Wunder, dass sie so träge ist.* Ich denke wieder an meine nutzlos zuhause liegende Kamera. Ich habe über die Jahre Tage, wenn nicht Wochen damit verbracht, diesen Bienen nachzustellen und versucht, ein gutes Foto zu bekommen, aber für gewöhnlich fliegen sie so manisch durch die Gegend, dass es kaum möglich ist, ein scharfes Bild zu schießen. Dieses Exemplar jedoch nicht. Wäre ich besser vorbereitet gewesen, hätte sie heute das perfekte Motiv für ein Porträt ergeben.

Woher sie wohl gekommen ist, frage ich mich, als ich sie beobachte. Obwohl die Pelzbienen beim Nisten solitär bleiben, sind sie eigentlich ziemlich gesellig und bauen ihre Nester gerne nebeneinander in weiche Küstenkliffe oder bloßliegenden, verdichteten Boden, und öfter noch in alte Stein- oder Lehmziegelwände, wie die Bienenmauer in Shaftesbury. Ich schaue mich um. In Dianas Garten, rundherum und auch in dem Hof nebenan gibt es genug alte Stein- und Lehmziegelmauern. Ich nehme an, dass es hier, wie in der Bienenmauer in Shaftesbury, eine gesunde Population Frühlings-Pelzbienen in der Umgebung gibt. Ich werde Rob bitten, darauf zu achten, wenn er hier gärtnert.

Frühlings-Pelzbienen gehören zu den Bienenarten, die man allgemein als „Mauer-" oder „Mörtelbienen" bezeichnet. Das liegt daran, dass die Pelzbienenweibchen kurze Tunnel graben, um die schützenden Hohlräume in einem für den Nestbau ausgewählten Kliff, einer Wand oder in der Erde zu erreichen. Ist das Weibchen tief genug vorgedrungen, fertigt es aus dem umgebenden Material – weicher Mörtel, Lehm oder Sandstein – einzelne, kammenförmige Zellen. In den Zellen deponiert es Pollen, der auf zahlreichen Sammelflügen zusammengetragen wird; dann legt es seine Eier. Es versiegelt die Zellen und die Tunneleingänge mit mehr von ihrem Mörtel-Material.

Wenn die Bienen ihre Nester in Mauern bauen, graben sie nur in altem Mörtel, der im Lauf der Zeit schon weich und bröckelig geworden ist. Außer in der Bienenmauer und anderen Steinmauern in Shaftesbury und Umgebung habe ich die Pelzbienen auch in den Giebelenden einer ehemaligen Lehmziegelscheune in Nordfrankreich gesehen. All diese Mauern werden wahrscheinlich ihre Besitzer und sogar die Bienennest-Aggregationen lange überdauern, dennoch verstehe ich, warum sich Besitzer alter Gebäude Sorgen um den Zustand ihrer Mauern machen, wenn große Bienen-Aggregationen in ihnen nisten.

Ich fände es großartig, wenn wir ein Pelzbienen-Nest in unserem Garten hätten, aber leider weist die dortige Steinmauer nach Norden. Freilich: Wo ein Wille ist, ist auch ein Weg, wie John Walters gezeigt hat, der im Garten seines Hauses am Rande des Dartmoor National Park seine eigenen Lehmziegel angefertigt hat. Johns Ziegel haben sich als unwiderstehlich für die örtliche Frühlings-Pelzbienen-Population erwiesen, also haben Rob und ich uns entschlossen, uns ein Beispiel an ihm zu nehmen und planen nun, in diesem Frühling ein paar Lehmziegel herzustellen, in der Hoffnung, auch ein oder zwei vorbeikommende Weibchen anlocken zu können. Ich frage mich überdies, ob nicht Hausbesitzer, die sich über Bienen in ihren alten Gemäuern Sorgen machen, dem Problem Herr werden könnten, indem sie ein paar Lehmziegel quasi als Bauernopfer vor ihren Wänden platzieren.

Meine Aufmerksamkeit wendet sich wieder der Pelzbiene zu, die sich an Dianas Schneeglöckchen gütlich tut. Sie ruht sich auf einem Blatt aus, so dass ich sie besser in Augenschein nehmen kann. Sie ist perfekt. Aber während ich ihr zusehe, wie sie sich mit ihren Vorderbeinen die Fühler putzt, kippt meine Begeisterung in Besorgnis um, da ich realisiere, wie früh im Jahr die Biene unterwegs ist. Letztes Jahr habe ich die erste Frühlings-Pelzbiene erst spät im März gesichtet, und es war ein männliches Exemplar. Die Weibchen tauchen gewöhnlich erst ein, zwei Wochen nach den Männchen auf. Ich rechne kurz nach. Dieses Weibchen ist vier Wochen zu früh aufgewacht.

Heute scheint die Sonne und die Temperatur ist auf erstaunliche 9,2 Grad Celsius geklettert, aber laut BBC-Wettervorhersage wird die Nacht Frost bringen und für den Rest der Woche ist nur sehr wenig Sonnenschein angesagt. Dies bedeutet nichts Gutes für meine kleine Pelzbiene.

20. Februar. Seit ich meine Frühlings-Pelzbiene auf den Schnee-glöckchen beobachtet habe, fehlt von ihr jede Spur und auch etwaige Artgenossen habe ich keine gesehen. Ich weiß es tief in meinem Herzen, aber es ist schwierig, es sich einzugestehen.

Sie ist zu früh aus ihrer Überwinterung hervorgekommen.

Alles ist so aus dem Lot geraten dieser Tage, und je mehr man mit dem, was um einen herum passiert, im Einklang steht, desto offensichtlicher zeigt es sich. Man muss noch nicht einmal die Nachrichten über den Wandel, den der Planet durchmacht, lesen oder hören, man sieht und spürt es auch so.

Eine wachsende Zahl von bestäubenden Insekten taucht plötzlich früher oder später im Jahr auf als gewöhnlich; Vögel beginnen zur Unzeit mit der Paarbildung und dem Nestbau, und Pflanzen, die sonst im Februar blühten, blühen nun im November oder umgekehrt. Für Veränderungen im Verhalten der Wildtiere und Pflanzen gibt es viele weitere Beispiele, viel zu viele, um sie hier aufzählen zu können. Dieser Wandel ist manchem von uns nicht entgangen, so wie wir auch von den Veränderungen des allgemeinen Wettergeschehens Notiz genommen haben. Beunruhigend dabei ist, dass wir bereits mit dem Unerwarteten rechnen, anstatt davon überrascht zu sein. Und dies wiederum hat dazu geführt, dass wir Situationen, über die wir eigentlich sehr besorgt sein müssten, leichter akzeptieren.

Wir können den Kopf schütteln und darüber sprechen, wie anders es in den friedvollen Tagen früherer Zeiten war, aber waren die geliebten Kindheitslandschaften tatsächlich so überaus perfekt? Verglichen mit dem, was wir heute erleben, bestimmt, aber unsere Großeltern, die die massiven Veränderungen, die in der ersten Hälfte des 20. Jahrhunderts mit der Mechanisierung der Landwirtschaft einhergingen, denken darüber wahrscheinlich ganz anders. Während unsereins auf die Tage zurückblickt, als unsere Garten noch voller Schmetterlinge waren und wir mit dem Auto anhalten mussten, um die Windschutzscheiben von Insekten zu reinigen, waren die Kindheitstage unserer Großeltern noch vom Anblick majestätischer Ulmen und weiter Gebiete blumenübersäten Graslands sowie von den Rufen des Brachvogels, des Wachtelkönigs und der Turteltaube vergoldet. Es waren Anblicke und Laute, die unseren Großeltern so vertraut waren, wie für uns die Scharen von Gartenschmetterlingen und die armen zerplatzten Insekten auf den Windschutzscheiben. Dieses Phänomen wird mitunter als *Shifting Baseline Syndrome* bezeichnet.

Die „sich verschiebenden Ausgangslagen", von denen hier die Rede ist, verändern im Lauf der Zeit die Wahrnehmung dessen, was der Mensch als „normal" wahrnimmt. Aufgrund unserer kurzen Lebenszeit und fehlerhafter Erinnerungen verschiebt sich mit jeder Generation unser Horizont, das heißt unser kollektiv und individuell erworbenes Wissen über die Welt um uns herum. Wenn es um die Erhaltung der Natur geht, messen wir ihre Beschädigung an dem, was uns aufgrund unserer Kindheitserinnerungen als Norm gilt und mehr noch, was wir als perfekten Naturzustand wertschätzen. Meist ist es dieses Bild einer vollkommenen Natur, zu dem wir zurückstreben. Was uns jedoch vor zwanzig, dreißig, vierzig oder fünfzig Jahren als vollkommen erschien, hätten unsere Vorfahren bereits als bis zur Unkenntlichkeit beschädigt erachtet. Unsere Kinder wiederum werden als vollkommen natürlich ansehen, was *uns* bereits als degradiert erscheint.

Veränderung ist für sich genommen weder gut noch schlecht. Sie gehört zum Leben dazu. Wie oft hat man in einem bestimmten Moment gewünscht, er möge auf ewig dauern, und doch zugleich gewusst, dass dies unmöglich ist? Oder umgekehrt, wie oft ist einem, wenn man sich in einem Zustand tiefster Traurigkeit, Qual oder Bedrängnis befand, damit zugeredet worden, die Zeit heile alle Wunden oder „auch dies wird vorübergehen"? Ich weiß von vielen solchen Momenten. Aber Veränderung findet statt und es *verändert* sich etwas. Die Veränderungen in der Natur, die wir zurzeit miterleben, geschehen in einer solchen Größenordnung, dass wir ihre Bedeutung und möglichen Konsequenzen kaum begreifen oder uns zu eigen machen können. Was wird schließlich den Ausschlag geben, dass diese Veränderungen, die bislang nur leichte Besorgnis verursachen, breiten Alarm auslösen?

Viele von uns *sind* besorgt, einige *sind* alarmiert, aber der großen Mehrheit ist bis zu einem gewissen Grad lediglich bewusst, dass etwas nicht ganz stimmt. Gewiss, in den letzten Jahren hat sich einiges getan, und man steht heute anders zu Plastikmüll oder Wegwerfprodukten, zur Kompostierung, zum Tierwohl und zu den weltweiten schädlichen Auswirkungen, die durch den Massenkonsum von Fleisch und den Warentransport über Tausende Kilometer verursacht werden. Aber trotz dieses in Teilen immensen Wandels scheint die Menschheit die wahre Größenordnung und die Dringlichkeit dieser Angelegenheiten noch immer zu verdrängen. Und anderes, wie die Degradierung der Böden, der Verlust der Lebensräume, die Entwaldung, die Kontamination durch Pestizide, den Verlust der Biodiversität und das, was wir direkt vor der Nase haben – der Klimawandel –, hat nur wenig Einfluss auf die Art, in der wir auf und mit unserem Planeten leben.

Die Natur ist fortwährend im Fluss, nimmt mal diesen, mal einen anderen Weg. Arten kommen und gehen ebenso wie Eiszeiten und Zwischeneiszeiten. Landschaften verändern sich, Meeresspiegel steigen und fallen und Kontinente driften. Die klimatischen Veränderungen aber, die wir gerade erleben, sind verglichen mit jenen, die die Erde schon durchgemacht hat, extrem ungewöhnlich.

Anhand von Befunden, zusammengetragen aus Baumringen, Gletschereis, Sedimenten und Korallenriffen, ist die Wissenschaft in der Lage, sich ein Bild von den durchschnittlichen Temperaturen und Klimaveränderungen der letzten 800.000 Jahre zu machen. Im Verlauf dieser Zeit hat die Erde viele extreme Wandlungen erlebt, doch im letzten Jahrhundert war die Erwärmungsrate etwa zehnmal höher als in früheren Erwärmungsphasen, und Voraussagen gehen davon aus, dass sie sich im kommenden Jahrhundert noch einmal verdoppelt. In den vergangenen zwei Millionen Jahren haben sich die durchschnittlichen Oberflächentemperaturen nur selten dem Niveau angenähert, die sie voraussichtlich in den kommenden zwanzig Jahren erreichen. Diese Tatsachen sind so alarmierend, dass wir jetzt handeln müssen.

Bereits heute verursacht der Klimawandel größere Temperaturschwankungen sowie exzessive Regenfälle mit Überschwemmungen in einem Monat, gefolgt von ausbleibenden Niederschlägen und daraus resultierenden Dürren im nächsten. Im Hinblick auf die Lebenszyklen der Bienen und anderer Bestäuber sind die negativen Auswirkungen dieser Veränderung schon spürbar.

Ein von Hummeln oder Solitärbienen unter der Erde neu angelegtes Nest wird eine Überschwemmung nicht überstehen. Wenn die Niederschläge zu heftig sind oder nicht abreißen, können Bienen nicht auf Nahrungssuche gehen, und wenn es ihnen doch gelingt, zwischen den Regenfällen auszufliegen, ist es extrem schwierig, in mit Regenwasser gefüllten Blüten an Nektar und Pollen heranzukommen. Sie werden also eher hungern müssen und ihre Nester nicht durchbringen.

Der Mangel an verfügbarem Pollen und Nektar verursacht einigen Arten mehr Probleme als anderen. Honigbienen zum Beispiel können sich von den Honig- und Pollenvorräten, die sie in ihren Stöcken angelegt haben, so lange ernähren, bis sie zur Neige gehen, und Hummelvölker sind in der Lage, von dem in ihren Nestern gespeicherten Nektar ein paar Wochen lang zu überleben. Solitärbienen jedoch lagern keinen Honig, Pollen oder Nektar ein, weshalb sie verhungern und sterben, wenn die Nahrung knapp ist.

Trockenheit ist nicht besser. Erhöhte Temperaturen oder extreme oder längere Dürren lassen die Blütenpflanzen verwelken und absterben, so dass den Insekten keine oder nur eine verschwindend kleine Nahrungsgrundlage bleibt. Doch schon lange bevor Pflanzen in dieses Stadium kommen, reagieren sie auf den Stress, der ihnen durch Wassermangel und veränderte Bodenbedingungen entsteht, indem sie weniger Pollen, weniger Nektar und weniger Blüten produzieren. Durch diese Umstellungen nutzen die Pflanzen die wenigen ihnen noch verbleibenden Ressourcen für das eigene Überleben anstatt für die Fortpflanzung.

Überschwemmungen und Dürren sind jedoch nicht die einzigen Herausforderungen, mit denen sich die Bestäuber aufgrund des Klimawandels konfrontiert sehen, und einige dieser Probleme sind komplexer und subtiler als die bereits erwähnten. Da der Klimawandel immer mehr Wetterextreme mit sich bringt, entstehen in Flora und Fauna als Anpassungsreaktion darauf neue Verhaltensmuster.

Insekten reagieren bereits auf unsere wärmeren Winter mit Änderungen ihres Verhaltens und ihrer Lebenszyklen. Manche verschieben, um sich den neuen Klimazonen anzupassen, ihr geografisches Verbreitungsgebiet, wie sich an dem einst seltenen Taubenschwänzchen ablesen lässt, das nun immer regelmäßiger in Gärten Großbritanniens und Irlands anzutreffen ist.

Auch Vögel wie Seidenreiher und Mönchsgrasmücke kommen nun in größerer Zahl auf die Britischen Inseln. Andererseits verkleinern einige Hummelarten Europas und Nordamerikas ihr Verbreitungsgebiet im Süden, expandieren aber gleichzeitig aus bislang unbekannten Gründen nicht nach Norden, mit der Folge, dass es auf einen engeren Korridor zusammengedrückt wird.

Die Deichhummel, die noch an den nördlichsten Rändern Britanniens und Irlands vorkommt, kann schlicht nirgendwo anders mehr hin. Es gibt Gewinner und Verlierer, aber für viele Arten vollzieht sich der Klimawandel zu schnell, als dass sie sich anpassen könnten.

Erwähnenswert ist, dass manche Bienen imstande sind, bei Bedarf in den Überlebensmodus umzuschalten, anstatt ihre Energien in die Fortpflanzung zu stecken. So wie Pflanzen aufhören, Pollen und Nektar zu produzieren, wenn sie gestresst sind, hören auch die Königinnen der Honigbienen auf, Eier zu legen, wenn es nicht genügend Pollen gibt, um die Larven zu füttern. Was aber ist mit den vielen anderen Bienenarten, die nur ein kleines Zeitfenster haben, um ihre Nester mit Proviant zu versorgen und ihre Eier zu legen? Was geschieht mit ihnen, wenn die Pflanzen, von denen sie abhängig sind, in der kurzen Zeit, die sie fliegen, nicht blühen?

Die zeitliche Abfolge biologischer Ereignisse, etwa die Zeit, zu der bestimmte Insekten auftreten, oder die Blütezeit der Pflanzen, wird als *Phänologie* bezeichnet. Die wissenschaftliche Forschung will herausfinden, wie sich der Klimawandel auf Bestäuber wie etwa meine Frühlings-Pelzbiene auf Ebene der Arten auswirkt.

Es zeigt sich immer mehr, dass die Blütezeit mancher Pflanzen zeitlich nicht mehr synchron mit dem Auftreten jener Insekten zusammenfällt, die sie bestäuben. Pflanzen wie Tiere verlassen sich unterschiedlich stark auf Signale und Anhaltspunkte des Klimageschehens, manche aber nehmen Temperaturen – für bestimmte Pflanzen sind etwa die ersten Herbstfröste Auslöser zur Knospenbildung –, andere die Tageslänge als Indikatoren. Wenn zwei voneinander abhängende Arten unterschiedliche Anhaltspunkte verwenden oder unterschiedlich auf den gleichen Anhaltspunkt reagieren, dann geraten beide in Schwierigkeiten.

Hier in Großbritannien und Irland brauchen wir keine Phänologen, um uns über die Veränderungen im Nistverhalten bestimmter

Hummelspezies aufzuklären. Während es noch ungewöhnlich sein mag, früh im März oder im späten August auf blühende Hasenglöckchen zu stoßen, oder auf Frühlings-Pelzbienen, die Mitte Februar an Schneeglöckchen weiden, ist es im Süden Englands zunehmend normal, aktive Hummelkolonien im Winter zu beobachten – ein Phänomen, das noch bis vor Kurzem unbekannt war.

Anstatt wie bislang in der Vergangenheit zu überwintern, gründen Dunkle Erdhummel-Königinnen bereits seit einigen Jahren neue Kolonien im Herbst mit Arbeiterinnen, die die ganzen Wintermonate hindurch auf Nahrungssuche gehen. Das heißt, diese Art ist nun das ganze Jahr über aktiv.

Als ich damit begann, meinen Garten mit speziellen Bienenpflanzen zu bestücken, betrafen die gängigen Ratschläge meistens, was im Frühling, Sommer oder Herbst anzupflanzen wäre, wir müssen uns aber auch über die neuen Populationen im Winter fliegender Hummeln und anderer Insekten Gedanken machen und zusätzlich Bienenpflanzen finden, mit denen wir sie in den Wintermonaten unterstützen. Wir können ihnen helfen, indem wir Gewächse wie Mahonien, wohlriechende Heckenkirsche, Heidekraut, Christrosen, Schneeglöckchen oder Winterlinge pflanzen. All diese Pflanzen sind winterhart und kommen gut mit Frost und leichtem Schneefall zurecht. Pflanzt diese und sie liefern lebensrettenden Nektar für im Winter fliegende Bienen.

Mit Ausnahme der Dunklen Erdhummel und ein, zwei weiterer Arten bleibt die Mehrzahl der Wildbienen in Großbritannien und Irland in den harten Wintermonaten zum Glück inaktiv. Wenn aber der Frühling Einzug hält, er kommt immer früher, und mit ihm wärmeres Wetter und mehr Stunden Tageslicht, beginnt das Leben zu sprießen. Honigbienen verlassen ihre Wintertrauben und wenn Zwiebelpflanzen und andere Gewächse zu blühen anfangen, wachen die ersten Hummelköniginnen aus ihrer Überwinterung oder Diapause auf. Wenn die Temperaturen hoch genug sind, kann dies bereits im Februar geschehen. Unsere ersten Solitärbienenarten erscheinen nur selten so lang vor dem März, aber mit den größeren Wetterschwankungen aufgrund des Klimawandels werden wir nun häufiger auch ungewöhnlich warme Wochen im Januar und Februar erleben.

Wir haben noch keine Vorstellung davon, wie Pflanzen und Bestäuber sich an den Klimawandel anpassen werden, aber die Tatsache, dass bereits einige nicht mehr gleichzeitig erscheinen, verschlimmert die unzähligen weiteren Herausforderungen noch, mit denen Bestäuber und alle anderen Geschöpfe auf diesem Planeten bereits zurechtkommen müssen. Ich hoffe inständig, dass Regierungen und Wirtschaftsführer die Notlage begreifen und ernsthaft beginnen zusammenzuarbeiten, um den Kohlenstoffausstoß zu vermindern, der zweifellos zu den Hauptursachen der dramatischen Klimaveränderungen weltweit gehört.

In der Zwischenzeit können wir alle zu Hause unseren Teil dazu beitragen, die Auswirkungen des Klimawandels und anderer Bedrohungen für die Biodiversität abzumildern, indem wir unseren CO_2-Fußabdruck und unseren Müll reduzieren, den Boden gut behandeln, uns um Alternativen zu Pestiziden kümmern und nicht nur Blumen, sondern auch Wiesen, Sträucher und Bäume pflanzen. Pflanzen, pflanzen, pflanzen, als ginge es um unser Leben. Denn das tut es.

Es ist nie zu spät, aktiv für den Wandel einzutreten.

EPILOG:
REFLEXIONEN

Jetzt, da ich dabei bin, das letzte Kapitel meines Buchs zu schreiben, zieht es mich zurück in die Malvern Hills, die ich liebe und so sehr vermisse. Seit ich dort in meiner Kindheit einige Jahre gelebt habe, haben mich die Umstände immer wieder hierher zurückgezogen und wenn ich die alten Malvern Hills unter meinen Füßen habe, fühle ich mich so sehr zuhause wie an keinem anderen Platz sonst. Als ich als Kind die Hänge und Wälder in der Umgebung unseres Hauses durchstreifte, fühlte ich mich sicher und geborgen, und als ich als Erwachsene wieder zurückkam, halfen mir die Malvern Hills, in äußerst schwierigen Zeiten dringend benötigte Ruhe und mein inneres Gleichgewicht zu finden. Hier war es auch – vor über fünfzehn Jahren –, dass mir bewusst wurde, wie schrecklich abgekoppelt ich von der Natur lebte, und ich bin der unsichtbaren Energie, oder was auch immer es war, jeden Tag dankbar dafür, mir dies vor Augen geführt zu haben.

Nun wandere ich von Neuem auf den Pfaden und Wegen, die ich damals entlanggegangen bin, aber mit neuen Augen und Ohren, mit einem neuen Bewusstsein. Ich bin gespannt darauf, was ich heute sehe und wahrnehme und was ich vielleicht vor fünfzehn Jahren nicht gesehen und wahrgenommen habe. Ich freue mich auch darauf, mich wieder mit Ansichten und Geräuschen bekannt zu machen, die mir so vertraut waren, bevor ich wegzog und in Shaftesbury lebte.

Vor fast fünf Jahren habe ich mein Zuhause an einem Hang in West Malvern verlassen und obwohl ich immer wieder Freunde in der Gegend besucht habe, habe ich bei diesen Besuchen aus irgendwelchen Gründen davon abgesehen, über die Hügel zu spazieren. Vielleicht, so denke ich, musste ich in Dorset erst neue Wurzeln schlagen, bevor ich oben auf Lamb Bank durch das Schwinggatter treten und wieder auf die Malvern Hills gehen konnte. Aber nun bin ich so zufrieden wie eh und je, vielleicht mehr als je zuvor, und habe mich glücklich in meinem neuen Zuhause eingerichtet. Ich fühle mich bereit, die Malvern Hills zu besuchen und habe keine Angst, von nostalgischen Gefühlen überwältigt zu werden oder unbedingt wieder hierhin zurückziehen zu wollen.

Ich rufe Louise an, eine gute Freundin, und frage sie, ob sie einen Hausgast aufnehmen und mich bei einem Spaziergang durch die Hills begleiten möchte. Ohne Louise, deren Gesellschaft ich auf so vielen meiner Spaziergänge genossen habe, wäre eine solche Wanderung nicht das Gleiche. Wir haben es bereits am Ende des Sommers und auch im Herbst vergeblich versucht, das Leben kam immer irgendwie dazwischen, und so schaffen wir es schließlich erst im Winter, wenn alles schläft, unseren Spaziergang zu unternehmen.

Und so kommt es, dass wir an einem verhangenen Tag Anfang Dezember von Louises Haus in West Malvern zur Lamb Bank hinaufgehen, durch das Schwinggatter hindurch und hinaus auf die Malvern Hills. Der schlammige Pfad führt uns fast sofort an dem Schmalblättrigen Weidenröschen vorbei (*Epilobium angustifolium*), das direkt über dem Haus wächst, in dem ich früher gewohnt habe. Ich liebte diese Blütenpflanze schon lange bevor ich wusste, wie sie heißt oder dass sie gerne von Bienen und anderen bestäubenden Insekten aufgesucht wird. Ich glaube, ich liebte sie ihrer Kühnheit wegen: ihr gewagtes „Rosa", während sich alles andere in ihrer Umgebung in Grün hielt, und auch, dass sie jedes Jahr aufs Neue in meinem kleinen Terrassengarten auftauchte, darauf hoffend, dass ich ein Auge zudrückte und sie wachsen ließe. (Einmal und nie wieder, da sie meine Gastfreundschaft allzu sehr beanspruchte.) Sie brauchte meinen Garten nicht; sie hatte einen ganzen Hügel, wo sie wachsen konnte.

Weil das Weidenröschen nach Buschbränden so rasch wieder den Boden zu besiedeln vermag, heißt es in Nordamerika treffend

„Feuerkraut". Ich bevorzuge aber „Rosebay willowherb", was sich so träumerisch ausspricht, dass ich immer irgendeinen Vorwand suche, es zu erwähnen. „Aaaah, rosebay willowherb", sage ich, als wir daran vorbeigehen, nonchalant zu Louise, und ziehe jede einzelne Silbe in die Länge.

Das Weidenröschen beginnt im Juni zu blühen, auf Brachland und an Hängen, Straßenrändern, Flussufern und Bahndämmen in Großbritannien und Irland, und blüht den ganzen Juli durch bis weit in den August hinein, wobei seine hohen Kerzen hell magentaroter Blüten sich wie beim Fingerhut der Reihe nach von unten nach oben öffnen. Tatsächlich wird es aus der Ferne häufig für einen Fingerhut gehalten. Seine Blätter, die Weidenblättern ähneln, wachsen unterhalb der Blüten spiralig um den Stängel und verfärben sich im Herbst zu einem goldenen Scharlachrot. Ich erinnere mich, wie ich einmal aus meinem hinteren Schlafzimmerfenster blickte, als die untergehende Sonne die erlöschende Glut ihrer Strahlen direkt über die Spitzen des herbstlichen Weidenröschens warf, und einen Moment glaubte, die Anhöhe stünde in Flammen.

Auf diesen Weidenröschen habe ich meinen ersten Weinschwärmer gesehen. Der Nachtfalter sieht so seltsam und exotisch aus, dass ich dachte, er könne auch von einem anderen Planeten stammen. Er flog davon, bevor ich ihn fotografieren konnte, was umso frustrierender war, als ich damals glaubte, niemand würde mir ohne sichtbaren Beweis glauben, ich hätte einen riesigen rosafarbenen Falter gesehen. In Malvern. Auf dem Schmalblättrigen Weidenröschen.

Das Weidenröschen ist natürlich längst verwelkt, dürfte aber zuvor seine fedrigen Spinnwebsamen – bis zu zwanzigtausend pro Pflanze – überall in meinem ehemaligen Garten und noch weit darüber hinaus, so weit der Wind sie trägt, verteilt haben.

Wir gehen auf dem ausgetretenen Pfad, der sich über diese Seite der Malvern Hills zieht, weiter nach Süden. Hier jagte ich in den geflecken Schatten des Sommers dem Waldbrettspiel nach. So vorsichtig ich mich den Schmetterlingen auch näherte, immer wenn ich sie gerade perfekt in meinem Sucher positioniert hatte, flogen sie auf. Ich jage ihnen noch immer nach, schieße nun aber die Bilder aus größerer Distanz und schneide sie später auf meinem Laptop zurecht.

Auf dem Hang gibt es, selbst für diese Jahreszeit, mehr Vegetation, als ich erinnere. Unterhalb des Pfads wachsen vor allem Brombeeren,

Stechpalmen und Efeu, aber oberhalb, wo der Hügel steil zu der Granitkante aufsteigt, stehen stolz und hoch junge Birkenschösslinge. Und hier zwischen all diesen hellen jungen Dingern steht der alte Mann, die Weide. Er sieht müde aus. Wir machen ein Weilchen Pause, die Rücken an die Weide und eine Birke gelehnt, und blicken zurück über das unter uns liegende Dorf West Malvern. Die Hänge mit den Hasenglöckchen sind nicht mehr blau, sondern von braunem Farngestrüpp bedeckt. Unterhalb der Hasenglöckchenhänge liegt Wippets Brook und ein Waldrücken, an dessen Fuß sich die Dörfer Cradley und Mathon ducken. Weiter in der Ferne sind die Hügel von Herefordshire zu sehen und, bereits in Wales, die Black Mountains. Das ist eine Narnia-Landschaft, wie man sie sich besser nicht ausmalen kann. C.S. Lewis ging in Great Malvern zur Schule und ist sicherlich das eine oder andere Mal diesen Pfad entlanggegangen und hat die Hügel und Berge gesehen, die auch wir nun sehen. Wenn ich meine Augen halb schließe, meine ich mitunter zwischen den Hügeln das Schloss Cair Paravel zu sehen.

Als Nächstes kommen wir an ein Gehölz mit ausgewachsenem Feldahorn. Dicht beieinanderstehend wachsen die Bäume in dem steilen Tal unterhalb des Pfads, aber etwas lockerer darüber – nicht wegen ihrer Lage, sondern weil sie vom Malvern Hills Trust ausgedünnt werden. Nach und nach sehen wir die auf den Bäumen wachsenden Moose und Flechten, die, wenn die Bäume kahl sind, um so vieles auffälliger wirken als in den Sommermonaten. Der Boden ist durchweicht und feucht, von altem Laub und gebrochenen Zweigen übersät, ein wahres Paradies für überwinternde Insekten. Nachdem wir den Ahornhain hinter uns gelassen und eine mehr der Sonne ausgesetzte Zone betreten haben, gehen linker Hand die Ränder unseres Pfads in eine Böschung über. Der Boden ist nun üppig mit Gras bewachsen – sogar mit ziemlich büscheligem Gras –, das kleinen Nagern perfekte Deckung für Nester und Auslauf bietet. Auch Hummeln nisten in diesen Böschungen. Ich glaube, es gab kein einziges Jahr, indem ich nicht, wenn ich nur Ausschau danach hielt, ein oder zwei Wildbienennester in dieser Gegend gefunden hätte, meistens solche von Dunklen Erdhummeln und Steinhummeln. Ich bin auch sicher, dass hier irgendwo Gartenhummeln genistet haben, habe aber nie eines ihrer Nester entdecken können. Beim Höhersteigen fallen mir viel mehr Stechpalmen auf, als ich in

Erinnerung hatte. Das mag freilich daran liegen, dass dies die einzigen Bäume sind, die Blätter tragen. Vielleicht fallen sie wie die Moose und Flechten in den Wintermonaten einfach mehr ins Auge. Auf den größeren, bereits gut im Holz stehenden Stechpalmen sind nur sehr wenige Beeren zu sehen und ich vermute, dass die Rot- und Wacholderdrosseln schon ganze Arbeit geleistet haben – wenn es sich nicht um männliche Bäume handelt, die keine Beeren tragen. Louise und ich versuchen uns zu erinnern, ob wir sie in der Vergangenheit schon einmal in Blüte gesehen haben und kommen überein, dass der größte Baum, der direkt neben dem Pfad, schon einmal Beeren getragen hat. Im Sommer allerdings herrschte eine Hitzewelle, es gab nur sehr wenig Regen. Es steht zu vermuten, dass der Baum, um während der Trockenperiode Wasser zu sparen, seine Blüten abgeworfen hat. Und wenn ich darüber nachdenke, habe ich auch an den Stechpalmen zuhause in Dorset dieses Jahr weniger Beeren gesehen als gewöhnlich. Ich bin zwar erpicht darauf, meine neue Heimat besser kennenzulernen, so gut wie diese Hügel kenne ich sie aber noch nicht.

Wir gehen jetzt auf einem eben verlaufenden Wegstück. Hier ist es offener, es gibt weniger Schatten und am Wegrand haben sich niedrig wachsende Pflanzen angesiedelt: Hornkraut, Gundermann, Ruprechtskraut, Löwenzahn und Brennnessel. Früher bin ich immer hierhergegangen, um Brennnesselblätter zu pflücken, aus denen ich zuhause Tee oder Suppe zubereitete. Ein paar Jahre lang wuchs an dieser Stelle auch eine kleine Fläche mit Stechendem Hohlzahn. Aber irgendwann ist er verschwunden und seither habe ich die Pflanze nie wieder, weder hier noch anderswo, angetroffen.

Der Pfad wird steiler und weiter oben sehen wir Vogelbeere (mitunter auch als Eberesche bekannt) zwischen den Birken. Vogelbeere wie Birke sind *Pioniergehölze*, das heißt, sie schlagen auch in schwieriger Umgebung, also auf steinigem Boden oder in Höhenlagen, wo die meisten Bäume kaum überleben können, rasch Wurzeln. Die Vogelbeeren sind nun ziemlich kahl, aber in den Frühlingsmonaten sind sie von dichten Büscheln cremeweißer Blüten übersat und später mit strahlend orangeroten Beeren beladen, die inzwischen alle von den Vögeln vertilgt worden sind. Linker Hand, weiter oben am Hang, gibt es ein paar ruppige Stellen, an denen sich Stechginster breit macht und ein

333

paar Eichenschösslinge, die hartnäckig an ihren letzten zerknitterten, braunen Blättern festhalten. In ihrer Nähe stehen ein paar dürre alte Holunder, die von Efeu zusammengehalten werden. Und Stechpalmen, überall Stechpalmen.

Unterhalb von uns wächst fast nur Bergahorn. Einige der älteren Bäume stehen allein, der Boden unter ihnen ungastlich und wenig einladend, während die jüngeren Bäume ihren Platz mit Dickichten aus Brombeeren und anderem dornigen Gesträuch teilen. Die Hänge über uns hingegen scheinen bewirtschaftet zu sein. Die Unterschiede in der Vegetation über und unterhalb des Pfads sind ziemlich deutlich zu erkennen, aber ich überlege, dass mir diese Unterschiede, auch die zwischen den einzelnen Bäumen, vor fünfzehn Jahren, als ich diesen Pfad auf dem Weg zur Arbeit entlanggegangen bin, wahrscheinlich nicht aufgefallen wären. Hätte ich wenigstens den Unterschied zwischen Holunder, Eiche, Feldahorn und Vogelbeere gesehen? Wahrscheinlich schon – wenn man sie in einer Reihe aufgestellt und mir Zeit gegeben hätte, um sie zu vergleichen. Aber einzeln, jeden für sich genommen? Ich hätte die Eiche erkannt, sogar ohne Blätter, aber die anderen hätte ich nicht auseinanderhalten und sie allein aufgrund ihrer Höhe und ihres Umfangs benennen können. Wenn ich heute auf einen Baum stoße, den ich noch nicht gesehen habe, mag ich zwar nicht imstande sein, ihn zu benennen, aber mit Sicherheit wäre ich in der Lage, seine Blätter, Blüten, seine Rinde und seine Gestalt in weit mehr Einzelheiten zu beschreiben als früher. Was für eine Offenbarung: Meine Fähigkeit, die Natur zu beobachten und zu beschreiben, hat sich merklich verbessert. Das verdankt sich zum Teil wohl dem Online-Botanikkurs, den ich begonnen habe, aber es ist sicherlich auch dem Umstand geschuldet, dass ich mir die Zeit nehme, die Dinge genauer wahrzunehmen, hinzuhören und zu beobachten.

Der Pfad biegt scharf nach links ab, an einer großen gesunden Esche vorbei und wendet sich dann mehr in südöstliche Richtung. Der Boden wird wieder ebener, als wir die Weißdornhecke erreichen, einer meiner Lieblingsabschnitte auf diesem Spaziergang. Diese alte Hecke bildet eine deutliche Grenze zwischen dem Hügel und Joiners Meadow. In der Blütezeit im Mai ist sie ein Paradies für alle möglichen Bienen und andere Fluginsekten. Dem Woodland Trust zufolge alimentiert der

Weißdorn bis zu dreihundert verschiedene Arten Wirbellose und bietet zudem zahlreichen Vögeln Unterschlupf, was solche Hecken für die einheimische Tierwelt zu den wertvollsten, wenn auch kaum gewürdigten Lebensräumen macht.

Einmal feierten Louise und ich Beltane, den Maifeiertag, indem wir die Hecke auf ganzer Länge mit gelben und weißen Bändern schmückten. In Malvern gibt es immer große Feierlichkeiten im Mai. Die Hügel und die nähere Umgebung sind berühmt für ihre zahlreichen natürlichen Quellen und alljährlich um die Maifeiertage hält das Städtchen ein Brunnen-Festival ab, das Well Dressing Festival, anlässlich dessen mehr als fünfzig Quellen, Brunnen und Wasserspeier von Bürgerinitiativen, Schulen, Einzelpersonen und Familien geschmückt werden. Ich vermisse es sehr, Wasser von diesen Brunnen holen zu können. Aus dem Wasserhahn schmeckt es einfach nicht so gut.

Wenn wir von der Weißdornhecke aus auf dem gleichen Pfad noch etwas weiter gehen würden, den Hügel linker Hand hinauf, würden wir zu der oben auf der Westminster Bank gelegenen Quelle kommen, an der ich meistens Wasser geholt habe. Aber heute gehen wir kein Wasser holen, sondern wir kehren um und gehen hinüber auf den Pfad, der uns zwischen Table und Sugarloaf Hill hinaufführt. Hier begegnen wir einem anderen Spaziergänger, dem ersten seit unserem Aufbruch. Dass die Hügel so leer sind, ist selten.

Wir sind inzwischen so in unsere Unterhaltung und unsere Erinnerungen vertieft, dass wir beinahe an einem alten Freund vorbeigehen. Kein Mensch, sondern ein weiterer Weißdorn, dieses Mal ein einzeln stehender Baum, dessen knorriger Stamm und verdrehte Äste im Lauf der Jahre, vielleicht der Jahrhunderte, von den hier vorherrschenden Südwestwinden geformt wurde. Kein anderer Baum vergönnt es dem Wind, ihn so stark zu modellieren wie der Weißdorn und ich bin immer wieder erstaunt, wie dramatisch dieses Exemplar aussieht, als wäre es ihm irgendwie gelungen, sich gegen die offene Landschaft zu behaupten. Früher, vor etwa zehn Jahren noch, war dieser uralt aussehende Baum nicht allein. Auf dem Hang wuchsen damals noch andere Bäume, darunter einige Eichen und ein Holunder. Keiner dieser Bäume war „uralt", aber manche Eichen hatten mindestens hundert Jahre auf dem Buckel. Sie wurden gefällt, um der schrumpfenden Population bodennistender Vögel mehr Lebensraum zu bieten. Noch heute fällt es mir schwer, für die Entscheidung, ob Bäume oder Vögel wichtiger sind, eine Lösung zu finden. Ich erinnere mich noch, dass ich seinerzeit vehement gegen das Fällen protestiert habe, und ich würde es heute wieder tun. Wenn ich aber in den letzten zehn Jahren eines gelernt habe, dann dass Entscheidungen den Tierschutz oder das Naturmanagement betreffend niemals so einfach oder so eindeutig sind, wie sie zunächst scheinen oder wie man sie sich wünscht.

Wir verabschieden uns vom Weißdorn und gehen den Pfad weiter bis zu einem kleinen Steinbruch. Die Malvern Hills sind voller alter Steinbrüche, und in einem habe ich als Kind Froschlaich gesammelt und Molche gefangen. Viele sind mit Wasser vollgelaufen; nicht aber der, an dem wir jetzt stehen. Eigentlich mehr ein Erdloch als ein Steinbruch, bietet er eine schöne geschützte Stelle für einen müden Wanderer.

Hier war es auch, vor fünf oder sechs Jahren, dass Louise und ich unser erstes Naturmandala machten – unter Verwendung von abgefallenen Blättern, Beeren, Rosskastanien, Eicheln, Holzäpfeln und anderen Fundstücken, die wir auf unserem morgendlichen Spaziergang gesammelt hatten.

Ein Mandala ist ein buddhistisches und hinduistisches Symbol, das mit seiner runden Gestalt das Universum versinnbildlicht. Man arbeitet von innen nach außen, achtet auf Einhaltung der Symmetrie und des Gleichgewichts und fügt hinzu, was einem in den Sinn kommt, bis man mit dem Geschaffenen zufrieden ist (oder bis alle Materialien aufgebraucht sind). Man kann dabei eigentlich nichts falsch machen, solange das Mandala kreisförmig ist. Manche Leute malen oder zeichnen Mandalas. Ich lege sie gerne mit Fundstücken aus der Natur an.

Wir waren so stolz auf unser Mandala! Wir haben Stunden gebraucht, bis es fertig war und es war für uns das schönste Stück Naturkunst, das wir je gesehen hatten. Seither hatte ich immer große Freude daran, Mandalas herzustellen, zu verschiedenen Jahreszeiten, an unterschiedlichen Orten und mit vielen unterschiedlichen Materialien aus der Natur. Ich lasse sie einfach für die nach mir kommenden Wanderer liegen oder überlasse es schließlich dem Wind, sie fortzuwehen. Letztes Jahr habe ich welche am Pine Walk in Shaftesbury gelegt, vier oder fünf kleine, alle unterschiedlich. Ein paar enthielten Beeren aus unserem Gartengrundstück und ich erinnere mich, wie sehr mich der Gedanke amüsierte, dass sie wahrscheinlich eher von vorbeikommenden Tieren gefressen als vom Wind verweht würden. Für mich stellt das Ganze eine schöne Art dar, in den Schätzen der Natur zu schwelgen, den Wechsel der Jahreszeiten zu markieren und über das Vergehen der Zeit nachzudenken.

Ich habe auch andere Wege gefunden, hier oben auf den Hügeln die Jahreszeitenwechsel zu begehen. Als ich nach Malvern zurückzog, kam mein Sohn James ein paar Mal auf Besuch, um mit mir die Wintersonnenwende zu feiern. Im ersten Winter, in dem er mir Gesellschaft leistete, war der Wind so heftig, dass wir, um den Sonnenaufgang zu beobachten, die Flanke des North Hill auf allen Vieren hochkraxeln mussten. Einmal hatte ich sogar Sorge, dass wir, hätten wir uns aufgerichtet, von der Kuppe geweht würden. Aber es hat sich gelohnt; es lohnt sich immer.

Als James im Jahr darauf kam, hatte es kräftig geschneit und unsere Fußspuren waren die ersten – von Menschen oder Tieren – in den Verwehungen an diesem Morgen. Bei jedem Schritt sanken unsere Füße so tief in den Schnee ein, dass wir uns bücken und die Seiten unserer Gummistiefel festhalten mussten, um sie wieder herauszuziehen. Wir kamen nur sehr langsam voran und schafften es auch nicht rechtzeitig bis zum Gipfel, um den Sonnenaufgang zu erwischen, aber wir hatten eine Menge Spaß.

Hier habe ich auch das neue Jahrtausend erwartet, mit meiner Familie. Wir wollten das Feuerwerk über dem Three Counties Showground aus der Vogelperspektive anschauen und gingen hoch auf den Gipfel des Worcestershire Beacon. Es war bitterkalt und der Weg extrem vereist, so dass wir auf unserem Anstieg eher rutschten als gingen und es gerade noch vor Mitternacht nach oben schafften. Allerdings hatten wir nicht damit gerechnet, dass die Kuppe unter einer dicken Wolke lag. Wir sahen überhaupt nichts – weder das Feuerwerk noch den Mond, die Sterne oder uns gegenseitig –, und doch war es ein großartiger Ort, um dem neuen Jahrhundert entgegenzublicken.

Die Hügel von Malvern sind wahrhaftig uralt, bei Weitem die ältesten in ganz England und Wales. Der Granit, aus dem sie gebildet sind, wurde im Präkambrium, vor 600 bis 1000 Millionen Jahren geformt. Diese Energie kann man spüren. Ich spürte sie als Kind, und ich spüre sie auch heute. Ich wette, sie hätten einiges zu erzählen, diese Hügel.

Nachdem wir vom Steinbruch ein Stück bergauf gegangen sind, legen Louise und ich eine Pause auf der rustikalen Holzbank ein, die auf dem sogenannten Saddle steht. Hier, zwischen den Hügeln, laufen mehrere Pfade und Wege zusammen, es ist ein Platz, an dem die Wanderer Halt machen, in ihre Karten sehen und Familien picknicken. Im Osten liegen das Städtchen Great Malvern und dahinter die Stadt Worcester sowie das Vale of Evesham, im Westen Herefordshire und Wales, im Norden der North Hill und im Süden der Worcestershire Beacon, der höchste Gipfel in diesem Hügelzug. Mir sind die bewaldeten Gebiete auf den tiefer gelegenen Hängen der Hügel stets lieber gewesen, deshalb war ich hier oben nur selten unterwegs. Aber mit diesem flachen Gebiet zwischen den Hügeln verbinden mich ganz besondere Erinnerungen.

Zu dieser Zeit des Jahres, in der der Boden kalt und hart ist und auf dem Hügel nichts anderes blüht als gelegentlich ein Stechginster, würde man nicht darauf kommen, dass hier Bienen nisten. Käme ich im März oder April nächstes Jahr wieder, fände ich jene Solitärbiene in stattlicher Zahl vor, die in Großbritannien und Irland am frühesten im Jahr fliegt, nämlich die Dunkle Weidensandbiene (*Andrena apicata*). Und an ihren Nesteingängen würde ihr Kuckuck, die Wespenbiene *Nomada leucophthalma*, lauern.

Jahrelang muss ich an diesen früh im Frühling fliegenden Bienen einfach vorbeigegangen sein, mit wichtigeren – oder wie sich herausstellte mit weniger wichtigen – Dingen im Kopf. Aber dann, eines Tages, habe ich sie bemerkt, eine Aggregation von solitären Sandbienen, *Andrena apicata* (obwohl ich damals nicht wusste, um welche Art es sich handelte; sie sind von Ian Beavis anhand meiner Fotografien auf Twitter identifiziert worden). Nachdem ich auf Twitter eine Menge Fotos der Bienen gepostet hatte, riet mir einer meiner Entomologen-Kontakte, dass ich auch nach den Kuckucksbienen Ausschau halten sollte, die ihre Eier speziell in die Nester dieser Sandbiene legen.

Ich lief damals sofort den Hügel hinauf und tatsächlich, da war sie mit ihrem glänzenden, fast kahlen, gelben und schwarzen Abdomen und hier und dort mit deutlichen roten Flecken markiert – meine erste solitäre Kuckucksbiene. Ich war begeistert. Über Wochen stieg ich jeden Tag hinauf und beobachtete die Bienen; ich lag auf dem Boden, wollte so nahe wie möglich an sie herankommen, ohne dabei einen Nesteingang zu blockieren. Ich riskierte mein Leben damit, denn wie sich herausstellte, lag ich mitten auf einer bei Mountainbikern sehr beliebten Strecke.

Ich wunderte mich damals, dass die Bienen diesen Verkehr überlebten und fragte mich, warum sie sich um alles in der Welt diese Stelle ausgesucht hatten. Aber *Andrena apicata* nistet nun einmal am liebsten in flachen, der Sonne ausgesetzten und verdichteten Böden wie diesen. Zudem sammeln sie fast ausschließlich Pollen aus Weidenkätzchen. Und was wächst wohl auf der anderen Seite der Holzbank, kurz unterhalb des Saddles, am oberen Ende des Pfads, der den Hügel hinunter nach Great Malvern führt? Weidenkätzchen.

Der Ort ist auch noch aus einem anderen Grund sehr speziell, einem Grund, der mich während der heißen Sommermonate, lange nachdem die Flugzeit der Sandbienen vorüber war, fast täglich hier hinaufführte. Hier gibt es Feldlerchen.

Ich erinnere mich nicht, wann ich das erste Mal die Feldlerchen auf den Malvern Hills singen gehört habe, aber nachdem ich ihren Gesang vernommen hatte, war ich von ihm wie von keinem anderen Laut gefesselt und eingenommen. Er erfüllte mich nicht nur über alle Maßen mit Hoffnung und Freude, sondern auch mit einem gewaltigen

Freiheitsgefühl. Wie eine so kleine Kreatur den ganzen Himmel und die Hügel bis in den hintersten Winkel mit ihrem Gesang erfüllen kann, ist mir unbegreiflich. Ich kann mir nichts Lieblicheres oder Reineres vorstellen als den Gesang der Lerche, die plötzlich und unerwartet vom Boden auffliegt, hoch in den Himmel steigt, wo sie im Wind schwebt, so hoch, dass sie kaum zu sehen ist, aber singend, immerzu singend. Die Lerche verkörpert für mich den Geist der Malvern Hills mehr als jedes andere Lebewesen.

So wie die Beobachtung der Bienen mich schrittweise dazu gebracht hat, auch die anderen Insekten, die unseren Garten und unsere Parzelle besuchten, wahrzunehmen, waren die Lerchen, denen ich auf den Malvern Hills lauschte, meine Einführung in die Klanglandschaften der Natur. Die Malverns sind mit ihrem Flickenteppich aus Farn, Gestrüpp, Grasland, Felsen und Bäumen ein Wunderland verschiedener Klänge. Es sind natürlich Lerchen zu hören, aber auch andere Vögel mit ihren typischen Gesängen oder Rufen. Mittlerweile kann ich die Rufe des Grünspechts in den offenen Grasflächen und die des Zilpzalps, anderer Laubsänger sowie des Waldkauzes in Waldgebieten unterscheiden. Und das Miauen des Bussards kann ich erkennen, wenn er hoch über den Hügeln seine Kreise zieht. In der Nähe des Hauses wurde ich mit dem ortsansässigen Rotkehlchen und der Amsel vertraut, so sehr, dass ich, als ich wirklich darauf geeicht war, am Gesang erkennen konnte, ob ein Rotkehlchen oder eine Amsel aus der Nachbarschaft in ihr Territorium eingewandert war.

Heute jedoch höre ich keine Feldlerchen. Das wäre um diese Jahreszeit auch nicht zu erwarten, aber leider höre ich später von Freunden, dass in den Hügeln keine Feldlerchen mehr nisten. Sie sind verschwunden.

Auf dem Weg vom Saddle hinunter in Richtung St. Ann's Well sind Louise und ich wieder von Birken umgeben, die in dem Tal unter uns, aber auch auf den Hängen über uns dicht an dicht wachsen. In den Sommermonaten habe ich hier oft den Weg verlassen und bin, angezogen von einem Summen, das ich für einen Bienenschwarm hielt, in die bewaldeten Hänge vorgedrungen. Jedes Jahr wieder musste ich zu meinem Erstaunen feststellen, dass es sich um das Summen von Schwebfliegen handelte. Ich habe nie herausgefunden, was sie dort zu suchen hatten, oder warum ihr kollektives Surren so laut war, dass ich es vom Pfad aus hören konnte. Vielleicht taten sie sich am Birkensaft gütlich, oder, wahrscheinlicher, an den Blattläusen, die sich von dem Birkensaft ernährten.

Am Ende des Pfads beginnen sich meine Knie bemerkbar zu machen, so dass wir, als wir die Anhöhe über St. Ann's Well erreichen, uns dazu entscheiden, den Abstecher in die Stadt für eine Tasse Tee sein zu lassen und stattdessen durch das Happy Valley und über den North Hill zu Louises Haus auf der Westseite der Hügel zurückzugehen.

Der Weg durch das Happy Valley fühlt sich ganz anders an als die anderen Wege in den Malverns. Von Bäumen flankiert wirkt er mehr wie eine Allee oder ein Reitweg und bald schon höre ich das vertraute Geräusch des kleinen Bachs, der auf der linken Seite des Wegs entlangfließt. Ich vermute, er kommt aus einer Quelle an der Flanke des Hügels, weiß aber nicht wo. Am oberen Talende kommen wir an den Weidenkätzchen vorbei und an einem alten steinernen Wegweiser, an dem ich einmal ein ausgegrabenes Hummelnest gefunden habe.

Wir machen erneut Pause, nachdem wir den steilen Pfad vom Happy Valley zum North Hill hinaufgestiegen sind und gönnen uns einen Moment, um unsere Blicke zurück in Richtung Worcestershire Beacon schweifen zu lassen. Ein paar Wanderer nähern sich dem Gipfel; es sind die ersten, die wir auf dieser Seite des Hügels zu Gesicht bekommen. Auf den nach Osten weisenden Hängen unter ihnen lassen sich die ausgedehnten Heidelbeerfelder ausmachen, die sich jedes Jahr etwas weiter ausbreiten und den Boden bedecken. Früher verbrachte ich Stunden zwischen den Beerensträuchern, darauf hoffend, eine Berglandhummel [die im Englischen *Bilberry Bumblebee*, also „Heidelbeerhummel", heißt] zu entdecken. Ohne Erfolg. Das Ganze war ohnehin ziemlich aussichtslos, da diese Art meines Wissens noch nie in den Malvern Hills nachgewiesen worden ist. Natürlich braucht es mehr als nur Heidelbeeren, um eine Population von Berglandhummeln zu erhalten.

Allerdings beobachtete ich einmal im Herbst in dem Waldstück unterhalb der Heidelbeeren, wie eine riesige Königin der Dunklen Erdhummel an den Wurzeln eines Baumes einen Tunnel in den Boden grub. Damals war ich noch völlig unbeleckt, was die Biologie oder das

Verhalten von Hummeln anbelangt, und dachte mir, dass sie wohl ihr Nest gräbt. Ich war wie gebannt von dem Gedanken an die Eier, die sie dort legen würde. Erst nachdem ich wieder zuhause war, brachte ich in Erfahrung, dass sie sich einen sicheren Ort für ihre Überwinterung bereitete.

Ich frage mich, über wie viele überwinternde Hummelköniginnen Louise und ich heute hinweggegangen sind. Nicht nur Hummeln, sondern auch andere Tiere schlafen in ihren Hibernacula zwischen Baum- und Pflanzenwurzeln, unter Blättern und Steinen oder in den Nischen, Spalten und Hohlräumen, vor den winterlichen Frösten geschützt, bis sie wieder die Wärme der Sonne spüren und von den länger werdenden Tagen aus ihrer langen Winterruhe geweckt werden.

Auch die Pflanzen liegen schlummernd unter uns und warten in ihren dunklen, unsichtbaren unterirdischen Betten darauf, wieder ans Licht zurückkehren zu können – Hasenglöckchen, Farn, Bärlauch und anderes. Die Frühlingsknospen scheinen noch in weiter Ferne zu liegen, aber wir nähern uns der Wintersonnenwende, dem kürzesten Tag des Jahres, und bald werden die Tage wieder länger. Gleichwohl sind die dunklen Wintermonate auf ihre Weise wichtig, da sie uns die Zeit geben, auszuruhen und uns zu regenerieren, in uns zu gehen; für uns Menschen heißt das, Suppe und heiße Schokolade zu schlürfen und über das vergangene Jahr nachzudenken. Es ist die Zeit, Pläne zu schmieden und Vorsätze für das kommende Jahr zu fassen. Der Frühling, das neue Leben, wird schon bald Einzug halten.

Ich fühle mich beschwingt, als wir oben auf dem North Hill ankommen und froh, dass das Wetter uns heute so freundlich gesonnen war. Obwohl es bei unserem Aufbruch nach Regen aussah, ist der Himmel nun ziemlich klar; direkt über uns schwebt ein Turmfalke. Die Gegend ist ein gutes Jagdgebiet für diese Vögel.

Der Ausblick vom North Hill ist atemberaubend. Als ich klein war, spazierten mein Vater, meine drei jüngeren Brüder und ich sonntags nach dem Mittagessen von zuhause aus über die andere Seite des Worcestershire Beacon auf diesen Hügel. Und wenn wir oben angekommen waren, rutschten wir auf dem Hosenboden den ganzen Weg wieder hinunter – nicht auf dem Pfad, sondern auf dem langen rutschigen Gras, das für diesen Zweck wie gemacht ist. Wir schlugen auch Purzelbäume, aber das war nicht unbedingt mein Fall, denn es machte mich schwindelig und ich wusste nie, wo ich herauskommen würde.

Ich bin sicher, dass es hier früher mehr Stechginster gab. Es gab auch Glockenblumen, die im Sommer entlang der Pfade auf dieser Seite des Hügels wuchsen. Ich bin immer überrascht, wenn ich sehe, dass etwas dermaßen Zartes und Fragiles wie Glockenblumen in Gegenden gedeiht, die so exponiert sind.

Louise bedeutet mir winkend dahinzukommen, wo sie steht. Unter uns, entlang des von Eastnor nach Coddington verlaufenden Höhenzugs, spielt sich etwas Unerwartetes und Magisches ab. Ein dickes, weißes Nebelband bewegt sich langsam auf den bewaldeten Kamm zu. Wie eine Seidenschlange verhüllt und ummantelt es den gesamten Bergrücken, und lässt nur Bradlow Knoll, den höchsten Punkt von Frith Wood, frei, bevor es sich, von dem Höhenzug ablassend, hinunter ins Colwall-Tal windet, wo es eine Ansammlung von Wölkchen bildet, die sich Fetzchen für Fetzchen in nichts auflöst. Ich glaube kaum, in all den Jahren, in denen ich auf den Malvern Hills unterwegs war, so etwas schon einmal gesehen zu haben. Und wenn, dann hätte ich es mir doch bestimmt gemerkt? Wie dem auch sei, ich bin froh, dass ich es heute miterleben durfte. Wie ich später herausfand, wird das Phänomen auch als „Drachenatem" bezeichnet.

Wir hatten geplant, unseren Spaziergang mit dem abschüssigen Hangweg zu beschließen, der von End Hill hinunterführt und auf den Pfad trifft, von dem wir gestartet sind, aber meine Knie machen ernste Schwierigkeiten, so dass wir die leichtere Strecke wählen und den Weg nehmen, den wir gekommen sind. Ich bedaure zwar, dass ich dadurch meinen Lieblingsbaum nicht besuchen kann, die schöne Hängebirke, auf deren unteren Ast ich mich gelegt habe, wenn ich eine Umarmung brauchte. Wird die Hängebirke oft als „Königin der Wälder" bezeichnet, so ist dieser Baum die „Königin der Hügel". Leider wächst sie auf halbem Weg den steilen Abhang hinunter, den wir umgehen möchten. Besser wäre es gewesen, am Anfang diesen Weg hinaufzugehen. Aber ich komme ja wieder.

Ich habe es wirklich genossen, wieder über diese Hügel zu wandern. Aus Angst, dass es mich verunsichern könnte, ob der Ort, den man zu seiner neuen Heimat gemacht hat, der richtige ist, ist es manchmal

343

schwierig, an einen Ort zurückzukehren, den man so sehr geliebt hat. Aber diese Gefühle habe ich heute nicht. Ich spüre keine Unzufriedenheit, keine Traurigkeit. Im Gegenteil, ich fühle mich befreit. Ich fühle mich wie die Feldlerche, die sich im Himmel über den Malverns das Herz aus dem Leibe singt, wie der Wind, der durch die Blätter der Bäume fährt, wie der Bach, der hinter meiner Hütte in Ashbury über die Steine sprudelt, wie die Tölpel, die torpedogleich ins Meer stürzen, wie die Bienen, die in unserem Garten und in unserer Parzelle summen und brummen.

Dieses großartige und unerwartete Freiheitsgefühl rührt aus dem Wissen, dass das Einssein, das ich zum ersten Mal im Garten meiner Freundin Rachel in Stroud erlebte, als ich bei einer Löwenzahnpflanze saß, jederzeit und überall erfahren werden kann. Es spielt keine Rolle, ob man sich in einer vertrauten Landschaft oder an einem fernen Ort aufhält, ob man von Bäumen, Bergen, Flüssen oder von dem Gemüse in der eigenen Gartenparzelle umgeben ist. Will man eine Beziehung mit der übrigen Natur pflegen, gilt es das Herz zu öffnen, den Verstand, gilt es uns selbst zu öffnen in dem Wissen, dass wir, wenn wir nur wollen, unsere verloren geglaubten Verbindungen wieder aufleben lassen können, denn irgendwo tief in unserem Inneren brennt noch ein kleiner Funke „Wildheit", der nur darauf wartet, entfacht oder von Neuem entflammt zu werden. Wir müssen ihm nur den Raum geben, sich zu entfalten.

Ich habe bestimmt kein Nirwana gefunden und bin auch gar nicht darauf aus. Ich bin fest in einem menschlichen Körper verwurzelt, mit einem mitunter überaktiven Verstand und verrückten menschlichen Emotionen, die mich oft übermannen. Und als „Naturliebhaberin" bin ich alles andere als perfekt: Lieber als auf dem Waldboden schlafe ich in einem bequemen Bett; wenn ich im Meer schwimme, tauche ich meinen Kopf nicht gerne unter die Wellen; und obwohl ich Bienen mehr liebe, als ich mir je hätte vorstellen können, ein Fluginsekt lieben zu können, habe ich noch immer ein bisschen Angst, gestochen zu werden.

Seitdem ich aber die Ehrfurcht und das Staunen wiederentdeckt habe, die ich als Kind gegenüber der Natur empfand, darf ich mich glücklich schätzen, in allem, was mich umgibt, Wunder zu entdecken, in den großen wie in den kleinen und auch in den leicht furchteinflößenden

Dingen. Jeden Tag aufs Neue beruht mein Glück auf dem Wissen, dass ich, einfach indem ich vor die Tür trete, Trost, Zuflucht, Stärke und Freude finden kann.

Ich lese noch immer mit großer Freude Bücher über die Natur und ich nehme gerne an Kursen teil, in denen mir kundige Leute etwas über den Gesang der Vögel oder das Verhalten von Bienen beibringen, oder wie ich einen Baum im Winter an seinen Zweigen und Knospen erkennen kann. Solche Formen des Lernens kommen mir entgegen und es ergäbe wenig Sinn, sie zu verwerfen. Ich liebe es aber genauso sehr, von der Natur selbst etwas über die Natur zu erfahren. Ich habe es aufgegeben darüber nachzudenken, warum ich so viele Jahre nicht auf die Natur geachtet habe, weil es wirklich keine Rolle spielt. Ich muss es nicht wissen. Ich bin einfach nur froh, mich an dem, was mich umgibt, erfreuen zu können, so wie früher, bevor ich mich eine Zeitlang im Karussell des Lebens verloren habe.

Nur eine Sache plagt mich wirklich: die schädlichen Effekte, die ich im Laufe meines Lebens jenen wilden, von mir inzwischen so geliebten und wertgeschätzten Geschöpfen zugemutet habe. Ich kann die Uhr nicht zurückdrehen, aber mir ist bewusst, dass ich mich, ungeachtet meiner Anstrengungen, Lebensräume für Bienen und andere Tiere zu schaffen und anzupflanzen, mehr darum bemühen muss, alles, was mein Alltagsleben an negativen Auswirkungen auf ebendiese Kreaturen hat, zu reduzieren. Dazu sind wir alle aufgerufen, bevor es zu spät ist.

Liebe zur Natur bedeutet so viel mehr, als sie nur zu genießen und wertzuschätzen, und mehr, als sie zu fotografieren und über sie zu schreiben. Es bedeutet, für sie einzustehen, für sie zu kämpfen, sie zu akzeptieren, bedingungslos, mit ihren Fehlern und allem Drum und Dran. Wir selbst *sind* Natur, aber indem wir die übrige Natur so behandeln, als sei sie von uns „abgetrennt", gefährden wir die Tiere, Pflanzen und Landschaften, mit denen wir so unachtsam umgehen, ebenso wie uns selbst. Nur wenn wir verstehen, dass wir Teil der Natur und nicht von ihr abgetrennt sind, und uns entsprechend verhalten, wird sich wirklich etwas verändern.

Viele wunderbare Schritte zur „Rückverwilderung" des Landes sind unternommen und zahlreiche Projekte auf den Weg gebracht worden, um Wälder wieder aufwachsen zu lassen und Tiere wie Biber, Luchs und Wolf von Neuem in Lebensräumen anzusiedeln, in denen sie früher einmal frei umherstreiften. Ich habe große Sympathien für diese Bewegungen und wünsche ihnen von ganzem Herzen Erfolg. Aber ich wünsche mir auch eine Veränderung unseres Verhaltens gegenüber jenen wildlebenden Geschöpfen, die bereits mitten unter uns sind, insbesondere gegenüber den kleinsten von ihnen. Ich weiß nicht, wie wir die Präsenz von großen Raubtieren akzeptieren wollen, ohne die Wirbellosen, Reptilien und kleinen Säugetiere zu dulden, vor denen sich noch immer so viele von uns fürchten. Und man sollte auch an das sogenannte Unkraut denken, an jene robusten Vertreter wie das Jakobs-Greiskraut, die Acker-Kratzdistel und den Löwenzahn, die für alle möglichen von diesen Pflanzen abhängigen Insekten eine so unschätzbare Lebensgrundlage und Nahrungsquelle bieten. Viel zu viele Pflanzen und Tiere werden für „Schädlinge" und „Würger" gehalten. Anstatt ihren Wert für Bestäuber und andere Tiere anzuerkennen und ihnen ihren Platz zu lassen, führen wir gegen sie und ihresgleichen Krieg.

Vielleicht nehmen wir uns, während dies alles passiert, auch die Zeit für einen Blick nach innen und fangen damit an, *uns selbst* zurückzuverwildern, indem wir mehr Zeit mit der Natur verbringen – ohne Agenda, ohne dabei an Resultate zu denken. Dann können wir vielleicht den damit einhergehenden Gefühlen und Emotionen Beachtung schenken und alles, was neu ist, wahrnehmen und akzeptieren. Fühlen wir uns entspannt oder angespannt? Ängstlich oder „eins" mit unserer Umgebung? Und wie verändern sich diese Reaktionen mit der Zeit und mit zunehmender Übung? Wenn wir nicht dahinkommen, die Wildnis *in uns* zu erkennen und anzunehmen, dann weiß ich wirklich nicht, wie es uns gelingen soll, die Wildnis *außerhalb von uns* vollständig anzunehmen. Wir müssen nur ein paar kleine Schritte unternehmen, um mit der Rückverwilderung anzufangen und sozusagen unsere Zehen in das seichte Ende des wunderbaren Teichs tauchen, der das Leben ist. Wie meine Mutter immer zu mir sagte: „Aus kleinen Eicheln wachsen große Eichen." Wie recht sie damit hatte.

Ein einziges Honigbienenvolk mit 60.000 Arbeiterinnen ist in der Lage, eine ganze Apfelplantage zu bestäuben. Eine allein arbeitende solitäre Rostrote Mauerbiene jedoch vermag in einer Apfelplantage so viele Blüten zu bestäuben wie über hundert Honigbienen. Wir alle haben unsere Rolle zu spielen, einzeln *und* zusammen.

Menschen sind wirklich bemerkenswerte Wesen. Zusammen haben wir die Macht, große Veränderungen zu bewirken. Aber auch als Einzelpersonen können wir etwas ausrichten. Ob ihr eine einzelne Lavendelstaude auf eurem Balkon eintopft, eine Wildblumenwiese auf eurer Rasenfläche aussät, ein Beet mit Phacelia in eurer Gartenparzelle anlegt oder ein ganzes Feld mit blühenden Bäumen auf eurem vierzig Hektar großen Grundstück anpflanzt, ihr helft den schönen bestäubenden Insekten, ohne die unser Leben um so vieles ärmer wäre.

Und wenn ihr das nächste Mal eine Biene seht, vergesst nicht, ihr zu danken.

DANKSAGUNGEN

Der Dichter John Clare „fand seine Gedichte auf den Feldern". Ich bin kein Dichter, aber auch ich habe meine Inspiration auf den Feldern gefunden, ebenso wie in den Hecken, Wäldern, Senken und Tälern und natürlich auch auf meinen geliebten Malvern Hills. Kann man einer Hügelkette „danken"? Wenn, dann tue ich es hiermit und danke auch den Bienen, Bäumen, Vögeln, Wildblumen und all den anderen wunderbaren Geschöpfen, die sich in mein Herz gezaubert und ihren Weg in dieses Buch gefunden haben. Sie haben mich zum Schreiben animiert.

Ich habe fast zehn Jahre gebraucht, um dieses Buch fertigzustellen, und in dieser Zeit habe ich durch das Schreiben so viel gelernt wie durch meine Führer, die Bienen. Es war eine steil aufwärts führende Lernkurve, die manchmal schwieriger war als ein Marathonlauf, aber das Erfolgserlebnis hat jede einzelne schlaflose Nacht gelohnt. Eine der größten Herausforderungen bestand darin, über bestimmte Aspekte der Bienenbiologie oder des Verhaltens zu schreiben, die ich nicht selbst erlebt habe. Ich habe mich dafür an Menschen gewandt, die weitaus sachkundiger sind als ich – Entomologen und andere Wissenschaftler –, die sich freundlicherweise bereit erklärten, die eher fachlichen Aspekte meines Buches auf Fehler zu überprüfen. Diesen Experten – Richard Comont, Wissenschaftsmanager des Bumblebee Conservation Trust, Steven Falk, Autor des *Field Guide to the Bees of Great Britain and Ireland,*

Jeff Ollerton, Professor für Biologie an der Universität Northampton, Stuart Roberts, ehemaliger Vorsitzender der Bees, Wasps and Ants Recording Society, John Walters, beratender Entomologe und Naturforscher, und Matt Shardlow, CEO der Naturschutzorganisation Buglife – bin ich zu großem Dank verpflichtet. Ihnen sei gedankt, nicht nur für die große Hilfe bei diesem Buch, sondern auch dafür, dass sie mich korrigierten, wo ich Dinge falsch verstanden habe (was häufiger vorkam); für die Großzügigkeit, mit der sie ihr Wissen in den sozialen Medien zur Verfügung stellen; und für alles, was sie unternehmen, um die Wissenschaft für uns Alltagsmenschen weniger rätselhaft zu machen. Sie alle sind großartige Menschen, und ich grüße sie.

Auch andere standen mir mit Rat und Tat zur Seite. Phil Chandler, dem Autor von *Der Barfuß-Imker* und ein „Bienenfreund"-Kollege, bin ich zu großem Dank verpflichtet. Er hat entscheidend dazu beigetragen, mein Wissen über Honigbienen zu vertiefen (und, noch wichtiger, er hat die Veranstaltung organisiert, bei der ich meinen Mann kennen gelernt habe). Vielen Dank auch an all jene, die mit mir über ihre wichtige Arbeit über und im Dienste von Insekten, Pflanzen, Wildtieren und verwilderten Arealen gesprochen oder per E-Mail kommuniziert haben: Kate Bradbury, Jim Cane, Sue Clifford, Rachel Corby, Dave Goulson, Angela King, Ron Rock, Matt Somerville, Isabella Tree und John Walters.

Eventuell verbleibende Fehler und Ungenauigkeiten gehen ganz und gar auf mein Konto und ich möchte mich für sie entschuldigen.

Zu erwähnen sind auch die, die mir geholfen und mich beraten haben, bevor mein Buch überhaupt Gestalt angenommen hat: Alys Fowler und Will Rolls danke ich dafür, dass sie mich an ihren eigenen Schreiberfahrungen haben teilhaben lassen und mich über die Vor- und Nachteile des Verlegens und des Selbstverlegens aufgeklärt haben; Shaun Chamberlin dafür, dass sie meine frühen Schreibversuche gelesen hat und immerhin so begeistert war, einen Kontakt zu Chelsea Green Publishing zu vermitteln; Peta Nightingale dafür, dass sie mir geholfen hat, mich durch die Welt der Verträge zu navigieren, und für den besten Ratschlag überhaupt, nämlich „alles laut zu lesen", bevor ich etwas einreiche; Judy Napper für das Korrekturlesen meines Exposés; und Charlotte, meiner Tochter, dafür, dass sie es so professionell gestaltet hat.

349

Margo Baldwin, der Präsidentin und Herausgeberin von Chelsea Green Publishing, bin ich zutiefst dankbar, dass sie mir die Chance gegeben hat, dieses Buch zu veröffentlichen. Mein herzlicher Dank gilt auch Matt Haslum, dem Geschäftsführer für Großbritannien, Michael Metivier, dem Verleger, Pati Stone, der Produktionsleiterin, sowie dem gesamten Team von Chelsea Green. Die Zusammenarbeit mit ihnen allen habe ich sehr genossen. Mein Dank geht auch an Eliani Torres für ihre Lektoratsarbeit und ihre Verbesserungsvorschläge.

Den einen oder anderen Blog-Beitrag zu schreiben, ist eine Sache, aber ein Buch zu schreiben, ist etwas ganz anderes, und das hätte ich ohne die Hilfe von Robin Dennis, meiner Entwicklungslektorin, nicht fertiggebracht. Robin ist wahrhaft eine Alchimistin. So wie Honigbienen Nektar in Honig verwandeln, so hat sie mein chaotisches Geschreibsel in ein Buch verwandelt. Wie ich es sehe, könnte sie in einem anderen Leben durchaus eine Honigbiene gewesen sein. Ich danke Ihnen, Robin, Sie haben mein Schreiben auf ein höheres Niveau gehoben und mich dazu ermuntert, meine Komfortzone zu verlassen, danke für Ihre Geduld und Nachsicht.

Mir war von vornherein klar, dass ich den Tierzeichner John Walters als Illustrator für mein Buch gewinnen wollte, und war überglücklich, als er zustimmte. Ich bin absolut begeistert davon, wie er in seinen Bildern jede einzelne Kreatur zum Leben erweckt. Ich danke Dir, John. Wir sollten das wiederholen!

Für die Inspiration und die Begeisterung, bevor, während und nachdem ich meine eigenen Zeilen zu Papier gebracht habe, danke ich den Schriftstellern, deren Bücher über die Natur mir so viel Freude bereiten. In keiner bestimmten Reihenfolge: Hugh Warwick, Rob Cowan, Robert Macfarlane, John Lewis-Stemple, Miriam Darlington, Mark Cocker, Peter Marren, Amy Liptrot, John Lister-Kaye, Kate Bradbury (aufs Neue), Simon Barnes, Jon Dunn, Tim Dee, Mark Avery, Tom Cox, Nicola Chester, Will Cohu, Dave Goulson (aufs Neue), Michael McCarthy, Amy-Jane Beer, Matthew Oates, Patrick Barkham, Mary Colwell und anderen. Außerdem Dichtern und Schriftstellern aus vergangenen Tagen: John Clare, Roger Deakin, Jean-Henri Fabre und Gerald Durrell, um nur einige zu nennen.

„Kein Mensch ist eine Insel", sagte John Donne, und nie wurden wahrere Worte gesprochen. Ohne die Hilfe und Ermutigung meiner Freunde und meiner Familie hätte ich die Idee, dieses Buch zu schreiben, schon seit Langem aufgegeben. Vielen Dank also an all meine fantastischen Freunde, alte und neue, ihr wisst, wen ich meine. Ich liebe euch und fühle mich glücklich, euch in meinem Leben zu haben. Mein besonderer Dank gilt Natalie, Louise, Rob und Zoe sowie Jon und Tanya, die immer da waren und mit mir durch dick und dünn gegangen sind. Und an meine Facebook-Freunde und Twitter-Follower: Auch ihnen vielen Dank, dass sie mich auf meiner Reise begleitet und unterstützt haben und meine Welt mit so schönen, erbaulichen Beiträgen und Tierfotos gefüllt haben. Eine besondere Erwähnung gilt Ian Beavis für Hilfe und Orientierung in all den Jahren. Sue Clifford und Angela King (aufs Neue): Ich weiß euch nicht genug zu danken für euren Rat und eure Ermutigung und für all den Kaffee und die Croissants; ihr inspiriert mich, weiter für das zu kämpfen, woran ich glaube.

Meinen wunderbaren Kinder James und Charlotte und meine Schwiegertochter Holly, danke, dass ihr an mich geglaubt, mich durch überaus schwierige Zeiten begleitet, mich stets unterstützt und ermutigt und sogar geduldig ertragen habt, dass ich jahrelang unentwegt über Bienen gesprochen habe. Ich liebe euch. Dir, Charlotte, danke ich, dass du mich gelehrt hast, wieder an mich selbst zu glauben. Robs Töchtern, Amber und Jade, euch sei gedankt, dass ihr euch von dem Buch so angetan und begeistert gezeigt habt. Meinen Enkelkindern Indy, Pippin und Arrietty danke ich für das Licht und die Freude, die sie mir schenken. Ich liebe euch über alles!

Zuletzt, aber bei Weitem nicht am wenigsten, sei meinem Mann und bestem Freund, Rob, gedankt. Danke für alles – dafür, dass du die Höhen mit mir geteilt und mir durch die Tiefen geholfen hast; dafür, dass du mir immer und immer wieder beim Vorlesen der Kapitel zugehört hast; dass du darauf geachtet hast, dass ich anständig esse; und dass du all die anderen Dinge am Laufen gehalten hast, während ich völlig vom Schreiben absorbiert war. Du bist mein Fels in der Brandung. Ich liebe dich mehr, als Worte sagen können.

ABBILDUNGS-VERZEICHNIS

AUSGEWÄHLTE BIBLIOGRAFIE

Bücher

Alford, D.V., *The Life of the Bumblebee*. Hebden Bridge: Northern Bee Books, 2009.

Benton, Ted, *Bumblebees*. London: Collins, 2006.

– *Solitary Bees*. Exeter: Pelagic Publishing, 2017.

Carson, Rachel, *Der stumme Frühling*. München: C. H. Beck 2019.

Chandler, Philip, *The Barefoot Beekeeper: A Simple, Sustainable Approach to Small-Scale Beekeeping Using Top Bar Hives*. Lulu, 2015.

– *Learning from Bees: A Philosophy of Natural Beekeeping*. Micro Publishing Media, 2012.

Comont, Richard, *RSPB Spotlight Bumblebees*. London: Bloomsbury Natural History, 2017.

– *RSPB Spotlight Ladybirds*. London: Bloomsbury Natural History, 2019.

Corby, Rachel, *The Medicine Garden: Gather and Make Your Own*. Preston: Good Life, 2009.

– *ReWild Yourself: Becoming Nature*. Stroud: Amanita Forrest Press, 2015.

Edwards, Mike und Martin Jenner, *Field Guide to the Bumblebees of Great Britain & Ireland*, 6. Aufl. Lewes: Ocelli, 2018.

Fabre, Jean-Henri, *Erinnerungen eines Insektenforschers*, Bd. IV, übers. von Friedrich Koch. Berlin: Matthes & Seitz, 2012.

Falk, Steven, *Field Guide to the Bees of Great Britain and Ireland*. London: Bloomsbury, 2015.

Goulson, Dave, *Bumblebees: Behaviour, Ecology and Conservation*. Oxford: Oxford Biology, 2009.

– *Wenn der Nagekäfer zweimal klopft: das geheime Leben der*

Insekten, übers. von Sabine Hübner. München: Hanser, 2016.

– Und sie fliegt doch: Eine kurze Geschichte der Hummel, übers. von Sabine Hübner. München: Hanser, 2014.

Hanson, Thor, *Buzz: The Nature and Necessity of Bees*. London: Icon, 2018.

Kirk, W.D.J., und F.N. Howes, *Plants for Bees: A Guide to the Plants That Benefit the Bees of the British Isles*. Bristol: International Bee Research Association, 2012.

Maeterlinck, Maurice, *Das Leben der Bienen*, übers. von Friedrich von Oppeln-Bronikowski. Zürich: Unionsverlag, 2011.

Martin, W. Keble, *The Concise British Flora in Colour*, 2. Aufl. London: Ebury and Michael Joseph, 1976.

McAlister, Erica, *The Secret Lives of Flies*. Richmond Hill, ON: Firefly Books, 2017.

Michener, Charles D., *The Social Behavior of the Bees: A Comparative Study*. Cambridge, MA: Belknap Press, 1974.

O'Toole, Christopher und Anthony Raw, *Bees of the World*. Richmond Hill, ON: Firefly Books, 2013.

Prŷs-Jones, Oliver E. und Sarah A. Corbet, *Bumblebees*, 3. Aufl. Exeter: Pelagic Publishing, 2011.

Rose, Francis, und Clare O'Reilly, *The Wild Flower Key: How to Identify Wild Flowers, Trees and Shrubs in Britain and Ireland*, 2. Aufl. London: Warne, 2006.

Sladen, F.W.L., *The Humble-Bee: Its Life History and How to Domesticate It*. Hereford: Logaston Press, 1989.

Stubbs, Alan E. und Steven J. Falk, *British Hoverflies: An Illustrated Identification Guide*, 2. Aufl. Wokingham: British Entomological & Natural History Society, 2009.

Tautz, Jürgen, *The Buzz about Bees: Biology of a Superorganism*, übersetzt von David C. Sandeman. Berlin: Springer, 2009.

Tree, Isabella, *Wilding: The Return of Nature to a British Farm*. London: Picador, 2018.

White, Gilbert, *The Natural History of Selborne*. Oxford: Oxford University Press, 2013.

Wilson, Joseph S. und Olivia Messinger Carril, *The Bees in Your Backyard: A Guide to North America's Bees*. Princeton, NJ: Princeton University Press, 2015.

Artikel

Bischoff, I., E. Eckelt und M. Kuhlmann. „On the Biology of the Ivy-Bee *Colletes hederae* Schmidt & Westrich 1993 (Hymenoptera, Apidae)", *Bonner Zoologische Beiträge* 53 (2005), 27–35. Zitiert in „*Colletes hederae* Schmidt & Westrich, 1993", Bees, Wasps and Ants Recording Society, http://www.bwars.com/bee/colletidae/colletes-hederae.

Cane, James H., George C. Eickwort, F. Robert Wesley und Joan Spielholz, „Foraging, Grooming and Mate-seeking Behaviors of *Macropis nuda* (Hymenoptera, Melittidae) and Use of *Lysimachia ciliata* (Primulaceae) Oils in Larval Provisions and Cell Linings", *American Midland Naturalist* 110:2 (Oktober 1983), 257–64. https://www.jstor.org/stable/2425267.

Center for Food Safety, „Hidden Costs of Toxic Seed Coatings: Insecticide Use on the Rise", Fact sheet (Juni 2015). https://www.centerforfoodsafety.org/files /neonic-factsheet_75083.pdf.

Goulson, Dave, Elizabeth L. Sangster und Jill C. Young, „Evidence for Hilltopping in Bumblebees?", *Ecological Entomology* 36:5 (August 2011), 560–63. https://doi.org/10.1111/j.1365-2311.2011.01297.x.

Ray, C. Claiborne, „Tree Power", *New York Times*, 3. Dezember 2012. https://www.nytimes.com/2012/12/04/science/how-many-pounds-of-carbon-dioxide-does-our-forest-absorb.html.

Roy, Eleanor Ainge, „Nigel the Lonely Gannet Dies as He Lived, Surrounded by Concrete Birds", *Guardian*, 1. Februar 2018. https://www.theguardian.com/world/2018/feb/02/nigel-lonely-new-zealand-gannet-dies-concrete-replica-birds.

Strom, Stephanie, „A Bee Mogul Confronts the Crisis in His Field", *New York Times*, 16. Februar 2017. https://www.nytimes.com/2017/02/16/business/a-bee-mogul-confronts-the-crisis-in-his-field.html.

Williams, Paul H. und Juliet L. Osborne, „Bumblebee Vulnerability and Conservation World-wide“, *Apidologie* 40:3 (Mai 2009), 367–87. https://doi.org/10.1051/apido/2009025.

Organisationen und Webseiten

AgriLand. https://www.agriland.co.uk.
Ancient Yew Group. https://www.ancient-yew.org.
Barefoot Beekeeper. http://www.biobees.com.
Bee Happy Plants. https://beehappyplants.co.uk.
Bee Kind Hives. https://beekindhives.uk.
Bees for Development. http://www.beesfordevelopment.org.
Bees, Wasps and Ants Recording Society (BWARS). http://www.bwars.com.
Botanical Society of Britain & Ireland (BSBI). https://bsbi.org.
British Trust for Ornithology (BTO). https://www.bto.org.
Buglife. https://www.buglife.org.uk.
Bumblebee Conservation Trust (BBCT). https://www.bumblebeeconservation.org.
Bumblebee.org. http://www.bumblebee.org.
Butterfly Conservation. https://butterfly-conservation.org.
Buzz about Bees. https://www.buzzaboutbees.net.
Common Ground. https://www.commonground.org.uk.
Richard Comont. http://www.richardcomont.com.
Rachel Corby, Gateways to Eden. http://gatewaystoeden.com.
Devon Wildlife Trust. https://www.devonwildlifetrust.org.
Dorset Wildlife Trust. https://www.dorsetwildlifetrust.org.uk.
Friends of the Bees. https://www.friendsofthebees.org.
Green & Away. https://www.greenandaway.org.
Honey Bee Suite. https://honeybeesuite.com.
iRecord. https://www.brc.ac.uk/irecord.
iSpot. https://www.ispotnature.org.
Knepp Castle Estate. https://knepp.co.uk.
Malvern Hills Trust. http://www.malvernhills.org.uk.
Natural Beekeeping Trust. https://www.naturalbeekeepingtrust.org.
NHS Forest. https://nhsforest.org/evidence-benefits.

Nurturing Nature. https://nurturing-nature.co.uk.
Jeff Ollerton's Biodiversity Blog. https://jeffollerton.wordpress.com.
Plantlife. https://www.plantlife.org.uk.
The Pollinator Garden. http://www.foxleas.com.
River of Flowers. http://www.riverofflowers.org.
Rosybee Plants for Bees. http://www.rosybee.com.
The Royal Society for the Protection of Birds (RSPB). https://www.rspb.org.uk.
Shropshire Wildlife Trust. https://www.shropshirewildlifetrust.org.uk.
The Species Recovery Trust. http://www.speciesrecoverytrust.org.uk.
Trees for Life. https://treesforlife.org.uk.
UK Ladybird Survey. http://www.coleoptera.org.uk/coccinellidae/home.
John Walters. http://johnwalters.co.uk.
The Wildlife Trusts. https://www.wildlifetrusts.org.
The Woodland Trust. https://www.woodlandtrust.org.uk.
Xerces Society for Invertebrate Conservation. https://xerces.org.

Webseiten auf Deutsch

Wildbienen. http://www.wildbienen.de/.
Faszination Wildbienen. https://www.wildbienen.info.
Deutsche Wildtierstiftung. https://www.deutschewildtierstiftung.de/wildtiere/wildbienen.
Deutschland summt. https://www.deutschland-summt.de/wildbienenarten.html.

REGISTER

D

Dasypoda hirtipes, Braunbürstige Hosenbiene, 188
Deichhummel, 40, 189 f., 208, 210–214, 218, 325
Deilephila elpenor, Mittlerer Weinschwärmer, 331
Distelfink, 126, 137
Drosera spp., Sonnentau, 204
Dunkle Erdhummel, 40, 45 f., 49 f., 55, 79, 82 f., 86, 97, 103, 112 f., 155, 159,
    177, 271, 326, 332, 341
Dunkle Weidensandbiene, 338 f.

E

Eberesche, 293, 333 f.
Echte Zaunwinde, 267 f., 271
Echter Wundklee, 76, 211–214, 217 f.
Echtes Mädesüß, 294
Efeu-Seidenbiene, 96, 101, 103, 298 f., 301-306, 309 f., 313 f.
Eibe, 236, 247 f., 293
Eichhörnchen, 132, 193, 195 f.
Epilobium angustifolium, Chamerion angustifolium, Schmalblättriges
Weidenröschen, 330
Epilobium hirsutum, Zottiges Weidenröschen, 294
Eristalis tenax, Mistbiene, Schlammbiene, 178, 181
Eucera longicornis, Mai-Langhornbiene, 188
Eumenes coarctatus, Töpferwespe, 13, 222, 224–232, 234
Euphydryas aurinia, Goldener Scheckenfalter, Scabiosen-Schecken-
    falter, 309
Europäische Stechpalme, 42–43, 240, 332 ff.
Europäische Union, 146
Europäische Wollbiene, 80, 82, 102, 266, 270, 272–279, 318

F

Fabre, Jean Henri, 277 ff., 350
Falk, Steven, 76, 154, 169, 178, 181, 260, 348
Feldlerche, 206, 214, 338 ff., 344
Felsen-Kuckuckshummel, 156, 161
Filipendula ulmaria, Echtes Mädesüß, 294
Fischadler, 191, 193
Fitis, 137
Flockenblumen, 160, 213, 217 f., 255, 307
Florfliegen, 178
Formica exsecta, Große Kerbameise, 226
Frühlings-Pelzbiene, 79, 82, 111 f., 153 ff., 316–321, 325 f.
Frühlings-Trauerbiene, 154 f.
Fuchsrote Sandbiene, 78, 80, 82, 86 f.

ÜBER DIE AUTORIN

Brigit Strawbridge Howard liebt ihren wilden Garten mit all seinen Bewohnern. Sie ist Naturforscherin und Wildlife-Gärtnerin. Als Anwältin der Bienen ist sie in ganz Großbritannien unterwegs, schreibt Texte, hält Vorträge und Reden – und kämpft so für mehr Aufmerksamkeit: für heimische Wildbienen und andere Bestäuber. Sie lebt in North Dorset, England.

www.beestrawbridge.blogspot.com

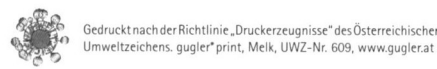

Löwenzahn-Bücher werden auf höchstem ökologischen Standard gedruckt, ausschließlich mit Substanzen, die wieder in den biologischen Kreislauf rückgeführt werden können. Cradle to Cradle™-zertifiziert by gugler*, klimapositiv, auf Papier, das in Österreich produziert wurde, und ohne Plastikfolie, die dein Lieblingsbuch unnötig einhüllt – für unsere Umwelt und unsere Zukunft.

1. Auflage

© 2021 by Löwenzahn in der Studienverlag Ges.m.b.H., Erlerstraße 10, A-6020 Innsbruck
E-Mail: loewenzahn@studienverlag.at | Internet: www.loewenzahn.at

Die Originalausgabe erschien unter dem Titel „Dancing with bees.
A journey back to nature"
Dancing with Bees by Brigit Strawbridge Howard
© 2019 by Brigit Strawbridge Howard
Löwenzahn Verlag edition published by arrangement with Chelsea Green
Publishing Co, White River Junction, VT, USA | www.chelseagreen.com

Übersetzung: Dirk Höfer
Inhaltliche Betreuung: Löwenzahn Verlag/Valerie Meller, Katharina Schaller
Lektorat: Veronika Schuchter
Projektleitung: Löwenzahn Verlag/Valerie Meller

Umschlag- und Buchgestaltung sowie grafische Umsetzung:
Sarah Gräftner, www.sarahgraeftner.com

Illustrationen Innenteil: John Walters
Autorinnenfoto: Charlotte Strawbridge

Bibliografische Information der Deutschen Nationalbibliothek
Die Deutsche Nationalbibliothek verzeichnet diese Publikation in der Deutschen Nationalbibliografie; detaillierte bibliografische Daten sind im Internet über http://dnb.dnb.de abrufbar.

ISBN 978-3-7066-2680-0